农业软科学研究丛书（2013—2017）

转变农业发展方式与农业绿色发展

ZHUANBIAN NONGYE FAZHAN FANGSHI
YU NONGYE LÜSE FAZHAN

张天佐　主编

中国农业出版社
农村设物出版社
北　京

农业软科学研究丛书（2013—2017）
编 辑 委 员 会

CONTENTS 目录

综述 …… 1

第一章 转变农业发展方式 …… 5

第一节 推进农业转型升级 …… 5
第二节 优化农业空间布局 …… 12
第三节 加强农业绿色技术供给 …… 31
第四节 深化农业绿色补贴制度改革 …… 45

第二章 强化资源保护与节约利用 …… 61

第一节 耕地保护与质量提升 …… 61
第二节 水资源保护与高效利用 …… 78
第三节 草原生态保护与建设 …… 98

第三章 加快农业废弃物资源化利用 …… 116

第一节 农业废弃物资源化利用现状 …… 116
第二节 畜禽粪污资源化利用 …… 121
第三节 废旧地膜减量回收利用 …… 134
第四节 蔬菜废弃物资源化利用 …… 152
第五节 农业废弃物资源化利用的政策选择 …… 171

第四章 推进化肥减量增效 …… 181

第一节 我国化肥施用现状分析 …… 181

第二节　农牧交错地区化肥施用分析 …… 201
第三节　果菜茶种植农户有机肥替代化肥分析 …… 210

第五章　推进农村人居环境整治 …… 222

第一节　加快农村生活垃圾处理 …… 222
第二节　农村人居环境质量评价与优化 …… 242
第三节　农村居民点整理对农民生产生活的影响 …… 266

第六章　PPP 模式在农业农村环境污染治理中的应用 …… 274

第一节　PPP 模式内涵及动力机制 …… 274
第二节　农业农村环境污染治理 PPP 模式剖析 …… 286
第三节　农业农村环境污染治理的 PPP 模式路径选择 …… 318

第七章　农业绿色发展的国际经验与启示 …… 336

第一节　水土资源保护与高效利用的国际经验与启示 …… 336
第二节　农业废弃物资源化利用的国际经验与启示 …… 357
第三节　主要国家和地区化肥减量政策比较 …… 368
第四节　发达国家农村生活垃圾处理的做法与经验 …… 375
第五节　国外农业空间格局优化的做法与启示 …… 381

综　　述*

党的十八大以来，党中央、国务院高度重视绿色发展。习近平总书记多次强调，绿水青山就是金山银山。近年来我国农业农村绿色发展取得了显著成效，通过大力推行绿色生产模式，坚决打好农业面源污染攻坚战，农业资源利用的强度下降，农田灌溉水有效利用系数提高到 0.55 以上，退耕还林还草4 240万亩**；农业面源污染加重的趋势减缓，以垃圾处理、污水治理为重点的农村人居环境整治全面提速，全国 73.9%的行政村对生活垃圾进行处理。但是农业农村环境和生态问题依然突出，资源硬约束日益加剧。耕地质量下降，黑土层变薄、土壤酸化、耕作层变浅等问题凸显，农田灌溉水有效利用系数比发达国家平均水平低 0.2，华北地下水超采严重。环境污染问题突出。工业“三废”和城市生活等外源污染向农业农村扩散，上亿亩耕地不同程度受到重金属污染。农村垃圾、污水处理水平较低。生态系统退化明显。全国水土流失面积仍然有 290 多万平方千米，草原超载过牧问题依然突出，湖泊、湿地面积萎缩，生物多样性受到严重威胁，濒危物种增多。体制机制尚不健全。反映水资源稀缺程度的价格机制尚未形成。循环农业发展激励机制不完善，种养业发展不协调。农业生态补偿机制尚不健全。农业污染责任主体不明确，监管机制缺失，污染成本过低。党的十九大提出实施乡村振兴战略的重大决策，对推进绿色发展、解决土壤污染和农业面源污染等突出环境问题、加大生态系统保护修复等作出了一系列重要部署。以绿色发展引领乡村振兴，必须加快转变农业发展方式，优化农业空间布局，强化资源保护与节约利用，全面构建农业绿色发展的制度体系，加强农业投入品管控和废弃物处理，探索创新化肥农药减量增效，推进农作物秸秆、畜禽粪污和农膜的资源化利用，推动农村人居环境整治，推动农业农村发展走上一条空间优化、资源节约、环境友好、生态稳定的中国特色振兴之路。

---

* 全书内容节选自 2013—2017 年农业部软科学课题研究成果。

** 亩为非法定计量单位，1 亩=1/15 公顷。

转变农业发展方式，优化农业空间布局。当前我国农业主要矛盾已经由总量不足转变为结构性矛盾，主要表现为阶段性的供过于求和供给不足并存。推进农业转型升级关键在于保护农业资源和生态环境，强化农业科技应用，创新生态高效的管理体制与市场机制，建立低耗能、资源节约与循环利用的农业发展方式。全国农业生态文明评价测算结果显示当前我国农业生态文明水平整体偏低，各地区农业生态文明呈现出较明显的空间分异特征。农区畜禽养殖业环境风险评价结果发现，整体上看畜禽粪污排放对环境无威胁，但基于种养结合循环发展前提的畜禽养殖空间布局则需要调减南方水网地区畜禽养殖规模，黄淮海地区需调减鲁西地区养殖量，推动京哈铁路沿线畜禽养殖向腹地转移，京广铁路沿线畜禽养殖密集区向京九铁路沿线转移。

强化资源保护与节约利用，建立健全农业资源生态保护体制机制。改革开放40年，我国农业生产得到了长足发展，但耕地、草原和水资源等也付出了巨大生态代价，重金属污染农地超过2 000万公顷，水资源短缺、草原退化和超载过牧等问题突出，亟须建立健全耕地草原水资源保护与节约利用的长效机制。湖南积极探索了“政府引导、企业主体、农户参与、效益兼顾”的耕地重金属污染第三方治理机制，实现了“政府做工作顺畅、企业效益良好、治理效果明显、干部群众满意”多重优化目标。黄河流域初步建立了农业灌溉用水水权交易市场，但农户层面水权交易尚未真正落实，应进一步明晰初始水权分配制度、深化灌区收支分离管理体制改革、建立水资源节约与保护生态补偿机制、完善水权交易法规制度体系。草原生态保护补助奖励政策（简称草原生态补奖政策）显著推动了草原保护和生态恢复，但仍存在草原生态补奖补助标准偏低、发放时间滞后、牧民生产经营技术水平低、草原管护队伍建设不足、草原生态补奖政策灵活性差等问题，要进一步加强草原生态保护与牧民增收统筹协调发展，转变提升牧区生产经营方式，拓宽牧民增收渠道，因地制宜完善草原生态补奖政策，建立健全草原生态保护法律法规和人员队伍建设，持续提升草原保护建设水平。

加快农业废弃物资源化利用，创新探索长效机制。我国是农业大国，每年农业废弃物产出量约50亿吨，但当前农业废弃物资源化利用尚处于起步阶段，利用水平整体较低。畜禽养殖废弃物以大型沼气工程、有机肥生产为主要利用方式，但大型沼气生产工艺技术、有机肥市场机制尚需进一步完善。农田“白色污染”地膜使用总量逐年增长，当前仅有甘肃、新疆、宁夏等地探索建立了市场化回收再利用机制，如甘肃省探索建立了“强化源头防控、政府扶持引导、企业市场运作、行政监管推动”残膜回收利用机制，全国尚未建立有效的减量控制与回收再利用市场机制。整体来看，当前我国农业废弃物资源化利用依然存在系统性普惠性政策缺乏、关键技术和装备研发滞后、农户参与积极性不高以及收储运体系不健全等问题，建议一要强化政策扶持力度，逐步扩大畜禽养殖废弃物与地膜回收再利用试点范围；二要创新投融资机制，建立开发性金融支持平台，吸引社会资本；三要强化科技支撑，研发创新农业废弃物资源化利用工艺技术；四要总结探索可持续、可复制、可推广成熟模式，加强示范与政策引导；五要加大宣传力度，提高各主体参与积极性。

加强农业投入品管控，推进化肥减量增效。中国是世界上最大的化肥生产和施用国家，化肥施用量约占世界化肥施用总量的 1/3，2002—2011 年期间年均单位面积化肥施用量高达 452.9 千克/公顷，化肥产出率明显低于欧美等发达国家和地区，化肥逐渐成为水体和土壤污染的重要污染源。截至 2012 年，我国化肥增量主要来自蔬菜、玉米种植面积扩大以及单位面积施用强度增加，加快开展有机肥替代化肥，推进化肥减量增效势在必行。湖北省有机肥替代化肥的调研发现，由于预期收益不确定、有机肥价格高等原因，蔬菜、柑橘、茶叶生产农户的有机肥替代化肥意愿均相对较低。应加快测土配方施肥、水肥一体化技术推广应用，优化施肥结构，降低化肥施用强度。

推动农村人居环境整治，建设生态宜居美丽乡村。当前我国农村人居环境发展整体呈现出东中西阶梯式发展格局，江苏、浙江、上海等东部沿海地区农村基础设施较为完备，农村人居环境质量相对较高；安徽、湖北等中部地区次之，部分地区农村基础设施有待完善，居民生态环境保护意识有待加强；江西、山西、河南等中西部地区农村人居环境发展均低于全国平均水平，农村人居环境整治亟须进一步加强。从华北地区农村生活垃圾处理情况来看，当前随着农村居民生活水平提高，农村生活垃圾排放量快速上升，垃圾构成比例逐渐与城镇趋同，受农户环保意识弱、农村生活垃圾无害化处理设施与技术水平低、相关法律法规制度不完善等因素影响，当前农村生活垃圾无害化处理水平仍相对较低，要加强农村环保宣传教育，建立完善农村生活垃圾分类处理机制，强化农村生活垃圾处理设施建设，创新农村生活垃圾无害化处理技术模式和费用分摊机制等以推进农村生活垃圾处理。江苏省农村居民点整理调研发现，农村居民点整理有利于促进农业生产向规模化、集约化和机械化转变，农民生活环境质量明显改善，但仍存在基础设施配备不完善、部分失地农民就业无保障以及复垦耕地质量待提升等问题，建议开展农村居民点整理时进一步明细土地产权制度调整，严格耕地质量保护，完善农业机械、生产资料、农作物储藏等基础设施配套，有效保障农民权益。

完善市场化治理机制，创新农业农村环境污染 PPP（Public-Private-Partnership，即政府和社会资本合作）治理模式。2014 年四川省积极探索推进畜禽粪污综合利用 PPP 模式试点，采用政府购买服务形式，实现了散养户密集区畜禽粪便污水分户收集、集中处理利用，最终将发酵处理后的畜禽粪便和沼液还田、还林综合利用，取得了显著成效。但运营过程中仍存在政府、畜禽养殖主体等对畜禽粪污资源化利用 PPP 模式的认知不足，PPP 项目相关法律法规、政策措施缺位，项目投资规模大、回收周期长，社会资本参与积极性不高等问题，建议一要加快健全 PPP 模式农业废弃物资源化利用制度和监管框架，二要完善风险管理机制，促进农业风险投资发展，三要加大金融产品和服务创新力度，保障 PPP 项目投资融资环境，四要因地制宜选择农业废弃物资源化利用合作模式和机制，五要强化政策扶持力度和财政补贴力度，提高农业废弃物 PPP 项目经营效率和融资效率。

他山之石可以攻玉。我国正处于工业化、城镇化、现代化的发展阶段，美国、日本、欧盟等发达国家和地区在农业资源保护与高效利用、农业农村环境污染治理等方面积累了大量经验，对我国加快实施乡村振兴战略、推进农业农村绿色发展具有重要借鉴意义。本书第七章全面介绍了这些国家在水土资源保护与高效利用、农业废弃物资源化利用与化肥减量政策以及农村生活垃圾处理等方面的典型经验模式与制度建设，为完善我国农业农村绿色发展相关政策提供了启示。

第一章

转变农业发展方式

中华人民共和国成立以来，特别是改革开放30多年来，我国农业发展取得了举世瞩目的巨大成就。粮食等主要农产品产量稳定增长，农田水利等农业基础设施建设逐步改善，农业物质技术装备水平快速提高，为我国经济社会持续健康稳定发展奠定了坚实基础。但与此同时，我国农业发展面临的资源环境压力越来越大，农业生产结构失衡问题日益突出，农业生产数量与质量、总量与结构、成本与效益的矛盾越来越尖锐。因此，必须加快转变农业发展方式，从主要追求产量和依赖资源消耗的粗放经营转到数量质量效益并重、注重提高竞争力、注重农业科技创新、注重可持续的集约发展上来，走“产出高效、产品安全、资源节约、环境友好”的现代农业发展道路。

第一节　推进农业转型升级

一、中国农业生态转型的背景与要求

（一）农业发展的辉煌成就为生态转型奠定坚实基础

1. 主要农产品产量持续增长

农业综合生产能力显著提高，粮食等主要农产品从长期短缺变为市场供给充裕。20世纪90年代以来，我国的谷物、棉花、油料、水果、肉类、水产品、蔬菜等主要农产品产量均居世界首位。

2. 农业物质技术装备水平显著提升

一是农田水利等基础设施建设得到加强，农田有效灌溉面积由1978年的4 496.5万公顷增至2015年的6 479.3万公顷，年均增长1.06%。农田有效灌

溉面积占比超过 50%，灌溉用水有效利用系数突破 0.5。二是农业技术进步成果丰硕，2015 年，农业增长的科技进步贡献率达到 56%，比国民经济整体科技进步贡献率高了 4 个百分点，成为名副其实的高科技产业。三是农业耕种收综合机械化水平大幅提高，2015 年，我国农业机械总动力达到 11.2 亿千瓦，比 1978 年增加 10 亿千瓦，年均增长 6.3%。农作物耕种收综合机械化水平达到 63%，比 1978 年的 18.8%提高了 2 倍多，农业现代化建设成效显著。

3. 农业发展方式加快转变

资源节约型、环境友好型农业开始起步，各种形式的适度规模经营逐步发展，2014 年耕地流转面积达到 1 亿亩，占家庭承包经营耕地面积的比重达到 28.8%，比 2005 年提高了 25.2 个百分点，农业生产集约化、专业化、组织化和社会化水平不断提高。在资源比较优势的驱动下和产业政策的引导下，农产品生产逐步向优势产区集中。

4. 农民收入实现持续快速增长

1978—2015 年，农民年人均纯收入由 133.6 元增加到 11 422 元，按可比价格计算，增长了 13 倍多。2015 年农民人均纯收入增幅为 8.9%，高于城镇人均可支配收入增长幅度 8.2%，农村居民人均纯收入增幅连续 6 年超过城镇居民可支配收入增幅，城乡居民收入比由 2010 年的 3.23∶1 下降到 2015 年的 2.73∶1，城乡居民收入差距连续 6 年缩小。

（二）农业生态转型的现实要求

1. 提高农产品持续产出能力迫切要求发展生态友好型农业

在中央一系列强农惠农富农政策的支持下，我国农业综合生产能力稳步提高，2013 年粮食产量突破 1.2 万亿斤*，再创历史新高，并且实现了粮食产量“十连增”。人均粮食占有量为 443.5 千克，粮食自给率达到 97%。随着人口总量增加、城镇人口占比上升、居民消费水平提高和工业用途拓展，我国对粮食的需求呈刚性增长。现阶段，全国每年净增人口 700 多万人，城市人口增加 1 000多万人，每年新增的粮食需求量为 70 亿～80 亿斤。此外，随着人们消费水平的提高，居民对蔬菜、水果和肉蛋奶的需求量将显著增加，这些农产品需要更多的粮食进行转化。化肥、农药等化学投入品可以在一定时间内提高粮食等作物产

* 斤为非法定计量单位，1 斤=0.5 千克。

量，然而，依靠化学投入品提高生产能力的模式是不可持续的，目前我国部分地区已经出现耕地质量下降，土壤污染、板结、酸化现象。只有发展生态友好型农业，保护耕地质量，提高资源利用率，才能保证粮食等作物的持续产出能力。

2. 居民食品质量安全意识的提高使发展生态友好型农业成为社会共识

食品安全首先是“产”出来的，没有干净土壤、水和良好的环境不可能生产出优质的农产品。2013 年 5 月在广东发现大量湖南产的含镉大米一度引起轰动，造成大米镉污染的主要原因是土壤的重金属污染，这也引发社会对农产品产地环境安全的关注。随着人们生活水平和食品质量安全意识的提高，人们对优质、生态农产品的需求也将增加。截至 2013 年 12 月，全国绿色食品企业总数达到 7 696 个，产品总数达到 19 076 个，比 2008 年分别增长 24.6%和 8.9%。2013 年绿色食品总销售额达到 3 625.2 亿元，产地环境监测面积达到 2.56 亿亩，511 个基地被批准为全国绿色食品原料标准化生产基地，种植总面积 1.3 亿亩，总产量 7 867.2 万吨，共带动农户 1 722.8 万户，与基地对接企业 1 712 家。

（三）现代生态农业发展的重要机遇

1. 农业生产规模化稳步推进为生态友好型农业创造了良好的条件

过去 30 多年中国生态农业发展的实践表明，受农户规模小且分散等特征的影响，生态农业在农户、村级层面上比较容易推广，但在更大区域上的推广难度较大。但是，高层级、大尺度的生态友好型农业只有在一定的规模条件下，才能达到技术可行，实现经济效益。现阶段，随着农村转移人口规模的加快，农地流转的规模扩大。截至 2013 年年底，全国承包耕地流转面积 3.4 亿亩，流转比例达到 26%，比 2008 年提高 17.1 个百分点。经营面积超过 50 亩以上的专业大户 287 万户，家庭农场超过 87 万个。截至 2014 年 4 月，全国拥有农民专业合作社 110.27 万户。农村经营规模化的发展，在提高农业经营收益的同时，有条件在更大范围内发展和实现生态友好型农业。

2. 农业实践为生态友好型农业发展积累了丰富的技术与模式

中国拥有灿烂悠久的农耕文明，古人用“阴阳五行”“天地人”等自然观处理人与自然的关系，传统农业蕴含着资源保护与循环利用、生物间相生相克、人与自然和谐相处的朴素生态思想。在总结前人发展经验基础上，全国各地在探索生态农业发展过程中形成了许多适宜本地区的生态农业技术和模式。2002 年农业部在全国范围内征集了 370 多种生态农业技术和模式，遴选出了具有代表性的十大类型生态模式，包括北方地区“四位一体”生态模式及配套技术，南方“猪—沼—果”生态模式及配套技术，平原农林牧复合生态模式及配套技术，草地生态恢复与持续利用生态模式及配套技术，生态种植模式及配套技术，生态畜牧业生产模式及配套技术，生态渔业生产模式及配套技术，丘陵山区小流域综合治理模式及配套技术，设施生态农业模式及配套技术，观光生态农业模式及配套技术。这些模式和技术为现代生态友好型农业奠定了良好的发展基础。

3. 建设生态文明的国家战略为生态友好型农业发展提供了有利的制度政策环境

党的十七大报告首次提出要建设生态文明，基本形成节约能源资源和保护生态环境的产业结构、增长方式、生活模式。党的十八大报告首次单篇论述生态文明，把生态文明建设摆在“五位一体”的高度来论述，首次把“美丽中国”作为未来生态文明建设的宏伟目标。农业是生态文明建设的基础产业，农村是生态文明建设的主战场，农民是农村生态文明建设的主体，面对资源约束趋紧、环境污染严重、生态系统退化对农业生态文明建设带来的严峻挑战，必须把农业生态文明建设放在突出位置，大力促进农业可持续发展，推进美丽乡村建设。2013 年中央农村工作会议强调农产品质量和食品安全问题，下大力气治地、治水、治环境，控肥、控药、控添加剂。2014 年中央 1 号文件明确提出，促进生态友好型农业发展，落实资源节约与保护制度，加强农业污染治理和生态修复，加大生态保护建设力度。这些政策为发展生态友好型农业提供了有力保障。

二、推动农业转型升级的基本思路

现代生态农业以可持续发展为基本指导思想，吸收传统农业的精华，能够促进生态保护和农业资源的可持续利用，可以实现农业经济系统、农村社会系统、自然生态系统的同步优化，是低排放、低污染、集约、高产、优质、高效的可持续农业发展模式。

（一）现代生态农业发展总体目标

现代生态农业发展按照生态文明建设和农业现代化建设的要求，坚持政府引导、市场主体、依法管理、示范带动，以“减量化、再利用、再循环”为原则，以资源高效利用和循环利用为核心，以农作模式集成创新为载体，以先进技术和设施装备为手段，以环境影响评价为标准，以统筹农业发展规划、优化农业产业结构、培育循环农业产业为着力点，推进生产技术、装备技术、环境技术等现代生态循环农业发展技术体系、管理体系、保障体系建设，努力构建产业布局生态优化、资源利用循环高效、生产清洁产品优质、环境质量持续改善的现代生态农业体系。现代生态农业发展要实现：

（1）资源高效利用。按照低消耗、高效利用的要求，有效保护和合理开发利用农业资源，加快农作模式集成和创新，推广环境友好型种养品种和模式，推广节水、节地、节能技术，提高资源利用率和产出率。

（2）全程清洁生产。按照源头控制减量化的要求，优化农产品生产技术工艺路径，规范农业投入品使用，推进清洁生产、绿色防治和节能减排技术广泛应用。推进测土配方施肥、病虫害统防统治，提高高效、低毒、低残留农药普及率，增加商品有机肥使用量。

（3）废弃物循环利用。按照循环经济的要求，有序推进农业生产废弃物的再利用、再循环，农业废弃物资源化利用与无害化处理模式广泛应用，落实农牧结合消纳用地，提高农作物秸秆、规模畜禽养殖排泄物、“三沼”（沼气、沼渣、沼液）综合利用率，构建主体小循环、区域中循环、县域大循环体系。

（4）农业标准化生产。运用“统一、简化、协调、选优”原则，通过制定和实施标准，把农业产前、产中、产后各个环节纳入标准生产和标准管理的轨道。健全农业标准体系、农业质量监测体系和农产品评价认证体系。

（5）产业高度融合。强调产业化经营，通过废物利用、要素耦合和产业连接等方式形成协同发展的产业网络。延伸生态产业链条，通过种植养殖业、加工业、休闲农业开发，实现产业融合发展。

（二）推动现代生态农业转型升级的路径选择

回顾30多年我国生态农业发展历程，虽然取得一定成绩，但并没有成为主导农业发展模式，这其中既有生态农业自身的问题，也与社会发展阶段特征和相关制度、政策相关。加快推进现代生态农业发展，要立足我国资源环境条件和地方实际情况，针对现代生态农业发展面临的一系列问题，在转变农业发展方式上寻求新突破。

1. 保护农业资源和生态环境

全面落实最严格的耕地保护制度，严守生态红线，实现耕地保护由数量管理向数量、质量和生态“三位一体”管理转变。加强高标准农田建设和重点灌区节水配套改造，增强农业增产稳产能力。落实最严格的水资源管理制度，大力推进节水农业。综合运用工程、农艺、生物、管理等措施，集成关键技术，明确主推模式，实现重点突破。加强生态保护和修复，对那些污染严重、生态脆弱、资源环境压力大的耕地、草原、水面等，该改种的改种，该治理的治理，该退耕的退耕。实施新一轮退耕还林还草工程，扩大重金属污染耕地修复、地下水超采区综合治理和退耕还湿试点范围，加快实施退牧还草。

2. 实现农业发展由高耗到低耗、浪费到节约、单向利用到循环利用的转变

大力推广喷灌滴灌、水肥一体化等节水节能设施和技术。推进太阳能、生物质能、地热能等清洁能源在农业生产中的应用，加快推进农村沼气集中供气模式，不断提高农村清洁能源利用水平。推广应用低耗高效的新型农机具，优化农机装备结构。科学使用农业投入品。扎实推进测土配方施肥、病虫害统防统治，推广配方肥、缓（控）释肥等高效环保型肥料，加快推广高效、低毒、低残留、低风险的农（兽、渔）药和病虫害物理防治、生物防治技术，提高肥料、农药等投入品利用率，减少环境污染。大力推广种养结合、粮经结合、农机农艺结合以及农作物间作、套作、轮作等农作制度。推动农业废弃物循环利用，推进农作物秸秆肥料化、能源化、基质化、饲料化利用。通过农牧对接、沼液利用、畜禽粪便收集处理，构建种养平衡、产业融合、物质循环格局。按照生态优先、高矮结合、产业融合的要求，大力发展林下经济。加大水生态环境修复力度，大力发展生态渔业。

3. 提高现代科技在生态农业中的应用

在总结过去生态农业发展经验和各地实践探索的基础上，构建具有较高理论价值和可操作性的现代生态农业技术模式。重点开发土地、水资源、化肥、农药和农膜集约使用技术，畜禽粪便和作物秸秆资源化利用技术。加强农业文化遗产保护力度，深入挖掘传统农业技术和知识，吸取传统农业精华促进现代生态农业发展。建立现代生态农业技术信息发布平台，加强基层农技部门对现代生态农业技术的推广能力，提高机构人员队伍素质，强化经费保障机制。创新服务方式和服务手段，扶持农民合作社、专业技术协会、技术服务公司等多种形式开展生态友好型农业技术服务。采取政府购买、定向委托、奖励补助、招标投标等方式，引导经营性服务组织开展公益性服务业务。整合资源建设生态友好型农业技术服务中心，推进相关技术到农户到田间。

4. 建立现代生态农业发展的管理体制与市场机制

完善现代生态农业发展法律体系和管理制度。研究制定《耕地质量保护条例》《肥料使用管理条例》等法律法规，加强农业管理部门对耕地质量的监管责任。推动修订《土地管理法》《基本农田保护条例》《水污染防治法》《循环经济促进法》等相关法律法规。严格落实《畜禽规模养殖污染防治条例》，加强基层环境保护监管部门的执法能力，强化司法保护。构建跨部门、高位阶的农业生态环境综合管理体制，把农业资源消耗、污染物排放、生态环境损害等纳入地方特别是县乡领导班子考核评价体系。建立面向农业资源集约利用、农业环境污染防治和农业生态保护的农业生态补偿制度。建立现代生态农业多方参与和市场机制。引导专业大户、家庭农场、农民合作社和农业企业等新型经营主体发展现代生态农业，鼓励无公害农产品、绿色食品、有机农产品等生态农产品生产，支持农产品地理标志和良好农业规范认证。开展现代生态农业技术培训，提高农户的生态环境保护意识和技术掌握程度。通过品牌推介、农超对接等方式，增加消费者对生态农产品的认知度，对违规使用生态农产品标志的行为，加大处罚力度，实现生态农产品优质优价。通过政府担保贴息、政策性金融、税收优惠等措施，扶持生态农产品的品牌化建设。

5. 加大对现代生态农业的扶持力度

优化农业区域和产业布局，落实用途管制。推动生态农业示范区和循环农业示范市建设，启动建设现代生态农业创新示范基地。根据资源禀赋、环境承载力和产业特点，优化调整种植业、养殖业及其内部结构，落实畜禽养殖生态消纳地，形成产业相互融合、物质多级循环的产业结构。建立不同层级、不同范围的农业循环体系，提高资源利用率。发挥政府投资对生态友好型农业的扶持作用，调整完善现有农业补贴政策，新增补贴向生态友好型农业发展和农业生态环境保护倾斜。按照“取之于土，用之于土”的原则，探索土地出让收益支持耕地质量建设。建立以政府为主导、社会各界广泛参与的投资机制，大幅增加农田节水资金投入。创新金融产品和服务方式，加强各类金融机构对开展规模化种养结合经营的支持。重点支持新型种养模式、资源循环利用模式、商品有机肥、高效环保型肥料和低残留农药推广应用，农牧对接管网、沼气工程、沼液储运配送、农业废弃物加工处理等生态循环农业节点工程建设，以及畜粪、秸秆、农药包装收贮运和农业废弃物资源利用环节。

第二节　优化农业空间布局

一、生态文明视角下农业空间格局评价

农业是与自然环境关系最紧密、受环境条件影响最直接的产业，这也造就了农业在不同地理区域特征迥异的空间格局和发展模式。在生态文明建设背景下推进我国农业现代化，有必要对我国不同区域的农业发展情况进行深入了解，这样才能对症下药、因区施策，更有针对性地推进农业生态文明建设。因此，对我国农业空间格局开展基于生态文明视角的评价，对于了解我国农业区域发展情况，特别是我国农业空间格局与生态文明要求的匹配程度，提出优化农业空间格局、促进区域农业生态文明建设的对策和建议，都有着重要的指导意义。

（一）评价理论与方法

生态文明的内涵比较丰富，包括经济、资源、环境、生态、科技、社会等多个方面要求，立足我国区域农业发展的实际情况，综合考虑在生态文明背景下影响农业现代化发展的各种因素，应用层次分析（AHP）法构建评价指标体系。在综合国内外相关最新研究成果并咨询国内有关研究领域专家的基础上，构建了由 4 个系统层指标、34 个变量层指标构成的农业生态文明指数指标体系（表 1－1）。

指标权重采用层次分析法进行确定，根据评价指标体系的层次结构，逐次建立了目标层与系统层、系统层与变量层之间构成的 5 个两两因素的比较判断矩阵，并邀请 10 位在生态文明、农业可持续发展、农业区域布局等相关领域有影响力的专家进行打分。通过将 10 位专家的判断矩阵的特征向量进行归一化处理，得到各系统层、状态层及各变量权重向量集合。由于各位专家的专业方向、知识结构、个人偏好等方面存在差异，按各位专家的判断矩阵计算得到的指标体系权重向量也不尽相同。为了获得一个统一而又可靠的权重向量，对计算所得的各位专家的权重向量进行算术平均。

鉴于农业生态文明建设目前还没有明确的定量评价标准（即指标缺失可参照的阈值或分段标准），本书采用直线型标准化方法对数据进行处理，其中在不同区域横向评价比较时采用极值法，以避免指标数据差距过大而导致某项指

表 6-2 根据三级分类方法的 PPP 模式主要运作方式及其含义

模式类别	具体模式	运作方式	中英文含义	适用项目	最终所有权	投资方	建设方	经营维护	风险承担	合同期限（参考）
外包类	模块式外包	SC	服务外包 Service Contract	存量项目（现有）	公共部门	公共部门	公共部门	公共部门 私人部门	公共部门	1～2 年
		MC	管理外包 Management Contract	存量项目（现有）	公共部门	公共部门	公共部门	私人部门	公共部门	3～5 年
	整体式外包	DB	设计→建设 Design-Build	增量项目（新建）	公共部门	公共部门	私人部门	私人部门	私人部门	不确定
		DBO	设计→建设→运营 Design-Build-Operate	增量项目（新建）	公共部门	公共部门	私人部门	私人部门	私人部门	不确定
		DBMM	设计→建设→主要维护 Design-Build-Major Maintenance	增量项目（新建）	公共部门	公共部门	私人部门	私人部门	私人部门	不确定
		O&M	委托运营 Operation & Maintenance	存量项目（现有）	公共部门	公共部门	公共部门	私人部门	私人部门	5～8 年
特许经营类	TOT	TOT	移交→运营→移交 Transfer-Operate-Transfer	存量项目（现有）	公共部门	公共部门	公共部门	私人部门	私人部门	20～30 年
		PUOT	购买→更新→运营→移交 Purchase-Upgrade-Operate-Transfer	存量项目（改扩建）	公共部门	公共部门	公共部门	私人部门	私人部门	20～30 年
		LUOT	租赁→更新→运营→移交 Lease-Upgrade-Operate-Transfer	存量项目（改扩建）	公共部门	公共部门	公共部门	私人部门	私人部门	20～30 年
		LOT	租赁→运营→移交 Lease-Operate-Transfer	存量项目（现有）	公共部门	公共部门	公共部门	私人部门	私人部门	20～30 年

（续）

模式类别	具体模式	运作方式	中英文含义	适用项目	最终所有权	投资方	建设方	经营维护	风险承担	合同期限（参考）
特许经营类	BOT	BOT	建设→运营→移交 Build-Operate-Transfer	增量项目（新建）	公共部门	私人部门	私人部门	私人部门	私人部门	20～30年
		BOOT	建设→拥有→运营→移交 Build-Own-Operate-Transfer	增量项目（新建）	公共部门	私人部门	私人部门	私人部门	私人部门	20～30年
		BLOT	建设→租赁→运营→移交 Build-Lease-Operate-Transfer	增量项目（新建）	公共部门	私人部门	私人部门	私人部门	私人部门	20～30年
	其他	DBO	设计→建设→运营 Design-Build-Operate	增量项目（新建）	公共部门	私人部门	私人部门	私人部门	私人部门	20～30年
		DBTO	设计→建设→移交→运营 Design-Build-Transfer-Operate	增量项目（新建）	公共部门	私人部门	私人部门	私人部门	私人部门	20～30年
		DBFO	设计→建设→融资→运营 Design-Build-Finance-Operate	增量项目（新建）	公共部门	私人部门	私人部门	私人部门	私人部门	20～30年
		ROT	改建→运营→移交 Rebuild-Operate-Transfer	存量项目（改扩建）	公共部门	私人部门	私人部门	私人部门	私人部门	20～30年
		LBO	租赁→建设→运营 Lease-Build-Operate	存量项目（改扩建）	公共部门	私人部门	私人部门	私人部门	私人部门	20～30年
		WA	外围建设 Wraparound Addition	存量项目（改扩建）	公共部门 私人部门	私人部门	私人部门	私人部门	私人部门	不确定
		RC	区域特许经营 Regular Chain	增量项目（新建）	公共部门	私人部门	私人部门	私人部门	私人部门	20～30年

（续）

模式类别	具体模式	运作方式	中英文含义	适用项目	最终所有权	投资方	建设方	经营维护	风险承担	合同期限（参考）
私有化类	完全私有化	PUO	购买→更新→运营 Purchase-Upgrade-Operate	存量项目（改扩建）	私人部门	私人部门	公共部门 私人部门	私人部门	私人部门	永久
		BOO	建设→拥有→运营 Build-Own-Operate	增量项目（新建）	私人部门	私人部门	私人部门	私人部门	私人部门	永久
		PBO	购买→建设→运营 Purchase-Build-Operate	存量项目（改扩建）	私人部门	私人部门	私人部门	私人部门	私人部门	永久
	部分私有化	股权转让	部分股权转让	存量项目（现有）	公共部门 私人部门	公共部门 私人部门	公共部门	公共部门 私人部门	公共部门 私人部门	不确定
		合资兴建	共同出资建设	增量项目（新建）	公共部门 私人部门	公共部门 私人部门	公共部门 私人部门	公共部门 私人部门	公共部门 私人部门	不确定

表 6 - 15　畜禽粪污有机肥加工投入产出统计

	地利奥	天雨	吉金	隐山	神丹	好鑫	圣鑫	顺宝	绿源	沃丰	雅隆	石桥	天星	东环绿宝	三厂
工艺	槽式	槽式	槽式	槽式	槽式	条垛式	槽式	槽式	条垛式	槽式	发酵罐	条垛式	槽式	发酵罐	条垛式
鲜粪污费用（元/吨）	225.00	60.00	55.00	340.00	162.00	200.00	80.00	300.00	150.00	25.00	150.00	35.00	200.00	220.00	180.00
辅料费用（元/吨）	120.00	75.00	315.00	40.00	85.00	100.00	110.00	100.00	100.00	250.00	300.00	300.00	200.00	240.00	110.00
发酵剂费用（元/吨）	15.00	70.00	40.00	40.00	45.00	55.00	40.00	12.00	50.00	15.00	12.00	50.00	15.00	30.00	20.00
包装物费用（元/吨）	50.00	30.00	50.00	30.00	63.00	70.00	45.00	65.00	60.00	50.00	35.00	0.00	80.00	75.00	50.00
雇工费用（元/吨）	85.00	40.00	150.00	70.00	90.00	45.00	75.00	65.00	35.00	150.00	100.00	0.00	60.00	80.00	60.00
固定成本折旧（元/吨）	45.00	10.00	10.00	50.00	55.00	30.00	100.00	74.27	10.00	10.00	14.60	36.00	70.00	60.00	30.00
其他费用（元/吨）	40.00	115.00	20.00	55.00	100.00	70.00	70.00	0.00	40.00	106.00	10.00	0.00	175.00	370.00	60.00
总成本（元/吨）	580.00	400.00	640.00	625.00	600.00	570.00	520.00	616.27	445.00	606.00	621.60	421.00	700.00	1 075.00	510.00
出售价格（元/吨）	650.00	475.00	700.00	700.00	700.00	650.00	600.00	750.00	500.00	640.00	650.00	400.00	800.00	1 180.00	525.00
净利润（元/吨）	70.00	75.00	60.00	75.00	100.00	80.00	80.00	133.73	55.00	34.00	28.40	—21.00	100.00	105.00	15.00
成本收益率（%）	112.07	118.75	109.38	112.00	116.67	114.04	115.38	121.70	112.36	105.61	104.57	95.01	114.29	109.77	102.94
年出售量（万吨/年）	0.20	0.36	0.26	0.12	0.96	0.02	0.40	2.00	0.10	2.30	0.30	0.01	2.00	2.80	2.00
年净收益（万元/年）	14.00	27.00	15.60	9.00	96.00	1.60	32.00	267.46	5.50	78.20	8.52	—0.21	200.00	294.00	30.00
生产能力（万吨/年）	1.30	1.00	0.60	0.37	3.00	0.20	0.80	3.00	0.30	9.00	1.00	0.02	4.00	3.00	3.00
产能利用率（%）	15.38	36.00	43.33	32.43	32.00	10.00	50.00	66.67	33.33	25.56	30.00	66.67	50.00	93.33	66.67

标作用被过度夸大的问题；在同一区域纵向比较时采用比重法，以增强历年农业生态文明指数的可比性和稳定性。农业生态文明指数评价选择多指标综合评价模型。农业生态文明指数用 E 表示，则 $E=\sum \omega_i E_i$ 。其中，ω_i 表示第 i 项指标的权重，E_i 为第 i 项指标的分值。E 值越大，农业生态文明指数就越高，该区域农业生态文明的综合程度就越高。运用上述公式，可以得到经济发展（B_1）、资源利用（B_2）、生态环境（B_3）、社会科技（B_4）各子系统的综合得分值。

（二）我国省级农业生态文明指数评价与空间分异

运用评价模型，根据各变量指标的权重和评定系数，计算得出各省（自治区、直辖市）2013 年农业生态文明指数评价各子系统（系统层）的评价值和农业生态文明综合指数。计算结果及排序情况如表 1－2 所示。

表 1－2　2013 年全国各省（直辖市、自治区）农业生态文明指数及排序

	经济发展 B_1		资源利用 B_2		生态环境 B_3		社会科技 B_4		综合指数 E	
	得分	排序	得分	排序	得分	排序	得分	排序	得分	排序
北京	0.332 1	17	0.264 0	24	0.369 5	14	0.879 9	1	0.390 4	11
天津	0.352 9	14	0.262 7	25	0.386 0	10	0.744 9	3	0.383 7	13
河北	0.408 1	11	0.386 1	9	0.298 1	24	0.506 8	16	0.386 0	12
山西	0.234 8	28	0.344 8	14	0.408 6	5	0.513 9	13	0.347 5	21
内蒙古	0.566 6	3	0.476 9	3	0.402 4	7	0.473 8	19	0.486 4	2
辽宁	0.580 6	2	0.327 9	17	0.322 9	21	0.584 0	9	0.439 2	4
吉林	0.490 0	6	0.392 0	8	0.372 8	13	0.661 3	5	0.452 3	3
黑龙江	0.588 9	1	0.470 8	4	0.512 8	3	0.664 2	4	0.543 4	1
上海	0.299 8	23	0.281 7	22	0.355 9	16	0.771 0	2	0.368 2	15
江苏	0.491 4	5	0.310 7	18	0.402 7	6	0.628 9	6	0.431 7	6
浙江	0.406 1	12	0.242 9	27	0.308 1	22	0.627 1	7	0.359 9	18
安徽	0.314 4	21	0.376 1	10	0.400 8	8	0.405 0	25	0.366 4	16
福建	0.433 7	9	0.298 3	19	0.127 5	31	0.526 7	11	0.326 8	26
江西	0.295 6	24	0.295 3	20	0.353 0	17	0.509 2	15	0.337 1	25

（续）

	经济发展 B_1		资源利用 B_2		生态环境 B_3		社会科技 B_4		综合指数 E	
	得分	排序	得分	排序	得分	排序	得分	排序	得分	排序
山东	0.472 1	7	0.417 0	6	0.273 7	26	0.539 1	10	0.413 5	7
河南	0.366 5	13	0.490 1	2	0.287 3	25	0.460 5	20	0.395 6	9
湖北	0.433 3	10	0.358 8	12	0.341 6	18	0.511 7	14	0.397 4	8
湖南	0.339 6	15	0.340 0	15	0.303 0	23	0.427 9	24	0.341 6	22
广东	0.320 3	20	0.226 7	29	0.196 5	30	0.523 8	12	0.286 3	29
广西	0.321 8	19	0.242 1	28	0.339 7	19	0.351 5	27	0.306 0	27
海南	0.532 0	4	0.291 4	21	0.217 0	28	0.503 1	17	0.375 6	14
重庆	0.329 0	18	0.536 0	1	0.461 3	4	0.433 7	23	0.438 4	5
四川	0.294 3	25	0.359 0	11	0.358 9	15	0.379 9	26	0.341 1	23
贵州	0.201 8	30	0.401 6	7	0.551 1	1	0.269 6	30	0.359 5	19
云南	0.272 8	26	0.329 9	16	0.260 1	27	0.298 0	28	0.290 0	28
西藏	0.170 8	31	0.182 6	31	0.391 5	9	0.199 9	31	0.234 1	31
陕西	0.311 5	22	0.357 7	13	0.383 0	11	0.448 7	22	0.361 0	17
甘肃	0.220 4	29	0.259 8	26	0.334 7	20	0.295 4	29	0.270 8	30
青海	0.246 1	27	0.216 0	30	0.539 3	2	0.457 3	21	0.338 2	24
宁夏	0.335 3	16	0.278 2	23	0.373 0	12	0.493 0	18	0.347 6	20
新疆	0.434 2	8	0.417 4	5	0.211 3	29	0.598 6	8	0.393 3	10

1. 评价结果分析

（1）综合指数。综合指数得分区间从最高的黑龙江 0.543 4 到最低的西藏 0.234 1。除唯一得分高于 0.5 的黑龙江和得分高于 0.4 的内蒙古、吉林、辽宁、重庆、江苏、山东 6 个省份，以及得分低于 0.3 的云南、广东、甘肃、西藏 4 个省份外，其余 20 个省份得分均在 0.3～0.4，说明我国农业生态文明水平区域差异相对较小，但总体水平偏低（图 1－1）。得分最高的黑龙江，其各子系统得分均较高，经济发展、资源利用、生态环境和社会科技得分分别居全国第一、第四、第三和第四，说明黑龙江农业生态文明水平在全国居于领先地位，且各方面发展水平相对均衡。得分最低的西藏，除生态环境子系统得分略高外，其他 3 个子系统均居全国末位，说明西藏农业生态文明整体水平较低，这与西藏的特殊地理环境和经济社会发展水平是相对应的。

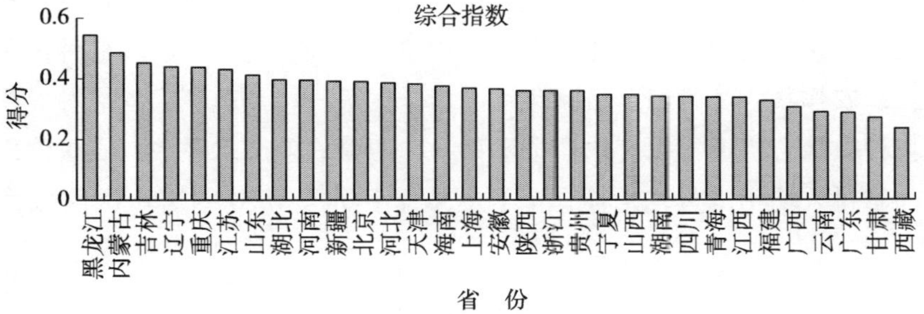

图 1-1 2013 年我国各省份农业生态文明指数排序

（2）经济发展子系统。经济发展子系统得分区间从最高的黑龙江 0.588 9 到最低的西藏 0.170 8，最高分是最低分的 3 倍多，说明我国区域间农业经济发展的差距较大。得分高于 0.5 的有黑龙江、辽宁、内蒙古、海南 4 个省份，其中黑龙江农业 GDP 平均增速和粮食产出优势系数位居全国第一，劳均农业增加值居全国第三；辽宁禽蛋和肉类产出优势系数分别居全国第一和第二，劳均农业增加值居全国第二；内蒙古肉类和奶类产出优势系数居全国首位，劳均农业增加值居全国第三；海南劳均农业增加值和水产品产出优势系数位居全国第一，肉类产出优势系数居全国第四。得分最低的西藏在劳均农业增加值和水果、禽蛋、水产品产出方面均居全国末位，农业 GDP 增速位居全国倒数第二位（图 1-2）。

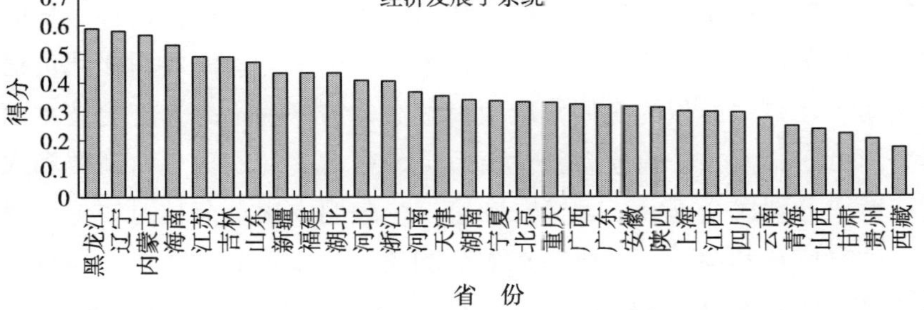

图 1-2 2013 年我国各省份经济发展子系统得分排序

（3）资源利用子系统。资源利用子系统得分区间从最高的重庆 0.536 0 到最低的西藏 0.182 6，得分差距近 2 倍，说明区域间在资源投入和利用效率方面差异也非常大。得分高于 0.5 的只有重庆，其在农业节水系数和农业用水经济效率上居全国第一；得分在 0.45～0.5 的有河南、内蒙古、黑龙江，其中河南虽然在人均支农资金投入上排在末位，但在农业节水系数、农业用水经济效率、农作物耕种收综合机械化水平方面均位居前列；内蒙古人均播种面积居全国第二、农作物耕种收综合机械化水平居全国第三；黑龙江人均播种面积和农作物耕种收综合机械化水平均居全国第一。西藏农业节水系数、农机使用经济效率和农村人均用电量均居全国末位，农业用水经济效率居全国倒数第二位（图 1-3）。

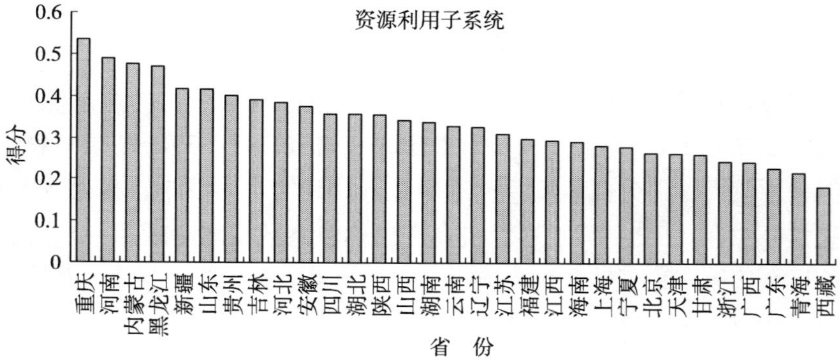

图 1-3　2013 年我国各省份资源利用子系统得分排序

（4）生态环境子系统。生态环境子系统得分区间从最高的贵州 0.551 1 到最低的福建 0.127 5，得分差距约 3 倍，突显了我国农业与生态环境相互影响的巨大区域差异。得分在 0.5 以上的有贵州、青海和黑龙江，其中贵州农药负荷系数、农用化肥负荷系数均居全国第二，表明单位播种面积的农药和农用化肥负荷较小，森林覆盖增长率居全国第三；青海农用化肥负荷系数居全国第一，单位面积的农用化肥负荷最小，推广测土配方施肥技术面积占比居全国第四；黑龙江地膜残留负荷系数、畜禽粪便农田负荷系数和农用化肥负荷系数分别居全国第一、第二和第三，表明农田负荷相对较低。得分低于 0.2 的有广东和福建，其中广东农药和农用化肥负荷系数以及播种与受灾面积比得分均较低，福建生态环境子系统的各项指标得分均较低（图 1-4）。

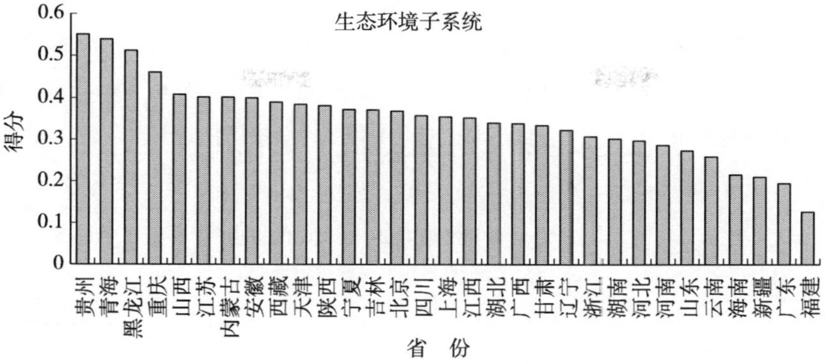

图 1-4　2013 年我国各省份生态环境子系统得分排序

（5）社会科技子系统。社会科技子系统得分区间从最高的北京 0.879 9 到最低的西藏 0.199 9，得分差距 3 倍多，说明我国在社会发展和科技支撑方面的区域差异也较大。其中得分在 0.7 以上的是北京、上海、天津 3 个直辖市，这与 3 个地区的经济社会发展水平是相符的。唯一得分在 0.8 以上的北京市，在农业技术人员保障度、农村互联网覆盖率、移动电话普及率、农村人口人均受教育年限、农村有线广播电视覆盖率和农村卫生技术人员保障度 6 项指标均居全国第一。得分最低的西藏，除农业技术人员保障度外，其他指标得分都较低，其中农村互联网覆盖率和农村人口人均受教育年限均居全国末位（图 1-5）。

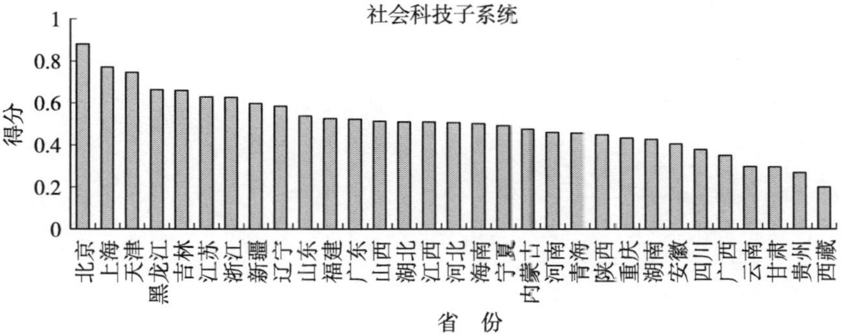

图 1-5　2013 年我国各省份社会科技子系统得分排序

2. 空间分异特征分析

为进一步探讨我国农业生态文明的空间分异特征，运用系统聚类法对各省份农业生态文明指数进行聚类分析。聚类分析（cluster analysis）又称群分析，是对样品或指标进行分类的一种多元统计分析方法。

运用 SPSS 软件，以各省份 4 个子系统得分为样本，选取组间连接，在对距离的测度方法中选取平方欧式距离。欧氏距离（euclidean distance）是一个通常采用的距离定义，它是在 m 维空间中两个点之间的真实距离。生成聚类树状图（图 1－6）。

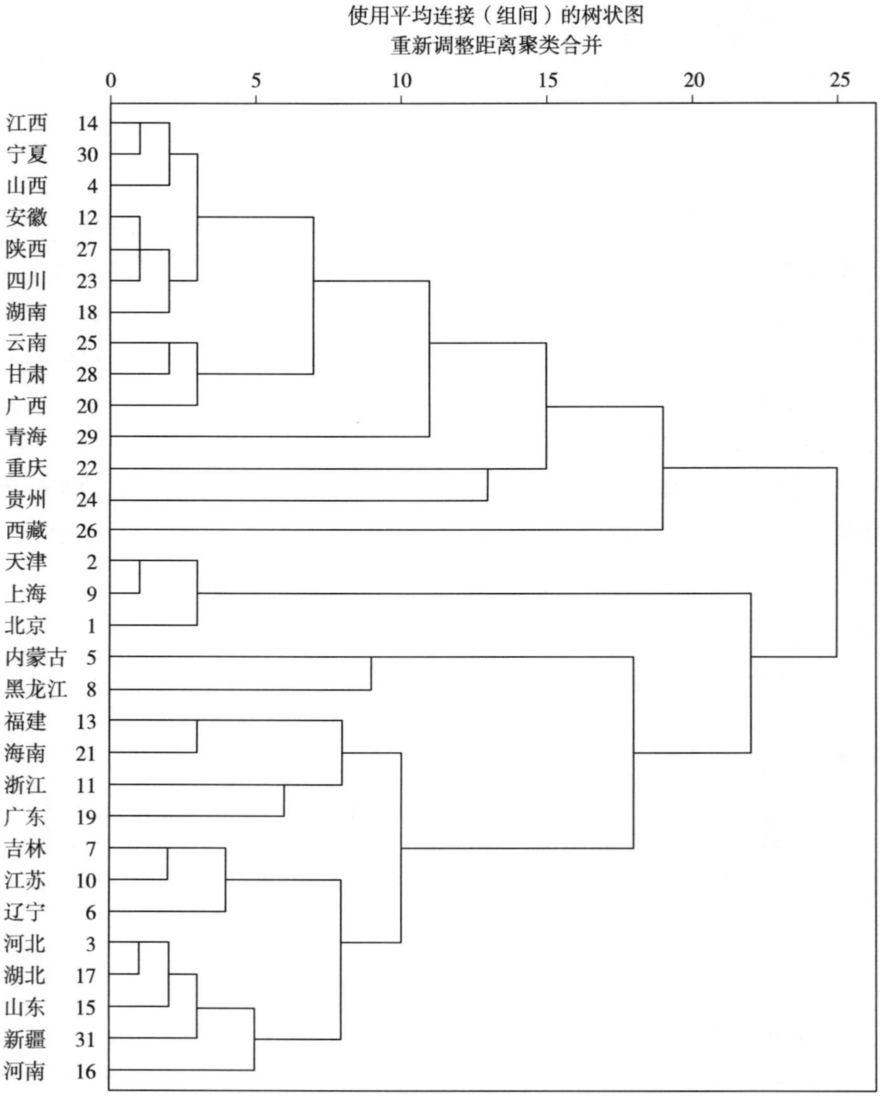

图 1－6　聚类分析树状图

根据聚类分析结果，将全国31个省份分为5类区域（表1-3）。

表1-3 聚类分析的区域划分

区域分类	省份数量	省份名称
Ⅰ区	2	黑龙江、内蒙古
Ⅱ区	12	吉林、辽宁、江苏、山东、湖北、河南、新疆、河北、海南、浙江、福建、广东
Ⅲ区	3	北京、天津、上海
Ⅳ区	13	重庆、安徽、陕西、贵州、宁夏、山西、湖南、四川、青海、江西、广西、云南、甘肃
Ⅴ区	1	西藏

3. 区域特征分析

从区域划分结果看，我国各省份农业生态文明水平呈现了较明显的空间分异特征，具体分析如下。

（1）Ⅰ区。该区域包括黑龙江、内蒙古2个省份，均位于我国北部地区，是我国重要的粮食和畜产品主产区。该区域农业生态文明指数位居全国前两位，且4个子系统得分均名列前茅，表明该区域农业生态文明水平较高，各方面发展比较均衡，属于高水平均衡发展区。

（2）Ⅱ区。该区域共包括12个省份，除新疆外均位于我国中东部及沿海地区，包含了我国大部分粮食主产区和其他重要农产品主产区。该区域农业生态文明指数总体位于全国中上水平，经济发展和社会科技子系统得分较高，但资源利用子系统得分差异较大，生态环境子系统得分较低，属于中高水平生态环境压力区。

（3）Ⅲ区。该区域包括北京、天津、上海3个直辖市，是典型的都市农业区。随着城市规模的不断扩大，农业的定位和功能也在不断发生变化。该区域农业生态文明指数位于中上游，社会科技子系统得分位居全国前3位，凸显了这3个直辖市的社会科技发展整体水平，但资源利用子系统得分较低，属于中水平资源利用压力区。

（4）Ⅳ区。该区域共包括13个省份，均位于我国中西部地区，包含4个粮食主产省份。该区域农业生态文明指数总体位于中下游，资源利用和生态环境子系统得分差异较大，经济发展和社会科技子系统得分较低，这与我国中西部地区资源环境及经济社会发展的整体水平相一致，属于中低水平社会科技压力区。

（5）Ⅴ区。该区域只有西藏。西藏位于我国西南部，是世界平均海拔最高的区域。该区域农业生态文明指数位居全国末位，除生态环境子系统得分相对较高外，经济发展、资源利用和社会科技子系统得分均为全国最低，属于低水平非均衡发展区。

二、我国农区畜禽养殖业的空间格局优化

当前我国畜禽养殖业快速发展，但是长期以来我国对畜禽养殖业空间布局缺乏引导，目前区域布局主要是在市场的主导下自发形成的，一些区域畜禽养殖量超过了环境承载力，环境负荷较大，环境污染事件频发，我国畜禽养殖业的发展迫切需要根据环境承载力进行优化调整。

（一）区域畜禽养殖业环境风险评价模型

根据我国畜禽养殖特点，选取合适的评价指标，确定相关参数，构建我国农区畜禽养殖业环境风险评价模型。在测算耕地消纳粪便的能力和各区域畜禽养殖规模上限的基础上，制定促进种养协调发展的各地区畜禽养殖业空间布局调整方案。

（1）畜禽粪便年产生量估算。依据畜禽数量、饲养周期和饲养周期内不同种类畜禽的排泄系数，采用以下思路计算畜禽粪便年产生量：

各类畜禽粪便年产生量＝畜禽存（出）栏量×饲养周期×各类粪便排泄系数/1 000

其中，生猪饲养周期为165天，肉牛奶牛饲养周期为365天，肉羊饲养周期为220天，家禽饲养周期为90天。

（2）畜禽粪便耕地负荷量估算及预警估算。耕地畜禽粪便承载力指特定区域耕地消纳粪便的能力，一般用土壤对畜禽粪便的负荷量来表示。由于畜禽养殖粪便肥效养分差异较大，耕地对不同粪便的消纳量有较大差异。依据国家环境保护部自然生态保护司建议，农户对猪粪的耕地施用量较容易掌握，故采用国家环境保护部公布的猪粪当量换算系数推荐值，将畜禽粪便换算成猪粪当量。根据畜禽粪便含氮量差异，将其换算成猪粪当量后叠加求和。在计算畜禽粪便负荷量时，以单位耕地面积畜禽粪便负荷量来表征耕地环境承载力大小，其计算公式如下：

$$q = \frac{Q}{S} = \sum \frac{X \cdot T}{S}$$

式中：q 表示单位耕地面积畜禽粪便猪粪当量负荷量［吨/（公顷·年）］；

Q 表示各类畜禽粪便猪粪当量产生量（吨/年）；

S 表示计算年份有效耕地面积（公顷）；

X 表示各类畜禽粪便量（吨/年）；

T 表示各类畜禽粪便换算成猪粪当量的换算系数。

（3）畜禽养殖耕地承载力预警程度。先采用畜禽粪便猪粪当量负荷警报值来分级，再根据具体区域做出科学分析与合理评价。采用以下思路来计算表征耕地畜禽粪便预警值：

$$a = \frac{q}{C}$$

式中：a 表示畜禽粪便耕地负荷警报值；

q 表示畜禽粪便耕地负荷量［吨/（公顷·年）］；

C 为常数，表示单位耕地面积有机肥最大施用量，平均取 40 吨/（公顷·年）

研究表明，区域畜禽粪便负荷程度警报值与环境承受程度呈反比，即随着数值的增大，环境对畜禽粪便负荷量承受能力逐渐降低，畜禽养殖对环境造成的污染威胁性增大，若高出这一水平就会引起土壤的富营养化，从而对环境产生影响。根据潘丹（2016）、陈斌玺（2012）以及赵串串（2016）等人的相关研究，本文所采用的畜禽粪便耕地理论最大适宜粪便承载量以 40 吨/（公顷·年）作为有机肥最大使用量，通过对全国各分区耕地负荷警报值的计算并参照畜禽粪便负荷警报分级方法，来分析全国各分区畜禽粪便对环境造成的压力及潜在影响。畜禽粪便负荷警报分级如表 1－4 所示，分级标准来源于上海市农业科学院 1994 年《家畜粪便耕地负荷分级标准研究》。

表 1－4　畜禽粪便负荷警报分级

警报值	＜0.4	0.4～0.7	0.7～1.0	1.0～1.5	1.5～2.5	＞2.5
分级级数	Ⅰ	Ⅱ	Ⅲ	Ⅳ	Ⅴ	Ⅵ
对环境的威胁性	无	稍有	有	较严重	严重	很严重

（4）参数确定。将猪的出栏量、牛和羊的存栏量、家禽的出栏量看作是当

年中相对稳定的饲养量，采用存（出）栏量、饲养周期与日排泄系数计算粪便产生量。本书中各类畜种粪便日排泄系数采用《畜禽养殖业产污系数与排污系数手册》中的系数，如表 1－5 所示。各类畜禽粪便的猪粪当量系数参考环境保护部公布的数据，如表 1－6 所示。

表 1－5　不同区域各类畜种粪便日排泄系数

单位：千克/（头·天）

区域	各项目排泄系数	猪	牛	羊	家禽
华北区	粪便	1.43	20.90	2.6	0.12
	尿液量	1.69	9.49	—	—
东北区	粪便	1.01	21.01	2.6	0.11
	尿液量	2.60	10.34	—	—
华东区	粪便	0.83	20.50	2.6	0.15
	尿液量	1.79	10.32	—	—
中南区	粪便	0.90	21.16	2.6	0.10
	尿液量	2.53	12.72	—	—
西南区	粪便	0.91	19.60	2.6	0.10
	尿液量	2.22	10.12	—	—
西北区	粪便	1.17	13.95	2.6	0.11
	尿液量	2.14	8.98	—	—

数据来源：《畜禽养殖业产污系数与排污系数手册》，其中猪、牛和家禽采用不同养殖阶段系数的平均值，羊的日排泄系数参考环境保护部公布的日排放系数。

表 1－6　各类畜种粪便猪粪当量系数

指标	牛粪	牛尿	猪粪	猪尿	羊粪	家禽粪
含氮量（%）	0.45	0.8	0.65	0.33	0.8	1.37
猪粪当量换算系数	0.69	1.23	1	0.57	1.23	2.1

（5）数据来源。将猪、牛、羊和家禽看作是全国各地级市（包括市、地区、自治州、盟）畜禽养殖的主要畜禽种类，由于部分地级市缺乏对养殖数量较少的其他畜禽种类的相关统计，因此以这 4 种畜禽种类为研究对象进行计算。本书所采用的基础数据均来源于官方统计资料，对 2015 年全国 335 个地级

市的养殖业情况按具体指标进行了数据统计，将全国分为五大区域，分别为华北区、东北区、中南区、西南区和西北区，统计基础数据中不包含海南、香港、澳门和台湾地区养殖统计数据。各类畜禽存、出栏量来源于2016年各省（直辖市、自治区）的统计年鉴，部分地级市的数据采用2015年或2014年年鉴中的统计数据。各地级市耕地面积数据来源于国土资源部官方网站土地调查成果共享应用服务平台中的统计数据，大部分耕地面积为水田、水浇地和旱地面积总计数据，除此之外，我国一些地级市为牧区和半牧区，总计64个，由于这些地级市的畜禽粪便主要不是依靠耕地消纳，更多地还是依靠草地消纳畜禽粪便，因此在计算畜禽粪便耕地负荷时采用的面积数据为耕地面积与草地面积之和。

（二）我国地级市畜禽养殖业环境风险评价

畜禽养殖结构变化直接影响着各类畜禽粪便产生量，进而影响各地级市的畜禽粪便污染结构。运用畜禽养殖业环境风险评价模型，对我国农区各地级市畜禽养殖业环境风险进行评价。

1. 总体分析

对全国各地级市的畜禽养殖粪便产生量及耕地负荷分区域进行计算，分别得到了各分区的单位耕地面积猪粪当量负荷平均值和单位耕地面积猪粪当量负荷警报值平均值。依据计算结果，全国畜禽养殖单位耕地面积猪粪当量负荷总平均值为14.57，单位耕地面积猪粪当量负荷警报值平均值为0.37，总体级别为Ⅰ级，表明现阶段畜禽粪便的排放对全国整体环境无影响。

2. 分区评价结果及原因分析

分区域来看，华北区单位耕地面积猪粪当量负荷平均值为9.05，其单位耕地面积猪粪当量负荷警报值等级为Ⅰ级，整体对环境无威胁。从具体的地级市来看，石家庄市、唐山市、秦皇岛市、邯郸市、乌海市单位耕地面积猪粪当量负荷警报值等级都为Ⅱ级，对环境稍有影响。从畜禽养殖量来看，河北省各个地级市整体的家禽养殖量较多。

东北区同华北区情况基本相似，其单位耕地面积猪粪当量负荷平均值为7.10，单位耕地面积猪粪当量负荷警报值等级为Ⅰ级，整体对环境无威胁。地级市中，单位耕地面积猪粪当量负荷等级为Ⅱ级的有沈阳市、本溪市、锦州市、铁岭市和朝阳市，这些地级市的畜禽养殖粪便排放对环境稍有威胁。

华东区、中南区和西南区的单位耕地面积猪粪当量负荷警报值平均值分别为 0.43、0.67、0.48，经比对，这 3 个区的单位耕地面积猪粪当量负荷警报值等级都为Ⅱ级，整体对环境稍有影响。华东区中，上海市的单位耕地面积猪粪当量负荷警报值为 1.15，其警报值等级超过了Ⅲ级标准，达到了Ⅳ级，说明 2015 年上海市的畜禽养殖对环境的威胁已达到了较严重的程度。

华东区的鹰潭市和淮南市，其单位耕地面积猪粪当量负荷警报值等级都为Ⅴ级，对环境有严重的威胁。虽然鹰潭市和淮南市畜禽养殖量较少，但相比较，其耕地面积更少，消纳耕地不足导致畜禽养殖对环境的威胁程度达到了严重等级。在后期管理与规划中应该削减这两个地级市的养殖量，从而减少对环境的压力。

作为我国重要的产粮区域，中南区的畜禽养殖业发展也较快。经统计，2015 年中南区单位耕地面积猪粪当量负荷警报值等级为Ⅳ级的地级市有黄石市、宜昌市、张家界市、郴州市、鹤壁市、阳江市、玉林市及贺州市，主要是可消纳的耕地面积少导致的。中南区的鄂州市、三门峡市、佛山市和中山市，其单位耕地面积猪粪当量负荷警报值等级为Ⅴ级，畜禽养殖已对环境产生了较严重的威胁。云浮市单位耕地面积猪粪当量负荷值为 112.48，其单位耕地面积猪粪当量负荷警报值等级为Ⅵ级，对环境已经产生了很严重的影响。西南区的西双版纳傣族自治州是我国云南省的重要地级市，2015 年其单位耕地面积猪粪当量负荷警报值等级为Ⅴ级，其畜禽养殖业已对环境产生了严重的威胁。另外，攀枝花市、雅安市、资阳市、昆明市、丽江市、楚雄市及怒江傈僳族自治州的单位耕地面积猪粪当量负荷警报值等级为Ⅳ级。以上城市的畜禽养殖业已对环境产生了较严重威胁。

西北区作为我国重要的养殖业发展区域，2015 年其单位耕地面积猪粪当量负荷警报值平均值为 0.20，单位耕地面积猪粪当量负荷警报值等级为Ⅰ级，说明西北区畜禽养殖产生的负荷量整体对环境无威胁。但地级市中，嘉峪关市单位耕地面积猪粪当量负荷警报值等级为Ⅴ级，其畜禽养殖业已对环境产生了严重的威胁，其主要原因在于该市消纳耕地面积不足。因此，在规划和调整农业养殖结构的过程中，应该削减该区域猪、牛和家禽的养殖数量。

3. 我国畜禽养殖业空间优化方案

根据我国畜禽养殖业环境风险评价结果，提出我国畜禽养殖业优化方案。

从我国畜禽养殖分区耕地消纳畜禽粪便的环境承载力测算情况来看，全国畜禽养殖分区单位耕地面积猪粪当量负荷警报值的平均值差异较大，其所对应的单位耕地面积猪粪当量负荷警报值等级差异也较大。若要达到对环境无威胁和影响的效果，理论上应该以单位耕地面积猪粪当量负荷警报值等级Ⅰ级（其对应的单位耕地面积猪粪当量负荷警报值小于 0.4）为测算指标标准值对各个地级市的畜禽养殖业进行测算。

基于种养协调的畜禽养殖空间布局方案：在全国分区中，除了西南区的猪当量养殖规模可增加 12 808.03 万头外，其余区域都需要削减，具体猪当量削减量分别为华北区需减少 36 058.14 万头，东北区需减少 52 834.39 万头，华东区需减少 183 775.35 万头，中南区需减少 62 471.01 万头，西北区需减少 33 663.79 万头。

从畜禽养殖业区域调整和分品种产业结构调整两个方面进行的优化调整方案如下。

（1）区域调整方案。根据我国区域环境承载力情况，提出我国畜禽养殖业优化调整方案如下：京广、京哈铁路沿线，南方水网地区调减畜禽养殖规模；黄淮海地区优化内部区域布局，其中山东需要调减西部地区养殖总量；推动京哈铁路沿线畜禽养殖向腹地转移，京广铁路沿线畜禽养殖密集区向京九铁路沿线转移。

（2）分品种产业结构调整方案。

a. 生猪。生猪产业是我国畜禽养殖业中最重要的组成部分，猪肉也是我国最重要的畜禽产品，生猪养殖业调整需要综合考虑环境承载力、资源禀赋、消费偏好和屠宰加工等各种因素，充分发挥区域比较优势，分类推进重点发展区、约束发展区、潜力增长区和适度发展区，促进生猪生产与资源环境和市场协调发展。

河北、山东、重庆、广西、海南等七省份是重点发展区，该区域是我国生猪生产的核心区，该区域的重点任务是依托现有发展基础，加快转型升级，提高规模化、标准化、产业化和信息化水平，加强畜禽粪便综合利用，完善良种繁育体系，加大屠宰加工能力和冷链物流配送体系建设，推进“就近屠宰、冷链配送”经营方式，提高综合生产能力和市场竞争力；开发利用地方品种资源，打造地方特色生猪养殖。

北京、天津、上海等大城市郊区和江苏、浙江、福建、安徽、江西、湖北、湖南、广东等南方水网地区是约束发展区。该区域受资源环境条件限制，未来保持养殖总量稳定。京津沪地区养殖量虽然小，但是规模化程度、生产水平处于全国前列，主要任务是：稳定现有生产规模、优化生猪养殖布局，加强生猪育种能力建设，推行沼气工程、种养一体化等生猪粪便综合利用模式，提高集约化生猪养殖水平和猪肉质量安全水平。南方水网地区重点要调整优化区域布局，超载地区要加快退出生猪养殖，推行生猪适度规模化养殖，提升设施装备水平；压缩生猪屠宰企业数量，淘汰落后屠宰产能，推动生猪规模化、标准化屠宰，提升屠宰设施设备水平；推行经济高效的生猪粪便处理利用模式，促进粪便综合利用。

东北四省份（辽宁、吉林、黑龙江和内蒙古部分地区）和云南、贵州两省是潜力增长区，该区域在环境承载力、饲料资源、地方品种资源等方面都具有优势，是未来我国生猪养殖业发展的重点区域，目前已经有一批大型养殖企业在东北地区建设了生产和加工基地，该区域将重点建设一批高标准种养结合养殖基地；做大做强屠宰加工龙头企业，提升肉品冷链物流配送能力，实现加销对接。

山西、陕西、甘肃、新疆、西藏、青海、宁夏等西部省份是适度发展区，该地区地域辽阔，土地和农副产品资源丰富，具有优质玉米供应，农牧结合条件好，但是水资源短缺，市场规模小，该区域要重点推进适度规模养殖和标准化屠宰，大力发展农牧结合，发展生态养殖，突出区域特色，打造知名品牌，发展优质高端特色生猪产业。

b. 肉牛。巩固发展中原产区，稳步提高东北产区，优化发展西部产区，积极发展南方产区。加快推进肉牛品种改良，大力发展标准化规模养殖，强化产品质量安全监管，提高产品品质和养殖效益，充分开发利用草原地区、丘陵山区和南方草山草坡资源，稳步提高基础母牛存栏量，着力保障肉牛基础生产能力，做大做强肉牛屠宰加工龙头企业，提升肉品冷链物流配送能力，实现产加销对接，提高牛肉供应保障能力和质量安全水平。

c. 肉羊。巩固发展中原产区和中东部农牧交错区，优化发展西部产区，积极发展南方产区，保护发展北方牧区。积极推进标准化规模养殖，不断提升肉羊养殖良种化水平，提升肉羊个体生产能力，大力发展舍饲半舍饲养殖方式，加强棚圈等饲养设施建设，做大做强肉羊屠宰加工龙头企业，提升肉品冷链物流配送能力，实现产加销对接，提高羊肉供应保障能力和质量安全水平。

d. 奶牛。巩固发展东北四省份和华北产区，稳步提高西部产区，积极开辟南方产区，稳定大城市周边产区。重点推进品种改良和生产性能测定，提升荷斯坦牛单产水平，因地制宜发展乳肉兼用牛。强化规模养殖场疫病净化；加快发展全株青贮玉米及优质苜蓿高效生产，推进种养结合与农牧循环；引导奶业企业与奶农建立紧密的利益联结机制，引导乳品企业投资奶源基地建设，加快奶业一体化发展。

e. 家禽。根据市场需要和区域环境承载力发展城市周边家禽养殖，提升家禽养殖规模化水平，降低生产成本，提高疾病防控能力。

第三节　加强农业绿色技术供给

一、农户对绿色生产的认知与行为意愿分析

（一）农户对绿色生产的认知状况

农户对种植业绿色生产的认知程度不高，对国家相关绿色发展政策了解较少，说明种植业绿色生产在样本地还处于推广初期，政策宣传力度和推动力度尚有较大提升空间。经调研，仅有不到5%的农户对种植业绿色生产非常了解，而这9户被调查家庭有5户是党员家庭户，1户是大学生户。分别有35.82%和30.35%的农户对种植业绿色生产了解一点或了解，还有近30%的农户对此不了解，这表明样本地广大农户对种植业绿色生产技术还是比较陌生，仅限于知道或者听说过这一理念，而非落实到实际的农业生产过程中。此外，有过半的被调查农户认为国家推进种植业绿色生产十分必要，这体现出农户还是希望国家能够在这一新兴产物上起到积极的主导作用。相对应的，农户对相关政策了解甚少，其中对相关支持政策不了解的农户占比53.23%。这些都表明在样本地，广大农户对种植业绿色生产较为陌生，相关支持政策的宣传与落实有待提升（表1-7）。

表1-7　农户对种植业绿色生产的认知情况

单位：户

	非常了解（非常重要）	了解一点（比较重要）	了解（一般）	不了解（不太重要）
了解程度	9（4.48%）	72（35.82%）	61（30.35%）	59（29.35%）
国家推进的重要程度	109（54.23%）	58（28.86%）	23（11.44%）	11（5.47%）
相关政策了解程度	8（3.98%）	50（24.88%）	36（17.91%）	107（53.23%）

另外，在对种植业绿色生产有过了解的农户中调研发现，农户了解相关信息的主要途径是报纸、广播、电视、网络媒体宣传，以及农户之间相互交流，而从政府组织、村集体、合作社或协会组织的宣传、讲座或培训中所获取的信息较少（图1-7）。

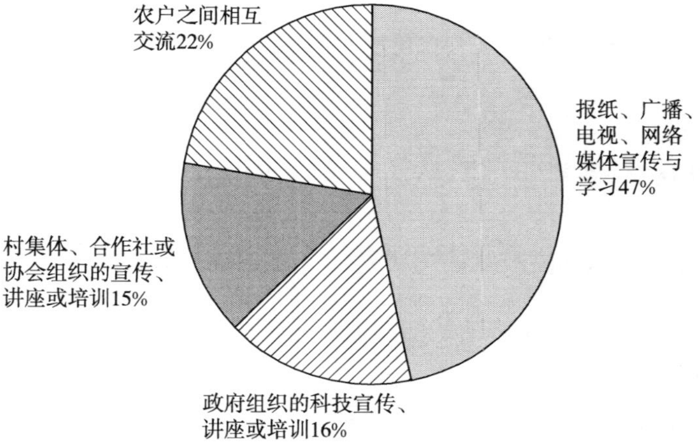

图1-7　农户对种植业绿色生产的主要了解途径

（二）农户参与绿色生产的意愿状况

农户参与种植业绿色生产的意愿较为强烈，农户认知到绿色生产对外部环境和自身健康的重要性是愿意参与绿色生产的最主要推动因素，自身素质或技能无法支持绿色生产实施、技术投入成本高是影响农户参与绿色生产的主要障碍因素。根据农户参与种植业绿色生产意愿情况调查结果可知，在政府推行种植业绿色生产的情境下，201户农户家庭中有168户愿意参与绿色生产，占比83.58%，其愿意参与的4个主要原因依次是“绿色生产对环境污染小、有利于身体健康”“增加产量”“提高质量”“提高价格”，这说明随着质量安全理念和生态文明建设观念的普及，农户的环保和健康意识有所提升，已经认知到绿色生产对外部环境和自身健康的重要性，而产量、质量和价格直接关系到农户种植农作物的经济效益，因此也是影响农户参与种植业绿色生产意愿的主要因素。

同时，对农户不愿意参与绿色生产的原因调查发现，有16.42%的农户参与意愿低，其最主要原因是农户认为自身素质或技能无法达到绿色生产的技术要求，实际操作过程中存在困难。参与种植业生产的农户普遍年龄偏大、文化程度偏低，对于新的生产技术存在畏惧心理和学习困难。此外，技术投入成本增加也是阻碍农户参与绿色生产的一个重要因素。绿色生产实质是一种生态保护行为，具有明显的外部性，农户自身对于技术投资的意愿并不强烈，在缺乏外部激励和经济补偿的情况下，农户难以主动采纳绿色生产方式。另外，有农户提出不愿意参与的其他原因包括“不清楚绿色生产是什么”“不感兴趣”以及“害怕土地被收回”等，这表明政府对于种植业绿色生产的宣传和教育力度有待提升，向农户宣传绿色生产方式的优势、传统生产方式带来的损害以及政策支持内容和方式会有利于其转变想法。值得注意的是，有 16.95%的党员户、村干部户或大学生户和 16.20%的其他农户均不愿意参与其中，两者比例相近，说明是否为党员户、村干部户或大学生户对农户参与意愿度的影响较弱（表 1－8）。

表 1－8 农户参与种植业绿色生产的意愿情况 单位：户、%

农户类型	愿意		不愿意	
	频数	比例	频数	比例
党员户、村干部户或大学生户	49	83.05	10	16.95
其他农户	119	83.80	23	16.20
合计	168	83.58	33	16.42

农户对政府提供绿色生产技术服务和增加绿色生产财政补贴的需求最为迫切。为了更为深刻地了解农户所需政府支持方向，本次调研向被调查者设置了“您希望政府在推动种植业绿色生产上做哪些工作?”的多选题项，结果如图 1－8所示。其中，愿意参与的农户比参与意愿低的农户更关注政府提供绿色生产技术服务、指导和推广、增加绿色生产配套设施或设备、提高绿色生产的社会化服务以及加强监管与控制，而参与意愿较低的农户更关注财政补贴，且提出希望提高价格，这说明参与意愿较低的农户主要受到了投入成本和经济效益的影响，政府需要在为农户提供相关技术指导、配套设施以及监管的同时，对农户采取绿色生产行为提供一定的财政补贴，减少农户发展绿色生产的后顾之忧。

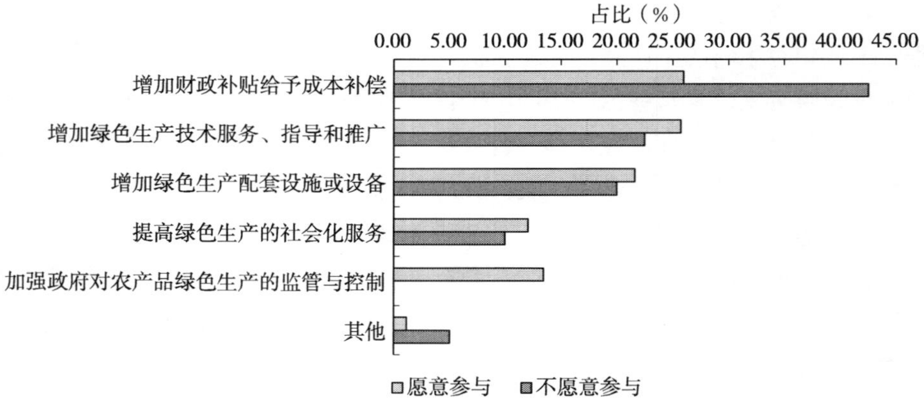

图 1-8　农户希望政府在推动种植业绿色生产中所做工作

（三）农户参与绿色生产的行为状况

在投入品使用行为方面，低毒低残留生物农药、测土配方施肥、有机肥是农户选择的主要农药和化肥施用方式。通过农户分析可知，农户对于农药的使用更倾向于选用生物农药、高效低毒低残留的农药（39.26%），而施肥方式中测土配方施肥（18.46%）、用有机肥代替化肥（14.09%）这两种方式选用较多，但仍有接近 8%的农户会选择高毒性农药，病虫害统防统治以及水肥一体化的占比较少。以上情况说明国家近年来大力实施化肥农药零增长行动，扩大测土配方施肥使用范围，推进农药减量控害、推进配方肥进村入户到田等工作已经初见成效，但科学防治、科学施肥仍需提高（图 1-9）。

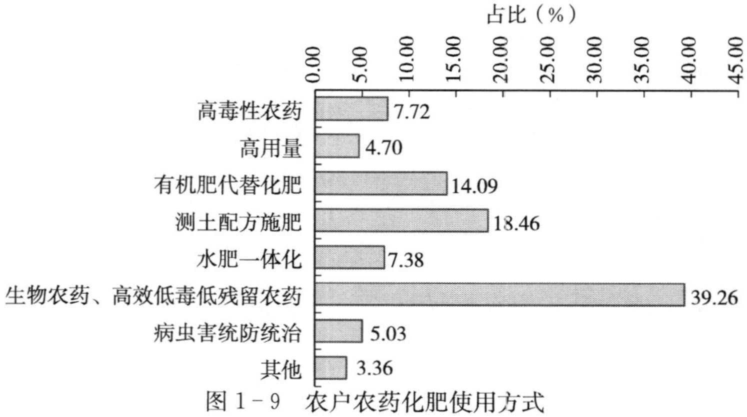

图 1-9　农户农药化肥使用方式

在种植业废弃物处理行为方面，农膜处理以直接丢弃或垃圾站点集中处理两种方式为主，农作物秸秆处理以还田等综合利用方式为主。对于农业生产过程中产生的垃圾（如农药瓶、农用薄膜等），近一半的农户会选择直接丢弃，其他近30%选择送到垃圾点或者垃圾站集中处理，13.2%的农户会选择扔到井中或沟壑填埋，仅有6.6%的农户会选择回收再利用。这一方面与农村广大群众对残膜危害的认识不足有关，另一方面农膜的人工清除劳动强度大、费时，影响了农民回收的积极性。这说明大力研究与推广加厚耐老化农膜、可降解农膜等优质农膜，降低农膜回收难度，促进农膜有效回收利用仍有较大提升的空间。对于农作物秸秆，86.93%的农户都会选择进行秸秆综合利用，这也基本符合经济成本效益理论，秸秆焚烧比例很小，可见国家近年来禁止农作物秸秆焚烧工作成效较为显著（图1-10、图1-11）。

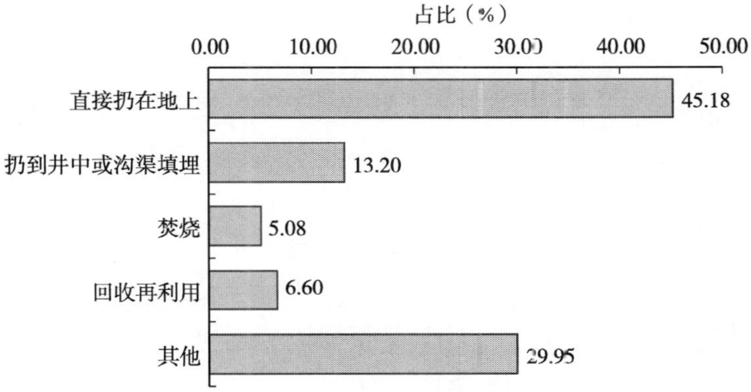

图1-10　农户对生产垃圾的处理方式

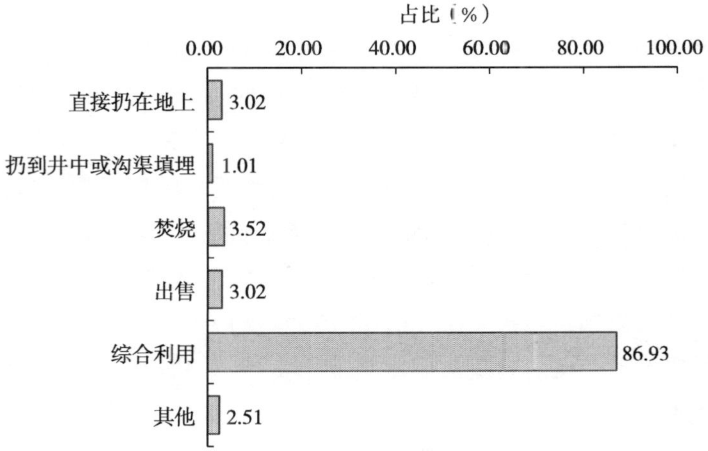

图1-11　农户对农作物秸秆的处理方式

在农作物灌溉方式选择行为方面，绝大多数农户仍以传统漫灌方式为主，节水农业建设亟待加强。93.26%的样本地被调查农户都采用漫灌的方式进行农业灌溉，仅有极少数人会考虑微喷、滴灌以及地下滴灌等方式，这说明样本地农业灌溉仍是粗放型。这一现象一方面受当地农户历史灌溉方式的影响，一方面也由当前灌溉条件、技术、设备以及成本所决定，在当前种植业规模化程度不高的情况下，只有中央财政和当地政府全面投入资金、提供技术支持，才能大面积开展高效节水灌溉（图 1-12）。

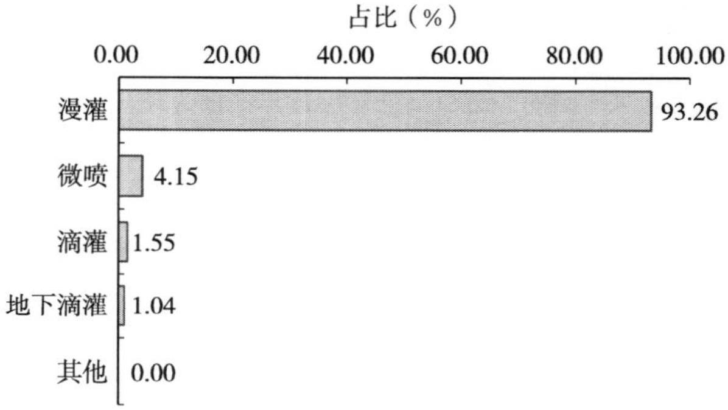

图 1-12　农户采用的灌溉方式

二、影响农户参与绿色生产意愿的因素分析

（一）变量选择

意愿通常指个人对事物所产生的看法或想法，并因此而产生的个人主观性思维，是由个人的内在动机需求推动产生，同时受外界约束及可行机会的影响，因此，本书从动机、约束以及机会 3 个维度分析农户参与种植业绿色生产意愿度的影响因素。其中，动机包括“绿色生产能够增加产量”“绿色生产能够提高农产品价格”“绿色生产能够提高农产品质量”“绿色生产能够保护环境和身体安全”“绿色生产能够提高自身信誉和品牌”以及“政府要求”；约束包括“绿色生产会增加资金投入”“绿色生产会增加劳动投入”“绿色生产会增加技术投入”以及“劳动者自身素质或技能不支持”；机会包括“政府增加财政补贴给予成本补偿”“政府提供绿色生产技术服务、指导和推广”“政府提供绿色生产配套设施或设备（节水灌溉、粪污处理等）”“政府提高绿色生产的社会

化服务”以及“政府加强对农产品绿色生产的监管与控制”。

（二）实证分析

Logistic模型能够有效地将变量值域限定在［0，1］，而“如果政府推行种植业绿色生产，我愿意参与”是一个明显的二元决策问题，因此本书采用Logistic回归模型来分析影响绿色生产农户参与意愿的影响因素。回归结果如表1-9所示。

表1-9　模型回归结果

影响因素	回归系数	标准误差	Wald检验	自由度	显著性	优势比
X_{11}能够增加产量	6.004	2.228	7.263	1	0.007***	4.91
X_{12}能够提高农产品价格	2.862	2.048	1.952	1	0.162	17.50
X_{13}能够提高农产品质量	7.417	3.203	5.362	1	0.021**	1.86
X_{14}能够保护环境和身体安全	46.954	1 462.918	0.001	1	0.974	2.46×10^{14}
X_{15}能够提高自身信誉和品牌	−4.346	3.334	1.699	1	0.192	0.01
X_{16}政府要求	23.031	6 057.615	0.000	1	0.997	1×10^{10}
X_{21}会增加资金投入	−3.080	1.771	3.023	1	0.082*	1.05
X_{22}会增加劳动投入	−4.255	1.912	4.954	1	0.026**	1.01
X_{23}会增加技术投入	−1.587	2.257	0.494	1	0.482	0.21
X_{24}劳动者自身素质或技能不支持	−6.770	2.792	5.880	1	0.015**	0.70
X_{31}政府增加财政补贴给予成本补偿	3.934	2.049	3.687	1	0.055*	1.13
X_{32}政府提供绿色生产技术服务、指导和推广	4.093	1.898	4.652	1	0.031**	1.91
X_{33}政府提供绿色生产配套设施或设备	3.711	2.337	2.521	1	0.112	40.83
X_{34}政府提高绿色生产的社会化服务	−2.847	2.429	1.374	1	0.241	0.06
X_{35}政府加强对农产品绿色生产的监管与控制	17.776	3 106.337	0.000	1	0.995	52 484.27
常量	−1.118	1.174	0.907	1	0.341	0.33

注：*、**、*** 分别表示在10%、5%、1%的水平上显著。

1. 动机对农户参与绿色生产意愿的影响分析

动机维度中的“能够增加产量”以及“能够提高农产品质量”分别在1%

和5%的显著性水平上对农户参与绿色生产意愿度产生正向影响，回归系数分别是6.004和7.417，这表明农户认为绿色生产能够增加产量和提高农产品质量，对其参与种植业绿色生产意愿度具有重要的正向影响。绿色生产作为一种新的种植业发展模式，与农户切身利益最直接相关的即是产量目标，且伴随着人们生活水平的提高，对绿色农产品的需求和关注度越来越高，因此，产量和质量是影响农户收益最关键的两大因素，采用绿色生产方式对农产品质量和产量提升的促进作用越大，农户参与绿色生产的意愿就越强烈。另外，“能够提高农产品价格”“能够保护环境和身体安全”“能够提高自身信誉和品牌”以及“政府要求”4个动机因素未能通过显著性检验，说明这些因素不是影响农户参与绿色生产的关键因素。本文认为，农户在对绿色生产尚不十分了解的情况下，认为价格和品牌效应主要受市场和消费者所影响，尽管农户认同绿色生产能够提高价格以及产品的信誉和品牌效应，也会倾向于持有观望的态度，观察绿色生产的产出在市场中的状态，再考虑是否参与其中。而根据马斯洛需求层次论，保护环境和身体安全在现有技术和经济背景下，仍属于较高的层次，无法直接影响农户参与绿色生产的意愿度。在市场经济的背景下，政府要求对于农户的意愿影响也微乎其微。

2. 约束对农户参与绿色生产意愿的影响分析

约束维度中，除了“会增加技术投入”外，“会增加资金投入”“会增加劳动投入”以及“劳动者自身素质或技能不支持”的约束都通过了显著性检验并对农户参与绿色生产的意愿有负向影响。具体来看，绿色生产会增加资金投入，与农户参与绿色生产意愿呈负相关，在10%的置信水平上显著，回归系数为−3.08，绿色生产会增加劳动投入，与农户参与绿色生产意愿呈负相关，在5%的置信水平上显著，回归系数为−4.255，这表明资金投入和劳动投入上升是阻碍农户参与绿色生产最为关键的两个要素，而农户对自身素质或技能不支持绿色生产的观点也会限制农户的参与意愿。

3. 机会对农户参与绿色生产意愿的影响分析

机会维度中，“政府增加财政补贴给予成本补偿”“政府提供绿色生产技术服务、指导和推广”是影响农户参与绿色生产意愿的两大因素，分别在10%和5%的置信水平上通过检验，而其余要素对农户参与意愿的影响关系尚未通过检验。其中，农户关注政府财政补贴给予成本补偿同在动机维度中农户关注产量和质量、在约束维度中关注资金投入具有相同性质，成本也是同农户切身收益息息相关的要素之一。另外现有有关绿色生产技术服务与指导的缺乏，导致农户更加关心自己是否能够得到有效的技术支持以实现绿色生产。而配套设施、社会化服务与监管控制未能通过检验的原因可能是，现在绿色生产尚未形成体系，相比于直接的财政补贴与技术指导，这三者与农户切身利益的直接关系尚不突出，因此农户可能认为即便政府会提供相关设备、社会服务以及市场监控，绿色生产对个体来说，仍具有较高的进入门槛（包括经济和技术），因此不会直接影响参与意愿。

三、农户生态友好型技术采纳与需求分析

（一）农户对生态友好型技术总体认同

56.9%的农户认为采用生态友好型技术可以改善农业生态环境，认为作用一般的占39.4%，认为没有作用的占3.7%。六成的农户认为生态友好型技术可以提高农业生产收益，认为作用不明显的占38.0%，认为没有作用的占2.3%。

（二）生态友好型技术总体采用率不高

配方肥、缓（控）释肥使用率不高，分别为23.4%和21.4%。农户种养分离的现象普遍，能够将种植和养殖相结合的农户不足两成，此外，进行畜禽粪便还田和秸秆综合利用的农户仅占46.8%和34.1%。在种养分离的情况下，由于缺少相关原料，户用沼气使用率仅在两成左右。种植和养殖产生的废弃物得不到循环利用，造成资源浪费、环境污染和耕地地力下降。虽然近七成的农户能够选择使用低毒农药，但八成以上的农户在病虫害防治时以户为单位分散进行，使用生物防治措施的农户仅占14.1%。从事绿色、无公害、有机农产品生产的农户仅占20%，进行良好农业规范认证的农户不足10%（表1-10）。

表1-10　生态友好型技术采用率

技术名称	技术采用率（%）	技术名称	技术采用率（%）
（1）使用配方肥	23.4	（4）秸秆还田、秸秆做饲料	34.1
（2）使用缓（控）释肥	21.4	（5）种养结合，如养猪和种田结合，稻田养鱼等	18.9
（3）畜禽粪便还田	46.8	（6）沼气技术	20.6

（续）

技术名称	技术采用率（%）	技术名称	技术采用率（%）
（7）绿肥轮作技术	67.3	（12）废旧地膜回收	23.9
（8）耕地深翻、深耕	18.0	（13）废弃农药袋、瓶回收	40.0
（9）使用低毒、低残留农药	14.1	（14）绿色、无公害、有机农产品生产	20.0
（10）参加病虫害统防统治	6.8	（15）良好农业规范认证	7.0
（11）使用杀虫灯、黄板等生物防治措施	38.6		

（三）补贴可以提高农户技术采用意愿，补贴量应弥补农户成本增量

在问及“如果政府对使用配方肥、缓（控）释肥、有机肥等肥料进行补贴，您是否会使用”时，70.9%的农户会选择使用，明确回答不会使用的仅占3.6%，不清楚的占25.5%。46.8%的农户期望购肥补贴能够弥补他们增加的成本，使得购肥费用与现在的花费持平（图1－13）。

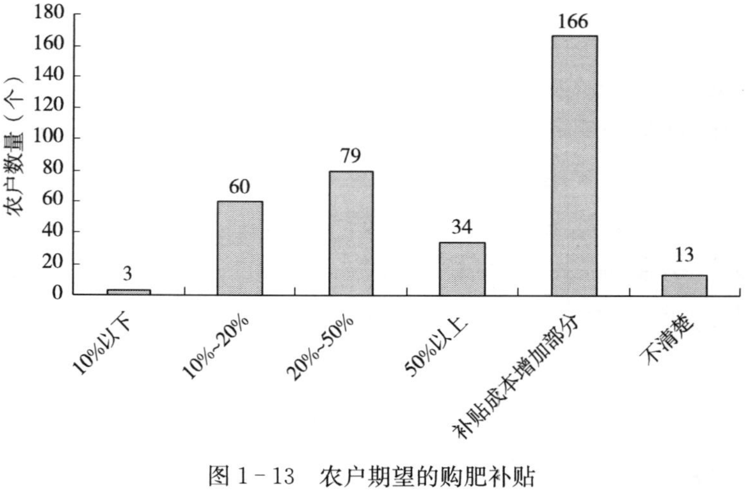

图1－13　农户期望的购肥补贴

（四）农户技术指导需求强烈，服务方式要求多样化

在问及“您在农业生产中是否需要科学用肥和用药的指导”时，74.9%的农户回答需要，明确回答不需要的农户仅占4.6%。农户对技术指导的形式要

求多样，需要农机人员上门服务和开办技术培训班的农户分别占 30.7%和 29.6%。此外，农户还希望发放施肥用药的建议卡，有专业化的公司或组织进行服务，合作社能提供一些施肥和用药的技术指导等（图 1－14）。

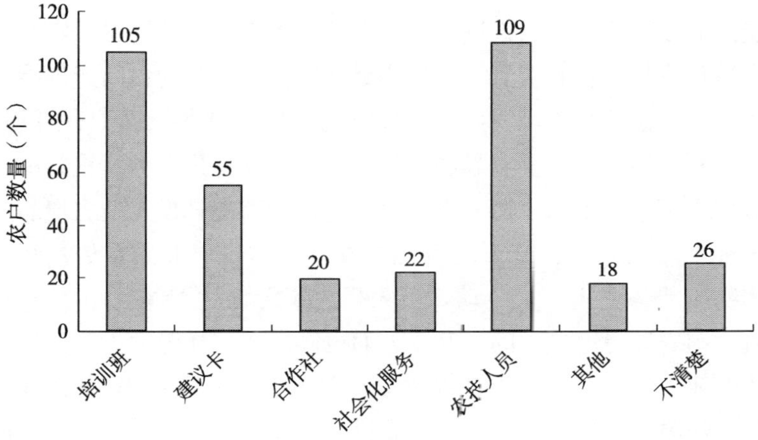

图 1－14　农户对农技推广服务方式的要求

（五）土地流转的期限和稳定性影响农户采取耕地保护措施

在回答“如果流转土地的承包期短且不稳定，我不会采取措施来提高耕地质量”问题时，63.4%的农户给出肯定回答，给出否定回答的仅占 9.7%。在土地流转期限较短且不稳定的情况下，大部分农户不会采取措施提高耕地质量。当前要规范引导土地经营权有序流转，健全土地流转服务平台，完善县乡村三级服务和管理网络，在健全土地流转制度和尊重农户意愿的基础上，引导农户延长土地流转期限，探索整建制土地流转，将土壤质量和耕地地力提升作为取得经营权的重要条件和衡量标准。

四、生态友好型农业发展困境与对策建议

（一）发展困境原因解析

回顾 20 世纪 80 年代以来以生态农业、循环农业为代表的生态友好型农业发展历程，生态友好型农业没有成为我国主导的农业生产方式，本文从社会发展、制度变迁、技术进步和政策导向 4 个层面分析生态友好型农业发展不足的

深层次原因。

从社会发展阶段来看，人口供养压力使短期内产出更高的石油农业占据主导地位。改革开放以后，我国的工业化和城镇化快速推进，一方面人口增长和居民消费水平提高，对粮食等农产品的消费数量增加，另一方面随着户籍制度和农村土地制度改革的深入推进，农村劳动力大量向城镇转移，农业劳动力供养的人口数量增加。在此背景下，社会经济发展对农业的食品产出能力提出了更高的要求，也是这个阶段农业的主导功能。传统农业依赖于有机物质循环，土地产出受到土壤有机养分有限和作物生长受自然干扰大的双重约束，土地的人口承载能力不可能很高。西方现代农业通过外部能量投入使农产品产量大大提高，土地承载能力达到160人/平方千米，是传统农业的4倍，并且西方现代农业用物质装备替代手工劳动，极大提高了劳动生产率，节省了劳动投入量。随着我国农业劳动成本的上升，人们更倾向于选择劳动投入更少、产量更高的现代农业生产方式，我国传统农业迅速瓦解，农业机械化快速发展，化肥、农药、农膜用量持续增加，以“高投入、高产出、高排放”为特征的农业生产方式占据主导地位，而追求物质循环、生态平衡的生态友好型农业往往由于机械化程度低、劳动投入大、产出水平难以快速提高等原因而处于边缘地位。这也在一定程度上解释了生态友好型农业发展较好的地区一般在山区或贫困地区，而机械化程度较高、农业生产条件较好的地区，生态农业发展和生态技术应用反而不足。

从制度变迁层面来看，生态友好型农业的市场化程度发展滞后。过去30多年，我国从计划经济体制逐步转变为市场经济体制，在市场经济体制下，农户的生产直接面向市场，农产品的商品率提高，农户的生产越来越专业化，种养结合的循环模式逐渐分离，畜禽粪便不再还田而直接排放，作物秸秆往往被直接焚烧，既造成了资源浪费也造成了环境污染。过去30多年，生态农业的实践往往在农户等小尺度比较容易实现，大尺度的生态农业需要配备较为完善的循环产业链条和更为复杂的生态工程设计，一般需要较高的初始投资，因此大尺度的生态农业项目实现较难。然而小尺度的生态农业很难实现规模化生产，商品率和比较效益难以提高。此外，生态农产品的市场机制不完善，优质农产品很难实现优价，一方面是我国居民的总体消费水平还难以承受生态农产品较高的成本，另一方面是市场监管机制不健全，造成以次充好，消费者也缺乏辨别能力。

从技术进步角度来看，生态友好型农业技术创新动力不足。由于生态农业缺乏市场竞争力，生态农产品难以优质优价，市场价格不能充分反映资源稀缺程度，生态友好型技术创新的机会就很难被诱发出来，就会丧失很多技术替代的机会。具有市场竞争力的生态友好型农业技术仍很有限，从传统农业中筛选出来的生态技术，会随着经济的发展和农业剩余劳动力的减少，逐步失去竞争力，已有的生态农业技术储备还不足以引发一场生态革命。农业可持续发展归根到底是由单个农民的个体行为所构成的合力向前推进的，任何可持续农业技术的应用和推广只有被农民接受才能转化为现实生产力。根据技术创新是由自然资源禀赋变化诱致出来的理论，人类在选择技术时往往不会舍易求难，人类掌握的知识越有限，就越有可能选择更为简单的技术。生态农业往往要求种养结合，即使仅涉及种植业，也要求不同作物采取套种、轮作等方式，因此相对于单一种植，生态农业要求人们掌握的技术更多、更复杂，这给人们的技术掌握造成一定困难。此外，在生态农产品市场不完善，生态技术采用存在较大不确定性和市场风险的情况下，农户处于规避风险的考虑，一般不会采用。

从政策导向因素来看，现有政策体系对生态友好型农业激励不足。我国现有的农业环境政策对农户收入和福利的影响很小，不能帮助农户规避采用生态友好型技术的风险，也缺乏有效的监督和控制。有些行业政策甚至成为生态友好型技术发展的瓶颈，如对化肥行业的优惠政策，使生产和贸易扭曲，化肥价格偏低，导致农户在生产中不注重节肥和科学用肥，强化了农业生产中对化肥的依赖甚至“上瘾”。农业生产带来的环境污染、生态破坏等，还缺乏有效的政策安排进行控制。对农户采用生态友好型技术也缺乏有效的激励。此外，生态友好型技术的经验化过程要求有效率的技术推广体系和高素质的农技人员，然而长期以来我国实行的政府驱动式、外压式农业技术推广体系，存在职能不清、管理不规范、投资机制不健全等问题，有些地方甚至出现“线断、网破、人散”的局面。

（二）政策建议

1. 完善生态友好型农业的管理体制和管理制度

落实和完善耕地保护制度、节约集约用地制度、水资源管理制度、农村生态环境保护制度，用制度保障生态友好型农业发展。加快制定《耕地质量保护法》《土壤污染防治法》《肥料管理条例》等有关法律法规，推动修订《水污染防治法》《循环经济促进法》《排污收费征收管理使用条例》等相关法律法规，落实《畜禽规模养殖污染防治条例》，加强基层环境保护监管部门的执法能力，强化司法保护。建立归属清晰、权责明确、监管有效的农业自然资源资产产权制度，健全农村集体经济组织，明确和落实耕地等自然资源资产所有者职责，强化农村土地监督和管理能力。完善农村土地流转，将土壤质量和耕地地力提升作为取得和延续经营权的重要条件和衡量标准。把农业资源消耗、污染物排放、生态环境损害等纳入地方特别是县乡领导班子考核评价体系。建立农业生态补偿制度，综合运用法律手段、经济手段和技术措施，对个人或组织发展生态友好农业和保护农业生态环境而额外付出的成本和牺牲的自身利益进行补偿。

2. 加强生态友好型农业的规划引导和政策支持

优化农业区域和产业布局，落实用途管制。推动生态农业示范区和循环农业示范市建设，启动建设现代生态农业创新示范基地。根据资源禀赋、环境承载力和产业特点，优化调整种植业、养殖业及其内部结构，落实畜禽养殖生态消纳地，形成产业相互融合、物质多级循环产业结构。建立不同层级、不同范围的农业循环体系，提高资源利用率。发挥政府投资对生态友好型农业的扶持作用，按照生产发展、农民增收、资源利用、环境保护、生态建设并重的要求，调整完善现有农业补贴政策，新增补贴向生态友好型农业发展和农业生态环境保护倾斜。创新金融产品和服务方式，加强各类金融机构对开展规模化种养结合经营的支持。通过财政奖励补助等措施，支持使用高效肥和有机肥、使用高效低残留农药、使用高标准农膜和开展残膜回收。明确重点领域和关键环节，深入推进测土配方施肥，加快推进农作物秸秆综合利用，加大实施土壤有机质提升补贴力度，支持重金属污染区和地下水超采区开展种植结构调整，支持推广粮草轮作、粮豆轮作等种植模式。加强农业文化遗产的发掘和保护力度，强化传统农业技术和知识、重要物种资源和农业景观的保护和传承。

3. 创新生态友好型农业的技术体系和服务方式

在总结过去生态农业发展经验和各地实践探索的基础上，构建具有较高理论价值和可操作性的现代生态农业技术模式。重点开发土地、水资源、化肥、农药和农膜集约使用技术，畜禽粪便和作物秸秆资源化利用技术。建立生态友好型农业技术信息发布平台，让广大农技推广人员、农业生产经营者等相关主体，及时了解和掌握有关技术信息。加强基层农技部门对生态友好型农业技术的推广能力，提高机构人员队伍素质，强化经费保障机制。要坚持主体多元化、服务专业化、运行市场化的方向，创新服务方式和服务手段，扶持农民合作社、专业技术协会、技术服务公司等多种形式开展生态友好型农业技术服务。采取政府购买、定向委托、奖励补助、招标投标等方式，引导经营性服务组织开展公益性服务业务。引导肥料企业和社会化服务组织参与测土配方施肥服务，减少中间环节，降低服务成本。扶持发展专业化统防统治组织，规范专业化统防统治服务行为。整合资源建设生态友好型农业技术服务中心，促进相关技术到农户、到田间。

4. 健全生态友好型农业的多方参与和市场机制

引导专业大户、家庭农场、农民合作社和农业企业等新型经营主体发展生态友好型农业，鼓励无公害、绿色、有机等生态农产品生产，在初始投资、产品认证、市场开拓等方面给予优惠政策。提高农民合作社、农业企业等的辐射带动能力，完善利益联结和惠益分享机制，让农户真正分享发展生态友好型农业和保护农业生态环境的成果。开展生态友好型技术培训，提高农户的生态环境保护意识和技术掌握程度。加强生态农产品认证、监管和市场培育，通过品牌推荐、农超对接等方式，增加消费者对生态农产品的认知度，健全生态农产品标准，对违规使用无公害、绿色、有机和地理标志的行为，加大处罚力度。加快推进生态农产品的品牌建设，针对生态农产品品牌建设初期投入大、风险高、收益低等特点，通过政府担保贴息、政策性金融、税收优惠等措施，扶持生态农产品的品牌化建设。探索建立生态农产品品牌目录制度，按照品牌种类、品种种类进行分类，定期发布，动态管理。

第四节　深化农业绿色补贴制度改革

一、我国农业绿色发展支持政策演变

党的十八大报告将生态文明放在“五位一体”的高度来论述，农业生态文明是生态文明建设的重要组成部分。中共十八届五中全会，首次将“绿色”作为“十三五”规划五大发展理念之一。我国的农业补贴制度已经体现出绿色生态导向，20 世纪末开始我国陆续启动退耕还林（草）、退牧还草工程，进入 21 世纪，相继启动实施测土配方施肥补贴、草原生态补助奖励机制、保护性耕作技术示范推广补贴、土壤有机质提升项目、土壤重金属污染修复项目等，2015

年，财政部和农业部出台关于调整完善农业三项补贴政策的指导意见，探索将农业补贴资金更多地用在耕地地力保护，2016 年涉及的农业绿色补贴措施见表 1－11。这些补贴和措施的实施对改善农业生态发挥了重要作用，同时保障农户在保护生态的同时收入不下降，提高了他们的积极性，主要农业绿色补贴项目与实施效果见表 1－12。

表 1－11　2016 年涉及农业绿色补贴措施

序号	项目	主要内容
1	农业支持保护补贴政策	为提高农业补贴政策效能，2015 年，国家启动农业“三项补贴”改革，将种粮直补、农资综合补贴、良种补贴合并为“农业支持保护补贴”，政策目标调整为支持耕地地力保护和粮食适度规模经营。主要调整措施：一是将 80%的农资综合补贴存量资金，加上种粮农民直接补贴和农作物良种补贴资金，用于耕地地力保护。补贴对象为所有拥有耕地承包权的种地农民，享受补贴的农民要做到耕地不撂荒，地力不降低。补贴资金与耕地面积或播种面积挂钩，对已作为畜牧养殖场使用的耕地、林地、成片粮田转为设施农业用地、非农业征（占）用耕地等已改变用途的耕地，以及长年抛荒地、占补平衡中“补”的面积和质量达不到耕种条件的耕地等不再给予补贴。鼓励秸秆还田，不露天焚烧秸秆。这部分补贴资金以现金直补到户。2015 年选择在安徽、山东、湖南、四川和浙江 5 个省开展试点。二是将 20%的农资综合补贴存量资金，加上种粮大户补贴资金和农业“三项补贴”增量资金，支持发展多种形式的粮食适度规模经营，重点支持建立完善农业信贷担保体系，向种粮大户、家庭农场、农民合作社、农业社会化服务组织等新型经营主体倾斜，体现“谁多种粮食，就优先支持谁”。2016 年，农业支持保护补贴政策将在全国范围推开
2	深入推进粮棉油糖高产创建和粮食绿色增产模式攻关支持政策	2016 年，中央财政安排 15 亿元资金支持开展粮食绿色高产高效创建和模式攻关。选择生产基础好、优势突出、特色鲜明、产业带动能力强的 100 多个县整建制创建。在实施内容上，重点开展技术瓶颈攻关和集成推广高产高效、资源节约、生态环保的技术模式。在创建作物上，以粮食作物为主，适当兼顾部分地区优势作物。在创建内容上，一是围绕绿色生态环保、资源高效利用、生产效能提升等方面，示范推广区域性、标准化高产高效技术模式。二是针对分区域分作物的资源瓶颈、技术瓶颈、效益瓶颈，组织开展试验试点和联合攻关。三是依托农业新型经营主体和服务主体，创新农业社会化服务方式，促进一二三产业融合发展

（续）

序号	项目	主要内容
3	农机深松整地作业补助政策	纳入《全国农机深松整地作业实施规划（2016—2020年）》的省份可结合实际，在适宜地区开展农机深松整地作业补助试点项目，所需资金从2016年中央财政下达各省份（垦区）的农机购置补贴资金中统筹安排。补助对象为项目区内自愿实施农机深松整地的农民（包括农场职工），或者开展农机深松整地作业的农机服务组织（农机户）。项目区以外的，暂不享受补助政策。补助标准由各有关省份（垦区）综合考虑本地农机深松整地的技术模式、成本费用、农民意愿、规划任务等因素自主确定。采取“先作业后补助、先公示后兑现”的方式，向农民或农机户发放农机深松整地作业补助
4	测土配方施肥补助政策	2016年，中央财政安排测土配方施肥专项资金7亿元，深入推进测土配方施肥，结合“到2020年化肥使用量零增长行动”，选择一批重点县开展化肥减量增效试点。创新实施方式，依托新型经营主体和专业化农化服务组织，集中连片整体实施，促进化肥减量增效、提质增效，着力提升科学施肥水平。2016年，项目区测土配方施肥技术覆盖率达到90%以上，畜禽粪便和农作物秸秆养分还田率显著提高，配方肥推广面积和数量实现“双增”，主要农作物施肥结构、施肥方式进一步优化
5	耕地轮作休耕试点政策	中共十八届五中全会建议提出，探索实行耕地轮作休耕制度试点。农业部在开展实地调研并组织专家深入研究的基础上，拟定了《耕地轮作休耕制度试点方案》，提出今后5年轮作休耕试点的思路原则、目标任务、技术路径、重点区域、补助标准和保障措施。总的考虑，坚持生态优先、轮作为主、休耕为辅、自然恢复的方针，以保障国家粮食安全和不影响农民收入为前提，突出重点区域、加大政策扶持、强化科技支撑，加快构建用地养地结合的耕作制度体系。对于轮作，重点在“镰刀弯”地区开展试点，探索建立粮豆、粮油、粮饲等轮作制度。对于休耕，选择地下水漏斗区、重金属污染区、生态严重退化地区，探索建立季节性、年度性休耕模式，促进资源永续利用和农业持续发展。按照中共十八届五中全会建议说明中提出的“对休耕农民给予必要的粮食或现金补助”的要求，农业部会同有关部门在整合现有项目资金的同时，结合湖南重金属污染区综合治理试点和河北地下水超采综合治理试点项目，支持开展耕地轮作休耕制度试点

（续）

序号	项目	主要内容
6	菜果茶标准化创建支持政策	当前，园艺作物标准化创建重点是在强基础、提质量上下功夫，进一步扩大规模、提升档次，在蔬菜、水果、茶叶优势区域集中连片推进。园艺作物标准园创建过程中，与老果（茶）园改造、农业综合开发、植保专业化统防统治、农药化肥零增长行动等项目实施紧密结合，紧紧围绕提高产品质量和产业素质，打造一批规模化种植、标准化生产、商品化处理、品牌化销售和产业化经营的高标准、高水平的蔬菜、水果、茶叶标准园和标准化示范区。为解决蔬菜周年均衡供应问题，从 2013 年开始，农业部在园艺作物标准化创建支持政策中启动了北方城市冬季设施蔬菜开发试点，力争形成南方蔬菜生产基地建设与北方城市设施蔬菜开发统筹协调，黄土高原、云贵高原和北部高纬度地区夏秋蔬菜、华南及西南、长江流域地区冬春蔬菜及黄淮海及环渤海地区重点设施蔬菜档期互补的生产布局。今后，在园艺作物标准化创建项目的资金安排上，将加大对种植大户、专业化合作社和龙头企业发展适度规模化生产的支持力度，进一步推进园艺作物生产的标准化、规模化、产业化
7	化肥、农药零增长支持政策	2016 年，按照《到 2020 年化肥使用量零增长行动方案》的要求，以用肥量大的玉米、蔬菜、水果等作物为重点，选择一批重点县开展化肥减量增效试点。一是大力推广化肥减量增效技术。依托规模化新型经营主体，建立化肥减量增效示范区，示范带动农户采用化肥减量增效技术，推进农机农艺结合改进施肥方式，提高化肥利用率。二是大力推动配方肥到田。开展农企合作推广配方肥活动，探索实施配方肥、有机肥到田补贴，推动配方肥、有机肥和高效新型肥料进村入户到田，优化肥料使用结构。三是大力推进社会化服务。积极探索政府购买服务有效模式，充分利用现代信息技术和电子商务平台，支持社会化农化服务组织开展科学施肥服务，深入开展测土配方施肥手机信息服务。 2016 年，按照《到 2020 年农药使用量零增长行动方案》，大力推进统防统治、绿色防控、科学用药，减少农药使用量，提高利用率。一是推进统防统治与绿色防控结合。结合实施重大农作物病虫害统防统治补助项目，扶持专业化服务组织，推进统防统治与绿色防控融合，实现病虫综合防治、农药减量控害。二是开展蜜蜂授粉与病虫害绿色防控技术集成示范。扶持建立一批示范区，组装集成技术模式，推广绿色防控技术，保护利用蜜蜂授粉，实现增产、提质、增收及农药减量。三是实施低毒生物农药示范补贴试点。2016 年财政专项安排 996 万元，继续在

（续）

序号	项目	主要内容
7	化肥、农药零增长支持政策	北京等17个省（市）的48个蔬菜、水果、茶叶等园艺作物生产大县开展低毒生物农药示范补助试点，补贴农民因采用低毒生物农药增加的用药支出，鼓励和带动低毒生物农药推广应用
8	耕地保护与质量提升补助政策	2016年，中央财政安排专项资金8亿元，在全国部分县（场、单位）开展耕地质量建设试点。按照因地制宜、分类指导、综合施策的原则，推广应用秸秆还田、增施有机肥、种植绿肥等技术模式。一是退化耕地综合治理。重点是南方土壤酸化（包括潜育化）和北方土壤盐渍化的综合治理。施用石灰和土壤调理剂，开展秸秆还田或种植绿肥等。二是污染耕地阻控修复。重点是土壤重金属污染修复和白色（残膜）污染防控。施用石灰和土壤调理剂调酸钝化重金属，开展秸秆还田或种植绿肥等。三是土壤肥力保护提升。重点是秸秆还田、增施有机肥、种植绿肥。此外，中央财政安排专项资金5亿元，继续在东北四省份17个县（场）开展黑土地保护利用试点，综合运用复合型农艺措施，遏制黑土退化趋势，探索黑土地保护利用的技术模式和工作机制
9	加强高标准农田建设支持政策	2013年，经国务院同意，国家发改委印发了《全国高标准农田建设总体规划》，提出到2020年，全国建成8亿亩高标准农田。2014年，为规范高标准农田建设、统一建设要求，国家标准化委员会发布了《高标准农田建设通则》。2016年，中央1号文件明确要求，到2020年确保建成8亿亩、力争建成10亿亩集中连片、旱涝保收、稳产高产、生态友好的高标准农田，优先在粮食主产区建设确保口粮安全的高标准农田。目前，建设高标准农田的投资主要有国土资源部国土整治、财政部农业综合开发、国家发改委牵头的新增千亿斤粮食产能田间工程建设和水利部农田水利设施建设补助等
10	畜牧标准化规模养殖支持政策	2015年，中央财政共投入资金13亿元支持发展畜禽标准化规模养殖。其中，中央财政安排10亿元支持奶牛标准化规模养殖小区（场）建设，安排3亿元支持内蒙古、四川、西藏、甘肃、青海、宁夏、新疆以及新疆生产建设兵团肉牛肉羊标准化规模养殖场（小区）建设。支持资金主要用于养殖场（小区）水电路改造、粪污处理、防疫、挤奶、质量检测等配套设施建设等。2016年国家继续支持奶牛、肉牛和肉羊的标准化规模养殖

（续）

序号	项目	主要内容
11	草原生态保护补助奖励政策	2011年起，国家在内蒙古、新疆、西藏、青海、四川、甘肃、宁夏和云南等8个主要草原牧区省（自治区）和新疆生产建设兵团，全面建立草原生态保护补助奖励机制。内容主要包括：实施禁牧补助，对生存环境非常恶劣、草场严重退化、不宜放牧的草原，实行禁牧封育，中央财政按照每亩每年6元的测算标准对牧民给予补助；实施草畜平衡奖励，对禁牧区域以外的可利用草原，在核定合理载畜量的基础上，中央财政对未超载的牧民按照每亩每年1.5元的测算标准给予草畜平衡奖励；给予牧民生产性补贴，包括畜牧良种补贴、牧草良种补贴（每年每亩10元）和每户牧民每年500元的生产资料综合补贴。2012年，草原生态保护补助奖励政策实施范围扩大到山西、河北、黑龙江、辽宁、吉林等5省和黑龙江农垦总局的牧区半牧区县，全国13省（自治区）所有牧区半牧区县全部纳入政策实施范围内。2015年，中央财政对13个省（自治区）投入的补奖资金达到了169.49亿元。2016年，国家继续在13省（自治区）实施草原生态保护补助奖励政策，并适当提高补奖标准，完善政策内容
12	退耕还林还草支持政策	2014年，国家启动新一轮退耕还林还草工程，将全国25°以上非基本农田坡耕地、严重沙化耕地以及三峡库区、丹江口库区及上游区域县市的15°～25°非基本农田坡耕地退下来，还林还草。2014—2015年，中央共下达退耕还林还草任务1 500万亩，其中2014年500万亩、2015年1 000万亩，还草两年共计77万亩。2015年12月，财政部、国家发展改革委、国家林业局、国土资源部、农业部、水利部、环境保护部、国务院扶贫办等八部门联合印发了《关于扩大新一轮退耕还林还草规模的通知》，明确扩大新一轮退耕还林还草规模，主要政策有四个方面：一是将确需退耕还林还草的陡坡耕地基本农田调整为非基本农田。由各有关省份在充分调查并解决好当前群众生计的基础上，研究拟定区域内扩大退耕还林还草的范围；二是加快贫困地区新一轮退耕还林还草进度。从2016年起，重点向扶贫开发任务重、贫困人口较多的省份倾斜；三是及时拨付新一轮退耕还林还草补助资金。为确保各地结合实际做到宜林则林、宜草则草，新一轮退耕还草的补助标准为：退耕还草每亩补助1 000元（其中中央财政专项资金安排现金补助850元、国家发展改革委安排种子种草费150元），退耕还草补助资金分两次下达，每亩第一年600元（其中种子种草费150元）、第三年400元。四是认真研究在陡坡耕地梯田、重要水源地、15°～25°坡耕地以及严重污染耕地退耕还林还草

（续）

序号	项目	主要内容
13	种养业废弃物资源化利用支持政策	2016年中央1号文件明确提出继续实施种养业废弃物资源化利用。一是支持种植业废弃物资源化利用。2012—2015年，农业部联合国家发展改革委、财政部在甘肃、新疆等10个省（自治区）和新疆生产建设兵团的229个县（区、团场）累计投资9.01亿元，实施以废旧地膜回收利用为主的农业清洁生产示范项目，新增残膜加工能力18.63万吨，新增回收地膜面积6 309.9万亩。二是支持养殖业废弃物资源化利用。2015年，中央财政安排1.8亿元，在河北、内蒙古、江苏、浙江、山东、河南、湖南、福建、重庆等9省（自治区、直辖市）开展畜禽粪便资源化利用试点项目。资金主要用于对畜禽粪便综合处理利用的主体工程、设备（不包括配套管网及附属设施）及其运行进行补助。通过项目实施，探索形成能够推广的畜禽粪便等农业农村废弃物综合利用的技术路线和商业化运作模式。2015年，中央财政安排1.4亿元，继续实施农业综合开发秸秆养畜项目，带动全国秸秆饲料化利用2.2亿吨。2016年，上述项目在调整完善后将继续实施
14	农村沼气建设支持政策	2016年，农业部拟会同国家发展改革委继续支持规模化生物天然气工程试点项目和规模化大型沼气工程建设，进一步探索创新扶持政策和体制机制，使农村沼气工程向规模发展、生态循环、综合利用、智能管理、效益拉动方向转型升级。生物天然气工程需日产生物天然气1万立方米以上，鼓励地方政府增加对试点项目所产生物天然气全额收购或开展配额保障收购试点。规模化大型沼气工程（不含规模化生物天然气工程）需厌氧消化装置总体容积500立方米以上，支持能够有效推进农牧结合和种养循环、实现“三沼”充分利用、促进生态循环农业发展的工程项目，重点支持沼气工程全程智能控制、沼肥智慧化加工应用、带动附加产业融合发展的项目。原来的户用沼气、中小型沼气、服务网点等项目由各省份自行建设
15	政府购买农业公益性服务机制创新试点政策	按照县域试点、省级统筹、行业指导、稳步推进的思路，选择部分具备条件的地区，针对公益性较强、覆盖面广、农民急需、收益相对较低的农业生产性服务关键领域和关键环节，以统防统治、农机作业、粮食烘干、集中育秧、统一供种、动物防疫、畜禽粪便及废弃物处理等普惠性服务为重点，围绕购买服务内容、承接服务主体资质、购买服务程序、服务绩效评价和监督管理机制等，引入市场机制，开展试点试验，创新农业公益性服务供给机制和实现方式，着力构建多层次、多形式、

（续）

序号	项目	主要内容
15	政府购买农业公益性服务机制创新试点政策	多元化的服务供给体系，提升社会化服务的整体水平和效率。在深入总结第一批试点经验的基础上，启动实施第二批试点，完善工作机制，加强指导服务，进一步探索实践，为推动在全国面上实施政府购买农业公益性服务积累经验
16	农产品质量安全县创建支持政策	2014年，国家启动农产品质量安全县创建活动，围绕"菜篮子"产品主产县，突出落实属地责任、加强全程监管、强化能力提升、推进社会共治，充分发挥地方的主动性和创造性，探索建立行之有效的农产品质量安全监管机制，引导带动各地全面提升农产品质量安全监管能力和水平。2015年，农业部认定了首批103个农产品质量安全县和4个农产品质量安全市创建试点单位，中央财政安排每个创建试点县100万元、每个创建试点市150万元的财政补助资金，支持农产品质量安全县（市）创建活动。2016年及今后一段时期，将逐步扩大创建范围，力争5年内基本覆盖"菜篮子"产品主产县，同时提升创建县（市）的农产品质量安全监管能力和水平，做到"五化"（生产标准化、发展绿色化、经营规模化、产品品牌化、监管法治化），实现"五个率先"（率先实现网格化监管体系全建立、率先实现规模基地标准化生产全覆盖、率先实现从田头到市场到餐桌的全链条监管、率先实现主要农产品质量全程可追溯、率先实现生产经营主体诚信档案全建立），成为标准化生产和依法监管的样板区
17	渔业资源保护补助政策	2016年，中央财政继续安排渔业资源保护与转产转业转移支付项目资金4亿元，用于水生生物增殖放流和海洋牧场示范区建设。其中，经济物种的增殖苗种应当是本地种的原种或子一代，符合《农业部办公厅关于进一步加强水生生物经济物种增殖放流苗种管理的通知》（农办渔〔2014〕55号）要求，濒危物种的增殖苗种可以为本地种的子二代。海洋牧场示范区原则上要求项目实施海域已连续开展相关工作3年以上

表 1-12　主要农业绿色补贴项目与实施效果

项目与措施	实施背景与进展	补偿标准与资金规模	实施效果
退耕还林（草）	1999 年开始在四川、陕西、甘肃三省试点实行退耕还林工程。2001 年，退耕还林被列为西部大开发的重要内容，2002 年，正式在全国全面启动退耕还林工程。2007 年，继续对退耕农户给予适当补助，2012 年国务院第 217 次常务会议，肯定退耕还林成效，并决定自 2013 年起，适当提高部分项目补助标准	补偿包括粮食、现金和种苗补助。粮食补助，长江流域及南方地区，每亩退耕地补助粮食 150 千克，黄河流域及北方地区 100 千克/亩；现金补助 20 元/亩；粮食和现金补助年限，还草补助按 2 年计算，还经济林 5 年，还生态林 8 年。种苗和造林费补助 50 元/亩。 2007 年以后改为现金补助，长江流域及南方地区补助现金 105 元/亩，黄河流域及北方地区 70 元/亩。原每亩退耕地每年 20 元生活补助费，继续直接补助给退耕农户，并与管护任务挂钩。 2008—2011 年，中央财政累计安排专项资金 462 亿元巩固退耕还林成果	1999—2006 年，累计完成退耕地造林 1.39 亿亩，配套实施荒山荒地造林和封山育林 2.25 亿亩，涉及 3 200 多万农户、1.24 亿农民。截至 2010 年，工程区 1.24 亿退耕农民已人均获得中央财政直接补助 2 000 元，占退耕农民人均年纯收入的 10%，在西部省份的 401 个工程县中，这一比例高于 20%
退牧还草	2003 年，在内蒙古、新疆、青海等 8 省（自治区）及新疆生产建设兵团启动退牧还草工程。从 2011 年起，不再安排饲料粮补助，在工程区内全面实施草原生态保护补助奖励机制	截至 2011 年中央投入资金 209 亿元	截至 2011 年，工程区累计安排草原围栏建设任务 7.78 亿亩，配套实施重度退化草原补播 1.86 亿亩，惠及 181 个县（团场）、90 多万农牧户
草原生态保护补助奖励机制	2011 年起，国家在内蒙古、新疆（含新疆生产建设兵团）、西藏、青海、四川、甘肃、宁夏和云南 8 个主要草原牧区省（自治区），全面建立草原生态保护补助奖励机制	禁牧补助 6 元/亩；草畜平衡奖励 1.5 元/亩；实施牧草良种补贴，对 8 省（自治区）0.9 亿亩人工草场，按每亩 10 元的标准给予补贴；实施牧民生产资料综合补贴，对 8 省（自治区）约 200 万户牧民，按每户 500 元的标准给予补贴。2011 年，中央财政每年安排资金 134 亿元。2012 年，当年安排资金 150.58 亿元	2012 年全面实施草原生态保护补助奖励政策，把所有牧区、半牧区县纳入实施范围

（续）

项目与措施	实施背景与进展	补偿标准与资金规模	实施效果
保护性耕作技术示范推广补贴	从 2002 年起，国家安排专项资金，开展保护性耕作技术示范推广。2010 年启动实施了《保护性耕作工程建设规划（2009—2015 年）》	截至 2011 年，累计投入资金 8.77 亿元	截至 2011 年，已建设保护性耕作技术推广和工程建设项目县（团、场）662 个，保护性耕作面积 8 500 多万亩，取得显著的生产和生态效益
测土配方施肥补贴	2005 年，农业部和财政部在全国选择 200 个县开展测土配方施肥试点工作，对测土配方施肥重要环节进行补贴	截至 2014 年，中央财政累计投入 78 亿元	截至 2011 年，测土配方施肥项目县（场、单位）达到 2 498 个，基本摸清了我国耕地土壤的“家底”，初步建立了主要农作物的施肥指标体系，推广面积 12 亿亩以上，惠及全国 2/3 的农户。全国累计减少不合理施肥 700 多万吨，相当于节约燃煤1 820万吨、减少二氧化碳排放 4 730 万吨。同时，减少氮、磷流失 6%～30%，示范县粮棉油作物氮、磷、钾平均利用率分别提高 6 个、4 个和 1 个百分点

（续）

项目与措施	实施背景与进展	补偿标准与资金规模	实施效果
农村沼气建设补贴	2003年，农业部和国家发改委同时下达《农村沼气建设国债项目管理办法（试行）》，对项目区建池农户进行补助	2003年，西北、东北地区每户补助1 200元，西南地区每户补助1 000元，其他地区每户补助800元。2001—2005年，中央累计投入35.3亿元，其中户用沼气池投资34.5亿元。 2009年起，东北、西部地区每户补助提高到1 500元，中部地区每户补助1 200元，东部地区每户补助1 000元。 2011年，东部、中部和西部中央补助标准分别提高到每户1 300元、1 600元和2 000元，西藏自治区中央补助标准提高到每户3 500元，四川、云南、甘肃、青海4省份藏区和新疆南疆三地州中央补助标准提高到每户3 000元。 “十一五”期间，中央累计投入农村沼气建设资金达212亿元	农村沼气实现跨越式发展，截至2010年年底，全国户用沼气达到4 000万户，占全国适宜农户的33%，各类沼气工程超过6万处，其中养殖小区等小型沼气工程2万多处、大中型沼气工程4 700多处，受益人口达1.55亿人
土壤有机质提升补贴	2006年国家启动实施了土壤有机质提升补贴项目，支持农民秸秆还田，种植绿肥，增施有机肥	在试点地区，秸秆还田补贴每亩15元，地力培肥补贴每亩30元，绿肥种植补贴每亩15元。截至2014年年底，中央累计投入40多亿元	促进了土壤理化性状的改善，利于保护农田基础地力

农业绿色补贴，根据政策实现的目标，可将其分为农业生态系统保育补贴、农业资源高效利用补贴和农业环境污染控制补贴三大类（表 1－13）。

表 1－13　农业绿色补贴体系

绿色补贴类别	补贴项目举例
农业生态系统保育补贴	退耕还林（草），退牧还草与草原生态保护补助奖励机制，保护性耕作技术示范推广
农业资源高效利用补贴	农村沼气建设补贴，土壤有机质提升补贴
农业环境污染控制补贴	测土配方施肥补贴，低毒生物农药示范推广补贴

农业生态系统保育补贴以恢复生态、增强生态系统稳定性、提高生态系统服务功能为目标，重点面向农业生态脆弱区和重要生态功能区，包括重要湿地、水源地、自然保护区、种质资源保护区、农业文化遗产地等生物多样性和生态功能突出的地区，及退化草原、水土流失区、沙化和石漠化地区、南方红壤区、东北黑土地、西北盐碱地等生态脆弱区。以整体、系统保护为原则，采取休耕、退耕等方式，减少人为扰动和利用强度。

农业资源高效利用补贴重点围绕土、水等重要农业资源的集约和节约使用，引导保土、节水和促循环的农业经营行为，提高资源质量和资源使用效率。面向耕地质量保护，继续对土壤改良方式进行补贴。面向水资源节约使用，对节水灌溉技术、设施等进行补贴。对开展种养结合、循环农业、有机农业整建制创建的地区给予补贴倾斜。将资源利用作为国家现代农业示范区和粮食主产县创建和补贴资金发放的重要指标。

农业环境污染控制补贴主要针对农业面源污染、农田重金属污染等问题，减少农业化学投入品，提高农业环境的自我修复能力。通过补贴引导化肥、农药、农膜的减量和替代，畜禽养殖粪污的资源化利用以及农田重金属污染区的种植结构调整和土壤修复，重点面向减肥、减药和控膜潜力较大的作物和区域以及畜禽粪污生态消纳压力较大的地区和稻田重金属污染区。

二、我国农业绿色补贴制度存在问题

（一）农业绿色补贴制度体系不健全

1979 年《环境保护法》正式颁布，标志着中国环境保护开始迈上法制轨道，经过 30 多年的发展，初步建立了适应市场经济体系的环境保护体系和标准体系。1998 年修订的《森林法》及其《实施细则》第一次以国家立法的形式提出建立森林生态补偿制度。2006 年，国家环保总局出台《关于开展生态补偿试点工作的指导意见》，以自然保护区、重要生态功能区、矿产资源开发和流域水环境保护作为重点领域探索建立生态补偿标准体系和长效机制。同年，湖北省通过《湖北省农业生态环境保护条例》，提出建立和完善农业生态补偿机制。然而，农业生态补偿缺少全国统一和权威的法律法规，即使出台农业生态补偿法律制度的省份，也缺乏相应的实施细则。由于缺少法律法规的刚性约束以及由法律关系产生的补偿主体、客体、标准、运行机制等规定，造成生态补偿制度可操作性不强。

（二）农业绿色补贴总体水平较低

党的十六大以来，逐步确立了把解决好“三农”问题作为全党工作重中之重的战略思想，在“多予、少取、放活”“工业反哺农业，城市支持农村”等重要方针指导下，国家对农业的支持保护力度不断加大，2003—2012 年，国家财政用于农业的支持由 1 754.5 亿元增长到 12 387.6 亿元，占国家财政支出比例由 7.1％增长到 9.8％。相比财政支农总规模，据不完全统计，国家财政每年用于农业生态环境的总支出不足 400 亿元。全国环境污染治理投资呈稳定增长态势，2012 年达到 8 253.5 亿元，然而环境污染治理投资占 GDP 的比例偏低，仅为 1.59％。全国环境污染治理投资中，近七成投向城镇环境基础设施建设投资和工业污染源治理投资，这与农业源污染在整个环境污染中的份额不相匹配。

（三）农业绿色补贴的标准体系不完善

我国农业生态补偿标准的量化研究总体上处于探索阶段，没有形成一个完备的计算体系。大部分生态补偿项目标准的确定以投入成本为主要计算依据，国家对生态建设主体的成本进行一定比例的补偿。这种方法计算的生态补偿标准由于没有考虑生态项目建成后所发挥的生态服务功能，所确定的补贴标准一般较低。以退耕还林为例，生态建设的成本包括营建成本、机会成本和发展成本，这些成本远高于国家提供的补偿标准。生态补偿标准的确定除了要参考生态服务价值、生态保护者的投入，还要考虑生态保护者的机会成本，相关主体的支付意愿和生态破坏的恢复成本等。由于不同方法所计算出来的补偿标准差异较大，以及在实践中的可操作性较差，在生态补偿标准确定方面缺少权威的计算方法。

（四）农业绿色补贴的实施机制单一

由于生态系统服务和生态环境保护的“外部性”，政府在生态补偿中一般起主导作用，容易导致行政成本较高，对生态补偿的规模和水平受到财政收入的影响而出现不稳定性。由于不是以合约的形式确定生态补偿相关方的权利、责任，对受偿主体的行为缺少监管和约束，容易使生态补偿的效果打折扣。农业生态补偿以“输血”式短期项目为主，对受偿主体的长期生计考虑较少，降低了受偿主体对生态环境的可持续性保护。补偿方式主要以项目补偿和资金补偿为主，实物补偿、技术补偿和税收、金融等政策性补偿方式运用较少。由于缺乏利益联结和惠益分享机制，没有形成农业生态补偿的多方参与，导致社会资本参与较少。农业生态补偿的市场机制不健全，以“生态标签”为代表的无公害农产品、绿色食品、有机农产品认证是环境友好生产的市场补偿，然而，生态农产品的市场机制发育迟缓，难以摆脱“柠檬市场”的困境，市场监管不严，消费者也缺乏辨识能力，优质农产品很难实现优价。

三、深化农业绿色补贴制度的对策建议

2016 年 12 月，财政部、农业部联合印发《建立以绿色生态为导向的农业补贴制度改革方案》，推进农业供给侧结构性改革，完善农业补贴政策。到 2020 年，基本建成以绿色生态为导向、促进农业资源合理利用与生态环境保护的农业补贴政策体系和激励约束机制。

方案要求，有关部门和地方政府要牢固树立创新、协调、绿色、开放、共享的发展理念，围绕保障粮食等主要农产品供给安全、农民稳定增收和农业生态环境保护等目标，进一步提高农业补贴政策的精准性、指向性和实效性，促进农业可持续发展，加快农业现代化进程，实现农业强、农民富、农村美。方案强调，建立以绿色生态为导向的农业补贴制度，要以现有补贴政策的改革完善为切入点，在确保国家粮食安全和农民收入稳定增长的前提下，突出绿色生态导向，将政策目标由数量增长为主转到数量质量效益并重上来。

绿色补贴应致力于解决农业资源、环境和生态面临的主要问题，全面落实

《“十三五”生态环境保护规划》《全国农业可持续发展规划（2015—2030年）》《农业突出环境问题治理规划（2015—2018）》《全国农业现代化规划》等规划要求，以“一控两减三基本”为基本目标和重要抓手，在重点地区和关键环节加强补贴力度。

（一）突出问题导向，加强示范引领

农业绿色补贴针对当前农业面临的生态破坏、资源过度消耗和环境污染问题，重点面向重要农业生态功能区、脆弱区和农业面源与农田重金属污染区，优先在国家现代农业示范区、国家农业可持续发展试验示范区、粮食生产功能区和重要农产品生产保护区率先示范，并向循环农业试点省、示范市、美丽乡村倾斜，向化肥减量增效示范县、病虫害统防统治和绿色防控融合示范基地、畜牧业绿色发展示范县和渔业健康养殖示范县倾斜，向现代生态农业示范基地和生态循环农业示范项目倾斜，使循环农业的生产方式在生态户、生态村、生态县和生态省得到应用。

（二）注重部门协调，立足关键环节

整合环境保护、发改委、国土、农业、财政等管理部门涉及农业资源环境与生态保护的补贴资金，面向耕地、草原、林业、湿地等生态系统，建立以国家财政为主体的农业生态补偿基金。面向农业投入品减量化使用和农业废弃物资源化利用的关键环节，在新型肥料、商品有机肥、生物农药、可降解地膜的使用环节加大补贴，在作物秸秆收储运、畜禽养殖废弃物收集和运输环节、农膜的回收与集中处理环节加强绿色补贴力度。

（三）完善现有补贴，整合相关项目

深化农业“三项补贴”制度改革，创新农业支持保护资金使用方式，切实将支持耕地地力保护的补贴资金与深耕深松、保护性耕作、秸秆还田、增施有机肥、配方肥、种植绿肥等措施相结合。落实畜禽粪便资源化优惠政策，实现对新能源的补贴及沼气发电的上网电价优惠，对开展畜禽养殖废弃物综合利用的主体给予税收优惠等政策。对农业投入品的补贴向新型肥料、生物农药、可降解地膜等环保产品倾斜。对开展循环农业示范的规模化经营主体加强补贴的倾斜力度。调整大豆目标价格政策，鉴于东北和内蒙古许多地区玉米和大豆轮

作，探索设立旱地综合补贴，将这两种作物统筹考虑。

（四）引入市场机制，创新补贴方式

农业绿色补贴要与经营主体生态友好的生产方式、技术挂钩，引导农户经营方式的转变。涉及项目建设的，更多地采用以奖代补的形式，提高补贴资金的使用效果。通过绿色补贴培育农业面源污染治理的市场主体，扶持市场主体开展病虫害统防统治、培育农户服务和机械施肥专业化市场主体，鼓励市场主体兴建秸秆、废旧农膜、废弃农药包装回收利用设施，建立按量补贴机制，对运输环节或资源化利用环节实施补贴，推动畜禽废弃物第三方治理。探索水基金、土基金等模式，通过土地托管，引入信托基金，连接农户、投资者和消费群体，实现生态保护、污染控制和农民增收等多重目标。完善反映农业水资源稀缺程度的价格机制。鼓励成立农村环保合作社，探索农村环境治理的 PPP 模式。

（五）完善配套制度，建立标准体系

推进自然资源统一确权登记，明确所有者、使用者在保护农业资源中的权利、责任和义务。研究制定土壤污染防治法，推动修订耕地质量保护、农药管理、肥料管理、草原保护、湿地保护、节约用水、地下水管理、农产品产地安全管理、农业环境监测等法律法规，适时发布农用地土壤环境管理、废旧地膜综合治理、农药包装废弃物回收处理等部门规章。各地可结合实际，研究制定土壤污染防治地方性法规。构建适合不同区域发展的生态农业技术标准体系，健全土壤污染防治相关标准和技术规范，修订肥料、饲料、灌溉用水、农用污泥中有毒有害物质及污染物控制标准，修订农膜标准，提高厚度要求，研究制定可降解农膜标准；修订农药包装标准，增加防止农药包装废弃物污染土壤的要求。

第二章

强化资源保护与节约利用

生态兴则文明兴，生态衰则文明衰。生态环境问题，归根到底是资源过度开发、粗放利用、奢侈消费造成的。资源开发利用既要支撑当代人过上幸福生活，也要为子孙后代留下生存根基。耕地、草原、河湖作为至关重要的农业资源和不可或缺的生态资源，是人类赖以生存的基本条件和经济社会发展的物质基础，为保障经济社会的可持续发展，必须坚持用养结合，保护耕地、草原、河湖资源。我国的基本国情是人多地少水缺，保护耕地、草原水资源的任务比其他任何时候都更加紧迫。但随着我国经济社会的不断发展，对耕地、草原水资源的开发与索取超出了承载能力，完善耕地保护与水权交易制度建设，创新多元化耕地保护与治理机制以及农业节水生态补偿机制，探索科学公平合理的草原生态保护补助奖励政策，逐步建立起耕地、草原、河湖休养生息制度，改善农业生态环境，提高资源保障能力，推进农业绿色发展，推动我国生态文明建设迈上新台阶。

第一节　耕地保护与质量提升

一、我国耕地质量保护制度建设现状与问题

（一）当前我国耕地质量保护制度建设现状

耕地保护是指运用法律、行政、经济、技术等手段和措施，对耕地的数量和质量进行保护。保护耕地是我国法律规定的一项长期的基本国策。根据《土地管理法》《土地管理法实施条例》和《基本农田保护条例》等法律、法规，当前我国耕地保护制度主要有以下几个方面：

1. 土地用途管制制度

国家编制土地利用总体规划，规定土地用途，将土地分为农用地、建设用地和未利用地。严格限制农用地转为建设用地，控制建设用地总量，对耕地实行特殊保护。

2. 耕地总量动态平衡制度

耕地总量动态平衡制度是对我国耕地的使用进行动态控制的基本措施。所谓耕地总量动态平衡，主要是指耕地面积的总数、耕地质量水平和耕地产量水平随着社会经济的发展能够保持平衡。这里的平衡是指耕地总量的总体平衡、区域平衡、时间平衡和质量平衡。耕地总量动态平衡制度的目标不仅要实现耕地质量和数量的平衡，更要保障耕地的质量和数量在一定发展时期内的平衡。

耕地总量动态平衡实行省级政府负责制。各省、自治区、直辖市必须保证本行政区内的耕地总量不得减少，省级政府必须加强土地管理，处理好保护耕地和建设占用土地的关系，确保本行政区域耕地总量不减少。否则，将由国务院责令省级人民政府在规定的期限内组织开垦出与所减少的耕地数量和质量相当的耕地，并由国务院土地管理行政部门会同国务院农业行政主管部门进行验收。个别省、自治区、直辖市确因土地后备资源匮乏，新增建设用地后，新开垦耕地数量不足以补偿所占用耕地数量的，必须报经国务院批准减免本行政区域内开垦耕地的数量，进行易地开垦。

3. 耕地占补平衡制度

国家实行占用耕地补偿制度，即非农业建设经批准占用耕地，按照占多少、垦多少的原则，由占用耕地的单位负责开垦与所占用耕地的数量和质量相当的耕地；没有条件开垦的或者开垦的耕地不符合要求的，应当按照省、自治区、直辖市的规定缴纳耕地开垦费，专款用于开垦新的耕地。

占补平衡制度在本质上仍然是耕地总量动态平衡制度的必要措施。无论是耕地总量动态平衡制度还是占补平衡制度，由于在实践中只重数量不重质量从而引发了很多问题，如为了城市开发存在占优补劣等问题，如此为破坏耕地和占用耕地的行为大开方便之门，从本质上不利于耕地质量的保障。

4. 耕地保护目标责任制度

根据《基本农田保护条例》关于“县级以上地方各级人民政府应当将基本农田保护工作纳入国民经济和社会发展计划，作为政府领导任期目标责任制的一项内容，并由上级人民政府监督实施”的规定，各级政府应当建立以基本农田保护和耕地总量动态平衡为主要内容的耕地保护目标责任制，每年进行考核。

5. 基本农田保护制度

基本农田保护制度包括基本农田保护责任制度、基本农田保护区用途管制制度、占用基本农田严格审批与占补平衡制度、基本农田质量保护制度、基本农田环境保护制度、基本农田保护监督检查制度等。

6. 农用地转用审批制度

建设占用土地，涉及农用地转为建设用地的，应当办理农用地转用审批手续。省、自治区、直辖市人民政府批准的道路、管线工程和大型基础设施建设项目以及国务院批准的建设项目占用土地，涉及农用地转为建设用地的，由国务院批准。在土地利用总体规划确定的城市和村庄、集镇建设用地规模范围内，为实施该规划而将农用地转为建设用地的，按土地利用年度计划分批次由原批准土地利用总体规划的机关批准。在已批准的农用地转用范围内，具体建设项目用地可以由市、县人民政府批准。上述规定以外的建设项目占用土地，涉及农用地转为建设用地的，由省、自治区、直辖市人民政府批准。

7. 土地开发整理复垦制度

国家鼓励单位和个人按照土地利用总体规划，在保护和改善生态环境、防止水土流失和土地荒漠化的前提下，开发未利用的土地；适宜开发为农用地的，应当优先开发成农用地。国家鼓励土地整理。县、乡、镇人民政府应当组织农村集体经济组织，按照土地利用总体规划，对山、水、田、林、路、村综合整治，提高耕地质量，增加有效耕地面积，改善农业生产条件和生态环境。因挖损、塌陷、压占等造成土地破坏的，用地单位和个人应当按照国家有关规定负责复垦；没有条件复垦或者复垦不符合要求的，应当缴纳土地复垦费，专项用于土地复垦。复垦的土地应当优先用于农业。

8. 土地税费制度

建设占用耕地，如没有条件开垦或者开垦的耕地不符合要求，应缴纳耕地开垦费，用于开垦新耕地；闲置、荒芜耕地要缴纳闲置费；征用城市郊区菜地，要缴纳新菜地开发建设基金；对以出让方式取得国有土地使用权的建设单位，要缴纳新增建设用地土地有偿使用费。非农业建设占用耕地，要缴纳耕地占用税。法律规定的税费制度，是以经济手段保护耕地的重要措施。

9. 耕地保护法律责任制度

《刑法》第 342 条规定："违反土地管理法规，非法占用耕地改作他用，数量较大，造成耕地大量毁坏的，处5年以下有期徒刑或者拘役，并处或者单处罚金。”第410条规定：“国家机关工作人员徇私舞弊，违反土地管理法规，滥用职权，非法批准征用、占用土地，或者非法低价出让国有土地使用权，情节严重的，处3年以下有期徒刑或者拘役；致使国家或者集体利益遭受特别重大损失的，处3年以上7年以下有期徒刑。”《土地管理法》《土地管理法实施条例》及《基本农田保护条例》等法律、法规，对耕地保护违法行为规定了相应的行政法律责任。

（二）当前我国耕地质量保护制度存在问题

耕地质量保护工作，主要是指提升耕地地力、完善田间基础设施、改善耕地环境质量等满足农作物安全和持续生产能力的工作。耕地质量管理包括对耕地的使用和养护、耕地地力建设、耕地质量监测、农田环境质量监测、补充耕地的质量评价与检查验收。耕地质量管理一般坚持科学规划、合理利用、用养结合、严格保护的基本原则。通过对各地耕地质量保护立法的研究发现，各地在推进耕地质量保护的具体实践中还存在以下突出问题。

1. 农地转非农地控制不严

如《甘肃省耕地质量管理办法》中第四条第二款明确规定：“非农业建设占用耕地的，按照占补平衡的原则，补充数量和质量相当的耕地。补充耕地质量低于占用耕地质量的，占用者应当采取有效措施，使其达到占用耕地的质量水平。”这种做法只能保证耕地在数量上的平衡，在实际工作中很容易发生将优质耕地转变为非耕地的情形，从而降低耕地的质量。

2. 耕地质量分级管理重程序、轻实践

虽然各地对耕地质量积极实施等级认定，但在等级认定之后没有根据保障措施继续维护和促进耕地质量的保持和完善工作。

3. 土地征用过程政府违规用地

土地征收是影响农村社会稳定和耕地保护的重大土地管理问题。因为土地征收是政府强制性取得集体所有权的土地，一般是将农用地转成建设用地的行政行为。集体土地一旦被征收为国有土地，其土地使用权和使用形态完全发生变化。由于土地征用的主体和地方耕地保护区划的主体都是当地政府，容易发生一些地方政府不顾中央三令五申，采取各种变相手段，违法审批，违规占地，通过以地寻租、以地生财，追求财政收入最大化和政绩最大化。土地资源的市场化决定了政府难以在利益竞争中全身而退，随着城市化进程的加快，各地方政府均通过土地财政来推动当地经济发展，给耕地质量带来灾难性的破坏。

美国的城市规划一般是由规划委员会经过立法程序制定、通过并发布的，政府无权改变规划。这种做法在很大程度上杜绝了政府决策的武断性，防止农用地非农化的专断性问题。鉴于此，我国应逐步探索土地规划和土地开发权利主体分离制度，将土地规划权归到立法部门，并提高公众参与的力度，从而加强对土地资源开发和使用的监督，逐步推进土地使用权的自由流转，增强土地资源的使用效率。

4. 农业添加品造成的土壤污染现象

随着农业产业化的发展，化肥、农药等农业化学添加物长期不合理使用，不仅使得土壤养分失衡、土壤肥力和有机质下降，而且，土壤内部所含的有毒物质、重金属物质等积累越来越多，严重威胁土地出产物质量安全，从而对食品安全带来危害。

5. 土地退化现象

因缺乏有效的土壤改善计划，有些地区存在严重的土地退化现象。据农业部统计信息显示，我国因水土流失、土地贫瘠化、次生盐渍化和土地酸化等原因引起的耕地退化占耕地总面积的40%以上。

6. 煤矿等自然资源开采过程中的耕地破坏问题

部分地区为追求经济效益，长期忽视采煤、开矿生产行为造成的环境危害和社会影响，对土壤和环境资源造成长期的难以弥补的破坏。如广西百色市的铝工业排放的大量工业污染物成为附近耕地污染的主要来源。

7. 土地利用规划中的问题

根据我国《土地利用现状分类》，当下的土地分类主要是根据土地资源的用途分为农用地和建设用地，农用地又根据种植种类进行分类，分为农林牧等种类。从全国情况来看，各地普遍存在耕地粗放经营、土地分类不合理、土地闲置和建设用地不合理扩张等问题。我国幅员辽阔，地形条件复杂，各地应该根据自身的地质状况对土壤条件进行科学分类，并制定科学的土地利用规划，使耕地数量和耕地质量能够得到可持续的发展和利用。

8. 农村居住区建设规划

由于农村地区的村民居住区域没有经过严格的规划管理，不仅导致农村人民生活基础条件差，而且土地浪费也极为严重。

9. 土地撂荒现象

农业基础设施落后，务工与耕种效益悬殊，外出务工导致农村“劳力荒”，致使耕地撂荒严重。土地撂荒不仅造成大量土地闲置没有任何收益，长期的撂荒还会导致土地生产能力下降，对土壤维持和保护产生次生危害。

二、我国耕地重金属污染治理机制分析

（一）我国耕地重金属污染与治理现状

农业部自 2002 年以来，先后开展了 4 次区域性耕地重金属污染调查，总调查面积 4 382.44 万亩，超标面积 446.79 万亩，总超标率为 10.2%。2011 年，农业部对湖南、湖北、江西、四川 4 省 88 个区（县）的水稻产地重点污染区进行了专题调查，调查面积约为 237 万亩，结果显示超标面积约 161 万亩，重点污染区超标率高达 68%。2014 年，环境保护部和国土资源部联合发布的全国首次土壤污染状况调查公报显示，全国土壤重金属污染总的超标率为 16.1%，耕地土壤污染点位超标率高达 19.4%，其中轻微污染 13.7%，轻度污染 2.8%，中度污染 1.8%，重度污染为 1.1%。综合多部门的调查结果判断，目前我国耕地重金属污染比例约为 10%～15%，以镉污染最为普遍，其次是砷、汞、铅、铬，主要分布在我国南方湖南、江西、湖北、四川、广西、广东等省份，污染区域主要为工矿企业周边农区、污水灌区、大中城市郊区和南方酸性水稻土区等。据国家环境保护部统计，我国受重金属污染农业耕地超过 2 000 万公顷，每年被重金属污染的粮食达 1 200 余万吨，造成的直接经济损失超过 200 亿元，而且被污染的农作物通过农产品进入人体引发了多种疾病。

由此可见，我国耕地重金属污染总体不容乐观，形势严峻。耕地重金属污染量大面广，隐蔽性强，治理难度大，事关农产品产地环境安全、农产品质量安全和人民群众健康安全，已成为最突出的农业环境污染问题之一，耕地重金属污染治理迫在眉睫。国家高度重视耕地重金属污染治理，2012 年农业部会同财政部启动实施全国农产品产地土壤重金属污染综合防治研究项目，开展农产品产地土壤重金属污染普查和动态监测，建立农产品产地安全预警机制，进行产地安全等级划分和分级管理，开展重金属污染耕地治理修复和种植结构调整等工作。

湖南是农业生产大省，长期以来水稻播种面积和总产量均居全国首位。同

时，湖南也是有色金属之乡，耕地土壤重金属背景值偏高，加之稻田不断酸化，耕地重金属活性增强，农产品质量安全风险明显提升。根据湖南多年来对农业环境的定位监测，污染耕地的重金属主要有铅、砷、镉、汞、铬，其中以镉污染最突出，全省被重金属污染的耕地面积大约有 1 420 万亩，其中重度、轻度污染面积分别为 470 万亩和 950 万亩。重金属污染耕地主要分布在湘江流域、洞庭湖区及其他区域的工矿周边农区，湘江流域污染最重，被污染的农产品主要是水稻和蔬菜，水稻污染最重。2013 年，湖南“镉大米”事件引起中央、国务院和全社会高度关注，耕地重金属污染问题随之被推到了风口。2014 年起，农业部会同财政部率先在湖南省长株潭地区启动重金属污染耕地治理试点工作，安排 11.56 亿元专项资金，试点范围包括长株潭 19 个县（市、区）170 万亩重金属污染耕地。这是中央财政首次以空前力度支持耕地重金属污染治理修复试点，旨在探索出一条在全国可借鉴、可复制、可推广的重金属污染耕地治理道路。2015—2016 年，再次投入 30 亿元，加大试点工作支持力度，巩固治理成果，总结推广治理经验。2015 年，将 170 万亩附近插花地块 43.15 万亩和湘江流域其他 7 个县（市、区）60.86 万亩耕地纳入试点范围，列为扩面区，共计 274.01 万亩。2016 年试点范围基本维持不变，试点面积 272.32 万亩（替代种植区按程序核减 1.69 万亩）。总体治理模式是根据土壤与稻米污染情况，将受污染耕地划分为可达标生产区（米镉 0.2～0.4 毫克/千克）、管控专产区（米镉＞0.4 毫克/千克、土壤镉≤1 毫克/千克）和作物替代种植区（米镉＞0.4 毫克/千克、土壤镉＞1 毫克/千克），实行分区治理。

经过 3 年试点，大面积稻米镉含量达标率趋于稳定，农产品降镉效果明显。强酸性土壤比例显著降低，土壤有效态镉含量总体呈降低趋势，土壤性状改善明显。随着稻谷品质的提升，粮价也跟着提升；政府免费发放种子、施用石灰、种植绿肥、施用有机肥等，试点区域生产成本大幅降低；仍未达标的稻谷，由粮食主管部门负责专企收购、专仓储存，保障农民收益不受损，农民收益保持稳定。耕地重金属治理修复工作取得了显著成效。

（二）湖南耕地重金属污染第三方治理成效与问题

初期，湖南试点采取“政府主导型”治理模式，政府从组织协调、制定总体方案、规范产品目录和技术规程，到物资采购、宣传培训、技术措施落实和最终检查考核都是“全过程、全方位”参与，既当“运动员”，又当“裁判员”，承担了很多本应由企业、专家和农民做的事情，这种“全过程、多身份、无分工”的模式使政府分身无术，“身份不清、责任不明、机制不活、人手不够、效率不高”等问题凸显。由于经验不足、机制不活，治理模式始终没有破题，试点进展和效果受到很大影响。2015 年在政府试点方案的激励下，永清环保股份有限公司与农户直接签订治理合同，在 3 个村 6 000 亩耕地上，采用“土壤钝化＋叶面阻控＋水分管理＋有机肥”的技术体系进行治理，治理区稻米降镉效果明显。2016 年，湖南省在长沙市望城区、浏阳市，株洲市株洲县、醴陵市、攸县，湘潭市湘乡市等县（市、区）试点第三方治理，特别是长沙市望城区与永清环保公司签订 23 万亩治理合同，推进整区治理。

1. 主要做法

（1）加强组织领导、制定有关政策，构建政策保障体系。省人民政府长株潭耕地重金属污染修复治理与种植结构调整领导小组负责第三方治理试点工作的组织领导、统筹协调和试点方案审定，并将试点工作责任分解到各级政府和责任部门。省、市、县三级政府分别签订责任状，年底实行绩效考核，层层压实地方政府主体责任，确保试点工作任务落实到位。

省级管理部门负责制定试点工作总体方案、第三方治理指导意见、镉低积累水稻品种指导目录、土壤修复产品推荐目录和相关技术规程，研究出台相关扶持政策，制定试点工作验收考核办法；负责组织修复效果总承包第三方治理实施方案专家论证，评价第三方治理效果；同时加强试点工作的督促检查、技术指导和验收考核。试点县（市、区）政府根据省试点工作总体方案要求，细化、实化县（市、区）试点实施方案，落实配套资金，并统筹安排相关财政资金，通过现有政策和资金渠道加大对试点工作的支持力度，将农业综合开发、高标准农田建设、农田水利建设、测土配方施肥等涉农资金，更多用于优先保护区和安全利用区耕地管护与治理工作。通过政府购买服务，确定第三方监理企业，对第三方治理进行全程监管和验收考核。

（2）在轻度和中度污染区域分类推行第三方治理。在各试点县（市、区）分类推行“第三方治理”，通过政府购买服务，全面推行“修复措施服务总承包”和“修复效果总承包”第三方治理。

在轻度污染耕地，各试点县（市、区）通过政府购买服务，全面推行“修复措施服务总承包”第三方治理。为确保第三方服务总承包效果，单个第三方治理措施服务承包总面积不超过 5 万亩，推广 VIP［低镉品种（variety）＋全生育期淹水灌溉（irrigation）+施加生石灰调节土壤酸碱度（pH）］修复技术模式。

在中度污染耕地，各试点县（市、区）大力推行“修复效果总承包”第三方治理，推广 VIP+n 修复技术模式［即“低镉品种（variety）+全生育期淹水灌溉（irrigation）+施加生石灰调节土壤酸碱度（pH）+辅助措施（N）”的稻米镉污染控制技术体系］，进行 VIP+n 技术模式应用阈值验证。参与第三方治理的企业必须有具备自主知识产权的修复治理技术及产品，其修复治理技术及产品必须通过省农业委员会组织的新技术新产品效果验证试验并入围《长株潭重金属污染耕地修复及农作物种植结构调整试点推荐产品（第一批）》。为确保第三方治理效果、有效控制生态环境风险，通过农业部登记的修复产品（土壤修复剂、叶面阻控剂），原则上第三方治理单个效果承包总面积不超过 3 万亩；未经过农业部登记的修复产品（土壤修复剂、叶面阻控剂），在同一个县域内第三方治理效果承包总面积不超过 1 万亩。同一个未经农业部登记的修复产品在试点中总试用面积不超过 1 万亩。各类第三方治理单位承包单个项目面积不低于 5 000 亩。第三方治理企业需自主编制“修复效果总承包实施方案”，其技术方案需通过省试点工作领导小组办公室组织的专家论证。同时，全面推行第三方监理。

（3）开展第三方治理效果比对试验。由省农业资源与环境保护管理站组织，在第三方治理修复措施服务总承包区域开展修复治理效果比对试验，在修复效果承包区域开展空白对照试验，对第三方治理修复措施服务总承包、修复效果总承包的修复治理效果分别进行监测评价。

修复措施服务总承包区域，原则上每 1 000 亩设置 1 个比对试验点，每个第三方治理修复措施服务总承包区域比对试验点数不得小于 10 个。每个比对试验点，选择 1 个 2～3 亩有代表性的典型田块，设置空白对照和 VIP+n 技术措施 2 个小区。比对试验数据作为修复措施服务总承包第三方治理效果考核验收和资金支付的依据。

修复效果总承包区域，原则上每 1 000 亩设置 1 个空白对照试验点，每个第三方治理修复效果承包区域空白对照试验点数不得小于 10 个。每个空白对照试验点，选择 1 个 2～3 亩有代表性的典型田块，进行不采取任何修复治理措施的常规种植。空白对照试验数据结合修复治理效果跟踪调查监测数据，作为修复效果承包第三方治理效果考核验收和资金支付的依据。

（4）分区治理调查监测为考核验收提供依据。对试点区域开展污染耕地长效管护与修复治理效果监测和灌溉水源监控与处理，为考核验收提供依据。一是优先保护区长效管护效果动态监测。在优先保护区耕地，按照每 150 亩 1 个点，“一对一”同步采集土壤与中、晚稻等稻谷样品，开展耕地长效管护效果动态监测，与前 3 年数据对接，分析土壤重金属活性与农产品重金属含量变化趋势，跟踪验证 VIP＋n 技术模式修复治理效果稳定性，全面评价优先保护区土壤与农产品重金属污染风险变化情况，为试点县（市、区）政府主体责任落实情况的考核提供依据。二是安全利用区修复治理效果跟踪监测。在安全利用区耕地，按照每 150 亩 1 个点，“一对一”同步采集土壤与早、中、晚稻等稻谷样品，开展耕地重金属污染修复治理效果跟踪监测，为第三方治理修复措施服务总承包和修复效果总承包效果评价、考核验收、资金支付提供依据。

（5）严格执行第三方治理的制度和考核管理要求。第三方治理实行省政府统一领导，市政府统筹协调，县（市、区）政府具体负责的工作机制。明确组织方、承包方、监管方的责任，规范组织程序，强化监督管理。第三方治理的年度公告制定、政府采购组织、技术方案论证、治理合同签订、专业监理、部门监管、效果监测、考核验收等规定要求，按照省农业委员会、省财政厅制定颁布的《关于加快推进重金属污染耕地第三方治理的指导意见》和《重金属污染耕地第三方治理验收考核办法》执行。在省、市农业和财政部门的指导下，每年 11 月 30 日前，由试点县（市、区）人民政府依据合同约定、监理台账、监理报告、监测数据和评价报告开展第三方治理年度考核验收。第三方治理和第三方监理实行严格的准入和退出机制。

2. 取得成效

湖南省试点区通过推行第三方治理，实现了“政府工作顺畅、企业效益良好、治理效果明显、干部群众满意”的多重优化目标。

一是建立了科学合理的工作机制。最初，试点采取政府主导型治理模式，政府部门全过程、全方位参与，承担了很多本应由企业、专家和农民做的事情，这种“全过程、多身份、无分工”的模式，使政府部门分身无术，责任不明，效率不优。通过引进第三方治理，厘清了相关各方的工作边界和权利责任，政府作用和市场作用都能得到充分发挥，工作机制更加顺畅高效。

二是农产品镉含量有效降低。目前，湖南省已形成了相对有效的修复治理技术体系。湖南省农业委员会通过“稻米镉污染控制技术研究与示范工程”，筛选出了一批对镉低吸收、低积累的水稻品种，掌握了水稻不同植株部位对镉吸收积累规律，探索出有效降镉的科学水分管理模式。筛选出有效降低稻米镉吸收的改良剂，集成组装了 VIP 和 VIP＋n 技术模式。长株潭地区无论是政府主导型还是企业主体型组织运行管理，采用 VIP、VIP＋n 修复技术，稻米镉含量达标率都已趋于稳定。VIP＋n修复技术小区的早、晚稻镉达标率普遍超过 90％，千亩万亩标准化示范片早、晚稻镉达标率分别为 84.9％和 81.6％。效果区稻米达标率提高 40％，降镉率达 40％；措施区措施到位率达到 100％。

三是土壤性状得到明显改善。在治理过程中，注重统筹兼顾降低土壤重金属比例与增强耕地综合能力，通过施用石灰、种植绿肥、增施有机肥、深耕改土、优化稻田水分管理和施用微生物菌剂等多种措施，轻中度镉污染耕地土壤理化性状得到明显改善。其中，土壤 pH 从 5.51 提高到 5.88，强酸性土壤比例显著降低，土壤酸化得到有效缓解；土壤有效态镉含量总体呈降低趋势，早、中晚稻土壤有效态镉含量降低幅度在 20％～30％。经过评估，试点区有 46.8 万亩耕地可从安全利用区转到优先保护区。

四是农民收入保持相对稳定。2014—2016 年，国家共安排近 42 亿元试点资金，支持湖南长株潭地区开展耕地重金属污染治理，对因此导致的农民收益损失也列支了专项补助，包括镉低积累水稻品种种子补贴、粮食差价补贴、农民收益风险补贴等，从而保证了试点区农民收入保持在合理水平。同时，随着修复治理的不断深入和耕地质量的明显提升，一些试点区的水稻品质达到了安全质量标准，售价随之提高，试点区农民收入也相应增加。还有的第三方采取向农民购买服务方式，组织农民共同参与修复治理。例如，永清环保与农户签订合同，按照 800 元/亩的价格，组织农民参与其承包的 6 000 亩污染耕地治理，既增加了农民收入，又保证了技术措施落到实处，大大提高了修复治理的效率与质量。

五是形成了分区推进的治理模式。根据土壤与稻米污染情况，湖南省将重金属污染耕地划分为达标生产区、管控专产区、作物替代种植区。土壤镉含量小于 0.6毫克/千克和稻米镉含量小于 0.2 毫克/千克的轻度污染区列为达标生产区，土壤镉含量 0.6～1.0 毫克/千克或稻米镉含量 0.2～0.4 毫克/千克的中度污染区列为管控专产区，土壤镉含量大于 1.0 毫克/千克或稻米镉含量大于 0.4 毫克/千克的重度污染区列为作物替代种植区。在不同区域实行不同的修复治理措施，从而做到了靶向明确，有的放矢，节约成本，提高效率，有效阻断重金属对食用农作物的污染。

3. 第三方治理优势

一是职责明确，专业分工。选择有资质、有治理经验的企业，企业成立专业的治理团队，根据合同要求和治理目标，设计有针对性的方案，时间和人员有所保证，具有技术和组织优势，也能够很好地控制成本，实施科学规范，第三方治理服务可以在大面积实施机械化方面进行尝试。企业直接与农户打交道比较困难，政府负责流转耕地，协调农户，有利于治理措施到位。

二是机制更加合理顺畅。没有采取第三方治理试点时，政府既要具体负责项目实施，又要负责监管和考核验收，人手不够，影响治理效果。每一项治理措施都需要招标，如撒施石灰，从购买招标发文到公开招标结束，所有程序走完至少需要七八十天，物资购买后还需取样送检，严重耽误农时。采用第三方治理模式，企业负责采购物资和治理实施，减少了许多中间环节和程序，能够及时有效治理污染。政府主要负责监管和考核，对于企业购买的所有物资，政府都要采样检测，送检合格后才允许施用。

三是基层更容易接受。各级政府事务繁杂，政府主导实施治理属于既当运动员又当裁判员，而第三方治理解放了基层干部，专业担当裁判员，政府可以从繁杂的日常事务工作中解放出来，专门负责组织协调和监管考核工作，监管责任更好落实。对大多数农户来说，青壮年外出打工，劳动力严重缺乏，妇女和老人很难把修复治理措施落实到位，专业公司制订详细治理方案，上门到田指导技术措施的落实，农户只需做好相关配合即可。

4. 存在问题

湖南省引入第三方参与耕地重金属污染修复治理，在全国尚属首次。由于缺乏法律制度保障、缺少成熟实践经验、修复治理工作复杂难度大等原因，耕地重金属污染第三方治理机制有待完善提升，推行第三方治理中仍存在着一些困难和问题。

一是第三方治理的体制机制有待健全。目前，国家《土壤污染防治法》还没有出台，在法律上难以厘清政府、企业、部门和土地使用权人在土壤污染防治中的责任。2014 年国务院办公厅印发《关于推行环境污染第三方治理的意见》，治理以环境公用设施、工业园区等领域为重点，没有涉及农业环境领域第三方治理问题，耕地重金属污染第三方治理缺乏相应的法律依据。目前，国家对耕地重金属污染第三方治理没有明确的政策制度规定，大部分政府对第三方治理了解不多，不愿主动开展第三方治理，制约了第三方治理的进展和规模。治理方案制定是自上而下模式，国家和湖南省政府的方案和任务不能按时确定，地方政府不能确定每年的具体任务，无法提前发文实施第三方治理方案，企业也不能及时制订详细工作方案，大大影响了治理过程和效果。耕地重金属污染治理作为一门新兴的产业，目前技术标准还不完善，市场发育还不够，修复治理技术较强的企业还不多，还不能为第三方治理提供足够的产业和科技支撑。

二是第三方治理的扶持政策有待加强。特别是财政资金支持存在不确定性、缺乏连续性，治理资金面临短缺瓶颈，投资融资渠道狭窄，市场发育不够等制约耕地重金属污染治理。另外，绝大多数第三方治理企业实力普遍不强，需要进一步加强财政资金、政府补贴、金融保险、税收优惠等方面的支持。为解决治理效果和成本投入过大的矛盾，还需加大人员、设备和技术投入。在具体项目的资金补助上，突出表现为补助的年限、标准、环节缺乏稳定性和延续性，例如，结构调整补助标准不够细化、量化，深耕改土、绿肥种植等补贴标准过低等。耕地重金属污染治理和种植结构调整是一项复杂的系统工程，涉及广大农户、农村经济合作组织和农业企业等多个主体，试点资金在不断增加总量的基础上，需综合平衡各方利益，统筹好生产和生态两个目标。

三是第三方治理的技术措施需要进一步创新和落实。耕地重金属污染治理是一项技术体系复杂、执行难度大、影响因素复杂、见效慢且容易出现效果反复的艰巨工作。农户的思想认识、农机合作社的标准化作业能力、传统农业生产的固有习惯、自然和气候、污染源解析的信息完整度都会影响修复治理的最终效果，远远超出方案设计时的影响因素识别范围。基层干部群众反映，修复治理技术过于繁杂，亟须简化，有的还需进一步改革完善。第一，优化水分管理中的水稻生长后期淹水技术，与农民习惯的高产栽培技术有冲突，有些农民不认同不接受；冷浸田的开沟排水、抗旱水源、灌溉设施不配套；完全按照水分管理办法实施的区域，收割机不好下田、上岸，收割难度大。第二，镉低积累品种筛选和选育、治理修复机理和关键技术等研究开发滞后，有的低镉水稻品种种子发芽率不高，生育期长，部分品种易感病等。第三，农机农艺融合配套还不成熟，比如，小型耕整机械下田平整深翻土壤容易翻倒；撒施石灰的机械尚未成熟，有待提高，人工撒施容易被烧伤。第四，秸秆还田技术与修复治理技术不相适应。检测结果显示，水稻秸秆中镉含量一般为稻谷镉含量的5倍以上，被还田的秸秆连同重金属一起留在了稻田里，造成重复污染。

四是开展第三方治理的积极性有待提高。从政府来看，一些部门对第三方治理了解不多，不确定要承担什么责任，不能够主动开展第三方治理，制约了第三方治理的进展和规模。从第三方来看，由于第三方治理对企业资质、管理和技术等要求较高，政府部门制定的治理方案没有考虑到差异性，影响了第三方参与的积极性。从农民来看，大部分青壮年愿意外出打工赚钱，加上撒施生石灰造成伤害事件时有发生，水稻淹水技术不符合农民种植习惯，一些农民特别是村中年龄较大的农民参与耕地修复治理的热情不高。

（三）推进第三方治理的建议

建议全面贯彻落实党的十九大关于加强环境突出问题治理的要求，在总结湖南省耕地重金属污染第三方治理实践经验的基础上，进一步优化完善试点机制，在轻度和中度重金属污染耕地治理区域推行第三方治理，重点围绕“创新机制、政策扶持、平台支撑、加强宣传”等几个方面，总结在全国可借鉴、可复制、可推广的经验和模式，加快推进我国耕地重金属污染第三方治理，为创新农业绿色发展机制提供经验借鉴。

1. 加强顶层制度设计

建议农业部研究出台《我国耕地重金属污染第三方治理实施指导意见》，明确耕地重金属污染第三方治理的指导思想、基本原则、治理模式、组织管理和保障措施等，构建第三方治理的市场准入与退出机制，建立第三方治理企业信用评价制度，规范第三方治理的招投标、合同签订、责任界定，加强对第三方的监理和评价，培育第三方治理市场，为第三方治理提供制度保障。

2. 强化中央财政资金的连续支持

对于湖南长株潭地区耕地重金属污染治理试点，党中央、国务院有明确要求。《国务院关于印发土壤污染防治行动计划的通知》（国发〔2016〕31号）中明确要求“继续在湖南长株潭地区开展重金属污染耕地修复及农作物种植结构调整试点，实行耕地轮作休耕制度试点”。《国务院关于编制2017年中央预算和地方预算的通知》（国发〔2016〕66号）在“（二）完善财政支农政策，促进农业可持续发展”中明确提出“继续支持重金属污染耕地修复、农作物种植结构调整工作”“加大对休耕和耕地质量提升的投入”。2017年中央1号文件进一步明确要求“开展土壤污染状况详查，深入实施土壤污染防治行动计划，继续开展重金属污染耕地修复及种植结构调整试点”。为进一步巩固深化治理工作，建议长株潭地区重金属污染耕地修复试点工作再延续3年，国家尽快明确2017—2019年3年试点工作中央财政支持政策和投入力度。

3. 进一步加大政策扶持力度

建议中央财政进一步加大对全国耕地重金属污染治理资金投入，并相应增加第三方治理的资金补助比例。允许耕地重金属污染第三方治理企业，享受国家《土壤污染防治行动计划》《关于推行环境污染第三方治理的意见》等文件中的相关政策，通过资产租赁、转让产权、资产证券化等方式盘活存量资产，通过上市融资、发行企业债券等方式募集资金。对第三方治理重点企业在贷款额度、贷款利率、还贷条件等方面给予优惠。鼓励保险公司开展相关保险产品，引导第三方治理企业投保。在税收优惠、差别电价、水价等方面也出台相应的扶持措施。

4. 打造第三方治理支撑平台

一是强化参与平台，便于更多的企业、科研单位和新型经营主体公平参与第三方治理，完善招投标、第三方评估和监理机制。二是搭建联合攻关平台，促进科研院所和企业联合开展技术攻关，研发出既与农作制度和农民种植习惯相适应，又能有效降低重金属含量、提高农作物品质的适用技术和产品。完善配套技术标准，促使治理规范化和标准化。三是建设开放展示平台，加强国际合作交流，引进国外先进技术，集中展示新技术新产品，加快科研成果的转化应用。四是搭建第三方企业资质标准平台，严格制定第三方治理的企业和工程施工机构的资质标准，要求企业具备相应的技术实力和工程管理能力，规避“一放就乱”的治理乱象，消除实施和监管隐患。五是搭建数据采集和监测网络平台，政府和第三方治理企业共同参与数据采集、监测网络建立，规范土壤、稻谷和治理数据的取样抽样、告知、报送，搭建数据分享平台，实现数据采集和共享，促进第三方治理实现数据化、网络化、智能化，为评估、评价考核及时提供支撑。

5. 分级持续治理提高治理效果

根据耕地重金属污染程度实现分级第三方治理，即中度污染区实行效果承包治理，轻度污染区实行服务措施承包治理，适当提高服务措施承包价格，并实行分年价格逐年递减的付款方式，既解决了第三方治理企业投入和成本矛盾，又可倒逼企业优化管控，降低成本。耕地污染积重难返，修复治理是一项长期艰巨的任务。但修复治理过程中措施不连续、执行反复调整、工程数据无法逐年积累等均可能导致前期工作失效。短期治理，也容易导致短期行为，影响参与企业购置治理机械、监测仪器仪表，开展污染连续监测和管理升级的尝试。为保持治理区域、治理主体、治理路线、治理责任的连续性，要开展连续治理，并以 3～5 年为一个周期签订第三方治理合同。企业可以根据自己的技术和检测数据来决定治理措施和方案，不影响农时，利于控制成本，责任心更强，有利于提高治理效果。

6. 总结推广试点经验加强宣传引导

对湖南耕地重金属污染第三方治理的组织管理、治理技术、实际效果等进行分析提炼，总结推广试点经验，形成一批可复制、可推广的治理模式，多途径多形式宣传试点探索的好做法好经验，促进耕地重金属污染第三方治理在全国稳步有序开展。宣传耕地重金属污染第三方治理的重要性和必要性，积极营造政府引导下的农民自觉和社会参与的良好氛围，进一步提高企业、专业服务组织、农民群众和新型农业经营主体参与修复治理的积极性，鼓励引导工商资本进入耕地重金属污染第三方治理领域。建立耕地重金属污染第三方治理的新闻发布制度，适时公开耕地重金属污染、修复治理、企业信用和农产品生产等信息，及时回应社会关切。同时，规范媒体对耕地重金属污染治理的报道，引导各级各部门、社会舆论正面关注耕地重金属污染治理问题，消除不切实际的负面舆论的影响。

三、完善我国耕地质量保护制度体系建设

（一）明确政府部门职权划分

耕地质量保护的相关责任主体目前涉及国土、农业等多个部门，责任主体不明确是目前耕地质量保护工作开展不力的原因之一。应尽快启动立法程序，理顺耕地质量管理责任主体、保护建设主体，明确各级政府的责任。有必要设立耕地质量管理专门机构，专门负责耕地质量保护建设工作，可考虑把农业部、国土资源部、国家发改委、财政部、水利部、国家环保局等多部门的相关职能划由统一部门统一管理，至少设计统一协调机制，以改变目前多头管理、力量分散的弊病。另外，目前耕地质量管理、地力建设和地力监测等职能主要由各级农业部门下设的土壤肥料工作站来承担，在当前形势下各地土壤肥料工作站名称与其承担的职能已明显不相适应，应当适时提升其社会地位和监管范

围，单独成立耕地与肥料管理局。

（二）制定科学而严明的土地规划制度

扎实推进耕地质量保护与建设工作，必须要明确保护和建设的长远目标和阶段目标、原则、实施计划、技术方法和标准、制度或机制保障等，这就需要组织开展专门的工作调研分析，组织多部门广泛参与制定科学的规划，以调查为基础，以研究为指导，以规划为统领，分期启动实施系列规划工程，明确耕地质量保护和建设的范围、要实现的具体目标及所需资金的规模与来源等问题，以克服当前耕地质量管理中存在的盲目、期短、零散、资金分割、重复实施、技术落后等低效率问题。

（三）建立耕地质量红线制度

摸清耕地数量和质量家底，为耕地质量保护红线提供准确数据。1996 年开展了第一次全国土地调查，随着时间的推移和经济社会的发展，全国土地和耕地状况发生了很大的变化。2007 年 7 月 1 日起，国务院组织开展了第二次全国土地调查工作，各级政府相关部门明确分工、制定方案、落实经费、确保质量、严格验收。在开展土地调查的同时，各地各级政府相关部门加强纪律，对故意虚报、增报耕地流失量的，进行了坚决查处；利用先进的科技手段，对耕地面积下降较快的市、县的实际情况进行监测，并进行认真的审核分析。同时，农业部门组织开展了耕地地力调查与质量评价工作，利用测土配方施肥项目过程中产生的大量基础数据，对耕地地力情况进行评价。

（四）构建耕地质量评价预警体系

科学管理耕地质量，离不开耕地质量科学评价和预警体系建设。

（1）应确立耕地质量管理专门机构，负责耕地质量保护建设、评价预警等相关工作。

（2）应要求制定统一的管理技术制度规范。管理机构应组织专家系统梳理现有规范，按照耕地质量全面系统管理的要求，该统一的统一，该完善的完善，该研制的研制。这样可为耕地质量信息采集、录入、建库和构建分析系统提供基本保证。

（3）应构建耕地质量信息管理数据库与评价预警系统。耕地质量信息管理数据库是实现耕地质量管理决策的信息保证；采用现代信息技术的耕地质量评价预警信息系统，是高效科学管理耕地质量的先进工具，该系统应能监测耕地质量的动态变化过程，可分析模拟耕地质量时空演变，体现耕地质量的演化规律，并把握区域耕地资源保护的“度”，运行可靠的评价预警模型，最终为区域耕地保护与建设提供宏观决策支持，增强区域发展的紧合度、协调性。在此基础上实现警戒态势定期发布与适时响应。

通过机构和人才队伍建设、技术规范的建立、数据库和系统的完善建设、警戒态势定期发布制度的建立、耕地质量警戒发布与响应制度的逐步形成，最终形成完整的、科学动态的耕地质量评价预警管理体系。

（五）科学的分类管理和农用地信息系统

完善耕地质量等级评定，优化土地分类管理制度。中国幅员辽阔，区域耕地质量状况差异较大，各地方政府的农用地信息资料系统能够最全面地反映地方耕地使用状况，发现耕地使用管理过程中存在的问题。我国对耕地的保护内嵌于我国的基本农田制度，耕地质量等级评定制度落地生根，才能使土地分类管理制度优化得以实现。

依靠科技进步，实现管理服务信息化是全面提高耕地保护水平的必由之路。目前，国内外普遍采用计算机辅助以及 3S（GIS、GPS、RS）技术及其集成等技术途径，解决区域耕地数量、质量、农田环境与利用状况的实时调控和管理。我国应加快推进耕地动态管理的科技创新和信息化步伐，加快对现有耕地资源信息基础资料的完善和更新，尽快建立以耕地资源、耕地保护、耕地法规等为主要内容的各种信息服务网络，实现国土资源信息社会共享，提高全民参与耕地保护的意识。

第二节　水资源保护与高效利用

一、农业节水生态补偿机制构建——以西北灌区为例

（一）农业节水生态补偿标准测算

生态补偿机制的建立必须通过一定的政策手段实行水生态保护外部性的内

部化，让水生态成果的“受益者”支付相应的费用；通过制度设计解决好生态产品这一特殊公共产品消费中的“搭便车”现象，激励公共产品的足额提供；通过制度创新解决好水生态保护投资者的合理回报，激励人们从事生态保护投资并使生态资本增值。西北灌区农业节水生态补偿机制的主体应包括中央政府、地方政府和社会。中央政府补偿是指国家为了平衡外部性经济制造者和受益者的利益关系，对外部性经济制造者的损失所给予的一种补偿。主要有对西北水生态建设给予的财政拨款和补贴、政策优惠、技术输入、劳动力职业培训、提供教育和就业等多种方式。其中，中央政府给予的财政拨款补贴是最为直接和典型的生态补偿方式，为水生态保护和建设提供稳定的资金来源。自我补偿是地方政府采取各种灵活的财政政策，对直接从事水生态建设的个人和组织机构进行补贴，激励生态环境保护和建设。社会补偿又称受益者补偿，包括两种形态：一是自然资源的开发利用者对资源生态恢复和保护者的补偿，如水利开发等，开发利用受益者应给予当地生态利益牺牲者以物质补偿。二是下游地区对上游地区的利益相关者的生态补偿。上游地区不仅对生态保护进行了资金投入，而且限制了自身若干产业的发展，从中受益的下游地区应对上游地区进行生态补偿。

西北灌区自身是生态建设最大的受益者。但是由于西北灌区生态功能的特殊性，生态功能远远超出了本地区，与区域外的生态安全高度相关，在国家的经济、社会、生态、军事等方面有着不可替代的特殊价值（生态系统具有较大的外部性），再加上西北灌区的经济相对落后，自身进行生态建设的能力十分有限。可行的生态补偿政策应以中央政府和社会补偿为主，自身补偿作为补充是比较切合实际的。西北灌区农业节水生态补偿的对象可以划分为对水资源保护做出贡献的组织机构，在农业生产中实施技术节水、设施节水的农民，在区域农业结构调整中改种高耗水作物为低耗水作物的损失者。给受害者以适当的补偿符合一般的经济原则和伦理原则。

1. 西北农业节水生态补偿采取的主要方式

补偿的方式是补偿活动的具体形式。补偿形式多种多样，灵活多变，不存在定式，有些活动在形式上与补偿无关，但内容和实质与补偿活动紧密相关。随着生态建设广泛深入开展，市场体系逐步健全，市场发育日趋成熟，新的补偿形式将层出不穷，呈现出多样化态势。西北灌区农业节水生态补偿的方式可以是资金补偿，也可以是实物（节水设施）补偿、智力补偿、技术补偿、政策补偿等。

资金补偿、实物（节水设施）补偿是西北最需要的补偿方式之一。西北灌区农业节水的主体是农民，只有在他们的生活得到保障，生产得以持续发展，收入可持续增长的情况下，他们才会有可持续节水的积极性，农业节水的成果才能得到巩固。

实物（节水设施）补偿是指补偿者运用物质、劳力和土地等进行补偿，解决受补偿者部分的生产要素和生活要素，改善受补偿者的生活状况，增强农业生产能力。在西北灌区可以以设施化节水系统、覆盖用地膜、滴灌系统为主。

智力和技术补偿是指通过对受补偿者进行智力培训、使他们技术水平提高的有效补偿形式。西北灌区农业节水需要一批掌握节水技术和管理的劳动者，在农业结构调整中需要农民对生态农业、特色农业、节水农业进行了解和掌握。这种补偿是帮助农民“自我造血”式的补偿，对农民的长期发展有着积极的作用。

2. 西北农业节水生态补偿采取的标准

生态补偿的标准是实现生态补偿的重要依据。生态补偿标准的确定，主要是依据节水者的投入、生态受益者的获利、生态破坏的恢复成本以及生态系统服务的价值。根据原则，补偿标准的下限应为节水者的投入（资金投入、劳动力投入）、节水量多少、改种低耗水作物受损情况的综合考虑；补偿标准的上限应为节水带来的生态系统服务功能的价值量，可以根据当地经济发展的水平，在下限与上限的范围内选取农民接受、政府能够补偿的动态补偿标准。在此用农业节水与森林的生态环境效益之间的关系来测算所应补偿的数额。

（1）确定森林的生态价值。为了解决农业节水生态效益补偿的定量评估问题，即估算节约的水量用于生态环境建设将产生的生态环境效益。确定1公顷生长的林木需水定额，计算节约的水量能够用于多少面积的林木生长，根据林木品种确定最佳采伐时期，测算生长的林木的采伐量（木材生产率），森林资源实用价值是由其提供的木材价值决定的。

$$A=C\times L\times P$$

式中，C 为林木面积（公顷），L 为林木生产率［立方米/（公顷×年）］，P 为林木价格（元/立方米）。

根据森林的实用价值和生态价值相互之间的关系转换来确定森林的生态

价值：

$$B=A\times h,\ h=B/A$$

式中，B 为森林的生态价值，A 为森林的实用价值，h 为转换系数。

针对转换系数，我国许多学者进行了测算，从测算的结果得知，h 值处于 10～20。h 取值多少，各国说法不一，日本估算值较高，发展中国家估算值较低，我国林业经济专家估算值一般为 7；得到了森林的生态价值 B，从生产实际中可以得出形成单位森林实用价值所需的水量 Q，从而得到某一森林生态价值所需的水量。森林价值的形成与所需水量存在线性关系。

所节约的水量用于林木生产形成的生态效益所应补偿的数额 v：

$$v=K\times(G_d-G_s),\ (K=B/Q)$$

（2）农民灌溉节水应得到生态补偿的测算。田间节水补偿、农业节水补偿标准可以以农民种植作物的灌溉定额为准，农民在作物生长期内灌溉的水量少于该地区的灌溉定额，应该给予补偿，补偿的标准等于灌溉定额减去实际灌溉量的水费用，再加上节约的水量用于生态环境产生的生态效益所应补偿的数额。

节水补偿的标准（W_1）等于灌溉定额（G_d）减去实际灌溉量（G_s）乘以水价（P_s）加生态效益所应补偿的数额 v，即生态补偿标准：

$$W_1=(G_d-G_s)P_s+(G_d-G_s)K$$

（3）农民在农业结构调整中所节约的水应得到生态补偿的测算。在农业结构调整中农民改种高耗水作物为低耗水作物，如果低耗水作物的收入低于高耗水作物的收入，应该给予补偿，补偿的标准是高耗水作物的市场价格乘以产量减去低耗水作物的市场价格乘以产量的所得，再加上节水产生的生态效益所应补偿的数额；如果低耗水作物的收入高于高耗水作物的收入，给予的补偿就是节水产生的生态效益所应补偿的数额。

节水补偿的标准（W_2）等于高耗水作物的市场价格（P_g）乘以产量（C_g）减去低耗水作物的市场价格（P_d）乘以产量（C_d）的所得加上生态效益所应补偿的数额 v。

$$W_2=\begin{cases}(P_g\times C_g-P_d\times C_d)+(G_g-G_d)K & (P_g\times C_g>P_d\times C_d)\\(G_g-G_d)K & (P_g\times C_g<P_d\times C_d)\end{cases}$$

3. 农民灌溉节水生态补偿测算

设定林木面积 C 为 1 公顷，张掖地区杨树为主栽树种，林木生产率为林木生物产量与出材率的乘积。林木生物产量为 3 米^3/年，出材率在 0.6～0.8，取值 0.7，速生杨林木价格定为 600 元/米^3。森林的使用价值 A 为 1 260 元/年，$h=7$。

森林的生态价值 B = 8 820 元/年。

根据张掖市林业部门提供，1 公顷杨树需水量 6 000 立方米，K =1.47。

《全国节水型城市建设试点情况调研报告》中提到 2002 年张掖市农作物综合灌溉定额为 5 730 立方米/公顷，大田作物实施垄膜沟灌的节水方式，节水量为灌溉定额的 20%；高效经济作物实施全膜滴灌的节水方式，节水量为灌溉定额的 40%，当地农业水价为 0.12 元/立方米。

（1）不进行农业结构调整，农民实施节水型生产方式，补偿标准计算如下。

按节水 20%，K 值取 1.47 计算，补偿标准 $W_1=(G_d-G_s)P_s+(G_d-G_s)K=76.4\times0.12+76.4\times1.47=9.168+112.308=121.476$ 元/亩。

按节水 40%，补偿标准 $W_1=(G_d-G_s)P_s+(G_d-G_s)K=152.8\times0.12+152.8\times1.47=242.952$ 元/亩。

（2）既进行农业结构调整，又实施节水型生产方式的双节水补偿计算如下。

结构调整方案：张掖市改玉米制种为燕麦草种植，玉米制种平均产量为 400～450 千克/亩，每千克市场价格为 6～8 元；燕麦草平均产量为1 000千克/亩（干草），每千克市场价格为 1.5 元。玉米制种种植耗水量为 450 立方米/亩，燕麦草种植耗水量为 300 立方米/亩。改种后可节水 150 立方米/亩。农业产值减少 900 元/亩，大田作物实施垄膜沟灌的节水方式，节水量为灌溉定额的 20%，补偿标准每亩为 1 021.476 元。

补偿标准：

$W_2=(P_g\times C_g-P_d\times C_d)+(G_g-G_d)K=$（2 400－1 500）元/亩＋121.476 元/亩＝1 021.476 元/亩。

（二）农业节水生态补偿机制构建

建立生态补偿机制是一项非常复杂的系统工程，不能单靠政府补贴，要建立补偿制度，健全补偿途径，完善补偿网络，促使补偿主体多元化，补偿方式多样化。

1. 修改《水法》，将农业节水激励列入其中

引进生态补偿机制作为环境保护的环境经济政策，是符合经济规律的。国家生态补偿机制必须建立在法制化的基础上，通过引入法律手段，将农业节水补偿列入《水法》，而且各种不同的利益主体之间具体的补偿标准也要通过法律给予明确规定。以立法形式确立完善的、统一的生态补偿机制，是在公平、合理、高效的原则下，落实农业节水的最有效手段。目前我国的资源管理立法基本上都是按行业、分要素进行，导致不同资源法之间出现了冲突。为此，国家有必要制定专项法，对自然资源开发与管理、生态建设、资金投入与补偿的方针、政策、制度和措施进行统一的协调。

2. 完善财政转移制度

财政政策是调控整个社会经济的重要手段，主要通过经济利益的诱导改变区域和社会的发展方式。财政转移支付指以各级政府之间存在的财政能力差异为基础，以实现各地公共服务的均等化为主旨而实行的一种财政资金或财政平衡制度。政府主导的节水生态补偿需要财政转移制度的完善。财政转移支付是当前中国最主要的生态补偿途径。目前我国的转移支付制度中，并没有单列出生态补偿的范围，财政部目前正在对一般性转移支付制度进行完善，即把全国性的生态补偿纳入一般性转移支付范围，从而体现最基本的公共需要。地方政府也在尝试采取灵活的财政转移支付政策，激励生态环境保护和建设。

3. 研究探索市场化生态补偿

生态补偿可以有效地解决自然资源物质补偿和价值补偿的双重关系，运用财政手段及其衍生的政策工具，消除市场在生态问题上存在的外部不经济现象，从而将可持续发展和环境保护变为一种具有内在商业价值的制度安排。因此，要充分发挥我国的体制优势，积极探索水权等环境权益的市场交易机制；充分发挥我国民间资金充裕的优势，拓宽利用外资的渠道，鼓励和引导社会资金投向农业节水、生态建设和资源高效综合利用产业，逐步建立政府引导、市场推进和社会参与的生态补偿机制。

农业节水的目的是高效配置水资源。要根据灌溉定额确定区域和水管单位的用水量，节余下的水资源可用于其他行业的发展，但要有相应的补偿。可采用有偿转让方式，用于生态等公益性事业，政府给予必要补偿。政府要出台政策，建立水资源市场，鼓励行业间水的转让，并对节水工程的建设给予财政支持。按市场化配置，这是一个完整的、宏观和微观相结合的水资源市场；同时必须和政治手段相结合，建立协商制度和利益补偿机制来保障水市场的实施。在农业节水生态补偿中构建“准市场”具有积极意义。“准市场”不意味着完全意义上的市场，而是在政府宏观调控下的市场。在节水生态补偿制度的问题上，不能单纯依赖市场进行调节。在我国现阶段，农业节水补偿制度尚未完全构建起来，完全放手于市场或一味地单靠政府，都将会出现各种矛盾或问题，从而导致生态补偿制度成为“空中楼阁”。

4. 完善各类生态补偿金

能否得到持续的资金支持是生态补偿项目能否启动和维持下去的最终决定因素。目前我国单一的融资渠道使得生态补偿仅能在一些重大的生态项目或生态问题上展开，且不能充分体现“受益者付费”的原则。参考国际经验并结合中国实际，我国生态补偿的融资方式应该向国家、集体、非政府组织和个人共同参与的多元化投融资机制转变，拓宽生态环境保护与建设投入渠道。例如，可考虑根据地区经济发展水平及流域上下游位置，开征一种有差别的生态环境建设税；培育和发展生态资本市场；向资源的开发者和使用者收取一定比例的生态补偿费；加大财政的转移支付；设立水生态建设专项基金；发行生态补偿基金彩票等。另外，加强对外合作交流，争取国际性金融机构优惠贷款和民间社团组织及个人捐款，进行生态环境建设。

二、农业灌溉用水水权交易制度建设研究

（一）农业灌溉用水水权市场建设现状

明晰产权和水权是实现水资源优化配置的前提。水权即水资源产权，指水资源所有权、使用权、水产品与服务经营权等与水资源有关的一系列权利的总称。我国《水法》第三条规定：“水资源属于国家所有。水资源的所有权由国务院代表国家行使。农村集体经济组织的水塘和由农村集体经济组织修建管理的水库中的水，归各该农村集体组织使用。”对于单位和个人来说，水权应当是在水资源所有权国有的前提下的占有、使用、经营和收益等一系列权利的总称。水权交易是指在合理界定和分配水资源使用权基础上，通过市场机制实现水资源使用权在地区间、流域间、流域上下游、行业间、用水户间流转的行为。

我国当前水权交易实践处于起步阶段，黄河流域在水权交易实践中走在我国的前列。黄河是我国七大流域中唯一指定了全流域分水方案的河流。黄河流域目前的水管理制度代表了目前中国水权制度的最高演进水平，而且为其他江河的水资源管理指引了改革的方向。2003 年黄河上游的宁夏、内蒙古两自治区开展了水权转换试点，进而探索了解决干旱地区经济社会发展用水的新途径。依据黄河水资源的现状和沿黄各省区经济发展的需求以及黄河水权组成结构，黄河水市场应分为流域级水市场、省区级水市场和用户级水市场三级。流域级水市场即黄河一级水市场，是流域内的水权交易市场，主要包括跨省区的水权转换和有条件的地区及流域机构间的水权转换。跨省区的水权转换包括 3 种形式：①黄河取水指标富余地区和指标不足地区间的水权转换；②旱涝分布不均年份和地区间的水权转换；③超黄河用水指标地区和指标富余地区的水权转换。二级水权市场是同一行政区域内行业间和行业内的水权转换。我国目前黄河流域水权交易主要局限于农业灌溉工程节水向工业用水的水权转换。三级水权市场主要指灌溉用水户水市场，用户级水市场建立的基本前提是初始水权要分配到终端用水户。它应是水权交易最活跃的市场。就我国目前水权交易的现状来看，大规模的三级水权交易基本上属于空白。

目前我国水权转让和交易多是在政府行政指导下完成。水利部于 2005 年颁布了《关于水权转让的若干意见》，明确了水权就是水资源使用权，并对水权转让的原则、范围、程序及费用做了规定。2014 年水利部在宁夏、江西、湖北、内蒙古、河南、甘肃和广东 7 个省区启动水权交易试点。2016 年 6 月 28 日，国家级水权交易平台——中国水权交易所在北京成立，它为推动我国水权交易规范有序开展，全面提升水资源利用效率和效益，为水资源可持续利用、经济社会可持续发展提供了有力支撑。

（二）农业灌溉用水水权交易现状与成效

依据对内蒙古自治区和甘肃省的各级水利部门、农民用水者协会、村委会和农户的访谈及问卷调查数据，对农业灌溉用水户水权交易现状进行分析，对水权交易对农户用水行为和作物产量的影响进行定量计算。探讨不同特征农户对农业灌溉水权交易制度的了解程度和制度实施的满意度。从制度层面、技术条件、农业生产条件和农户认知等方面来分析制约我国水权市场特别是灌溉用水户水权市场发育的因素。

1. 农业灌溉用水户水权交易现状

黄河水市场分为流域级水市场、省区级水市场和用户级水市场三级。用户级水权市场作为水权交易最基础和最活跃的市场，主要进行用水户之间水权交易。这是在政府将水权最终分配给或拍卖给用水户后，基于用水户之间用水效率的差异性和节水成本的差异性，用水户之间开展的水权交易。当前农业灌溉用水户的水权交易的发生有以下几种情况：①农业种植业结构调整后，对节约的水进行交易。②通过连片规模种植，减少水资源损失，节水后进行交易。③非农化进程中由于农户家中缺少劳动力无法种地而出卖水权。④通过采取工程节水措施，节水后进行交易。⑤政府调控下的水权交易。政府为鼓励农业结构调整，对规模种植或水利工程建设先进者进行水权奖励。

通过对内蒙古自治区和甘肃省的实地调研发现，尽管两省区水权制度和水权市场实践进行了十几年，在国内是较早的践行者，得到了国家和水利部的认可和高度评价。但是，当前农业灌溉用水户的水权交易几乎为空白。所调查的村庄中，有 91.3%的农户没有农业水权交易的经历，仅有 8.7%的样本农户进行过零星的水权交易，即水随地走，外出打工的农户把耕地租给村民种，相应的水使用权也随之让渡。

在 27 户有过水权转让经历的农户中，有 16 户为家庭耕地面积在 20 亩以下的农户，8 户为家庭耕地面积在 80 亩以上的农户，水权转让行为基本上与耕地面积呈正 U 形分布，即耕地面积越少和耕地面积越多的农户越会产生水权转让的行为，这与不同农业收入占比的农户农业灌溉用水水权转让的情况类似，即农业收入占比越低和越高的农户越倾向于进行水权交易。家庭耕地面积少和农业收入占家庭收入比例低的农户，主要从事半工半农和非农工作，由于家庭农业劳动力不足，会把耕地转租给其他村民，灌溉水权随之也转让给承租者。家庭耕地面积多和农业收入占家庭收入比例高的农户，往往进行规模化和机械化种植，也更倾向于采用节水灌溉技术，节约的水会转让给其他农户。

通过农户问卷调查分析农户对水权交易的意愿，65.5%的农户选择非常不愿意和有些不愿意，仅有 10.2%农户非常愿意转让水权。少量规模种植农户表示，如果采用节水灌溉技术后，可以考虑把节约的水进行交易（表 2－1）。

表 2-1　农业灌溉用水户水权交易意愿

	非常不愿意	有些不愿意	一般	比较愿意	非常愿意
样本量（户）	119	91	63	15	33
比例（%）	37.2	28.3	19.6	4.7	10.2

资料来源：根据调研资料整理。

2. 农户对农业灌溉用水水权交易制度的认知和满意度

样本农户对当地的水权交易价格和用水者协会的服务内容了解较多，对两者比较了解和了解的农户比例分别为 42.3%和 35.8%，而对水权交易的监督管理办法、水权交易方式了解较少。农户对当前水权交易的价格和用水者协会的服务满意度不高。对两者不满意和比较不满意的样本比例分别为 51.4%和 46.5%。通过以上统计分析可以看出，当前，农户虽然对灌溉用水水权交易的价格和用水者协会服务内容了解较多，但是对两者的满意度并不高。由于目前实施的水权交易主要是在各级水利管理部门主导下进行的，基层农户没有对水权交易政策实施内容的发言权和表决权，只有被动地接受，导致绝大多数农户对水权交易的监督管理方法、水权交易方式和纠纷调解办法了解不多（表 2-2、表 2-3）。

表 2-2　农户对农业灌溉用水水权交易制度的认知

单位：%

	不了解	有些不了解	一般	比较了解	了解
水权交易的价格	23.3	11.7	22.7	17.8	24.5
当前水权交易的方式	34.2	22.1	27.8	3.6	12.3
用水者协会的服务内容	12.7	23.6	27.9	25.0	10.8
水权交易的监督管理办法	34.6	23.8	16.7	17.8	7.1
水权交易纠纷调解办法	34.3	13.7	22.9	20.6	8.5

资料来源：根据调研资料整理。

表 2-3　农户对农业灌溉用水水权交易制度的满意度

单位：%

	不满意	比较不满意	一般	比较满意	满意
水权交易的价格	37.4	14	20.3	17.8	10.5
当前水权交易的方式	13.6	24.5	24.1	25	12.8
用水者协会的服务	30.3	16.2	20.1	24.9	8.5
水权交易的监督管理办法	24.3	13.7	22.1	23.4	16.5
水权交易纠纷调解办法	24.6	18	25.9	13.6	17.9

资料来源：根据调研资料整理。

3. 农业灌溉用水户水权交易实施效果

首先，水权交易拓展了农田水利融资渠道，灌区节水工程建设快速发展，提高了渠系水的利用率，实现了水资源优化配置。通过水权转换，有用水需求的工业企业进行渠道砌护和田间工程建设，以及现代节水灌溉技术应用和种植业结构调整等工程节水和非工程节水措施，大大提高了灌溉水利用系数，减少了水资源无效利用。以宁夏引黄灌区为例，根据《宁夏回族自治区黄河水权转让总体规划》，引黄灌区 2010 年和 2015 年总节水潜力分别为 11.19 亿立方米和 14.68 亿立方米。2010 年和 2015 年通过水权转让实施的节水工程建设，如渠道砌护和干渠改造工程等使得当年节水量分别达到 4.82 亿立方米和 7.04 亿立方米，分别占当年节水总量的 43%和 48%（表 2-4）。

表 2-4　引黄灌区节水潜力

单位：亿立方米

年份	渠道砌护	干渠改造	种植结构调整	改进地面灌溉技术	工业节水	井灌工程	合计
2010	2.66	2.16	3.07	1.20	0.33	1.77	11.19
2015	4.88	2.16	3.07	1.20	0.38	2.99	14.68

资料来源：冯峰等，黄河流域宁蒙地区二期水权转让模式研究，《人民黄河》2014 年第 5 期。

其次，水权转让提高了输水效率，节省了农民的灌溉时间，节约了农业灌溉水费支出，探索了农业支持工业、工业反哺农业的经济社会发展新路。根据内蒙古河套灌区的农户问卷调查，经过水权转换，工业项目通过建设灌区节水改造工程，灌溉水跑、冒、滴、漏现象减少，水流速度加快，渠道水的利用率上升，使得农户种植葵花一次灌水时间由以前的10天缩短到现在的6天，灌水时间节约40%左右。同时，渠道砌护后，减少了输水过程中的无谓损失，灌溉水量和水费随之减少，进而节约了农业灌溉成本。

最后，在未增加黄河取水总量的前提下，为当地拟建工业项目提供了生产用水，促进了区域经济快速发展，通过市场配置水资源，黄河流域总耗水量并没有因为经济增长而有所增加。同时，节约的农业用水转移到比较效益高的工业企业，使得工业企业获得更好的产值。地方政府不仅改善了当地的农业灌溉基础设施，而且保证了新增工业项目的用水，从而带动了本地区经济的快速增长，获得更多的财政收入。

以张掖市甘州区大满灌区、民乐县洪水河灌区农户主要的种植作物制种玉米、内蒙古巴彦淖尔市河套灌区主要种植作物葵花为例进行个案分析。如表2-5所示，以制种玉米为例，由于进行水权转让的农户大多实施了规模种植，同时采取了节水效果好、用工少的现代节水灌溉技术如喷灌技术。与水权转让前相比，水权转让以后的农户种植制种玉米每亩用水量减少10.9%，用工量每亩减少了35%，农业产量增加了8.6%。以内蒙古河套灌区种植葵花的农户为例，在水权交易前，葵花在其生产期灌水三次合计用水量为810.7立方米/亩。在政府的积极引导下，农业灌溉用水转让给工业，工业项目通过建设灌溉区节水改造工程，灌溉水跑、冒、滴、漏现象减少，水流速度加快，渠道水的利用率上升。水权交易之后，用水量平均为740.6立方米/亩，平均节约8.6%。水流速度的加快节约了农户的灌溉时间，每亩用工量减少31.1%，作物产量略有增加。

表2-5 农业灌溉用水户水权交易对农户用水行为的影响（2016年）

	制种玉米			葵花		
	用水量（立方米/亩）	劳动时间（工/亩）	农业产量（千克/亩）	用水量（立方米/亩）	劳动时间（工/亩）	农业产量（千克/亩）
交易前	787.3	15.7	412.3	810.7	10.3	250
交易后	701.3	10.2	447.6	740.6	6.4	253
变化量（%）	−10.9	−35.0	8.6	−8.6	−31.1	1.2

（三）制约农业灌溉用水水权交易的因素分析

我国的水权制度改革经过十几年的探索，建立健全水权制度，积极培育水权市场，鼓励开展水权交易，运用市场机制合理配置水资源，已经成为中国水资源管理的基本政策。在水资源优化管理、水权市场建设等方面积累了丰富经验。但总体看，水权交易市场尚待进一步激活，尤其在农业灌溉用水户层面的水权交易尚没有真正得到落实，主要存在制度、技术条件、农业生产条件和农户认知等方面的约束。

1. 灌溉用水户水权交易的制度约束

（1）水权制度不明晰阻碍水权交易开展。明晰的初始水权是开展水权交易的前提。虽然近年来我国各级政府一直在努力推进水权制度改革，出台了一系列有关水权制度建设和水权转让的规章制度。如 2005 年水利部颁布的《关于水权转让的若干意见》与《水权制度建设框架》，2016 年颁布的《水权交易管理暂行办法》等，但从全国范围来看，初始水权分配仍然不明确，尤其是农业灌溉用水户并没有实质性地拥有水权，总量控制和定额管理制度也主要停留在原则性和宏观层面，对于两者的关系和具体操作细节也比较模糊，亟待进一步明确和细化。调研中发现，地方政府对总量控制和定额管理的关系认识也比较模糊，前者属于市场手段，而后者属于计划手段，在实际操作中只能是“摸着石头过河”。

（2）灌区自收自支管理体制与节水目标相背离。水利制度改革中灌区引入水市场机制之后，农业用水的管理体制发生了巨大的变革，国家逐渐从基层水利管理中退出，基层水利管理单位由事业单位企业化管理转变为自收自支的企业单位。国家对灌区改革的目的是使其实现“经济自立”，并落实了“三定”（定员、定岗、定责）方案和“两费”（人头费和维修养护经费）政策。这一政策的实施保障了公益性灌区的部分水管人员的基本工资，但是灌区运行维护费用取决于水费收入的高低。农户用水效率越低，用水量越大，灌区收入就越高。从灌区自身发展角度看，它更希望农户多用水，这实质上与提高水资源利用效率的节水目标是背道而驰的；从灌区管理部门承担的公共责任来看，它的职责在于代表政府对水资源进行统筹规划和监督，提高水资源配置和利用效率，促进区域经济与生态协调发展，这又与灌区自身的发展相矛盾。

（3）水权交易法律法规滞后。目前，我国水权交易的制度建设相对滞后，统一的市场交易规则体系尚未形成，缺乏国家层面的统一通用的法律法规。流域内部各省间的水量交易也没有相应的交易规则和相关规定。2016 年 4 月水利部发布了《水权交易管理暂行办法》，对水权交易的内涵、水权交易形式、水权交易主管部门的职能等进行了规定。但是此规定的法律效力不高，针对违反规定的机构或个人也未列出具体的惩罚办法。到目前为止关于水权转让的国家层面的法律法规体系尚未建立，内蒙古开展黄河流域工农业水权转换试点尚不具备法律依据，缺少关于水权转让试点具体实施方法的管理制度，只有相应的规范性文件。

(4) 农业用水向工业企业转换过程中的补偿机制尚未建立。从现有的水权交易实践看，根据黄河水利委员会批复的《内蒙古黄河干流水权盟市间转让河套灌区沈乌灌域试点工程可行性研究报告》、内蒙古自治区水利厅关于《内蒙古黄河干流水权盟市间转让试点工程初步设计报告》的批复，内蒙古农业水权向工业企业转让过程中，水权转让的价格制定是政府根据灌区节水工程的造价确定的，主要包括节水工程建设费用、节水工程和量水设施的运行维护费用、节水工程的更新改造费用（指节水工程的设计使用期限短于水权转让期限时需重新建设的费用），并对以上 3 种费用给出了具体的计算方法。用水企业转让费用按转让水量乘以单方水工程建设造价计算。节水工程和量水设施的运行维护费用为转让期限内每年节水工程造价的 2%。河套灌区农业用水保证率为 75%，而工业和城镇用水保证率为 95%以上。在枯水年由于用水保证率不同，工业和城镇用水存在着对农业用水的过度挤占，这势必影响农业生产收入。河套灌区农用水权置换价格的计算依据了水权置换引起的农业损失补偿费用、水资源生态补偿费用以及水资源用途变化对置出方利益补偿费用等，但没有明确地给出补偿和计算方法。因此，河套灌区农用水权置换价格构成要素还不全，没有完全反映农用水权的市场价值，各地区水权置换价格仍以政府主导为主，缺乏对农户节水的激励和利益保护。

(5) 农民用水协会在水权交易中难以发挥实质作用。在农户层面水权交易难以进行的主要原因在于水权供需双方的信息不对称，水权交易成本较高。在水权转让中，买卖双方需要付出信息搜寻成本、讨价还价成本、监督对方是否违约的成本和对方违约后寻求赔偿的成本等。农民用水协会是降低水权交易成本的组织措施。一方面体现了用水户对水权自主治理的理念，另一方面表现为用水户通过较低的成本选举产生的中介组织在用水管理方面起到“裁判员”的作用，从而降低了水权交易的成本。然而，我国目前多数的农民用水协会由于缺乏稳定的运行经费支持，运行绩效偏低甚至流于形式，无论是管理成员还是管理机制都与原来的村集体管理没有显著差异，农民也很少在实质上参与用水协会的活动，导致农民用水协会在水资源配置和水权交易的过程中不能发挥应有作用。

（6）水权转让以政府行为为主导，市场机制的作用空间受限。我国当前水权交易是在政府主导下完成的。政府在水权交易中的具体职能表现在以下几个方面：完善初始水权分配制度、制定水权转让价格、完善水权交易的相关法律法规、对水权交易进行监督管理。政府主导交易模式的缺陷主要表现在：一是政府微观调节弹性较小，在确定水权转换量后的一定时间范围内，由于新建工业企业投入生产需要的时间较长，造成水指标闲置；二是政府作为水资源的所有机构，由其主导水权交易容易产生“寻租”，反而降低水资源利用效率；三是在整个水权转换过程中，当地政府和需水工业企业起着主导作用，而广大农村用水者处于劣势，并不像真正市场的卖方那样，通过平等协商、讨价还价达成交易。这说明在水权转换中农业用水户的参与程度较低，基层农户没有对水权交易政策实施内容的发言权和表决权，只有被动地接受，导致绝大多数农户对水权交易的监督管理方法、水权交易方式和纠纷调解办法了解不多，只能被动地接受相关的交易制度，从而导致其水权转让和节水动力不足。

2. 灌溉用水户水权交易的技术条件约束

（1）计量设备陈旧导致水权交易难以精准计量。精准计量是落实“总量控制、定额管理”和实施农业水权转让制度的前提和基础。目前大多数渠灌区，农业用水计量多数只能到斗渠或支渠口，大部分斗渠以下灌溉渠系，尤其是农田没有安装用水计量设施，农业灌溉用水量无法准确计量。在井灌区，农民难以实现从按电量计费到按水量计费的观念转变，导致智能 IC 卡计量设施的安装和运行非常困难。由于计量设施不配套，虽然完成了初始水权分配到户，但实际取水量难以实现计量到户，水权证、水权制度形同虚设。此外，由于用水计量困难，目前水费仍然采用以人头或灌溉面积平均分摊的粗放式计价方式计算，在“用多用少一个样”的水费计价方式下，“少用不如多用”的小农思想驱使灌溉用水户过度灌溉，严重阻碍了水权交易的实施。

（2）农田灌溉体系不完善且重建设、轻管护导致灌溉用水效率偏低。2011 年中央 1 号文件出台以来，我国加大了对水利设施尤其是对大中型灌区节水改造的投资力度，灌区骨干工程的水利设施条件得到一定改善，但存在两个方面突出问题：一是斗渠以下的末级农田灌溉体系仍然以土渠为主，一些经济基础较好的地区也主要依靠衬砌渠道工程，尚未着眼于更深层次的田间节水技术的使用和作物种植结构的优化；二是水利设施重建设、轻管护的思想普遍存在，尤其是末级渠道的维护基本依靠用水者协会或村委会，由于缺乏稳定的管护经费支持，多数末级渠系陈旧失修，导致灌溉用水增加且利用效率偏低。

3. 灌溉用水户水权交易的农业生产条件约束

（1）农业水价偏低导致用水户缺乏水权交易经济激励。农业水价是促进节约用水，提高水资源利用效率的经济杠杆。长期以来我国农业水价与实际成本倒挂，农业用水计量存在障碍，农业水费计收率低，无法弥补水利设施的运行维护成本，全国农业供水每年亏损215亿元左右。水价形成机制不合理主要带来两个方面的负面影响：一是对于用水者而言，水价偏低导致农户用水成本很低，缺乏节水激励，同时从节余的灌溉水权转让中获得的经济效益"微乎其微"，缺乏水权交易激励；二是对于灌区而言，自收自支管理体制下水价偏低导致水利工程设施建设、维护、改造的费用得不到落实，形成"设施陈旧、浪费严重、无水可节"的恶性循环，不利于农业水权制度建设。

（2）土地细碎化导致水权交易成本过高。在我国土地细碎化经营模式下，逐户核定水权的管理成本、监督成本、水权交易过程中的信息搜寻成本、谈判成本较高，降低了用水户的水权交易意愿。根据内蒙古调研数据发现，当地农户人均耕地面积4亩左右，一些种植大户虽然通过土地流转承包了上百亩土地，但这一百多亩土地被分割为几十块，这一国情导致了我国水权市场难以走上农户间的交易模式。

（3）种植结构单一，农业收入占比较低使得水权交易缺少发生条件。种植结构单一化和趋同化也是制约灌溉用水户水权交易的另一重要生产条件。在同一地区，农户之间的种植结构基本是趋同的，在作物需水期所有农户都需要用水，使得无富余的水资源可用于交易，而在闲置期又无水权交易需求，既加剧了水资源供需矛盾，又使得灌溉用水户之间缺乏交易条件。另外，在当前非农化进程下，非农收入日益成为家庭收入的主要来源，农户没有投资节水技术和节水设施的激励。

（4）农村土地产权界定模糊，土地流转制度建设滞后。新出台的《物权法》虽然进一步细化了征用农村集体土地的程序和补偿、安置费的标准，但仍旧对集体土地中个人的权利界定不清。随着土地流转进程的不断推进，其与水权之间的关系变得模糊不清，水权究竟是附属于土地承包权，还是可独立分开交易。基于水权的性质，分开交易的形式、水权的价值评估（即按照该项水权的使用成本或收益来确定其价格）等都缺乏相关的法律规定，这种模糊的产权界定使得在实际操作中农民的利益无法得到有效的保障，给土地流转和水权交易造成了极大的阻碍。

很多试点地区规范的土地流转机制还未建立，农地转让在具体的期限、交易价格评定、流转手续和程序方面非常不规范，存在较多纠纷隐患。而水权的交易大多发生在部分缺水的地区，农村三级水权交易由于信息不对称、交易成本高、水交易中介缺失等因素，只在少量农户间进行①。

4. 灌溉用水户水权交易的农户认知约束

（1）农户对水权交易缺乏理性认知。由于水权交易制度不明确，导致农户对水权及水权交易缺乏理性认知。调研中发现，绝大多数农户并不清楚水权的概念，更不知道水权可用于交易，即便在我们细致地讲解水权制度并说明国家鼓励水权交易之后，他们仍然表示即便有节余水权也不愿意将其转让出去。进一步了解农户的想法之后，发现多数农户之所以不愿意参与水权交易，是因为他们将水权视为与土地承包权同等性质的权利，担心一旦转让出去就难以保障自家的农业经营需求，丧失了赖以生存的基础。

（2）农村乡土文化阻碍水权交易发生。我国是一个人际社会，尤其在广大农村地区，大多数农民以血缘亲情为基础聚族而居，不同家庭之间有直接或间接的亲缘关系，使得农户之间的水权转让基本以“赠送”或置换形式进行，尤其在实施土地流转制度以后，水权也就随土地直接流转，难以真正实现以水资源市场价值为基础的交易。

三、促进我国灌溉用水水权交易的制度设计

（一）明晰初始水权分配制度，完善水权交易法律法规

明晰的水权制度是水资源有效配置的基础，包括水权内涵和外延的界定、

① 任海军，王国富．西北干旱区水权交易机制研究——以石羊河下游民勤绿洲为例［J］．兰州商学院学报，2012，28（02）：39－43.

初始分配、确权登记、水权交易发生条件等，需要根据水权交易实践不断深化。应在强化国家层面顶层制度设计的基础上，因地制宜建立初始水权分配制度。总体思路是纵向分级、横向分类，确保公平。纵向分级，即以当前权限与管理层次为基础，政府主管部门作为国家所有权的代表，掌握流域地表水资源、地下水资源的管理权，对水资源的初次分配负责，并分级管理水资源，但对水资源的使用只依法进行监督与规范。横向分类，即在初次分配水资源额度到具体的用水地区后，由同级水管部门根据实际情况进一步细化到县、乡、村、户，明确用水户的权利、责任和义务，并在较长时期内保持不变。在初始水权分配过程中要先调查清楚流域内的可用水总量，预留一部分环境生态用水，用于干旱季节和极端情况下水环境和生态的保护，并在流域出现严重污染问题时对整个流域发挥稀释污染的功能。政府也可以通过行政指令或市场回购方式取得部分生态用水。同时，应尽快制定国家层面的有关水资源占有、使用、水权分配和转让交易的相关法律法规，使得各个层面用水户之间的水权交易做到有法可依，有章可循。

（二）建立政府调控和市场调节相结合的水权交易制度

在国家水行政主管部门对水资源的初始水权和水权转让交易的程序、交易主体的职责进行科学界定的基础上，对于各个层面的用水户之间的水权交易应遵循政府调控和市场调节相结合的原则。从国外的实践经验和我国实际国情来看，建议对于交易前后不改变水的用途、灌区（或农户用水协会）之间内部的水权交易可以免去登记，交由灌区或用水协会自己监管；对于跨地区、跨部门、跨行业或流域内部的水权交易应该实施严格登记和管控，规范交易的发生条件、程序及交易主体责任。在严格登记备案后，重点加快缺水地区全流域水权交易市场和流域性水权交易平台建设，充分发挥政府行政许可和市场机制的调节作用，探索转让、租赁、置换、水银行、水融通等多元化水权交易模式，交易主体可以是任何拥有水权或需要水权的自然人、营利或非营利组织、政府机构。例如，政府回购、水权持有人与用水人直接进行交易、水权持有人委托交易中心出售水权、水权持有人将水权出售给交易中心、水权持有人将多余的水量租赁给交易中心等多种交易方式。对于水权交易价格，建议由交易双方根据补偿节约水资源的成本（包括节水工程设施建设、计量监测设施建设和运行及必要的经济补偿等费用）、合理收益的原则协商确定，避免政府直接干涉水权交易价格。提高水使用权交易的技术支撑能力，不断推进水资源监测、评价、统计、用水计量和实时监控等技术支撑体系的建设。

（三）合理推进水资源价格形成机制改革

完善水资源价格形成机制，既要建立长效节水激励机制，又要实现节水与农民增收的双赢目标。一是确定价格的合理区间，价格偏“低”农户缺乏节水激励，但价格偏“高”又导致农产品成本增加，农民负担增加，农产品国际竞争力进一步削弱。因此，需要在不同价格水平下，针对水价对农业和生态的影响进行评估，从而确定价格的合理区间；二是降低水资源供给成本，一方面可以通过全面推广工程性节水和技术性节水设施，减少水资源使用过程中的损耗，这里面的关键是建立多元化投融资机制；另一方面可以推进农业种植结构调整，在干旱地区因地制宜地鼓励推广种植节水、耐旱、高产、高效农作物。

（四）探索水权交易对第三方的影响，建立科学的生态评估和补偿机制

在实际的水权交易过程中往往关注的是交易双方的利益，很容易忽略水权交易可能带来的外部效应，一是水权交易对其他水权人取水、用水、引水权益的直接损害；二是水权转让导致地下水开采过度造成的出让方所在地生态环境的负面影响；三是工农业水权转让交易中，由于工业和城镇供水保证率要高于农业用水的保证率，造成灌溉面积或农业产量的减少，从而影响农业生产收入。因此，国家在水权制度设计中应考虑水权交易对第三方的影响，建立科学的生态评估和补偿机制。针对水权交易对第三方水权人和当地生态环境可能造成的负面影响，在交易审批过程中应由相关机构出具量化的权益损失评估报告，对于可能出现的权益损失应有明确的补偿计划，对于明显存在重大隐患的直接限制交易。

（五）深入推进灌区收支分离管理体制改革

目前，我国大多数灌区实行的是自收自支管理体制，这种管理体制虽然在一定程度上减轻了政府财政负担，但其最大的弊端在于与节水目标背道而驰。建议将以灌溉供水为主的灌区“两费”（人头管理费和工程管护费）纳入财政预算，并建立绩效工资与节水用水效率、水费收取率、水利工程设施维护等相

挂钩的激励机制。同时，探索水利设施 PPP 管理模式，形成社会化的专业管理团队。

（六）有序推进水权金融市场创新试点

在美国和日本，水权不仅可以买卖，而且还可以作为资本资产抵押品和附属担保品来融资。也就是说，美国不仅存在水权出让和转让市场，而且存在水权金融市场。我国可以借鉴相关国家经验，在积极推进水权交易制度和市场建设的同时，在有条件的地区开展建立水权金融市场试点。一是试点允许用水户以水权作为抵押标的物进行抵押，从银行等金融机构获得抵押贷款，用于农田水利设施建设或水权交易；二是试点允许银行和证券公司等金融机构参与水权金融商品交易，包括水权实物、水权现货、水权期货交易等；三是试点允许保险公司销售水权交易保险，如灾害保险、运输保险等；四是试点允许证券公司、银行、保险公司开发销售与水资源和水权交易有关的金融商品；五是在未来条件成熟时，通过与证券公司、银行、保险公司合作，可在水权交易所试点水权期货交易和水权指数交易。

（七）积极推进农村土地流转制度改革，鼓励规模经营

推进农地流转，发展农业集约化、规模化经营是当前农村经济体制改革的重要内容之一。在农村土地流转制度建设中，应明确界定土地流转中的产权主体、产权性质、农村土地流转双方以及流转中介的权利义务、流转的原则和程序、流转期限、流转权的保护等，使得流转程序规范化和法律化。政府应明确水权转让和土地流转市场的关系。在农地流转过程中，一方面，用水权作为土地使用权的附属权利和农业生产的必备要素，农地流转与水权流转相依附。另一方面，为了满足不同用水主体临时性或者长期性的用水需求，水权交易可以更加灵活的方式（如水权的入股、抵押、出租、期权交易、拍卖等）独立于农地流转，充分利用结余的农业水资源，满足不同用水户的需求。在促进土地流转的同时，鼓励农户进行规模化经营，以减少水权交易的纠纷，降低水权交易成本。创新水权交易方式，提高农户参与水权交易的积极性。

第三节　草原生态保护与建设

一、我国草原生态保护现状及存在问题

（一）我国草原生态保护现状

我国拥有天然草原近 4 亿公顷，占国土面积的 41.7%，草原在我国绿色生态植被系统中占 63%，具有涵养水源、调节气候、防风固沙等重要生态功能。

第一，从草原生产力来看，全国天然草原鲜草总产量在 2007—2009 年呈递减的趋势，2010 年后呈递增趋势，且增加势头迅猛，到 2012 年鲜草产量达到了 104 961.93 万吨，年平均增量达到 3 707 万吨。载畜能力也呈现出先递减后递增的趋势，2012 年的增速为 3.4%，高于 2011 年的 2.52%而低于 2010 年的 3.95%。从侧面反映国家在近些年实施的草原保护建设工程取得了一定的成效。

第二，从草原利用状况来看，全国重点天然草原的牲畜超载率逐年递减，从 2007 年的 33%下降到 2012 年的 23%，2012 年下降最为明显，比 2011 年下降了 5 个百分点。可见，虽然全国草原总体仍处于超载过度放牧状态，草原生态形势依旧严峻，但出现了一些积极的变化。

第三，从草原监管来看，全国草原违法案件破坏草原面积从 2010 年的 15 568.2公顷下降到 2012 年的 8 008.3 公顷，全国买卖或者非法流转草原面积从 2010 年的 1 996 公顷增加到 2012 年的 7 183.3 公顷，增加了 5 187.3 公顷。显然，草原执法力量有待加强。全国虫害和鼠害危害面积在 2008—2012 年呈现递减的趋势，但减幅不明显，同时年均受害面积达到了 5 821 万公顷。可见，我国草原火灾、虫害、鼠害威胁仍很严重，防灾减灾救灾能力亟待提升，草原监管能力需要大步提升。

总体看来，我国草原资源丰富，发展潜力巨大。虽然无度开发和薄弱的草原监管体系使得草原资源面临退化、沙化、盐碱化和石漠化等诸多危机，但近些年国家实施草原生态保护补助奖励机制和草原重大生态建设工程，致力于挽救草原生态，我国草原生态状况初步呈现好转趋势。

（二）我国草原生态保护与建设存在问题

尽管国家出台的一系列草原生态保护政策取得了一定成效，但当前我国草原生态保护和建设仍存在诸多问题和挑战。

1. 草原生态恶化仍很严峻

禁牧、草畜平衡和为牧民提供生产性补贴等一系列政策对草原生态环境的建设和改善起到了一定的影响，尤其是项目区草原生态状况呈现区域性好转，草地产草量和载畜能力在近几年均有所提高。但由于项目实施面积有限以及历史与现实、自然和人为因素的干扰和影响，全国广大草原的生态环境形势仍然很严峻，全国中度和重度退化草原面积仍占 1/3 以上，草原总体处于超载过度放牧的状态。

2. 牧民收入增速放缓，城乡收入差距拉大

调研发现牧民收入增速呈放缓趋势，低于农民收入增速，且远远低于城镇居民收入增速。政府维护草原生态建设的过程中，为了保护草原，减少放牧，在一定程度上限制牧民牲畜的养殖数量，但与此同时，政府促进牧民增收的投入资金却相对偏少，这显然会影响牧民的收入水平。黄涛、李维薇、张英俊（2010）也指出，近年来国家不断加大草原生态保护建设力度，草原生态环境实现局部改善，但扶持牧区牧业发展、促进牧民增收的政策和投入相对较少①。一些地方甚至将草原生态保护与牧民持续增收问题对立，未顾及牧民们的生存和发展，牧民收入增速降低很可能将进一步拉大城乡收入差距，造成社会的不公平化。

3. 草原监测能力薄弱

严厉打击各种破坏草原建设成果的违法行为是草原监管内容的重要一部分。全国草原监测报告显示，2012 年全国各类草原违法案件发案 18 651 起，立案 18 060 起，立案率为 96.8%，共破坏草原 8 008.3 公顷，买卖或者非法流转草原 7 181.3 公顷。虽较 2011 年草原违法案件破坏草原面积有所下降，但非法流转草原面积却增加了。草原监管还要做好草原防灾防害及监测工作，2012 年受火灾面积达到了 27 133 公顷，全国鼠害和虫害年均受害面积达到了 5 821 万公顷。显然，我国草原执法力量、防火防灾能力需要进一步加强。

---

① 黄涛，李维薇，张英俊，探寻人草和谐之策，农村工作通讯，2010（12）：36－37。

二、我国草原生态保护补助奖励政策实施成效分析

为进一步推进我国草原生态保护和牧民增收致富，深入调查了解牧民对草原生态保护补助奖励政策的认知与满意度评价，对完善我国草原生态保护补助奖励政策具有重要意义。

（一）草原生态保护补助奖励政策实施概况

1. 禁牧补助政策

牧民对禁牧补助的认识情况如表 2－6 所示，牧民普遍认为禁牧补助水平不高，其中 44％的牧民认为禁牧补贴水平中等，46.67％的牧民认为禁牧补贴水平偏低。对于补助发放情况，33.33％的牧民认为补助发放不及时，9.33％的牧民认为补助发放不方便。

表 2－6　牧民对禁牧补助的认识情况

调查指标		频数（个）	比例（％）
牧民对禁牧补助水平的看法	较高	0	0.00
	中等	33	44.00
	偏低	35	46.67
	说不清	7	9.33
补助发放是否及时	滞后发放	25	33.33
	及时发放	50	66.67
补助发放是否方便	不方便	7	9.33
	方便	68	90.67

禁牧政策实施的效果如表 2－7 所示，一是偷牧现象明显下降，52％的被访牧民的自家草场不再发生偷牧现象，仅有 10.67％的被访牧民家草场还经常发生偷牧现象。二是禁牧政策导致牲畜饲养成本增加、牲畜饲养量下降。86.66％的被访牧民表示禁牧政策实施后饲养成本极大增加或有所增加，成本没有增加或成本有所下降的被访牧民仅占 13.34％。禁牧后超过一半的牧民饲养牲畜量下降，占比 74.66％。三是禁牧补助政策有利于草场恢复，生态效果

明显。77.33%的被访牧民认为实施禁牧政策有利于草场恢复，但仍有17.34%的牧民认为禁牧政策对草场恢复作用不大。

表 2-7　禁牧政策实施的效果

调查指标		频数（个）	比例（%）
实施禁牧政策时候是否发生偷牧现象	否	39	52.00
	偶尔	28	37.33
	经常	8	10.67
禁牧后饲养成本变化	成本极大增加	32	42.66
	成本有所增加	33	44.00
	成本没有增加	8	10.67
	成本有所下降	2	2.67
	成本极大下降	0	0.00
禁牧后牲畜量变化	增加	2	2.67
	基本无变化	17	22.67
	降低	56	74.66
禁牧补助后的生态效果	有利于草场恢复	58	77.33
	有用，但效果有限	4	5.33
	作用不大	13	17.34

根据表 2-8 牧民对禁牧政策效果评价可以看出，牧民对禁牧政策的实施效果评价相对较高，平均值为 2.59；绝大部分牧民认为禁牧政策有效果，应继续，占比 60%；但仍有 38.67%的牧民认为效果一般，还需改进。

表 2-8　牧民对禁牧政策效果评价赋值与结果一览

禁牧政策效果	效果不错，应继续	效果一般，需改进	效果很差，应废除
赋值	3	2	1
样本数	45	29	1
比例（%）	60.00	38.67	1.33
平均值		2.59	

2. 草畜平衡奖励政策

牧民对草畜平衡奖励政策的认识情况如表 2-9 所示，大多数牧民认为草畜平衡奖励标准中等偏下，其中有 32.26%的牧民认为草畜奖励标准中等，54.84%的牧民认为草畜奖励标准偏低。对于补助发放情况，有 28.43%的牧民认为奖励发放不及时，有 3.88%的牧民认为领取奖励不方便。

表 2-9　牧民对草畜平衡政策的认识情况

调查指标		数量（个）	比例（%）
牧民对草畜奖励标准的看法	较高	2	2.15
	中等	30	32.26
	偏低	51	54.84
	说不清	10	10.75
奖励发放是否及时	滞后发放	29	28.43
	及时发放	73	71.57
领取奖励是否方便	不方便	4	3.88
	方便	99	96.12

表 2-10 展示了草畜平衡政策实施的效果，可以看出实施草畜平衡政策时自家草场未发生偷牧现象的牧民占比最高，占 79.31%；自家偶尔发生偷牧现象的牧民，约占 18.39%。实施草畜平衡政策后给牧民生活、生产及当地生态环境带来一定的变化。一是草畜平衡政策一定程度上增加了牧民的牲畜饲养成本，减少了牲畜饲养量。45.19%的被访牧民认为该政策实施后牲畜的饲养成本极大增加或有所增加，38.46%的被访牧民表示草畜平衡政策实施后饲养成本没有变化，但也有 16.35%表示该政策实施后饲养成本有所下降，34.95%的被访牧民表示该政策实施后其牲畜饲养量减少了。二是草畜平衡政策的实施有利于草场恢复，69.31%的被访牧民认为实施草畜平衡政策有利于草场恢复，仅有 11.88%的牧民认为草畜平衡政策对草场恢复作用有限，同时也有 18.81%的牧民认为草畜平衡政策对草场恢复作用不大。

表 2-10　草畜平衡政策实施的效果

调查指标		数量（个）	比例（%）
实施草畜平衡政策后是否发生偷牧现象	否	69	79.31
	偶尔	16	18.39
	经常	2	2.30

（续）

调查指标		数量（个）	比例（%）
实施草畜平衡政策后饲养成本变化	成本极大增加	5	4.81
	成本有所增加	42	40.38
	成本没有增加	40	38.46
	成本有所下降	17	16.35
	成本极大下降	0	0.00
实施草畜平衡政策后牲畜量变化	增加	2	1.96
	基本无变化	64	62.75
	降低	36	34.95
实施草畜平衡政策后的生态效果	有利于草场恢复	70	69.31
	有用，但效果有限	12	11.88
	作用不大	19	18.81

牧民对草畜平衡政策效果评价如表 2-11 所示，66.98%的牧民认为草畜平衡政策效果一般，需改进；仅有 26.42%认为效果不错，应继续；还有 6.6%的被访牧民认为效果很差，应废除。

表 2-11　牧民对草畜平衡政策效果评价赋值与结果一览

草畜平衡政策	效果不错，应继续	效果一般，需改进	效果很差，应废除
赋值	3	2	1
样本数	28	71	7
比例（%）	26.42	66.98	6.60
平均值		2.20	

3. 生产性补贴政策

牧民对生产性补贴的认知情况如表 2-12 所示，一是被访牧民认为生产性补贴政策补贴水平偏低。47.06%的被访牧民认为生产性补贴水平偏低，占比最高；28.10%的牧民认为生产性补贴水平中等，仅有 10.46%的牧民认为生产性补贴水平较高。二是生产性补贴的实施针对性不强，64.28%的牧民会把生产性补贴用于提高生活水平，仅有 33.12%的牧民将生产性补贴资金用于提高生产水平。三是生产性补贴政策发放及时、领取方式方便。74.03%的牧民认为补助及时发放，91.56%的牧民认为补助领取方式是方便的。四是生产性补贴对牧民增收作用效果不明显。55.10%的被访牧民认为生产性补贴对提高收入水平帮助甚微，仅有15.65%的被访牧民认为生产性补贴极大地提高了其收入水平。

表2-12 牧民对生产性补贴的认知情况

调查指标		数量（个）	比例（%）
牧民对生产性补贴水平的看法	较高	16	10.46
	中等	43	28.10
	偏低	72	47.06
	说不清	22	14.38
生产性补贴资金的用途	提高生活水平	99	64.28
	提高生产水平	51	33.12
	用于娱乐	1	0.65
	其他	3	1.95
补助是否及时	滞后发放	40	25.97
	及时发放	114	74.03
补助领取是否方便	不方便	13	8.44
	方便	141	91.56
补贴效果	极大提高了收入水平	23	15.65
	对收入水平有些帮助	43	29.25
	对收入水平帮助甚微	81	55.10

牧民对生产性补贴政策效果评价如表2-13所示，56.96%的被访牧民认为生产性补贴政策效果一般，需改进；37.98%认为生产性补贴政策效果不错，应继续；尚有5.06%认为生产性补贴政策效果很差，应废除。

表2-13 牧民对生产性补贴政策效果评价赋值与结果一览

草畜平衡政策	效果不错，应继续	效果一般，需改进	效果很差，应废除
赋值	3	2	1
样本数	60	90	8
比例（%）	37.98	56.96	5.06
平均值		2.33	

（二）草原生态保护补助奖励政策的牧民满意度评价

将牧民就草原生态保护补偿奖励四项政策按满意到不满意的原则进行排序，统计结果见表2-14。其中A表示禁牧补助政策，B表示草畜平衡奖励政策，C表示给予牧民生产性补贴，D表示加大对牧区教育与培训力度。在排第一位的集合中，选择草畜平衡奖励的牧民人数最多，占41.76%，选择禁牧补助政策的牧民人数占第二，为34.06%，选择生产性补贴和促进教育及培训的人数相当，分别占12.64%和11.54%；在排第二位的集合中，选择生产性补贴的牧民人数最多，占55.87%，选择禁牧补助政策的牧民人数排第二，占21.23%，选择草畜平衡奖励的牧民人数排第三，占14.52%，选择加大对牧区教育与培训力度的牧民最少，仅占8.38%；在排第三位的集合中，选择加大对牧区教育与培训力度的牧民最多，占47.73%，选择生产性补贴的牧民人数排第二，占22.73%，选择禁牧补助政策的牧民人数排第三，占15.91%，选择草畜平衡奖励政策的牧民人数最少，占13.63%；在排最后一位的集合中，选择加大对牧区教育与培训力度的牧民最多，占35.29%，选择禁牧补助政策的牧民人数排第二，占32.03%，选择草畜平衡奖励政策的牧民人数排第三，占22.22%，选择生产性补贴的牧民人数排第四，占10.46%。综合来看，牧民对草畜平衡奖励政策的满意程度最高，其次是生产性补贴政策，然后是加强对牧区教育与培训力度，最不满意的是禁牧政策。

表2-14　牧民对草原生态保护补偿机制政策满意到不满意排序结果一览

排序情况		样本数（个）	比例（%）
排第一位	A禁牧补助政策	62	34.06
	B草畜平衡奖励政策	76	41.76
	C给予牧民生产性补贴	23	12.64
	D加大对牧区教育与培训力度	21	11.54
排第二位	A禁牧补助政策	38	21.23
	B草畜平衡奖励政策	26	14.52
	C给予牧民生产性补贴	100	55.87
	D加大对牧区教育与培训力度	15	8.38
排第三位	A禁牧补助政策	28	15.91
	B草畜平衡奖励政策	24	13.63

（续）

排序情况		样本数（个）	比例（%）
排第三位	C 给予牧民生产性补贴	40	22.73
	D 加大对牧区教育与培训力度	84	47.73
排第四位	A 禁牧补助政策	49	32.03
	B 草畜平衡奖励政策	34	22.22
	C 给予牧民生产性补贴	16	10.46
	D 加大对牧区教育与培训力度	54	35.29

1. 影响牧民对草畜平衡奖励政策满意度的因素分析

（1）模型设定与变量定义。为找出影响牧民对草畜平衡奖励政策满意程度的因素，采用多元有序 Logistic 模型展开分析。该模型是一种非线性分类的统计方法，它既不要求自变量与因变量之间必须具有线性相关关系，也不要求变量服从协方差矩阵相等和残差服从正态分布的假设；同时因为它可以有效地利用因变量的排序信息，不会把排序中的差距误差判为纯数值差异，所以它比一般的线性回归模型和二元选择模型的估计结果更为准确可靠。

有序 Logistic 回归模型的表达式为如下公式：

$$\ln\left[\frac{\pi_{ij}(Y\leqslant j)}{1-\pi_{ij}(Y\leqslant j)}\right]=\ln\left(\frac{\sum_{Y=1}^{j}\pi_{ij}}{\sum_{Y=j+1}^{j}\pi_{ij}}\right)$$

$$=\partial_j-(\beta_1X_{i1}+\cdots+\beta_kX_{ik}),j=1,2,\cdots,j-1 \qquad (2-1)$$

在公式中，i 表示亚群，即自变量向量的行数；j 表示因变量 Y 的分类；k 表示自变量的个数；∂_j 为常数项，β_k 为回归系数（若 $\beta>0$，表明随着 X_i 值的增加，y 更有可能落在有序分类值更大的一端；若 $\beta<0$，表明随着 X_i 值的增加，Y 更有可能落在有序分类值更小的一端）；π_{ij} （$Y\leqslant j$） $=\pi_{i1}+\cdots+\pi_{ij}$ 是因变量 Y 小于等于 j 的累加概率；ln 为自然对数符号，由此形成的模型为有序 Logistic 模型。

模型中变量的设计和界定如表 2-15 所示。

表 2-15 模型的各变量及界定

影响因素	变量	变量界定
牧民对草畜平衡奖励政策的评价	Y 满意度	1=十分不满意，2=不太满意，3=一般，4=满意，5=非常满意
	T_1 性别	1=男，2=女
	T_2 年龄	
	T_3 2012 年草场面积（亩）	实际数值
	X_1 2011 年以来草场退化程度	1=好转，2=没有变化，3=略有退化，4=退化严重
	X_2 草场管护员的作用	1=没作用，2=作用一般，3=作用很大
	X_3 领取奖励是否方便	0=不方便，1=方便
	X_4 实施草畜平衡奖励政策后牲畜量变化	1=增加，2=基本没变化，3=降低

（2）实证结果分析。运用 Eviews 5.0 对样本数据进行计量分析，结果如表 2-16 所示。从模型的估计结果来看，在 1%显著性水平下显著的变量包括 2011 年以来草场退化程度、草场管护员的作用；在 5%显著性水平下显著的变量包括 2012 年草场面积、领取奖励是否方便；在 10%显著性水平下显著的变量是年龄。

表 2-16 多元有序 Logistic 模型估计结果

变量	模型 1		
	系数估计值	Z 统计量	p 值
T_1 性别	0.217 1	0.158 7	0.873 9
T_2 年龄	0.048 6*	1.874 4	0.060 9
T_3 2012 年草场面积（亩）	−0.000 2**	−2.529 7	0.011 4
X_1 2011 年以来草场退化程度	−1.003 2***	−3.684 9	0.000 2
X_2 草场管护员的作用	1.626 4***	3.635 2	0.000 3
X_3 领取奖励是否方便	4.488 0**	2.370 6	0.017 8
X_4 实施草畜平衡奖励政策后牲畜量变化	−0.081 5	−0.170 4	0.864 7

注：***，**，* 分别表示在 1%，5%和 10%的显著性水平下显著。

第一，牧民年龄对满意度的影响效果显著，年龄越大，牧民对草畜平衡奖励政策的满意程度越高。可能是因为牧民年龄越大，劳动能力相对下降，饲养的牲畜量相对较少，实施草畜平衡奖励政策后，饲养成本增加对年龄较大牧民的影响相对于年轻牧民来说要小一些，再加上牧民可以得到一定的草畜平衡奖励政策补贴，因此年龄大的牧民可能会对该项政策更加满意。

第二，2012 年草场面积对满意度的影响效果显著，草场面积越大，牧民对草畜平衡奖励政策的满意程度越低。造成这一现象的原因可能是牧民的草场面积越大，受草畜平衡奖励政策影响程度越大，减少的放牧量越多，使牧民收入减少越多，所以其满意程度会相对较低。

第三，2011 年以来草场退化程度对满意度的影响效果显著，草场退化程度越高，牧民对草畜平衡奖励政策的满意程度越低。实施草畜平衡的目的之一就是抑制草场持续退化，改善草场生态环境。草场退化越严重的地区，改善草场环境的难度越大，实施草畜平衡后产生的短期效果越不明显，自然会降低牧民对该项政策的满意程度。

第四，草场管护员的作用对满意度的影响效果显著，草场管护员作用越大，牧民对草畜平衡奖励政策的满意程度越高。草场管护员队伍是各级草原监督管理机构依法开展草原监督管理工作的重要补充力量，草场管护员的职责主要包括：宣传草原法律法规和政策措施，配合草原生态保护补助奖励政策实施，监督禁牧和草畜平衡制度落实，制止和举报草原违法行为，保护草原围栏等基础设施，报告草原火灾和鼠虫灾害情况，掌握管护区域内牧户牲畜存栏、出栏和超载情况，监测草原生产力等。草场管理员既可以保护草原生态环境，也可以维持牧民社会环境的公平。鉴于草场管护员如此重要的作用，它会对牧民的满意程度产生正面影响。

第五，领取补助是否方便也对满意度的影响效果显著，领取补助的方式越方便，对草畜平衡奖励政策越满意。依据调研结果，牧民领取补助方式基本都是直接将钱打到卡上，对于大部分牧民来说比较方便。但根据调研数据，有 28.43%的牧民认为草畜奖励发放不及时，还有一部分牧民驻扎在离有银行的城镇较远的地方，这些因素都可能会导致牧民认为领取补助不是很方便。但显然如果牧民能迅速安全领到草畜补助，并将得到的钱投入生产生活之中，会增加他们对草畜平衡奖励政策的满意程度。

2. 影响牧民对生产性补贴政策满意度的因素分析

（1）变量定义。本书通过建立计量模型进行实证分析来找出影响牧民对生产性补贴政策满意度评价的因素。模型变量的设计和界定如表 2-17 所示。

表 2-17 模型的各变量及界定

影响因素	变量	变量界定
牧民对生产性补贴政策的评价	Y 满意度	1=十分不满意，2=不太满意，3=一般，4=满意，5=非常满意
	T_1 性别	1=男，2=女
	T_2 年龄	实际数值
	T_3 2012 年家庭总收入	实际数值
	X_1 草场退化程度	1=无，2=轻度，3=中度 ，4=严重退化
	X_2 有无草场管护员	0=否，1=是
	X_3 草场管护员的作用	1=没作用，2=作用一般，3=作用很大
	X_4 生产性补贴总金额	实际数值
	X_5 补贴领取是否方便	0=不方便，1=方便
	X_6 补贴效果	1=对收入帮助甚微，2=对收入有些帮助，3=极大提高了收入

（2）实证结果分析。运用 Eviews 5.0 对样本数据进行计量分析，结果如表 2-18 所示。从模型的估计结果来看，在 1%显著性水平下显著的变量包括草场管护员的作用和生产性补贴政策产生的效果；在 5%显著性水平下显著的变量包括年龄、有无草场管护员、生产性补贴总金额、补贴领取是否方便；在 10%显著性水平下显著的变量是 2012 年家庭总收入。

表 2-18 多元有序 Logistic 模型估计结果

变量	模型 2		
	系数估计值	Z 统计量	P 值
T_1 性别	0.398 8	0.446 2	0.655 4
T_2 年龄	0.0437**	2.026 1	0.042 8
T_3 2012 年家庭总收入	−0.029 6*	−1.853 0	0.063 9

（续）

变量	模型 2		
	系数估计值	Z 统计量	P 值
X_1 草场退化程度	−0.394 6	−1.350 4	0.176 9
X_2 有无草场管护员	1.621 4**	2.553 0	0.010 7
X_3 草场管护员的作用	1.086 7***	2.743 0	0.006 1
X_4 生产性补贴总金额	2.79×10^{-5}**	2.368 5	0.017 9
X_5 补贴领取是否方便	1.764 8**	2.130 0	0.033 2
X_6 补贴效果	1.498 56***	5.117 9	0.000 0

注：***，**，*分别表示在1%，5%和10%的显著性水平下显著。

第一，牧民年龄对满意度的影响效果显著，牧民年龄越大，对生产性补贴政策的满意程度越高。随着年龄的增长，牧民劳动能力会随之下降，通过放牧获得收入更加困难，因此，生产性补贴的钱对年龄较大的人来说效用更高。

第二，牧民自身收入对满意度的影响效果显著，牧民 2012 年自身收入越少，对生产性补贴政策的满意程度越高。生产性补贴构成了牧民收入来源的一部分，对自身收入较少的牧民来说，生产性补贴带来的增收作用更加明显。因此，收入越少的牧民对生产性补贴越满意。

第三，草场管护员对满意度的影响效果显著，表现在草场有管护员并且管护员作用越大，牧民对生产性补贴政策的满意程度越高。草场管护员职责之一是配合草原生态保护补助奖励机制的实施，它的存在既有利于草场生态的恢复，又能强化牧民对草原生态保护补助奖励机制的信心。所以，草场管护员会对牧民满意度产生正面影响。

第四，生产性补贴总金额对满意度的影响效果显著，生产性补贴总金额越多，对生产性补贴政策满意程度越高。生产性补贴是构成牧民收入的一部分，生产性补贴越多，牧民收入越多，对生产性补贴的满意度越高。

第五，领取补助是否方便对满意度的影响效果显著，领取补助的方式越方便，对生产性补贴政策满意度越高。依据调研数据，有 8.44%的牧民认为领取生产性补贴不方便，有 91.56%的牧民认为领取生产性补贴方便。对牧民来说，领取补贴的方式越方便意味着节约更多的时间和金钱，对牧民的满意程度产生正面影响。

第六，牧民对补贴效果的认知对满意度的影响效果显著，牧民认为生产性补贴对收入提高作用越大，对该项政策的满意度越高。

三、草原生态保护补助奖励政策存在的问题

调查中发现草原生态保护补助奖励机制的实施得到了大部分牧民的肯定。然而，由于草原生态保护涉及面较广，每个地方的牧区又有各自的特点，再加上补助奖励机制实施时间较短，还不能完全满足不同地区的草原保护和生态恢复、牧民生产生活改善及畜牧业发展的需要。根据调查数据，牧民对禁牧政策、草畜平衡奖励政策、生产性补贴政策、加强牧区教育与培训力度的满意度平均值分别为 3.43、3.18、3.05、3.2，均介于一般满意和满意之间。可见，牧民对现阶段实行的草原生态保护补助奖励机制比较满意，但仍然有进一步改善的空间。同时，在草原生态保护补助奖励机制实施过程中出现的一些问题也需引起我们的注意。

（一）草原生态保护补助奖励标准偏低

根据调研数据，有 46.67%的牧民认为禁牧补助水平偏低，54.84%的牧民认为草畜平衡奖励标准偏低，47.06%的牧民认为生产性补贴水平偏低。实施草原生态保护政策后，很多牧民按照规定减少了养殖规模，使牧民收入损失较大。调研数据显示，实施禁牧的群体中，有 74.66%的牧民减少了牲畜量；实施草畜平衡的群体中，有 34.95%的牧民减少了牲畜量。养殖规模的减少使牧民收入损失较大，再加上 77.07%牧民是纯粹放牧或务农（表 2-19），对这些牧民来说，减少畜牧量会对他们的收入造成很大的影响。因此，对牧民来说，现有的补助奖励标准还是偏低的，无法实现既保护草原又提高牧民收入的双重目标。

表 2-19 牧民工作状况统计情况

牧民工作状况	纯粹放牧或务农	兼业，农活为主，闲时打零工	外出打工	在本地有正式工作	在外地有正式工作，长期居住本地	其他
样本数	158	34	5	1	1	6

（二）草原生态保护补助奖励发放存在一定的问题

各地区草原生态保护补助奖励发放时间不尽相同，一些地方一年发一次补

助，一些地方一年发两次补助。对补助发放情况，有33.33%的牧民认为禁牧补助滞后发放，有28.43%的牧民认为草畜平衡奖励补助滞后发放；有9.33%的牧民认为禁牧补助发放不方便，有3.88%的牧民认为草畜平衡奖励补助发放不方便。出现这种现象的原因可能是政策实施在制度准备和人员配置上需要一定的时间，补助奖励资金到位较晚，进而影响到资金的发放工作。另外，在一些农业区，牧民拥有的人均草场较少，发放的资金也较少，补助奖励资金发放到户的要求很难落实。

（三）草场管护员队伍建设力度不够

调查结果显示，草场管护员队伍的建立和发挥作用的大小影响着牧民对草原生态保护补助奖励机制的满意程度。目前草原管理队伍建设还存在一些需要解决的问题，一是地方草场管护员队伍未能覆盖全部的草场，二是草场管护员的作用未能充分发挥出来。出现这种现象的原因可能是由于牧场面积广阔，草场管护员的报酬偏低，工作积极性不高，同时即使草场管护员发现了违法违规使用草场、超载放牧的现象，也因为缺乏适当的惩戒方式而难以开展管理工作。如表2-20所示，大约有80.42%的草场有管护员，有89.78%的牧民认为草场管护员有作用，其中38.64%的牧民认为其作用很大，51.14%的牧民认为其作用一般，另外，还有10.22%的牧民认为草场管护员并没有起到作用。

表2-20　草场管护员相关情况描述

调查指标		数量（个）	比例（%）
有无草场管护员	否	37	19.58
	有	152	80.42
草场管护员的作用	作用很大	68	38.64
	作用一般	90	51.14
	没作用	18	10.22

（四）技术培训工作有待加强

调研发现，51.9%的牧民认为没能感受到政府对牧区培训工作支持力度的增强，这可能与牧民参加培训的次数少有关，在2010年、2011年、2012年牧民参加培训的平均次数均小于1，而且有21.05%的牧民认为培训没什么作用。出现这种现象的原因可能是政府提供技术培训的次数有限、时间有限，且培训的内容未必是当地牧民迫切想要知道的信息，很难达到预期的效果。

（五）草原生态保护补助奖励政策比较僵化，缺乏灵活性

牧民普遍反映草原生态保护补助奖励政策比较僵化，缺乏灵活性。牧民们认为国家应该想办法建立起动态的补助奖励机制，一旦当年的雨水充沛，草原牧草长势良好，应该适度放宽禁牧和草畜平衡载畜量标准，反之若天气恶劣，雨水欠缺，应该适度收紧禁牧和草畜平衡载畜量标准，形成对补助奖励政策的动态管理。

（六）监管不到位

调查中有牧民反映禁牧政策执行不严格的问题，也有牧民反映，对于草畜平衡政策部分牧民实行，部分牧民并不实行，存在不公正的问题，这都源于监管机制的不完善。在新政策的实施过程中，由于管理机制的不健全，在管理人员的安置、相关经费的发放、人员的具体待遇和补助、监管机构基础设施建设等方面都还存在问题。在人力、物力、财力不到位的情况下，草原管护工作很难施展开来，同时相关法律条例和条规的不健全会加大草原管护工作的难度。

四、推进草原生态保护与建设的对策建议

（一）建立节约型畜牧业，实现草原生态保护与牧民持续增收的双赢

草原恶化的根本原因不是草畜矛盾，而是人草矛盾。根据经济学和管理学的“短板理论”，要想彻底解决草原生态保护和牧民持续增收的矛盾，必须充分协调各个利益主体和各个相关环节，最终实现人草和谐发展。牧民的收入主要来自畜牧业，因此维持畜牧业收入是保障牧民正常生活水平的有效途径之一。草原作为畜牧业的基础，对于草地资源的放牧利用一定要控制在其承载范围之内。引进适合舍饲、半舍饲，经济效益较高的肉用和乳用品种，大力发展羔羊养殖，改部分放羊为养奶牛，实现农牧结合饲料多元化，放牧与舍饲结合科学化，通过季节性轮牧建立节约型畜牧业，保护草原生态系统，这样既保障了草原生态系统的平衡，又可不降低牧民收入。

（二）因地制宜，科学合理制定补偿办法

草原生态补偿应当按照因地制宜的原则，根据不同情况制定合理的草原补偿办法和补偿标准。一般情况下，草原可能会分为不同的草原类型，每个草原类型中又有不同程度的沙化退化区域，如果不区分草原类型，实行全面禁牧是不科学的。因此，制定补偿办法需要因地制宜，不可笼统制定。一方面，要合理确定补偿的范围，草原生态保护补助奖励机制应有重点、有次序地开展补偿工作，对实施生态恢复禁牧休牧的牧民给予补偿，对没有实施禁牧休牧，但严格按照草畜平衡制度来安排畜牧业生产的牧民应实行草畜平衡补偿。另一方面，要科学确定补偿标准，并根据气候的变化适时调整标准。确定草原生态补偿标准是非常复杂的，不仅要从主观上考虑牧民的接受程度，还要客观上考虑到草原的区域差异性。根据我国现阶段经济社会的发展水平，可综合草原生态保护的直接成本和机会成本来考虑并确定相对比较合理的生态补偿标准，随着经济水平的提高，还可以考虑加入草原生态服务价值的补贴。

（三）转变牧区的生产经营方式，拓宽牧民增收渠道

为了拓宽牧民增收渠道，首先，要推动牧区产业化经营，发展牧区合作经济组织，通过产业化经营带动牧区经济结构调整，带动畜牧业生产经营方式转变和牧民生活方式的转变，提高牧民的生产能力和抵御市场风险的能力；其次，要努力把培育主导产业和区域经济开发相结合，既能形成特色鲜明的区域经济格局，又能从总体上推动产业结构的优化升级，实现农牧业和农村牧区经济的可持续发展；最后，要扩大并落实订单畜牧业，稳定农牧民收入来源，促进农牧民持续稳定增收。

（四）建立健全相关法律保障机制，适当加大对草原违法行为的惩治力度

为了推动关系到牧民、政府和社会各方利益的草原生态补偿工程，在草原生态补偿方面的立法也需要相应加强，为建立草原生态补偿机制提供法律依据，这是建立和完善草原生态补偿机制的根本保证。为了确保能够长期稳定地通过各地区政府间的财政转移支付来加强草原保护的支持，需要在法律上给予明确规定。此外，需适当加大草原违法行为的惩治力度，以减少偷牧、超载放牧、非法流转草原等草原违法行为的发生。

（五）通过多渠道增加草原生态补偿资金的投入

草原生态补偿的主体不应仅仅是政府，还应包括企业、公众等。因此，为了实现生态保护，应当建立以市场化运作模式为导向，以国家生态保护项目为依托的草原生态奖励补偿制度。在这个过程中，应加强各级政府及其部门间的统筹协作，提高草原生态补偿资金的使用效益。第一，建立并完善草原生态补偿的长效机制，启动并长期坚持国家草原生态保护项目；第二，建立不同行业补偿机制，实现草原资源开发商、利用草原资源进行生产的实体经济对草原生态的补偿；第三，从全社会范围筹措资金，如开征草原生态环境建设税、发行草原生态环境彩票、建立募捐基金等，以此来实现社会公众对草原生态的补偿。

（六）依靠科技进步，促进草原生态保护与建设

要组织全国科技力量，围绕草原生态保护治理和建设的关键问题进行科技攻关，加强草原退化机理、草原生态的演替规律等基础理论和草原生态系统恢复与重建的综合实用技术研究，力争在草原生态治理的理论和技术上有新的突破。禁牧地区草场恢复以后，应科学合理利用，长期闲置不用既是资源浪费，同时不利于草场植被更新。对如何合理利用、以什么样经营形式利用禁牧草场这类新问题，应尽快专题研究提出指导意见。大力宣传和普及草原生态保护和治理方面的科技知识与实用技术，启动草原科技入户工程，加强草原科技推广队伍的建设，改善服务手段，提高服务能力。各级草原部门要重视遥感技术、生物技术和现代信息技术在草原生态建设和保护中的应用。进一步建立和完善草原生态与灾害的监测预警系统，定期开展草原生态状况调查并对草原生产、生态发展变化进行长期监测，逐步建立起数字化、网络化、智能化的草原生态保护信息系统，为国家宏观指导草原保护和合理利用提供依据。

第三章

加快农业废弃物资源化利用

农业废弃物是农业生产的“另一半”，是放错了地方的资源，用则利、弃则害。开展农业废弃物处理和资源化利用，是推进农业供给侧结构性改革、推动农业绿色发展的重大任务和举措。据估算，全国每年产生畜禽粪污38亿吨，综合利用率不到60%；每年生猪病死淘汰量约6 000万头，集中的专业无害化处理比例不高；每年产生秸秆近9亿吨，未利用的约2亿吨；每年使用农膜200多万吨，当季回收率不足2/3。这些未实现资源化利用、无害化处理的农业废弃物量大面广、乱堆乱放、随意焚烧，给城乡生态环境造成了严重影响，迫切需要加快探索完善秸秆、畜禽粪污、尾菜等资源化利用模式与制度，健全废旧地膜和包装废弃物等回收处理模式机制，加强配套政策出台，扎实有效推进农业绿色发展。

第一节　农业废弃物资源化利用现状

一、农业废弃物的概念

农业废弃物指的是在整个农业生产过程中被丢弃的有机类物质。从广义上说，主要有四种类型：一是农业生产废弃物，如农作物秸秆、蔬菜废弃物、杂草、谷壳、果壳、林木枯枝落叶、残留的化肥和农药及其包装物、废旧农膜等；二是农副产品加工废弃物，如豆饼粕、木屑、糟渣、玉米芯、甘蔗渣、动物皮毛等；三是畜禽的排泄物，即畜禽粪便和畜栏垫料等；四是农村居民生活废弃物，如人类粪尿及生活垃圾等。

我国是农业大国，农业废弃物的种类多，总量大。据近年的统计数据，我国是世界上农业废弃物产出量最大的国家，每年全国农业废弃物产出量大约50多亿吨，其中畜禽粪便量38亿吨，农作物秸秆8.1亿吨，蔬菜废弃物1.8

亿吨，废弃农膜等塑料2.5万吨，乡镇生活垃圾和人粪便2.5亿吨，肉类加工厂和农作物加工厂废弃物1.5亿吨，林业废弃物0.5亿吨，其他类有机废弃物0.5亿吨。预计到2020年，我国农业废弃物产出量将超过60亿吨，这些“放错位置的资源”具有巨大的资源容量和潜力。

二、农业废弃物资源化利用方式

近年来国内外农业废弃物的资源化利用技术与研究取得较大进展，呈现多样化趋势。总体来看，农业废弃物的资源化利用方式主要集中在肥料化、饲料化、能源化、基质化等方向。

（一）农业废弃物肥料化利用

农业废弃物肥料化利用可分为直接利用和间接利用。直接利用是将秸秆或粪便等农业废弃物直接还田，其优点是易于操作，省工省事。有关研究表明，直接还田的废弃物在土壤中经过微生物作用进行缓慢分解，释放其中的矿物质，供植物吸收利用，分解出来的有机质和腐殖质也可为土壤中的微生物及其他生物提供食物，这在一定程度上起到了改土培肥、提高农作物产量的作用。间接利用主要是废弃物通过堆沤腐解（堆肥）、过腹、烧灰等方式进行还田，是几千年来农民提高土壤肥力的重要手段。但是，间接利用方式存在堆放腐解时间长，占据空间大等弊端，使得农业废弃物总量不断增加与环境承载能力不断下降的矛盾日渐突出。

近年来随着科技水平的提高，利用催腐剂、速腐剂、酵素菌等生物制剂，将传统的发酵工艺与现代工业化设备相结合，农业废弃物肥料化利用迅速朝着机械化、规模化和专业化方向发展。产业化开发利用废弃物生产有机肥具有产量高、周期短、肥效高、污染小、宜运输等诸多优点。以农作物秸秆为例，其中富含有机质、氮磷钾和微量元素，秸秆还田既可减少化肥使用量，又可提高土壤有机质含量；实践表明，主要农区秸秆连续还田5年后，可使土壤有机质含量平均提升约0.25个百分点。

（二）农业废弃物饲料化利用

农业废弃物中含有大量的蛋白质和纤维类物质，经过适当技术处理便可作为畜禽饲料，包括植物纤维性废弃物的饲料化和动物性废弃物的饲料化。

植物纤维性废弃物主要是农作物秸秆类物质，其中含有纤维类物质和少量的蛋白质，利用机械加工粉碎、氨化、氧化、青贮、发酵、酶解等理化方法和生物学方法进行复合处理，把动物难以消化吸收的秸秆类物质进行深加工，提高其适口性和营养价值利用率。动物性废弃物主要指畜禽粪便和加工产生的下脚料，其中含有未消化的粗蛋白、消化蛋白、粗纤维、粗脂肪和矿物质等营养物质，经过热喷、发酵、干燥等方法加工处理后掺入饲料中饲喂利用。目前，我国每年用于饲用的秸秆约 2.2 亿吨，按对牛羊的营养价值折算，相当于6 000万吨饲料粮，不仅能够缓解饲料粮供给和土地资源压力，也有利于解决人畜争粮问题。

（三）农业废弃物能源化利用

农业废弃物能源化利用指的是将农业废弃物通过生物发酵制备沼气，这种利用方式能够有效促进农村生态环境的良性循环、缓解农村能源紧张。当前的技术热点集中在将农业废弃物中的生物质通过化学、物理或者生物等技术方法转化成生物乙醇、丁二醇、糠醛、呋喃类产品。农业废弃物生物质的主要成分为纤维素、半纤维素和木质素，具有产量大、再生周期短、环境友好等优点。利用现代技术分解和转化木质纤维素原料，不仅能使生物资源得到有效利用，也有利于缓解环境污染和能源危机。

（四）农业废弃物基质化利用

农业废弃物基质化利用是指一些农作物秸秆、加工副产品、二次利用的有机废弃物以及养殖废弃物等农业废弃物经过适当处理后，作为农业栽培的基质原料进行利用，如玉米秸、花生壳、甘蔗渣、木薯渣、鸡粪。其中，特别是以食用菌为代表的农业废弃物基质化产业符合低碳经济的基本理念，是农业废弃物循环利用产业联动的重要路径。

三、我国农业废弃物资源化利用现状与问题

（一）我国农业废弃物资源化利用现状

当前我国农业废弃物资源化利用尚处于起步阶段，利用水平整体较低。当前畜禽粪便的主要利用方向包括还田利用、沼气工程利用以及用作饲料、微生态制剂等，但是我国对畜禽粪便的综合治理和开发利用相对滞后。以规模化养殖

场为例，90%以上的规模化养殖场未进行环境影响评估，畜禽粪便无害化、资源化及商品化处置率不到29%，畜禽粪便是造成我国农业面源污染的主要原因之一。

我国秸秆焚烧情况仍然突出，各级地方政府正积极加强季节性秸秆禁烧工作，大力推广秸秆综合利用。国家发展改革委、农业部、财政部联合制定了“十二五”农作物秸秆综合利用规划，力争2015年各地秸秆资源化利用率超过80%。我国主要的农作物秸秆多达20种，秸秆的直接利用方式主要有秸秆畜牧业、秸秆还田，分别占总数的30%和45%。从发展趋势看，我国农作物秸秆的资源化利用技术正朝着多元化的方向发展，市场前景非常广阔。

发达国家蔬菜多为集中化、规模化生产，机械化程度高，蔬菜废弃物多采用厌氧消化处理，回收沼气能源，而我国对蔬菜废弃物的处理及利用还处于试验研究阶段。

目前我国大部分废旧农膜作为原材料资源被回收和利用，废旧农膜回收后主要用于造粒。但我国塑料回收造粒机械严重依赖进口，国产造粒机械技术含量低，质量不稳定，为此要加快开发经济高效的干法塑料再生造粒技术，这不仅适合我国国情，而且容易推广、见效快。

我国农药使用量大，废弃农药瓶袋散落在田间，易造成土地、水源污染。我国部分地区已经开展农药包装废弃物的回收工作，废弃农药瓶袋和废包装袋主要由农资店进行收集，再由制药厂家回收处理。

（二）我国农业废弃物资源化利用存在的问题

一是系统性普惠性政策缺乏。当前我国没有出台系统性的农业废弃物资源化利用政策，已出台的大多是项目制，并非年年都有。以农作物秸秆政策为例，现已出台的政策大多集中在秸秆禁烧、秸秆还田、农机补贴、大气污染治理等方面，缺乏普惠性、针对性资金扶持。个别已出台补贴政策的省份补贴标准也明显偏低，如某些省份秸秆还田试点补贴标准每亩仅为10～20元，相当于还田实际成本的1/3左右，农民要自己承担2/3的还田费用。此外，当前的政策主要是围绕秸秆综合利用产品，对生产企业给予支持，出台了鼓励秸秆综合利用的税收优惠、补贴激励政策，包括对秸秆能源化利用企业消耗秸秆提供专项财政补贴；对使用秸秆生产电力、热力产品给予所得税减免优惠；而在秸秆收储运、终端产品应用等薄弱环节缺乏相应的政策措施，不利于形成完整的产业链。同时，秸秆来源量大面广，遍布全国，缺乏普惠性的扶持政策。

二是关键技术和装备研发滞后。从农作物秸秆的综合利用水平看，在技术规范方面，一些地区普遍存在着秸秆还田“还多少、多久还、怎么还”等技术标准和规范不明确的问题，实际操作中凭感觉、靠经验的现象比较普遍。在肥料化方面，秸秆生物腐熟技术效率低，腐熟过程中还存在养分丢失问题；大马力拖拉机、秸秆抛撒、深翻等专用配套设备普遍缺乏，配套性差，无法实施秸秆深翻还田和高效作业。在饲料化方面，秸秆揉搓、菌剂添加、包膜等一体化饲用收获设备供给能力严重不足。从畜禽粪污处理水平看，近年来，各地涌现出多种针对不同畜种、不同养殖规模的粪污处理模式，形式多样，但真正大面积推广的经济高效的处理模式不多，主要原因是技术模式不成熟、不完备，突出表现在污水难处理，沼气、沼渣、沼液利用技术工艺不配套，技术上的缺陷往往容易造成二次污染。

三是农户参与的积极性不高。许多农业生产者在农业废弃物资源化利用方面的意识及环保意识淡薄，往往只看重眼前利益，加之媒体的宣传力度不够，使得他们对农业废弃物资源化利用的认识程度不足，不愿意对废弃物资源进行深度利用，进而带来农业废弃物资源的大量浪费和环境的严重污染。原因主要有两个方面：一方面，农户对农业废弃物资源化利用相关政策的认知程度低，在 2015 年 5～6 月对黑龙江、辽宁、吉林、河北、山东、河南、湖北、安徽、江苏、四川、甘肃 11 个省份的问卷调查中，农户对秸秆禁止焚烧政策的了解程度较低，完全不了解的占 9.18%；比较不了解的占 16.77%；一般了解的占 48.3%；比较了解和非常了解的仅占 25.75%；另一方面，资源化利用成本高，相关调查测算，秸秆还田成本约为单季作物纯收入的 9%～15%，离田成本约为 15%～30%，这也是造成农民利用意愿不强、积极性不高的原因之一。

四是收储运体系不健全。农业废弃物面广量大，但收集储运体系不健全，造成农业废弃物利用有限。特别是农作物秸秆收储运服务机制尚未健全，经纪人、合作社等服务组织发育不足，布局不合理，基础设施建设跟不上，加上秸秆集中收集时间短，离田手段落后，储存时间长，占用场地大，进一步增加了收储运成本。同样在黑龙江、辽宁等 11 个省份的问卷调查中，村庄周边有秸秆收购企业的仅有 13.07%，仅有 7.68%的调查农户出售过农作物秸秆，出售价格为 100～400 元/吨；大部分秸秆收购地点到农户家地块的距离是 10 千米以上，约占全部调查农户的 57.25%；购销商上门收购秸秆的也很少，约占 7.68%。在选择焚烧处理农作物秸秆的农户中，“没有地方储存秸秆”“无人收购”是主要的原因，分别占 43.89％、27.63％。

在我国农业生产过程中，大量农业废弃物处理不当、利用效率不高等问题，不仅使得农业生态环境质量不断恶化，危害人们的身心健康，同时也导致大量附加值高的有用成分和养分资源流失，极大地削弱了我国现代农业可持续发展的能力。

未来我国农业废弃物的产生总量依然呈增加的趋势，研究和解决农业废弃物利用问题是一项紧迫任务。在以下的章节中，以养殖废弃物、蔬菜废弃物和农用地膜为例，对农业废弃物资源化利用开展深入细致的分析。

第二节　畜禽粪污资源化利用

一、畜禽粪污危害及治理难点

（一）畜禽废弃物的种类

近年来，随着我国畜禽养殖业的快速发展，畜禽养殖废弃物的产生量也随之快速增加。畜禽养殖废弃物包括畜禽粪污、污水、病死畜禽和包装物等。畜禽粪污（包括粪便和尿液，统称畜禽粪污）、污水和病死畜禽是畜禽养殖过程中最为主要的 3 种废弃物，其中又以畜禽粪污的产生量最大，畜禽粪污的处理是畜禽规模养殖与生态环境保护的最大难点，已经成为制约我国畜禽养殖发展的重要因素。

（二）畜禽粪污成为环境污染问题的原因

当前，畜禽粪污成为环境污染问题的原因主要有以下四点。一是畜禽养殖业从分散经营转为集约经营。传统养殖业规模小，排泄物少，所以污染影响不大，而随着畜禽养殖规模的增加，产生的粪尿等排泄物数量迅速增加，如不及时处理，将对环境造成严重污染。二是畜禽养殖场地由农牧区向城郊转移。随着市场经济的发展和人民生活水平的提高，居民对蛋、奶、肉等畜产品的需求量逐渐增多，畜禽养殖场地由农区、牧区向城镇郊区转移，造成种养分离，畜禽粪污大量积压，使畜禽粪污不能及时施用于农田而造成污染。三是种植业有机肥的使用量减少。由于我国农村劳动力价格上升，在运输和施用上都费时费力的有机肥逐渐被化肥代替。有机肥使用减少，使畜禽粪污需求量降低，造成大量畜禽粪污闲置，对环境质量产生威胁。四是兽药、饲料添加剂大量使用。由于规模化、集约化畜牧业的发展，抗生素、维生素、激素等兽药和饲料添加剂已成为畜禽防病治病、保健促长的重要手段，经济利益的驱动和科学技术的不足，使得滥用兽药和饲料添加剂的现象普遍存在，这些药物会残留在畜禽粪污中，造成环境污染。

（三）畜禽粪污对生态环境的影响

1. 污染水体

畜禽粪污已经成为部分地区水质恶化的重要污染源。畜禽粪污中含有大量的氨氮、磷等物质，排入地表水会造成水质富营养化，表现为浮游生物大量快速生长，水中含氧量降低，鱼类大量死亡，严重时水体会发黑、变臭，失去使用价值，严重威胁水产业的发展。除污染地表水外，畜禽粪污还会对地下水造成严重污染，使地下水中溶解氧含量减少，有毒成分增多。

2. 污染空气

畜禽养殖过程会产生大量的恶臭气体，其中含有大量的氨、硫化物、甲烷等有毒有害成分，污染养殖场及周围空气，严重影响周边居民的生活环境。

3. 传播病菌

畜禽粪污中含有大量的病原微生物、寄生虫卵以及滋生的蚊蝇，若不加以处理随意排放到环境中，会使病原菌和寄生虫大量繁殖，造成人、畜传染病的蔓延，导致疫情发生，给人畜健康带来危害。

4. 危害农田生态环境

高浓度的畜禽养殖污水长期用于灌溉，会导致土壤硝酸盐、磷及重金属的沉积，造成较持久性的污染，会使农作物徒长、倒伏、晚熟或不熟，严重时会导致农作物出现大面积腐烂。此外，高浓度污水可导致土壤孔隙堵塞，造成土壤透气性、透水性下降及板结，严重影响土壤质量。

5. 药物残留潜在污染

目前部分畜禽养殖户存在抗生素和激素滥用等问题，养殖过程中使用的兽药、消毒液、农药等，包括超量使用的维生素和微量元素都会残留在畜禽粪污中，对环境造成潜在污染。

（四）畜禽粪污处理过程中存在的难点

畜禽粪污处理过程中的难点主要表现在四个方面。一是畜禽粪污含水率高。畜禽粪污较高的含水率一直都是最难解决的技术难题，尤其是在夏季，畜禽粪污含水率能高达80%以上。较高的含水率增大了畜禽粪污清理和处理的难度，此外，畜禽粪污含水率越高，处理成本也越高。二是畜禽粪污加工企业处理能力普遍较低。目前在养殖密集区，畜禽粪污加工企业是畜禽粪污处理的主要方式，但是大部分企业的处理能力和加工水平较低，很难满足周围所有养殖户畜禽粪污处理的需要。三是资金短缺。很多畜禽养殖户和畜禽粪污加工企业没有能力在畜禽粪污处理的设备和设施上进行投资，资金问题成为限制畜禽粪污处理的最突出的问题。四是畜禽粪污产品使用存在明显的季节性。畜禽粪污产生的连续性与畜禽粪污产品使用的季节性这二者之间的矛盾，容易导致产品积压，影响各主体处理畜禽粪污的积极性。

二、畜禽粪污资源化利用模式

畜禽粪污本身是有使用价值的，若能够被资源化、无害化利用，造成的环境污染等问题就会得到缓解或彻底消除。从末端产品来看，畜禽粪污的利用方式有能源化、肥料化和饲料化利用等，其中主要以能源化和肥料化利用为主，饲料化利用尚处于起步阶段。

（一）能源化利用模式——大型沼气工程

1. 模式内涵及工艺流程

能源化利用模式是以大型沼气工程为核心的综合利用模式，通过收集规模养殖户和周边散养户养殖产生的畜禽粪污，加入适量作物秸秆及农产品加工废弃物，经预处理后，进入厌氧发酵罐。除畜禽粪污外，病死畜禽经无害化车间处理，分解后的有机质、动物蛋白等也是一种产气量很高的沼气原料。产生的沼气可用于发电，也可经过净化压缩，成为生物天然气，接入城市天然气管道，供居民日常使用。产生的沼渣用于生产有机肥，沼液一部分经过浓缩制成液体有机肥，另一部分与秸秆等混合二次发酵生产沼气。该模式是一种集畜禽粪污、病死畜禽、秸秆及农产品加工废弃物为一体的农业废弃物综合处理利用模式。其工艺流程如图3-1所示。

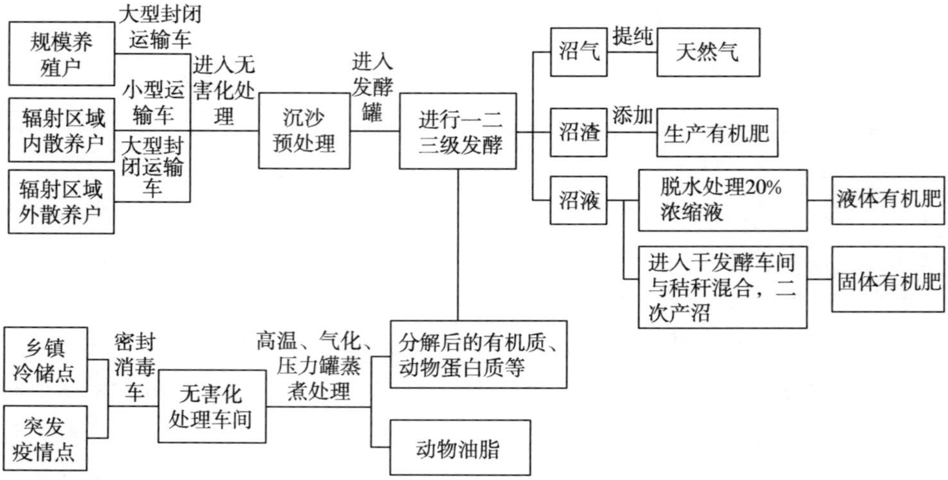

图 3-1　沼气工程工艺流程

2. 模式特点

该模式以大型沼气工程为核心，全封闭运行，没有二次污染。

一方面生产大量清洁能源，另一方面生产大量有机肥，同时实现了畜禽粪污的能源化和肥料化利用。该模式采用多元物料混合发酵，一方面扩大了发酵原料来源，保证了沼气工程的成功运行，另一方面能够同时处理畜禽粪污、秸秆及农产品加工废弃物、病死畜禽等，减少了对环境的危害。产生的沼气经净化压缩形成生物天然气，接入城市天然气管道或用于发电，降低了沼气的销售费用，拓宽了沼气的销售渠道，能够惠及更大区域范围内的居民。

沼液浓缩后，一方面节省了储存沼液的场所，有利于沼气工程的顺利运行，另一方面，解决了沼液用量大、运输难的问题。浓缩沼液节省了运输费用，扩大了产品的销售半径，使沼液的销售、使用不再局限于周边地区，浓缩沼液可在全国内进行销售，实现了更大范围上的养殖业与种植业的良性互动。

3. 适宜范围

该模式对地理、气候等自然条件要求不高，单从自然条件来看，我国大多数地区均可推广。该模式是以沼气工程为核心，为保证沼气稳定生产，需要有充足的原料来源，因此，相比较而言，该模式更适用于大型规模养殖场或密集养殖区域。

4. 存在问题

（1）企业投资积极性不高。大型沼气工程建设投资大、回收期长，再加上当前大型沼气生产工艺技术还有待进一步完善，按照预设参数保持稳定生产难度较大。因此，若缺少国家政策及财政资金的支持，企业投资的积极性不高。

（2）相关技术人员缺乏。目前沼气专业高级技术人才匮乏，导致沼气工程“重用轻管”的现象比较突出。企业不能有效开展大型沼气工程的技术指导、培训和服务，对于运行过程中出现的问题，特别是因菌种活性问题导致的无法稳定生产等问题，当前还难以找到快速、高效的解决办法，影响了沼气工程的有效运行。同时，如果沼渣、沼液利用不够充分，还会造成二次污染。

（二）肥料化利用模式——有机肥生产

肥料化利用模式是指采用好氧堆肥发酵的方式来生产有机肥。好氧堆肥发酵，是在有氧条件下，依靠好氧微生物的作用使粪便中有机物质稳定化的过程。除此之外，通过垫料发酵床的方式也可以生产有机肥，虽然这种方式更多地是定位在一种零排放的生态养殖方式上，但鉴于目前在生猪养殖上已经有了成功的应用，因此，特别把垫料发酵床方式也作为有机肥生产的一种模式。

1. 好氧堆肥发酵

（1）模式内涵及工艺流程。该模式通过好氧发酵的方式将畜禽粪污转换为肥料。畜禽粪污进入加工车间后，根据其含水率适当加入谷糠、碎农作物秸秆、干粪等有机物调节水分和碳氮比，增加通气性，接入专用微生物菌种和酶制剂，通过好氧发酵来生产有机肥。其工艺流程如图 3－2 所示。

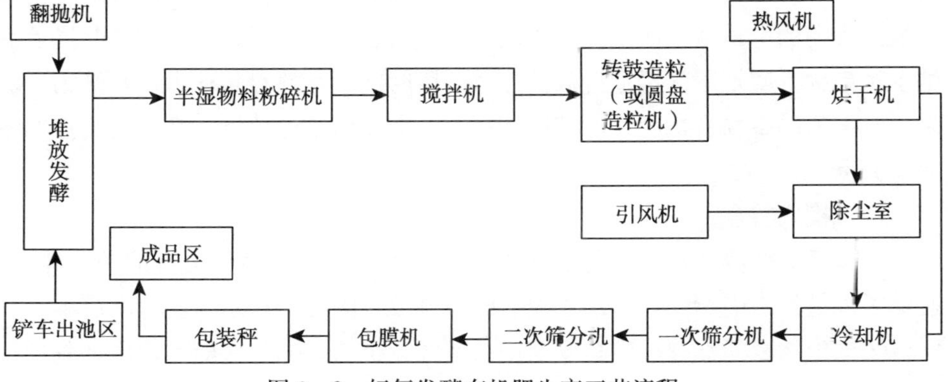

图 3－2　好氧发酵有机肥生产工艺流程

（2）模式特点。

①发酵周期短。在发酵工艺上采用自动充氧翻堆技术，解决了有机质发酵周期长、发酵不完全的技术难题。发酵周期比国内常规工艺减少5～10天，处理能力提高40%，能耗减少50%。

②产品适宜机械化施肥。采用组合式湿法造粒工艺对有机肥进行造粒加工，最终产品为均匀球形颗粒，有效解决传统有机肥不适应机械化施肥和释放周期太长的弱点。

（3）适宜范围。该模式适宜于我国养殖量大、养殖场区密集、交通便利的大部分区域。大型养殖场可自建有机肥厂，养殖户数多、规模小、密度大、消纳用地紧张的畜禽高密度养殖区，也可建设专门的有机肥厂，将粪污统一收集、集中处理。

（4）存在问题。

①好氧堆肥发酵有机肥市场不健全。当前，尽管相关政府部门已经出台了好氧堆肥发酵有机肥的质量标准，但由于监测体系的不健全以及质量监管的不到位，导致一些小作坊以低成本、低价格和低质量策略占领了有机肥部分市场，从而影响了有机肥产业的有序健康发展。

②受销售半径的影响较大。在目前的物流体系下，好氧堆肥发酵有机肥的销售半径在300千米左右，由于运费成本的增加，会使得有机肥销售面临亏损状态。

2. 垫料发酵床

（1）模式内涵及工艺流程。该模式选择碎秸秆、锯木屑、稻壳等通透性和吸水性较好的原料做垫料，通过发酵床专用菌的发酵，使猪粪、尿分解转化为可被猪食用的有益微生物和菌体蛋白，氨气含量显著降低，在养殖环节提前消纳了污染物，实现了粪污零排放。经过一段时间后，垫料转化为可直接用于蔬果、农作物的生物有机肥，达到循环利用、变废为宝的效果。其工艺流程如图3-3所示。

（2）模式特点。

①该模式在养殖环节提前消纳了污染物，不需要对猪粪进行清扫、冲洗，避免了大量污水的产生，实现了粪污的零排放，同时节省了大量劳动成本。

②微生物菌能够在一定程度上增强猪的抵抗力，减少兽药的使用，减少药物残留，提高猪肉品质。

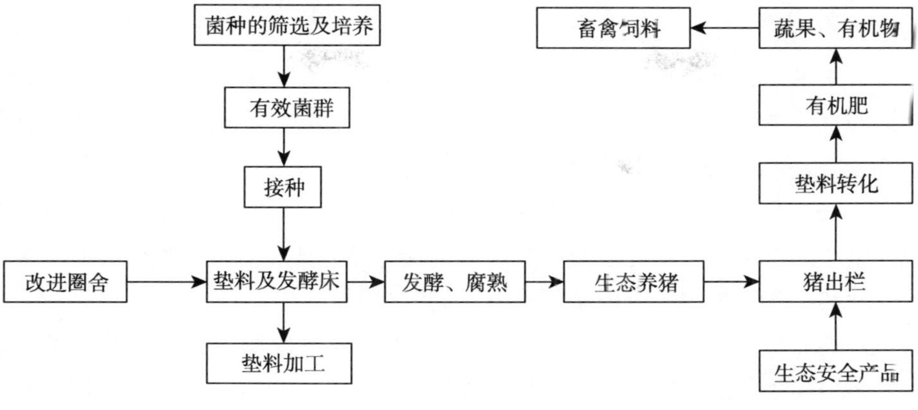

图 3-3　微生物发酵床模式工艺流程

③有利于节能减排，微生物发酵床发酵能够自然产生热量，冬季无需对猪舍额外加温，从而达到节能减排的效果。

（3）适宜范围。除生猪养殖外，该模式也适用于我国大多数地区的牛、驴、肉鸭等中小型养殖场。从垫料资源方面来看，农村大部分地区都较为适宜，农村散户规模比较小，较容易解决垫料的资源问题；如果是规模化养殖场，可通过统一收购周边乡镇的秸秆、稻壳、花生壳等资源来满足需求。

（4）存在问题。

①优质发酵床原材料价格上升较快。锯木屑因其透气性好、吸水性强、不易腐烂、使用时间长等优点，已成为制作发酵床最好的垫料原料。但一方面由于锯木屑的回收再利用，另一方面由于生态养猪模式的推广，导致锯木屑价格上升较快，增加了养殖成本，影响了养殖户的养殖收益。

②发酵床制造管理不到位。受生态猪场原圈舍的限制，部分企业发酵床面积偏小，致使猪舍利用效率不高。部分企业不能及时分散撒埋粪尿，致使粪尿集中地湿度较大，粪尿消化分解速度慢，发酵床不能形成均匀的良好循环。此外，部分企业的饲养密度不合理，致使发酵床因负荷过重而出现泥泞甚至坏死的现象。

③发酵床的疫病预防与控制难度较大。猪拱食锯木屑、米糠等粉状物，可能会引发呼吸道疾病。发酵床表面湿度若不能控制在60%左右，容易引发寄生虫病和皮肤病。垫料中的霉菌毒素被生猪采食后，可能会导致其抵抗力下降。

三、养殖主体粪污处理意愿——以蛋鸡养殖场为例

近年来，我国畜禽养殖规模化程度不断提高，但畜禽养殖仍主要集中在中小型的规模养殖场。2010 年中小型规模生猪、肉鸡、蛋鸡、奶牛和肉牛养殖场的存栏量分别占到相应畜禽存栏量的 46.25%、72.40%、61.84%、45.85%和 35.48%。中小型规模养殖场是我国当前畜禽养殖场的主要规模类型，生产经营主体一般为农户，与大型规模养殖企业相比，在生产经营、废弃物处理和生态环境保护方面都面临着不同的难题。

蛋鸡养殖周期较长（平均为 500 天），粪便的产生量较大，且鸡粪的含水率因区域和季节的不同而不同，处置难度较大，目前已经成为制约我国蛋鸡养殖业发展的主要瓶颈。该部分以蛋鸡为例，设计问卷，采取抽样调研的方式，在 2013 年 5～7 月，对我国中小型规模蛋鸡养殖场生产经营与废弃物的处置与利用进行了专门的实地调查，根据抽样调查数据，对中小型规模蛋鸡养殖场养殖主体的粪便处理意愿进行分析。

根据我国 2012 年各省（自治区、直辖市）鸡蛋产量情况，选择了 5 个鸡蛋产量大于 100 万吨的蛋鸡养殖大省作为调研省份，分别为河北省、山东省、四川省、湖北省和辽宁省，再根据各省的蛋鸡养殖具体分布情况，分别在各调研省份选择 2 或 3 个地级市、每个地级市选择 1～3 个重点蛋鸡养殖大县（区）、每个县按照随机抽样原则选择 18 个蛋鸡养殖场进行问卷调研。在国家蛋鸡产业技术体系各综合试验站以及当地政府部门的大力支持和帮助下，专题调研共获得了 438 个规模蛋鸡养殖场的样本资料，经过数据审核和筛选，最后得到有效样本 424 个，其中养殖企业 22 个，养殖户 402 个，样本有效率达到 96.8%。具体样本分布情况如表 3－1 所示。

表 3－1　蛋鸡养殖场样本分布情况

单位：个

省份	市	县	样本数		
			样本数	其中	
				企业	养殖户
总　计	**11**	**22**	**424**	**22**	**402**
辽宁省	2	3	94	2	92
河北省	2	6	92	4	88

（续）

省份	市	县	样本数		
			样本数	其中	
				企业	养殖户
山东省	2	5	83	7	76
湖北省	3	4	89	7	82
四川省	2	4	66	2	64

根据调研设计，将着重对养殖场经营者在粪便处理以及保护生态环境方面存在的难题和相关需求进行分析。

（一）治理环境问题的主体

调研结果显示，24%的养殖场经营者认为应该由养殖场本身来解决畜禽养殖对生态环境造成的影响；24%的养殖场经营者认为生态环境问题应该由政府来解决；49%的养殖场经营者认为目前蛋鸡养殖场在解决生态环境问题方面存在很多难题，需要养殖场与政府共同来解决这一问题；仅有3%的养殖场经营者认为，治理环境问题必须通过其他主体（如消费者）来解决（图3－4）。这一调研结果表明，我国的蛋鸡养殖场经营者虽然能够认识到目前蛋鸡养殖场存在的环境问题，但仅靠其本身来解决生态环境污染问题的意愿并不高。

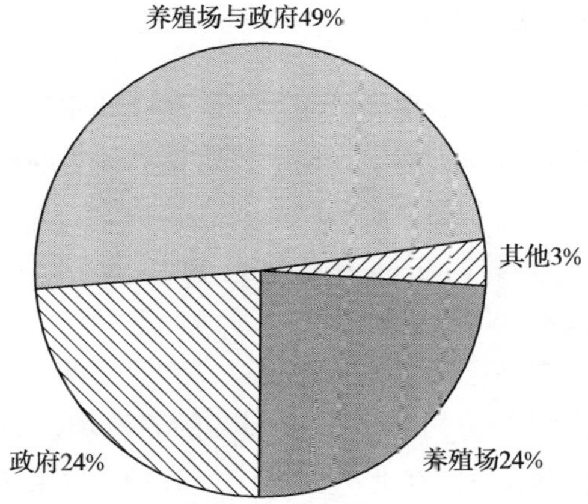

图3－4　蛋鸡养殖场经营者对治理生态环境主体的态度

（二）治理环境问题的投入意愿

对蛋鸡养殖场经营者关于治理环境问题的投入意愿进行调查。调研结果显示，面对养殖场造成的环境问题，经营者本身在相关设备和设施方面的投入意愿比较低，在 424 个养殖场经营者中，愿意投入进行环境治理的仅仅占到16％，84％的经营者不愿意进行环境治理的投入（图 3－5）。进一步分析，在67 个愿意进行环境治理投入的养殖场中，每年愿意在治理环境污染上的最高投入额为 20 000 元，但大部分的养殖场仅仅愿意投入不超过 1 000 元。这一调研结果表明，养殖场经营者在治理环境投入方面的意愿比较低。

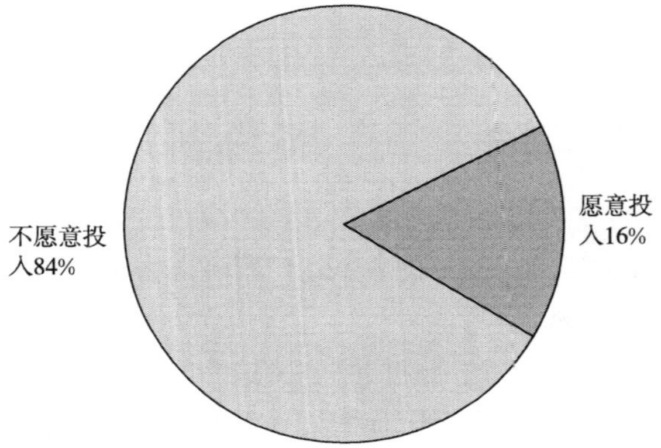

图 3－5　蛋鸡养殖场经营者对治理环境污染的投入意愿

（三）保护生态环境的难题

对蛋鸡养殖场经营者在治理环境问题方面存在的困难进行调查。根据本次专题调研的结果分析，目前我国中小型规模蛋鸡养殖场在保护生态环境方面存在着众多难题。

从粪便的清理环节来看，主要存在两个方面的问题。

一是缺少相关技术。根据调研结果，目前蛋鸡养殖场在清粪环节上普遍存在的问题依次是：清粪不干净（占到 53％）、清理周期较长（占到 25％）、设备使用寿命较短（占到 19％），另外还有 3％的养殖场认为员工对机械的操控存在一定的问题（图 3－6）。在此方面，应加大相关清粪技术和设备的研发，同时应注重加强对养殖场员工的相关培训。

二是缺少设备。根据调研结果，有 62％的蛋鸡养殖场经营者认为目前最佳的清理粪便的设备是刮粪板，25％的蛋鸡养殖场经营者则认为传送带最佳（图 3－7）。由此可见，蛋鸡养殖场对刮粪板和传送带这两类清粪设备的需求较大。但是在调查中，有70%的养殖场经营者因为这些设备比较昂贵或者清理粪便设备与现有鸡舍存在配套问题而没有使用。

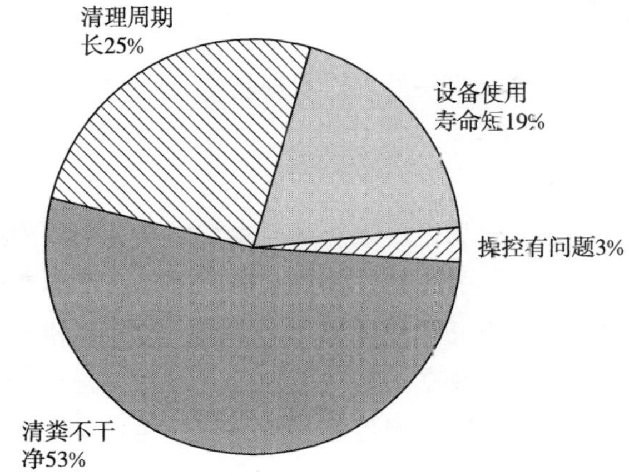

图3-6 蛋鸡养殖场在清粪环节存在的技术问题

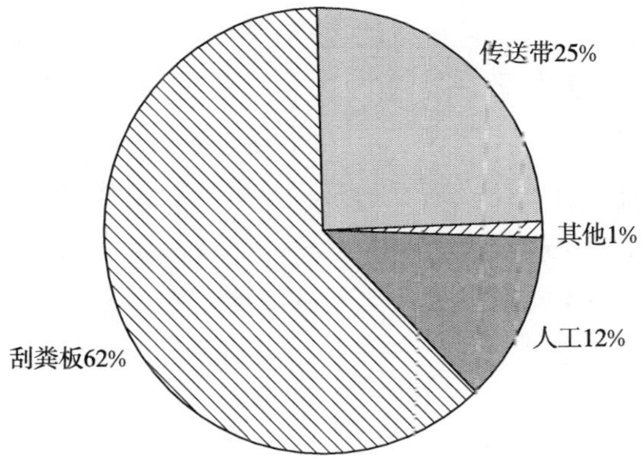

图3-7 蛋鸡养殖场经营者认为最佳的清粪设备

从粪便的利用情况来看，大部分蛋鸡养殖场（81%）对蛋鸡粪便清理后进行了出售。主要原因是养殖场对清理后的鸡粪缺乏有效的利用设施和方法，主要是等待鸡粪经纪人上门收购和运输，这样导致了鸡粪堆放的时间较长。鸡粪在养殖场外堆放时间过长是目前粪便利用方面的核心问题，容易对蛋鸡养殖场以及周边环境产生不良的影响。根据调研，424个蛋鸡养殖场中，鸡粪堆放场地到鸡舍的最近距离仅为93米，冬季和春季鸡粪的平均堆放时间为10.1天，夏季和秋季的平均堆放时间为23.9天。在夏季和秋季，蛋鸡鸡粪含水率要高于另外两个季节，因此对生态环境的影响更大。

（四）保护生态环境的需求

通过对我国蛋鸡养殖场粪便处理以及保护生态环境的意愿分析发现，养殖场在保护生态环境方面的需求主要包括技术需求、政策需求和市场需求3个方面。

在技术需求方面，养殖场主要缺乏清理鸡粪以及在堆放鸡粪之后的处理技术。养殖场对鸡舍清理粪便的设备以及技术需求较高，未来在加强蛋鸡养殖技术推广和示范的过程中，应高度重视清理粪便技术的推广和示范。

在政策需求方面，养殖场主要是缺乏相应的清粪设备的资金支持。我国虽然有农用小型机械补贴的政策，但蛋鸡养殖场购买刮粪板等机械设备较少，除了这些机械设备的成本较高以外，主要是缺乏相应的鸡舍改造与机械配套的费用。

在市场需求方面，蛋鸡粪清理以后的堆放时间过长，主要是因为缺乏有机肥等后续的利用途径，有些地区虽然建有有机肥企业，可以对这些粪便进行收集，但是收购和加工的数量有限，再加上有机肥企业或者粪便经纪人较少，从而导致粪便堆放时间过长。从这一角度而言，进一步加强蛋鸡养殖场与有机肥等加工企业之间的合作，是当前蛋鸡养殖场高效处理和利用鸡粪的主要方式。

总体来看，在中小型规模蛋鸡养殖企业的畜禽废弃物治理中，存在着养殖主体解决生态环境污染意愿不高、对环境治理投入意愿低、清理设备技术落后等难点。

四、推进畜禽粪污资源化利用的政策建议

（一）完善支持政策

完善的支持政策是全面推进畜禽粪污有效治理的重要前提。国家应从以下五个方面进一步完善相关的支持政策。一是对于畜禽粪污无害化处理设施建设用地，应优先予以保障；二是对畜禽养殖场、养殖小区的畜禽养殖污染防治设施运行用电，应执行农业用电价格；三是将符合要求的畜禽粪污处理设备纳入农机购置补贴范围；四是督促落实已有的沼气发电上网和电价补贴政策，同时对由沼

气提纯生成的生物天然气并入燃气管网的给予价格补贴；五是对有机肥运输实行“绿色通道”政策，并对有机肥的生产和田间施用实行补贴政策，同时应加强有机肥市场的监管，严厉打击销售假冒伪劣和不合格有机肥的违法行为。

（二）创新投入方式

面对畜禽粪污治理投入历史欠账多、近年来财政投入不足的实际，在经济新常态、财政紧运行的状况下，仅依靠国家财政资金，难以满足畜禽粪污治理庞大的资金需求。因此，应创新资金投入方式，在实施现代畜牧业、耕地质量提升等相关项目继续向畜禽粪污处理利用倾斜的同时，应拓宽现有的环保和涉农财政资金渠道，加强资金整合，逐步建立各级财政、企业、社会多元化投入机制。国家《“十三五”生态环境保护规划》（国发〔2016〕65 号）明确指出，要加大对政府与社会资本合作治理污染的支持力度。2016 年 12 月，国家发展改革委、农业部联合出台的《关于推进农业领域政府和社会资本合作的指导意见》（发改农经〔2016〕2574 号）对引入 PPP 模式治理农业环境污染提出了明确要求。畜禽粪污治理具有准公共物品属性，又具有产业属性，适合运用 PPP 模式。因此，在实践中应积极鼓励和支持各地因地制宜地运用 PPP 模式推进畜禽粪污治理的探索。

（三）加强示范推广

加强示范推广是稳步推进畜禽废弃物有效治理的重要手段。一是培育示范典型。开展不同畜禽种类、不同规模、不同模式的畜禽粪污处理技术示范和典型培育，及时总结典型，树立示范标杆，通过举办现场会、座谈会、培训班等形式，推广先进经验，不断提高畜禽粪污处理利用水平。二是加强技术推广。通过示范、培训等多种方式，加快畜禽粪污处理技术推广，把低氮饲料、干清粪、污水处理利用等先进实用技术，尽快应用到生产实践中。三是推广源头减量的养殖模式。推广节水节料的饲养模式，如微生物发酵床模式等，减少养殖污水的排放，从源头上有效减少污染物的产生，减轻后期畜禽粪污处理的压力。

（四）强化监督管理

加强对畜禽粪污收集、处理和综合利用情况的监测，逐步建立监督监测、信息发布制度，加强日常抽查检测，定期公布检测结果。养殖规模应实行上限控制，不得超出当地环境的承载能力，以更好地促进人与自然的和谐发展。应强化相关部门的合作，形成监管合力。环保部门应在做好日常监管的同时，组织开展对重点区域、重点企业的联合执法检查，杜绝二次污染，对于形式上拥有完备的处理设施，而实际上没有实质性运行的养殖企业，应实行零容忍态度，坚决予以纠正和打击。农业部门应做好畜禽养殖废弃物处理与综合利用的技术指导和服务工作及畜禽粪肥还田的组织与引导工作。

（五）加大宣传力度

应加大宣传力度，充分利用各类新闻媒体，加强宣传报道，提高社会各界对畜禽粪污污染防治重要性的认识，增强环保意识，调动社会各方面参与污染防治的积极性，为做好畜禽粪污处理利用创造良好的社会氛围。

第三节　废旧地膜减量回收利用

一、废旧地膜残留特点及危害

（一）废旧地膜残留特点

1. 残膜分布的层次性

废旧地膜主要残留在浅层农田土壤中，越深层的土壤中，残膜越少。根据甘肃省正宁县的调查结果，0～10 厘米土层地膜残留量占 79.6%，10～20 厘米土层地膜残留量占 9.5%，20～30 厘米土层地膜残留量占 3.6%。

2. 残膜污染的累积性

地膜残留污染的累积性与覆膜方式有关，全膜大于半膜；此外，地膜厚度不同，残留量不同，超薄地膜大于厚膜；年限不同，残留量也不同，覆膜年限越长，地膜残留量越大。2008 年，甘肃农业部门结合第一次全国污染源普查，在全省设立了 12 个有代表性的监测点，对全省地膜残留污染情况进行了实地监测。结果显示，所有监测地块均有不同程度的地膜残留，平均每亩残留量介于 5.23～14.67 千克。2012 年，甘肃农业部门实地监测数据显示，与 2008 年相比，亩均地膜残留量总体上变化不大，但局部地区地膜残留量有加重趋势，最高残留量每亩已达 17.55 千克。

3. 残膜形态的不规则性

土壤中残留地膜大小和形态多种多样，受农事耕作和农膜使用情况的影响，主要有片状、卷缩圆筒状和球状等，在土壤中呈水平、垂直和倾斜状分布。由于各地农作措施的差异，地膜残片的面积差异较大，地膜残片的大小大多为 10～15 厘米，其次是小于 5 厘米的残片。

（二）地膜残留的危害

1. 改变土壤性质，降低耕地质量

大量农膜残留在土壤中，与土壤颗粒混在一起，会改变或切断土壤空隙的连续性、阻隔土壤孔隙，导致土壤物理结构层次的改变，进而对土壤肥力产生影响。一方面，使水分流动产生较大阻力，从而让土壤毛管水、降水和灌溉水难以渗透，导致土壤内的物质和能量向作物根系运输受到阻碍；另一方面，不利于土壤中的空气与外界空气的循环和交换，进而影响到农作物以及土壤微生物的正常活动，降低土壤肥力水平。

2. 影响作物发育，导致作物减产

一是影响作物幼苗的成活。大量残膜在土壤中存在，会将部分种子包裹在地膜里面，而阻断种子对水分的吸收，进而阻止种子膨胀发芽出土，造成烂种；种子发芽后不能将膜片一同顶出，导致其不能生长；膜下高温还可导致幼苗枯死，这些都是导致作物出苗困难、幼苗成活率降低以及烂种、烂苗的主要因素。二是影响植物根、茎和叶的生长。根系是作物用来吸收养分和水分的器官，对农作物的生长发育至关重要，大量残膜的存在导致作物在生长的时候幼根被残膜缠绕，或者使幼根不能穿透膜片而呈现弯由横向发展，使得根系难以吸收水分、养分，从而造成作物死苗。残膜对作物根、茎、叶的影响，最终体现在作物产量和品质的下降。

3. 影响农事操作，污染农村景观

一是影响农事操作效率，由于大量残膜存在，在进行耕地、整地、播种等农事操作时，残膜经常会缠绕在农机具上或堵塞播种机，造成机械工作部件不能正常运作，而使作业效率下降，进而影响农事操作和播种的质量；二是地膜残留在土壤中，或者丢弃在田间地头、水渠、林带中，随风乱飘，会造成视觉污染，破坏生态景观；三是农膜的残片经常会随着作物秸秆被牛羊等家畜误食，可导致肠胃功能失调，膘情下降，严重时会引起牲畜死亡，造成一定的经济损失；四是为了省时、省力，农民会直接在地里焚烧残膜，塑料燃烧会产生氯化氢、二噁英等多种有害的气体，造成大气污染，危害人体健康。

（三）地膜残留成因分析

1. 农膜质量差

目前国内拥有近千家农膜生产企业，年生产能力大约200多万吨，但大型骨干仅有30多家。准入门槛低、大中型企业少、民营个体企业占有相当比例，造成市场存在混乱、原材料随意性大等多种问题。按国家要求，农用地膜应为“高强度、低成本、耐老化、易回收”，而实际上则千差万别。由于强度不够，造成地膜清除困难。实践证明，农膜的原料品牌已成为影响其质量的主要因素，而超薄地膜的大量使用又是造成地膜残留污染的主要原因。由于成本较高，农民往往更加注重地膜的使用成本和效果，对农膜残留及其影响不够关注，购买时往往选择价格较低的农膜。以新疆喀什地区为例，聚乙烯地膜每千克10元钱左右，厚度0.008毫米的地膜，每亩地用量大概是3千克，成本是每亩30元；厚度0.005毫米的，每亩地只要2.5千克，成本是每亩25元，可见采用厚膜使地膜成本提高20%左右。根据我国现行农膜生产标准《聚乙烯吹塑农用地面覆盖薄膜》（GB 13735—92）规定，农用地膜厚度标准为0.008毫米，但允许极限偏差上下浮动0.003毫米。由于按重量销售，在同等覆盖面积下，地膜越薄，使用成本越低，许多企业为迎合农民降低投入成本的需求，故意打政策擦边球，导致超薄地膜被大量生产和广泛使用。地膜太薄，无论是人工回收或机械回收，均存在相当难度。

2. 聚乙烯的难分解性

目前使用的农用地膜多为聚乙烯农膜，它是由聚乙烯加抗氧化剂、紫外线吸收剂等制成的有机化合材料，具有分子量大、性能稳定、耐化学侵蚀和能缓冲冷热等特性。在自然环境中，它的光分解性和生物分解性均很差，难以使其降解，即使长达上百年的时间，残膜仍多以独立的形式存留在土壤中。

3. 残膜的环境管理薄弱

对于使用后的地膜，目前农户的处理方式较为粗放。大块地膜从地里捡拾出来，如果没有人上门收购，将会像垃圾一样处理。造成这种现象的原因主要有3个。一是难以回收。地膜厚度是决定地膜回收效果的重要因素。实验数据表明，当地膜厚度由 0.007 毫米逐渐增大到 0.014 毫米时，地膜抗拉强度由 4.92MPa 增加至 14.45MPa，地膜拉伸率由 50%增加至 150%，残膜回收率从 76%增加至 94.8%，特别是当地膜厚度增大到 0.010 毫米时，残膜机械回收率已达到 90%上，已经能够很好地满足机械回收。现实中，0.005 毫米左右的超薄地膜被广泛使用，捡拾回收难度很大。二是回收成本高，残膜收购价格低，调动不起农民的积极性。回收 1 公顷的残膜平均需要一个人 8 天的时间，按照我国每公顷回收残膜 40 千克，每千克回收价格 0.4～1.4 元计算，人工回收残膜的总收益为 16～56 元，每天的收益只有 2～7 元。无人收购或者残膜价格太低得不到相应的回报，同时仍然无法清除干净残膜，所以农民回收的积极性不高。三是没有主体责任。我国目前尚未建立地膜环保方面的法规及农膜土壤残留标准，土壤残膜污染实际上处于放任自流的状态。地膜处理不当造成的环境问题，农户几乎不用承担责任。

4. 技术水平相对滞后

过去比较重视地膜覆盖技术的创先和示范推广，而地膜减量利用、机械回收、资源化利用等方面的研究起步较晚，水平不高。目前，我国研制出的残膜回收机机型共有十几种，一些机型比较成熟，但也有些回收机存在收集率低、工作效率低、可靠性低的“三低”问题。可降解地膜的研究也处于初级阶段。据不完全统计，目前我国从事降解塑料科研、生产和应用试验的单位有 100 个左右，研发出植物纤维地膜、纸地膜、淀粉地膜、光降解地膜、光和生物降解地膜等新产品，但是存在生产成本高、地表覆盖部分与埋土部分降解诱导期不同步、产品降解不完全或力学性能和耐水性能较差等问题，目前仍处于示范阶段，无法加以推广和应用。

二、农用地膜减量的重难点

（一）农用地膜减量的重点

1. 减量的主要方向

我国地膜使用总量保持较为稳定的增长。地膜使用量由 1993 年的 37.46 万吨增长到了 2015 年的 145.48 万吨，增加 2.88 倍。地膜覆盖面积的扩大和单位面积使用量的提高是地膜使用总量增长的双动力。地膜覆盖面积从 1993 年的 572.19 万公顷增加到 2015 年的 1 831.84 万公顷，增加 2.2 倍；地膜单位面积使用量从 4.36 千克增加到 5.29 千克，增长 21.3%（图 3-8）。因此，控制地膜覆盖面积和降低单位面积使用强度，都能够起到地膜减量的作用。从历史数据看，覆盖面积扩大对地膜使用增长的贡献大于单位面积使用量的贡献，因此，控制地膜覆盖面积的扩大对地膜减量的效果更为显著。

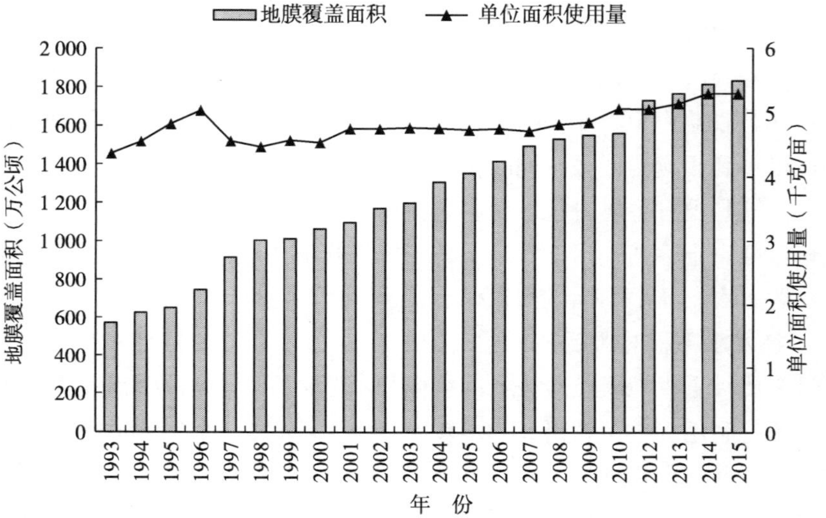

图 3-8 地膜使用量增长的动力

数据来源：历年《中国农村统计年鉴》。

在实际衡量地膜减量效果时，应该将覆盖面积与使用总量两个考核指标并行。提高地膜厚度，可以提升残膜回收可行性，降低地膜污染，因此可能会出现地膜使用总量增加而地膜残留降低的情况。地膜覆盖面积数据的准确性较低，有些地区是根据地膜总量反推过来的，另外采用全膜覆盖、半膜覆盖等差异化技术手段也会增加覆盖面积的统计难度。此外，在降低地膜单位面积使用量方面，应该以一膜多用、一膜多年用等地膜高效利用技术推广为主。

2. 减量的重点地区

从地膜使用量来看，新疆是全国地膜使用量最高的省份，2015 年地膜使用量达到了 23.15 万吨，占全国地膜总量的 18%左右；其次是山东，2015 年使用量为 12.34 万吨；甘肃居第三位，达到了 11.43 万吨。另外，四川和云南的地膜使用量也很高，分别达到了 9.19 万吨和 9.09 万吨。从地膜覆盖面积来看，新疆、山东、甘肃、内蒙古、河北等北方省份的面积较大（图 3-9）。

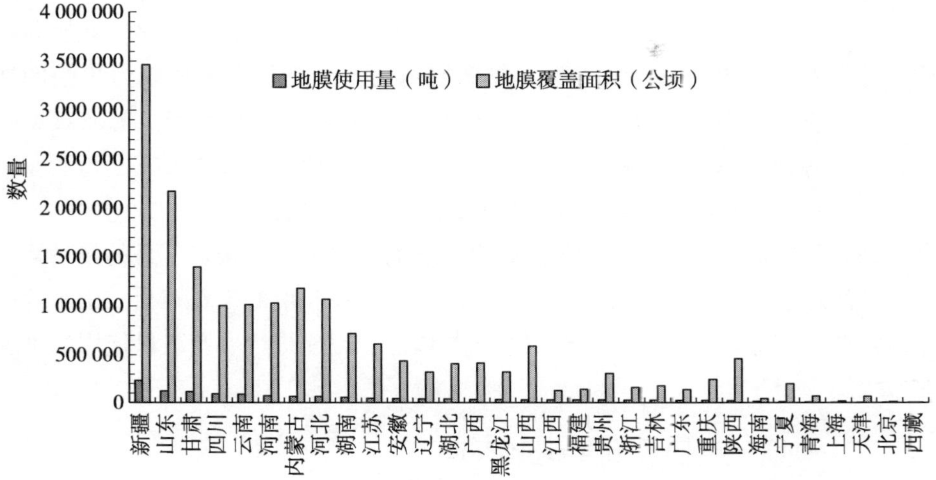

图 3-9　各省份地膜使用量和面积排序（2015 年）

数据来源：2016 年《中国农村统计年鉴》。

（二）减量的难点

长期以来，农膜使用对提高农业生产力的效果显著，得到农业生产经营者和管理部门的广泛认可。尽管当前农膜残留所带来的生态环境问题逐步被重视，但是要真正实施农膜减量使用的难度还是比较大的。减量使用可能面临以下三方面冲突。

（1）与产品供给的冲突。在甘肃、新疆等西北干旱地区以及西南高冷地区，地膜覆盖使用，充分发挥了抗旱节水和增温保墒的作用，扩大了农业生产区域，稳定和提高了农业产出，增强了这些地区的农产品供给能力。以甘肃省为例，因缺水每年都有部分耕地荒漠化，自从应用地膜技术后，不仅保住了耕地，而且耕地面积还有所增加。例如，海拔在 1 800 米以上的土地气温常年低于 8℃，不适宜作物生长，而地膜栽培技术可以让膜下温度提高 4～5℃，让作物生长海拔提高到 2 300 米，全省增加有效耕地 700 万亩，相当于全省耕地总面积的 10%。此外，地膜使用起到了保墒、保水和保肥的作用，对当季作物的增产效果非常明显。据统计，随着地膜技术应用，甘肃粮食增产幅度保持在 20%～30%，玉米增产 51.8%，小麦增产 106.4%，全省再未出现过绝收现象。如果减少地膜的使用，在没有相应技术替代的情况下，势必会对这些地区的农业生产和产品供给产生一些不利影响。

（2）与脱贫攻坚的冲突。西北、西南等地膜使用地区，往往是农业资源条件较差、农业产业单一、农民收入较低的地区，也是贫困人口较为集中的地区，扶贫攻坚的难度比较大。通过地膜覆盖技术发展农业生产，增加农民收入，是这些地区脱贫攻坚的主要手段。减少地膜的使用，如果没有其他产业扶持和收入补偿，势必会进一步增加这些地区脱贫致富的难度。

（3）与农民增收的冲突。除了政府主导的旱作项目、扶贫项目的带动，大部分地区地膜的使用都是农户自主的市场行为，如新疆的棉花种植、山东的反季节蔬菜生产等，以实现家庭经济收入的增加，因而推行农膜减量使用的难度非常大。

三、废旧地膜回收利用机制探索

针对地膜大量使用，特别是超薄地膜大量使用带来的回收难、污染重问题，甘肃省近年来综合运用行政手段、经济手段、技术手段及法治手段，初步探索出了“强化源头防控、政府扶持引导、企业市场运作、行政监管推动”这一解决地膜残留污染问题、促进农田残膜回收和资源化利用的有效途径。

（一）行政手段

1. 政府推动

政府推动是地膜残留防控的重要保障。2009 年，甘肃省政府办公厅批转印发了《省农牧厅关于加强废旧农膜回收利用推进农业面源污染治理工作意见》，出台了一系列含金量较高的扶持政策。随后设立了废旧农膜回收利用的省级财政专项，扶持废旧农膜回收加工企业，并配套完善了税收、用地等政策和包片回收责任监管措施，进而推动建立了“龙头企业带动，中小企业辅助，政府加强监管，群众积极参与”的废旧农膜回收利用工作机制。2012 年，在公开招标采购地膜时，将地膜厚度标准由原来的 0.008 毫米提升到了 0.01 毫米以上，以提高地膜回收率。2013 年，省政府办公厅又印发了《关于集中治理废旧农膜的通知》，下决心淘汰难以回收的超薄地膜，明确提出各级政府要将废旧地膜回收利用工作纳入生态保护考核指标体系实行目标管理，将废旧地膜回收利用与地膜覆盖技术推广工作放在同等重要的位置，同部署、同检查、同考核。2014 年，对旱作农业区省补地膜进行采购时充分考虑回收因素，优先采购开展废旧农膜回收加工利用企业生产的地膜，以此鼓励地膜生产企业积极参与到废旧农膜回收的工作中来，逐步引导实行“谁生产、谁回收”的良性机制。各级党委、政府和相关部门，特别是新闻媒体，不断加大对残膜回收利用、发展循环经济重要性的宣传力度，切实提高了各级领导和农民群众对防治地膜污染危害的长远性、严峻性的认识，营造了全社会关注废旧农膜回收利用、促进农业清洁生产的浓厚氛围。经过多年的宣传教育，捡拾清理农田残膜已经成为农民群众这个农膜使用主体的自觉行动。

2. 财政补贴

在地膜使用环节，甘肃在旱作农业区粮食生产中推广全膜覆盖技术，整合数亿元资金，通过政府招标采购，采取省上补贴 2 千克、市县配套 2 千克、其余农民自筹的财政补贴政策，补贴农民使用厚度 0.010 毫米以上、强度更高、耐候期更长的高标准地膜，保证了使用地膜的厚度和抗老化性能均能满足可回收性。

在地膜回收环节，自 2011 年起，甘肃明确提出了扶持废旧农膜回收加工企业建设的方式，有效调动了企业的积极性。一是对全省重点用膜地区已建成的年生产再生颗粒 200 吨以上的废旧农膜回收初级加工企业，省财政通过先建后补的方式给予一次性设备投资补助 5 万元。二是每年根据其废旧农膜回收加工量，以 100 吨（折纯量）为基础，每增加 1 吨给予 100 元的奖励实行以奖代补。三是对年回收加工能力在 2 000 吨以上的废旧农膜回收深加工企业，省级专项资金对其技术改造和产能扩充项目贷款给予 50%的贴息扶持。在省财政资金的激励和引导下，部分市县也投入财政资金，对相关企业给予了资金扶持。

（二）市场手段

残膜加工企业是开展废旧地膜回收利用工作的主体，只有培育加工企业市场，才能从根本上拉动废旧地膜回收和加工两个环节的工作开展。30 多年来，甘肃的废旧地膜回收加工大体经历了无回收（1990 年以前）、市场萌芽（1991—2000 年）、起步发展（2001—2008 年）、快速发展（2009 年至今）4 个阶段。2007 年以来，甘肃省政府筹措专项资金，大力扶持发展以全膜双垄沟播技术为主的旱作农业，全膜玉米种植面积大幅增加，2008 年 290 万亩，比上年增加 241 万亩。2009 年 692 万亩，2010 年 1 048 万亩，至 2011 年已达

1 070万亩，地膜用量也随之大幅增加，地膜污染明显加重。为此，2009 年，甘肃省政府出台扶持政策意见，有效调动了全省地膜回收加工企业的积极性，特别是 2011—2013 年，甘肃财政累计安排废旧农膜回收专项资金 5 000 万元，采用“财政贴息、先建后补、以奖代补”等方式，先后扶持建设了一批生产规模大、生产工艺先进、产业链长、终端产品有市场、经济效益好的地膜回收加工企业，基本健全了涵盖地膜捡拾、回收、资源化利用等环节的废旧农膜回收利用网络体系，初步形成废旧农膜回收利用的市场化机制。据统计，2011 年，全省地膜使用总量 8 万吨，回收利用废旧地膜 4.57 万吨，残膜资源化利用率 57.1%。2013 年，地膜使用总量 15.2 万吨，回收利用废旧地膜 10.7 万吨，残膜资源化利用率达到 70.7%，与 2011 年相比提高了 13.6 个百分点，凸显出了财政资金的激励和引导作用。现在，全省残膜回收加工大体形成了企业自主回收—加工型、商贩收购—加工型、农民交售—商贩和企业混合收购加工型 3 种模式，回收的农膜主要用于生产加工井盖、塑料管、树篦子等终端产品，也用于加工再生颗粒和碎片。以甘肃省会宁县为例，当地农民一般都会将农田中的残膜揭取捡拾出来并带回家中堆放，等待流动商贩走村串户上门收购，全县常年从事废旧农膜收购的流动商贩约有 50 多人，流动商贩收购后再送到加工企业进行加工利用，废旧农膜从捡拾到回收再到加工利用的市场化机制已经相当完善。

（三）技术手段

一是“一膜多年用”技术。通过使用韧性、厚度和氧化性较好的膜实行一膜多茬种植，减少了地膜的再投入。二是“适时揭膜”技术。在满足作物生长的适当条件下，选择合适的时机来揭膜，以提高残膜回收率。在甘肃省民勤县进行的绿洲滴灌马铃薯揭膜效应研究显示，播种后 60 天、75 天、90 天、105 天揭膜和全生育期覆膜的亩产量依次为 4 421 千克、3 918 千克、3 756 千克、3 729 千克和 3 611 千克。在甘肃省环县进行的全膜双垄垄侧马铃薯不同时期揭膜效果显示，现蕾期、开花期、薯块膨大期揭膜和不揭膜的亩产量依次是 1 405千克、1 485 千克、1 425 千克和 1 375 千克。可见，适时揭膜不会影响作物产量，早揭地膜有利于地膜的回收。三是“农机农艺融合”技术。在满足地膜可回收性的基础上，在适宜机械作业的地区结合农艺措施来提高残膜回收效率。近年来甘肃省研制出了“弹齿伸缩式废膜捡拾机、弹齿搂耙式地膜捡拾机、螺旋滚筒式残膜捡拾机、振动筛式残膜捡拾机、捡膜整地联合作业机”等机型，融合不同的铺膜方式，可一次完成废膜捡拾、松土整地等多项作业，捡拾效率是人工的 30 倍，每亩节约成本 30 元以上，残膜捡拾率 80%以上，已开始小面积的推广应用。

（四）法治手段

以法治手段引领规范地膜回收利用工作是甘肃省在地膜残留污染防控探索中的创举。2009 年，甘肃省政府办公厅批转印发了《省农牧厅关于加强废旧农膜回收利用推进农业面源污染治理工作意见》，明确提出禁止使用厚度小于 0.008 毫米的超薄地膜，以降低废旧地膜的捡拾难度。近年来，甘肃省各级农业部门与工商、质检等相关部门也密切协作配合，每年都在春秋两季开展的农资打假专项活动中加大对农资市场的监管和查处力度，杜绝不符合国家质量标准的超薄地膜进入农资市场。尽管如此，农资市场上超薄地膜仍屡禁不止。为此，2013 年，甘肃省人民政府办公厅印发了《关于集中治理废旧农膜的通知》，下决心淘汰难以回收的超薄农膜。鉴于国家层面缺乏相关法规制度安排，甘肃本省现有规范性文件的层级和效力较低，不能适应废旧农膜回收利用的实际需要，甘肃省人大针对本省废旧农膜回收利用中存在的实际问题和现实需要，启动立法程序，于 2013 年 11 月 29 日经甘肃省第十二届全国人民代表大会常务委员会第六次会议审议通过了《甘肃省废旧农膜回收利用条例》（简称《条例》），并于 2014 年 1 月 1 日起施行。《条例》将成熟的管理经验和行之有效的政策上升到了法规层面，对农膜的监管者、生产者、销售者、使用者、回收者的责任均做了具体规定，不仅从源头上限制了不利于回收利用的超薄地膜进入农资市场，而且使每一个参与其中的主体都有明确的定位，形成了责任链条，推进全省地膜残留污染防控工作迈上了法制化、规范化的轨道。《条例》的目的指向性非常明确，既是解决因超薄地膜使用造成的回收难、污染重问题的有力武器，也是废旧农膜回收利用相关责任主体的行为规范，更是将现行的环境管理经验以法规形式的固化。

四、农膜回收的生产者责任延伸制度分析

2017 年 5 月农业部印发《农膜回收行动方案》，提出要在甘肃、新疆两地选择 4 个县进行“谁生产、谁回收”的地膜生产者责任延伸制度试点。生产者

责任延伸制度是当前国际上治理包装废弃物、报废汽车、废弃电子电器产品等废弃物的主流政策设计，近年来生产者责任延伸制度在我国也有了突破性进展。2008 年通过的《中华人民共和国循环经济促进法》，以法律形式将生产者责任延伸原则正式引入我国环境立法框架；2016 年国务院办公厅印发了《生产者责任延伸制度推行方案》，要求首先对电器电子、汽车、铅酸蓄电池和包装物等 4 类产品实施生产者责任延伸制度。然而，生产者责任延伸制度如何在农膜回收中建立使用，还需要进行深入分析研究。

（一）生产者责任延伸制度内涵与应用

生产者责任延伸制度已成为全球环境治理的重要原则之一，越来越多的国家建立起了涉及产品包装物、电子电器产品、汽车、农药、家具等各种类型产品的废旧产品回收体系。

1. 生产者责任延伸制度的概念内涵

生产者责任延伸制度，是指将生产者对其产品承担的资源环境责任从生产环节延伸到产品设计、流通消费、回收利用、废物处置等全生命周期的制度设计。其主旨是通过将生产者的责任由传统的生产和销售阶段延伸到产品的整个生命周期，特别是产品消费后的回收处理和再生利用阶段，促使企业从生产环节开始关注和改善产品全生命周期内的环境影响。

在实际操作过程中，最关键的一个问题是生产者的延伸责任问题。经过众多学者和组织的不断完善，明确提出了生产者可能需要延伸的 5 种责任类型：一是环境责任，即生产者对已经证实的由产品导致的环境损害负有责任，环境损害责任包括产品生产到最终处理的各环节，符合污染者付费原则；二是经济责任，即要求生产者为产品的废弃物处理支付全部或部分费用，包括废弃物的收集、分类和处置等各方面费用；三是行为责任，即生产者实际参与处理废弃物并减少其影响，包括发展必要的处理技术、建立并运转回收系统，以及对废弃物的拆解、再利用和无害化处置；四是信息披露责任，在产品的不同生命周期，生产者被要求提供产品及其影响的信息，如环保标志、能源信息或噪声等；五是所有权责任，在产品的整个生命周期中，如果生产者保留了产品的所有权，就需对该所有权牵连到产品的环境问题负责，这实际上是消费者从购买产品向购买服务的转变。

当前，国内外学者对于生产者责任延伸制度的概念、生产者所要承担的责任范围还存在一定的争议，但对生产者责任延伸制度的目的和本质已基本达成共识，即生产者责任延伸制度是以延伸生产者责任为原则、以降低产品环境影响为目标的环境保护政策。实现废弃物回收利用的关键是明确政府、企业和消费者等不同社会主体的责任范围，并监督各方的责任得到有效落实。通常认为，在社会分工不断细化、各方责任模糊不清的背景下，为维护社会公共福利，政府应承担废弃物处理问题。但政府通过税收方式买单，实际上还是将这一责任分摊给了纳税人和社会公众，受益的生产者却基本不分担废弃物处理责任，因而出现了“国家承担，公众分摊，生产者不管”的不合理责任分摊状况。生产者责任延伸制度填补了产品责任体系中消费后产品责任的空白，明确了生产者是废弃物回收、处置、再循环利用的责任主体，确保了产品来源于自然、回归于自然的循环路径。生产者是产品的受益者，本应对产品造成的环境损害负责，同时生产者对产品的物质构成更为了解，延伸生产者责任能够有效激励生产者主动采取改进措施，从生产设计源头就开始降低环境损害。这不仅为废弃物问题的解决提供了新思路，也找到了合理的责任承担主体，减轻了政府在此方面的责任。当然，生产者可以自己承担废旧产品的实际回收处置责任，也可以将实际处置责任转移给第三方，自己仅承担废旧产品回收处置费用责任。

2. 生产者责任延伸制度的适用条件

生产者责任延伸制度的有效运行，关键在于明确生产者的责任范围，构建可行的激励和约束机制，其适用条件可以概括为以下五个方面。

（1）产品回收利用必要性。产品具有较高的回收利用价值，或者有很高的环境污染性，即降低产品污染具有经济或环境上的必要性。如果具有较高的回收价值，则企业能够实现环境责任和经济效益相结合；如果具有很高的环境污染性，就意味着更多的环境责任，政府也有强制性治理的必要。一些回收价值不高、污染性问题也不突出的产品往往很难被纳入生产者责任延伸制度中。

（2）产品设计技术可行性。产品生产或消费具有环境外部性，通过激励生产者改进产品设计等方式，可以有效解决或者缓解污染问题。将生产者作为环境污染的责任承担主体，主要是因为生产者具有产品信息、技术研发等方面的优势，在外部影响内部化的过程中能有效降低污染治理成本。

（3）政策量化考核可行性。政府对生产者延伸责任实现情况的监督考核，需要可行的量化考核指标。如果只是名义上规定了生产者的延伸责任，而缺乏有效的监管，那么生产者责任延伸制度就难以发挥作用。特别是对于需要政府补贴的产品，在提高回收率、提升资源利用率等方面更需要实现量化考核。

（4）责任主体监管可行性。责任主体和责任范围需要具体明确。生产者是当然的责任者，但生产者主体需要明确，以避免产品链不同环节的多个主体相互推诿。同时，其他利益主体也有义务按照相应的责任模式配合生产者，需在规定生产者为环境责任承担主体的同时，明确其他主体的相关责任。另外，生产者的责任范围必须明晰，经济责任需要明确支付成本，行为责任需要明确回收利用比例，信息责任需要界定信息内容和要求。

（5）责任实现形式可行性。延伸责任实现形式需多样化。政策工具的选择应当具有弹性，充分考虑个案的特点，不能就所有的产品和废弃物设立统一的政策，考虑到产品的多样性，应针对不同产品的特点设计不同的政策模式。不一定完全需要生产者直接从事实际的回收利用活动，也可以通过生产者组织来承担相应责任。绝大多数国家采用预付再生利用费、抵押金返还、销售税、以旧换新等制度促使消费者返还消费后的产品，由生产者或第三方服务主体来负责废弃物的实际回收利用。同时，需按照公开透明原则，逐步实施以避免经济混乱。在逐步实施过程中，可以对项目进行全面分析，定期评价，检查实施效果和存在的问题。

3. 生产者责任延伸制度的具体应用

生产者责任延伸制度超越了废弃物的末端治理模式和源头控制模式，体现了围绕产品全生命周期系统化解决废弃物增长的思想，适用范围广泛。总体上，当前国际上实施生产者责任延伸制度的产品主要包括三大类。一是包装物，这类废弃物回收利用价值高，循环利用难度不大，几乎覆盖所有行业。二是手机和电池等电子产品，这类废弃物危害性高，循环利用难度大，但回收价值也较大。三是家用电器和汽车等大型家庭设备，这类产品虽然环境危害性一般，但循环利用难度不大，且回收利用价值很高，生产者存在主动回收再利用的动机。

虽然不同国家和地区实施生产者责任延伸制度的产品类型差异不大，但生产者的延伸责任范围差异较大。如欧盟规定生产者必须负责产品使用后的回收、再生和处理，即将产品废弃阶段的责任全部归于生产者，激励生产者在产品设计时就充分考虑产品全生命周期的环境影响；OECD要求生产者对其产品所负的责任范围由物理责任和经济责任扩大到产品消费后的废弃物处理阶段，即将废弃物处置的责任全部或部分从政府部门转移至生产者；而美国的制度规定，产品废弃物的环境责任应由制造商、供应商、用户及处置单位共同承担，即生产者分享责任，以自愿为主，缺乏法律约束力。我国《循环经济促进法》明确要求，生产或者进口被列入强制回收目录的产品和包装物的企业，必须在产品报废或包装物使用后对该产品和包装物进行回收，即部分产品生产者明确分担部分责任，如我国废弃电子产品生产者主要承担经济责任，即缴纳废弃产品的处理基金。

从各国实践来看，经济责任和行为责任是生产者最重要的延伸责任。根据生产者是否承担经济责任和行为责任的差异，可以将废弃物回收再利用的具体方式分为 3 种类型。一是生产者仅承担经济责任、由第三方实际负责回收再加工处理的生产者付费模式，该模式适用于废弃物加工业比较发达的地区，通过废弃产品的差异化回收定价，能够激励生产企业改进生产工艺以期降低延伸经济责任。二是生产者仅承担行为责任、由消费者付费的生产者收费模式，该模式适用于营销物流体系较为完善的地区。三是生产者同时承担经济责任和行为责任的生产者全责模式，该模式适用于回收加工业较为滞后的地区。

我国生产者延伸责任制度中的延伸责任虽然比其他国家小很多，但对于促进我国废弃物资源化利用的作用十分明显。如 2009 年家电以旧换新政策为我国电器电子产品处理企业发展带来了发展机遇。以旧换新政策要求购买者将废弃淘汰的产品交给指定的正规化处理企业处理，方能获得补贴。有资格的定点处理企业从不足 10 家上升到 100 多家，到 2011 年家电以旧换新政策项目终止，正规化的家电拆解处理已经形成产业规模。

（二）农膜回收生产者责任延伸制度适用性分析

农膜生产企业是农膜污染治理的关键主体，通过延伸其责任，可以激励其改进农膜工艺，积极推进厚膜的生产和废旧农膜的回收再利用。但在设计农膜生产者责任延伸制度时，需统筹协调生产者与使用者、政府等相关利益主体之间的关系。

1. 农膜生产者责任延伸制度的适用性 提高农膜质量标准、实现机械化回收是当前国外发达国家防治农膜残留污染的主要方式。实施农膜生产者责任延伸制度，可以通过延伸生产者的责任范围，激励其改进生产工艺，积极推进厚膜生产和废旧农膜的回收再利用，从而降低农膜残留污染，提升资源利用效率。从生产者责任延伸制度适用性的五个方面进行分析。

（1）产品回收利用必要性。废旧农膜是具有一定回收价值的废弃物，其残留危害正逐渐显现。农膜残留的负面影响主要存在于3个方面：一是危害农作物生长，残留农膜不仅会破坏耕作层土壤结构，影响水分和营养物质的传输，阻碍农作物种子发芽、出苗和根系生长，而且农膜所含的一些塑料添加剂可能会进入植物的叶肉细胞，破坏叶绿素并抑制其形成；二是增加农业作业成本，残膜会给田间耕作带来麻烦，妨碍耕作，特别是机械化作业；三是影响周围环境，残膜被风刮到树上、河里会形成视觉污染，抛弃在草地或水体中的农膜被牲畜或其他生物食入则会因为难以消化而贮存于胃中，轻者患消化系统疾病，重者则会发生死亡。

（2）产品技术设计可行性。农膜生产的技术要求较低，通过采购简单吹塑设备，一般塑料制品加工企业都能进行生产，而且农膜的厚度越高其生产技术要求越低。因此，要求农膜生产企业承担农膜残留所造成的环境责任，能够激励其生产厚膜，将农膜污染的外部成本内部化，促使企业从产品的全生命周期角度出发来降低农膜污染。另外，很多农膜生产企业除了生产农膜外，往往还生产其他塑料制品，这也为生产者承担废旧农膜再利用的行为责任提供了可能。

（3）政策量化考核可行性。在政策目标上，废旧农膜回收和资源化利用率指标能够实现量化考核。农膜作为重要的农业生产投入资料，对其使用量一直以来都有十分完善的监测统计。2013年农业部启动全国地膜残留国控监测网建设，在新疆、甘肃等17个省（自治区、直辖市）重点区域，建立了210个地膜残留国控监测点，对主要覆膜区域、主要覆膜作物农田的农膜残留进行动态监测。随着农膜残留监测体系的不断完善，对废旧农膜的回收和再利用监测也将更加完备。

（4）责任主体监管可行性。农膜生产涉及的中间环节较少，能够对其生产主体进行有效界定和监管。近年来，我国农膜行业规模和产业集中度大幅度提高，全国生产规模前200名企业的农膜生产量已经占到全国总产量的85%。对农膜生产者监管的难度在逐渐下降，只要对这200家规模以上企业进行有效监管，农膜污染就可以得到有效控制。

（5）责任实现形式可行性。农膜在我国使用范围广、覆盖作物类型多，不同地区的农膜回收再利用市场发展程度也存在较大的差异，要求多样化的延伸责任实现形式。目前在新疆、山西、内蒙古、甘肃等高寒冷凉、干旱及半干旱地区，农膜覆盖技术已经推广到40多种农作物的种植上。

2. 农膜生产者责任延伸制度的可能作用

废旧农膜回收利用是涉及生产者、使用者、政府等多个利益相关者的复杂系统工程，农膜生产者责任延伸制度具有很强的适用性，但是其具体作用的发挥有赖于不同主体之间的分工与合作。

理论上，未来的废旧农膜回收利用有3种可能模式。一是以农膜生产企业为核心的完全市场化模式。该模式下，生产企业的延伸责任同时包括废旧农膜回收的经济责任和实现再利用的行为责任，企业将通过提高农膜标准以降低其回收成本，从而最终实现生产企业统一供膜、统一回收、统一加工。二是“生产企业＋技术研发/服务主体”模式。该模式下，生产企业部分承担经济责任或行为责任，可由第三方技术研发主体提供技术支持，第三方服务主体提供回收或再利用服务。如通过生产者付费、农膜行业协会统一回收加工的模式，生产者将通过提高农膜价格的方式将部分回收再利用成本转嫁给使用者。三是“生产企业＋技术服务主体＋政府补贴”模式。由于农膜残留具有较大的环境外部性，政府一方面需要承担环境责任，另一方面需要承担保障农产品供给的责任，因此需要政府补贴使用者以实现保供给、补贴回收利用者以实现保生态的目标。

此外，仅仅依靠法律法规延伸生产者在农膜回收中的经济责任和行为责任，可能难以真正解决污染问题，构建有效的废旧农膜回收加工体系还需要政府、技术研发和服务等其他主体的配合。特别是对于农膜使用量大、回收加工市场不发达的地区，在农膜污染治理的早期更需要政府扶持。同时，不同地区由于农膜市场规模和地理环境等要素的差异，也可能需采用不同的回收加工模式，这些都需要政府的指导和监管。

3. 农膜生产者责任延伸制度存在的问题

发挥农膜生产者责任延伸制度的作用，需要统筹协调以下三方面的关系。

（1）生产者和农户之间的关系。虽然名义上由生产者承担了农膜回收利用责任，但从行业整体来看，实际上是由生产者、销售考和消费者等相关利益主体共同分担了污染防治成本。因此，随着农膜生产者总体成本的上升，很有可能导致农膜使用成本上升，从而降低农膜使用量，给农业增产、农民增收带来一定的影响。

（2）生产者和政府之间的关系。生产者延伸责任的落实，主要是通过市场机制来发挥作用，但是在农膜回收利用体系尚未健全的地区，还需要更好地发挥政府作用。因此，农膜生产者责任延伸制度在前期试点阶段需抓大放小，重点扶持县域内较大生产企业，充分发挥项目资金的撬动作用，通过项目试点，提升农膜企业进入门槛，将环境行为转化为企业竞争力。该阶段需特别注意公平和效率问题，扶持企业的选择、补贴标准的确定都要坚持公平原则，避免生产者之间的不公平竞争。

（3）生产者和现有回收加工主体之间的关系。由生产者同时承担废旧农膜污染治理的经济责任和行为责任是较为理想的模式，但也要充分利用好已有的回收和再利用主体，通过市场机制筛选出更符合地方实际的回收再加工模式。

农膜生产者责任延伸制度是促进废旧农膜转化为农户资产的重要制度创新，具有较强的可行性和可操作性。一是农膜生产企业是农膜产业发展的主要利益获得者，理应承担一部分农膜污染责任；二是农膜生产企业往往是多种塑料制品生产者，在技术上可以通过提高农膜标准降低回收成本，从而有效实现废旧农膜的回收利用；三是农膜生产企业的行业集中度逐渐上升，对其回收再利用的监管成本不断下降，能够实现有效监管。

五、推进废旧农膜减量回收利用的政策建议

（一）转变发展思路，逐步推进农膜减量使用

根据粮食等农产品的供求状况和发展趋势，及时调整各地区的农业生产目标，重点发展优势区域，对资源条件较差、生态较为脆弱的地区可以适当调低产量目标，甚至退出部分农业生产或者推广粗放自然生产，实行生态休养生息，通过区域调配，保障产品供给；增加对上述地区的转移支付，全面改善农村环境和基础设施，深入挖掘农村发展新动能，通过培育观光旅游、农事体验等二三产业，扶贫脱贫，增加农民收入；对极端贫困人群，给予一定的收入补偿。

将农膜中的地膜特别是超薄地膜，作为农膜减量的重点产品；将控制地膜覆盖面积的扩大作为农膜减量的重点方向；把新疆、山东、甘肃、内蒙古、河北等北方地区作为农膜减量的重点区域。

（二）强化法律法规和行政管控，规范主体行为

第一，借鉴化肥农药等农资产品的相关法律法规，尽快制定关于农膜管理

的法律法规条例。明确各级政府部门在农膜生产、流通、使用、回收各环节的管理职责，切实解决分头管理、联合执法带来的监管不力问题。第二，大力整顿农膜生产行业，严格执行行业准入标准，以环保先行为准则，严厉打击技术、生产不达标的家庭作坊式小企业，扶持农膜生产龙头企业，着力培育技术先进、资金雄厚、具有社会责任感的企业。第三，尽快出台国家对农膜的指导性标准，提高农膜厚度、抗拉伸强度、耐候期等关键性指标。同时，鉴于各省份气候、地理条件以及种植作物的差异性，允许各省份根据省内情况，在满足国家指导性标准的前提下，制定地方标准。标准一旦制定，就要强制严格执行，维持公平的竞争环境，防止劣质农膜以成本优势淘汰优质农膜。

（三）多管齐下，引导农民正确使用和回收农膜

农村地域宽广、农民数量多且居住分散，监管成本非常高，因此不能仅靠法律法规等强制性手段，还需要依靠多种方式引导农民正确使用和回收农膜。第一，加大正确使用农膜的教育宣传和技术推广，引导农户正确购买、合理使用农膜，减少农膜滥用。第二，加强农业生产经营者的责任意识，并配以“以旧换新”等经济激励方式，全面调动农户捡拾废旧农膜的主动性和积极性。第三，培育机械铺膜拾膜、废旧农膜捡拾收集等方面的专业化服务队伍，推广社会化专业服务。

（四）加强科技创新和示范推广，提高技术水平

整合农机推广、农业环保等部门以及高校、科研院所、企业的科研力量，组建科技攻关联盟，形成科研合力。示范推广一膜多用、行间覆盖等技术手段，尽可能提高农膜利用次数、降低农膜使用量、减少农膜残留。攻克膜上机械化作业难题，研究开发适用性强、收集效果明显、经济实惠的捡拾机械，促进机械捡拾、机械整地、机械收割等农技的推广。加强全生物可降解农膜研发，尽快开发出降解时点可控、生产成本较低、机械铺膜可行、全降解、无污染的农膜产品。同时，加强对新产品、新技术的监管，防止部分生产商以“厚农膜”或者“可降解农膜”的名义，添加某些物质，生产出售质量更差的农膜，对土地和环境造成更为隐秘和严重的危害。

（五）落实并增加优惠政策，扶持回收企业稳定发展

尽快与工商、税务等部门沟通协调农膜回收加工企业的增值税减免政策，

可以参照垃圾等资源综合利用产品实行增值税即征即退政策，以减少企业负担，具体操作上可以采用国家税务总局废旧物资回收专用发票管理办法。落实农用电价优惠政策。加强与电力部门的沟通协调，落实农膜回收加工企业享受农用电价的优惠政策，特别是中小型加工企业，以提高其应对市场风险的能力。加大对部分乡镇和村级回收站点的补贴力度，科学合理布局回收站点，对回收量大的站点给予更多奖励和扶持。

（六）推进农膜生产者责任延伸制度的试点试验

理论上农膜生产者延伸制度具有较强的可行性和可操作性，应加快推进其试点试验。一是压实生产者的环境责任。由于我国不同地区的废旧农膜加工市场发展差异较大，建议将承担污染治理的经济责任作为其第一延伸责任，将回收再加工的行为责任作为第二延伸责任。特别是推进农膜产量前200家企业的延伸责任考核。二是因地制宜探索延伸责任实现形式。为实现农膜回收再利用成本的最小化，建议环境责任实现形式多样化，既允许生产者通过付费找第三方回收的方式承担其延伸责任，也可以通过自建回收再利用体系承担其责任。各地以构建市场化残膜回收再加工体系为目标，因地制宜，从生产、使用、回收、加工等循环利用链中的薄弱环节入手，通过政策扶持补齐短板。三是加快构建废旧农膜回收再利用的监测统计，提升政府监管能力。

第四节　蔬菜废弃物资源化利用

一、蔬菜废弃物及其环境危害

（一）蔬菜废弃物的概念

广义上，蔬菜废弃物指的是除了满足人们需求的可食用部分外，在蔬菜生产、加工、运输、滞销和厨房加工过程中产生的叶、根、茎和过时的废弃部分。本节提到的蔬菜废弃物指的是蔬菜在生长管理、收获、储存、销售过程中产生的大量无商品价值的残株和废弃果实。在蔬菜种植和销售环节，产生的蔬菜废弃物有所不同。以流通较大的叶菜类、瓜果类和根茎类3类蔬菜为例，在生产基地，叶菜类蔬菜废弃物有茎、叶和根，瓜果类蔬菜废弃物为藤蔓和残次果，根茎类蔬菜废弃物包括地上部秸秆和质量不佳的根。在批发市场，蔬菜废弃物只包括坏掉的可食部分，即烂叶、烂果和次根。在种植环节，由于蔬菜种植面积和产量的增加，蔬菜在正常管理过程中掐尖、打叶产生的废弃物和收获时遗留田间的残株、废果（虫咬、瘀伤、腐烂）等废弃物也随之增加。在销售环节，为实现净菜进城，上市前的加工处理也增加了蔬菜废弃物的产生，另外，销售过程中丢弃的质量不佳以及因销售不了产生的堆积变质的蔬菜产品也在增加。

（二）蔬菜废弃物的特征

蔬菜废弃物的来源多样，在蔬菜生产、加工、运输和滞销过程中产生的叶、根、茎和果实等都是其来源，但总体而言，各类蔬菜废弃物具有明显一致的理化特征。

（1）含水量高。蔬菜废弃物含水量基本在 90%左右，其中蔬菜茎秆含水量较低，一般在 80%左右。

（2）挥发性固体含量高。这使得蔬菜废弃物易于生物降解，并且在堆放、储存和运输过程中会产生恶臭气体。

（3）干物质中营养成分丰富。蔬菜废弃物的干物质中平均含氮量为 3.45%、含磷量 0.84%、含钾量 2.46%，碳/氮值为 11.04，pH 为 7 左右。蔬菜废弃物中有机质含量较高，平均占干物质质量的 70%左右，其中叶菜类蔬菜有机质含量可达干物质质量的 95%。蔬菜废弃物的有机成分中纤维素和木质素含量也较高，分别为 28.50%和 10.98%。蔬菜废弃物中各类物质含量见表 3-2。

表 3-2 各大类蔬菜废弃物养分含量（干重）

单位：%

项目	水分	pH	总固体	挥发性固体	碳	氮
叶菜类	88.00～95.90	6.10～7.60	4.10～13.80	51.20～95.13	29.70～47.41	2.05～5.69
瓜果类	87.04～91.25	6.20～7.50	—	64.90～69.60	26.00～39.51	3.23～4.04
茄果类、瓜果类茎秆	79.12～84.38	6.16～9.23	15.62～20.88	42.80～61.40	30.10～34.10	1.96～2.73
平均值	89.70	7.04	10.24	68.26	34.75	3.45

（续）

项目	磷	钾	碳/氮	纤维素	半纤维	木质素
叶菜类	0.35～0.82	0.80～6.08	8.27～22.35	11.00～32.10	14.90～23.70	4.10～15.70
瓜果类	0.41～0.66	1.76～4.19	6.70～12.23	—	—	—
茄果类、瓜果类茎秆	0.56～3.25	0.49～2.81	11.84～16.90	30.00～35.60	4.86～8.35	1.29～1.83
平均值	0.84	2.46	11.04	28.50	9.75	10.98

注：表中各成分均为干基含量。

数据来源：参考《我国蔬菜废弃物资源化高效利用潜力分析》，中国蔬菜，2015（7）：15～20。

（三）蔬菜废弃物的环境危害

蔬菜废弃物引发的环境危害主要包括以下四个方面。

（1）易引起正常生长蔬菜中的病虫害传播。当前蔬菜种植中产生的各类蔬菜废弃物大部分没有进行任何处理，被随意堆放在一起，其中部分病秧死秧携带病菌，如果堆放地点离正常种植区太近，容易在正常生长蔬菜中引起病虫害传播，从而影响当地蔬菜的正常生产。

（2）给菜田土壤带来较高的污染风险。有的蔬菜种植农户为方便进行蔬菜废弃物的处理，在商品部分采收后，利用喷洒除草剂的方式让尾菜枯萎，然后利用旋耕方式进行消纳，这样虽然劳动投入较少，但农药残留增大，给菜田土壤带来较高的污染风险。

（3）导致水体污染。大部分蔬菜种植地区靠近水源，任意倾倒的蔬菜废弃物经过雨水的浸渍或者在自身分解过程中会产生含有害化学物质的渗滤液，渗滤液中含有高浓度的有机物，可能随雨水流入江河、湖泊，或者渗入地下水，导致水体污染。此外，蔬菜废弃物中含有氮、磷等养分，进入水体后容易造成水体富营养化。

（4）影响环境卫生。蔬菜废弃物具有较高的含水率，且挥发性固体含量高，易于生物降解，成堆的蔬菜废弃物，在自然条件下进行生物分解，散发出种种恶臭，造成了地区性空气污染，并且滋生蚊蝇，传播细菌，影响环境卫生。

二、我国蔬菜废弃物现状及资源化利用潜力

（一）我国蔬菜废弃物产生量估算

不同类别蔬菜废弃物产生量差异很大。根据甘肃省农业大学甘小军教授的实地调研取样数据显示，各类蔬菜在生产过程中的尾菜比率为16.5%～63.5%，平均达到33.6%（表3-3）。

表3-3 各类蔬菜种植中的尾菜产生比率

蔬菜种类	商品菜产量（千克/公顷）	尾菜产量（千克/公顷）	尾菜比率（%）
娃娃菜	75 000	66 000	46.9
甘蓝	52 500	15 300	22.6
花椰菜	33 000	99 000	43.1
萝卜	75 000	14 900	16.5
番瓜	105 000	21 600	17.0
辣椒	45 000	17 300	27.8
番茄	75 000	81 000	51.9
黄瓜	58 500	101 300	63.5

数据来源：甘肃农业大学，甘小军。

可销售部分同样存在着巨大的废弃比例。如杭州市统计，在厨房加工过程中，各类蔬菜的废弃比例也高达2%～66%，平均废弃比例为20.5%（表3-4）。

表3-4 各类商品蔬菜厨房加工废弃比率

单位：%

蔬菜种类	废弃比例	蔬菜种类	废弃比例	蔬菜种类	废弃比例
毛豆	48	马铃薯	20	胡萝卜	7
蚕豆	66	瓠瓜	12	大白菜	11
豌豆	54	丝瓜	10	黄瓜	10
春笋	52	南瓜	11	菜豆	6
冬笋	67	芋头	10	豇豆	2
莴苣	45	青菜	10	番茄	6
芹菜	35	小白菜	10	茄子	3

（续）

蔬菜种类	废弃比例	蔬菜种类	废弃比例	蔬菜种类	废弃比例
辣椒	25	大葱	10	甘蓝	5
冬瓜	28	小葱	10	花椰菜	5
茭白	25	红萝卜	8	白萝卜	5

数据来源：杭州市调研统计。

另外在蔬菜种植中，由于病虫害或栽培措施不当会产生一部分病苗、弱苗，而在包装、运输及滞销过程，也会产生相当数量的蔬菜废弃物。由此估算，蔬菜废弃物的产生量应该与其产量相当，即蔬菜产量与废弃物量（废弃的菜叶、菜秧和菜根等）大致为 1∶1（均为鲜重），由此估算 2016 年全国蔬菜废弃物产生量达到 8.25 亿吨。

（二）蔬菜废弃物的分布

蔬菜废弃物的分布相对集中，从区域上看，主要分布于蔬菜产区、蔬菜集散地和蔬菜加工场所。从种类看，蔬菜废弃物主要为叶菜类、根茎类尾菜以及大量无商品价值的根茎枝蔓等。蔬菜产区主要为蔬菜在正常管理过程中掐尖、打叶产生的废弃物和收获时遗留田间的残株、废果（虫咬、瘀伤、腐烂）等，以及为实现净菜进城，在上市前简单加工产生的茎、叶、根等废弃物。由于蔬菜产业种植品种相对集中，产区的蔬菜废弃物种类也较为集中。蔬菜集散地主要为交易过程中因腐烂而无食用价值的蔬菜组织，以及运输过程中易受损的叶菜类、茄果类，品种多而复杂。根据北京市农林科学院营养资源研究所对北京市新发地农产品批发市场的调研，在蔬菜销售旺季，日产垃圾 200 吨，其中蔬菜废弃物占到 93%。

（三）蔬菜废弃物资源化利用潜力

蔬菜产废系数是指在典型的蔬菜全产业链环节下，一定时间内（从生产到消费），单位蔬菜所产生的总废弃物量。简而言之，就是指单位蔬菜在全生命周期所产生的总废弃物数量。它与蔬菜种类、地区、茬口、收获时间、流通方式、净菜与否等有关。

目前尚未有较为权威的蔬菜产废系数，不同类别蔬菜的产废系数差异也很大。研究学者多依据实地调研取样的方式，对蔬菜产废系数（干重）进行研究。

按照蔬菜废弃物干物质中，平均含氮量为 3.45%、含磷量 0.84%、含钾量 2.46%（参考依据见表 3-2）估算，计算公式为：

蔬菜废弃物有机质（氮）总量=蔬菜废弃物产生量（干重）×3.45%

蔬菜废弃物有机质（磷）总量=蔬菜废弃物产生量（干重）×0.84%

蔬菜废弃物有机质（钾）总量=蔬菜废弃物产生量（干重）×2.46%

根据上述公式计算得到，2016 年我国蔬菜废弃物中氮、磷、钾养分储量分别为全氮 173.2 万吨，全磷 42.1 万吨，全钾 123.8 万吨。另外蔬菜废弃物中还含有作物生产所必需的一些微量元素，如钼、硼、锌、锰等。可见，蔬菜废弃物蕴含巨大的开发利用价值，将其资源化利用，对实现以养分循环为基础的循环经济和绿色农业发展有重要意义。

三、蔬菜废弃物资源化利用典型模式

（一）肥料化利用

好氧堆肥法是蔬菜废弃物肥料化利用的一种典型技术模式。好氧堆肥是将蔬菜废弃物与其他农业废弃物混合进行堆沤还田，将要堆腐的有机物料与填充料按一定的比例混合，在合适的水分、通气条件下，使微生物繁殖并降解有机质，从而产生高温，杀死其中的病原菌及杂草种子，使有机物达到稳定化，最终产物为固态有机肥。好氧堆肥堆体温度高，一般为 50～65℃，故亦称为高温堆肥。高温堆肥可以最大程度地杀灭病原菌，同时对有机质的降解速度快，是处理有机废弃物的有效方法。

从实施效果来看，对蔬菜废弃物进行好氧堆肥处理是一种有效的方法，所需设备比较简单，可以根据当地实际情况因地制宜进行设计，产品经过高温阶段去除病虫害，是比较理想的有机肥料。其缺点在于，蔬菜废弃物含水率过高，必须添加蓬松的填充物调节含水率，使成本升高，处理效率降低。此外，某些处理处置方法需要一定设备投资和建设成本，而且对具体操作、运行管理都有相应的技术要求，对于农村地区来说，推广存在相应难度。

肥料化利用的第二种典型技术模式为接种微生物自然堆沤处理。接种微生物自然堆沤处理成本较低廉。农民只需将蔬菜废弃物堆放于池中，按操作规程添加微生物菌剂，加速有机质分解液化，可得到最终产物液态肥。在实际应用中，各地因地制宜做了大量技术研究与模式推广。

1. 规模化堆肥处理与基质化加工

典型案例 1：北京市农业环境监测站规模化堆肥技术示范。

针对产业集中地区和农业园区，北京市农业环境监测站等在规模果园、采摘园、观光园、集中连片菜田（面积超过 500 亩）和民俗村周边，建设农业废弃物循环利用示范点 53 个，推进蔬菜废弃物的无害化处理。采用的主要技术是利用碾丝粉碎机进行蔬果废弃物的粉碎，并通过添加发酵微生物作为起爆，不需添加畜禽粪污等辅料，有效避免了外源污染。发酵最高温度高于 65℃，持续时间超过 72 小时，可有效杀灭病原菌、虫卵和杂草籽等有害微生物。蔬菜废弃物经无害化处理、发酵和脱水后，物料总质量减少至原来的 1/4～1/10，处理后的成品褐色、疏松，没有不良气味，含水量约 20%，富含有机质和高活性的功能微生物，是一种优质的有机营养土，能够直接还田利用，可以提高土壤有机质含量，改善土壤理化结构，增强土壤保水保肥能力。

此模式虽然能较好地进行废弃物的循环利用，但投资较大（每个示范点招标 80 万元），运行费用较高，并且由于蔬菜的季节性产出问题，平时闲置率高。这种模式更适用于大型的蔬菜园区与蔬菜产业发展集中区，很难进行大面积的辐射带动。

典型案例 2：山东省农业环境保护和农村能源总站基质化加工。

山东省农业环境保护和农村能源总站将收集到的各类蔬菜废弃物进行粉碎、脱水、烘干，添加活性微生物以及其他辅料，生产出适宜蔬菜无土栽培的基质，以基质为原料，通过水肥一体化技术，用于蔬菜的无土栽培。采用该项技术，充分利用了蔬菜废弃物，有效解决了乱堆乱放造成的环境污染、村庄乱差等问题，提高了生活质量，此外还解决了设施蔬菜长期种植导致的连作障碍问题，基质可以持续利用，种植的蔬菜产品品质优良，较传统蔬菜栽培方式产量增长 30%以上，化肥农药减量 20%以上，亩增效益 4 000 元。

该模式产业化前景好，为生态农业的发展提供了技术支撑和有益探索，对促进农业可持续发展、绿色生产具有重要意义。但由于基质加工需要大范围进行蔬菜废弃物的收集，且应用的基本为果菜类的残体，对于广大的叶菜类残体目前尚不能进行基质加工，限制了这一技术在更大面积的推广应用。

2. 小型化堆肥

典型案例 3：甘肃省针对分散农户的小型化堆肥技术。

甘肃省中西部蔬菜产业发展较好，但农户分散种植特点明显，为此甘肃省推广小型化堆肥技术，进行蔬菜残体的消纳利用。结合当地夏季温度高、降雨少的气候特点，采用地上好氧堆肥覆膜防止水分蒸发，堆体下面铺膜防止渗滤液渗入土地的方式进行堆肥。堆肥后处理的堆肥产品，在颜色上呈黑褐色或黑色，有的呈白色或灰白色（由于真菌生长所致），无恶臭，带有土壤的霉味，不再吸收蚊蝇，质地松弛，多孔隙易耕作，具有保水、透气及渗水等特点，腐熟物的水分含量低于 10%，呈粉末状，是较为理想的堆肥产品。当地研究发现，以商品蔬菜甘蓝为例，以堆肥后的蔬菜尾菜作为有机肥源与对照（仅施化肥）相比，甘蓝中钾、镁、铁、锌、铜元素的含量有所提高，表明蔬菜尾菜有机肥源是一种优良的肥料。

典型案例 4：广西壮族自治区针对分散农户的小型化堆肥。

广西壮族自治区根据自身特点，将收集好的蔬菜废弃物在地上翻晒 1～3 天，水分下降到 60%左右后，将其粉碎成 5～10 厘米的断体，避雨堆置发酵。夏天一般每隔 5 天翻堆一次，冬季隔 7 天翻堆一次，共计翻堆 2 次。翻堆中如堆料过干，要及时补充水分。一般堆置 30 天左右，直至植株残体变软变黑，没有异味。

小型化堆肥占地少，投资少，处理简单，适宜个体农户在自家田间地头实施，但由于其堆肥材料来源多元化，难以形成标准化操作，加之堆置中需要数次翻堆，劳动力投入较大，其堆肥最终产品质量也难以得到保证，因此限制了这一技术的推广与田间应用。

3. 小型化沤肥处理

鉴于蔬菜废弃物含水量高、易腐烂的特点，多地均建设了沤肥池进行蔬菜废弃物沤肥的研究与推广。

典型案例 5：修建小型地下沤肥池。

广西根据自身特点和基地内蔬菜种植区的地形地貌，每 20 亩修建一个小型地下沤肥池（容积 10 立方米），或者配置容量相当的移动式收集桶，将废弃秸秆等放入沤肥池，加水沤制进行消毒并资源化。

甘肃省为解决小农户的尾菜问题也部分采用沤肥方式进行处理，总结设计出了符合当地实际的沤肥池，池子为 2 米（高）×2 米（宽）×3 米（长）的永久砖混水泥地。沤制过程每层放30～40厘米厚菜叶，洒入适量菌剂，再放10～15厘米厚的土层，重复上述操作步骤3次即可完成沤制，沤制50～60天后出坑，成为有机肥。北京市一些蔬菜园区也采用沤肥方式处理相关尾菜。每10栋温室设计容积为10立方米的地下沤肥池，在完成蔬菜废弃物的沤制过程后，放入排污泵，利用管道将沤制液进行灌溉施肥，效果良好。研究显示合理利用蔬菜沤肥液，可以在相当部分上替代化肥，并能提高作物产量与品质。

虽然利用沤肥手段处理蔬菜废弃物技术简单，农民容易掌握使用，但因其占用部分耕地，而且露天建设不好控制雨水，加之没有封盖，存在着安全隐患等问题。此外，田间大部分都没有电力供应，沤肥液的去除和应用不方便等原因，也限制了这一技术的发展与推广。

4. 直接还田

典型案例6：甘肃省直接还田法。

甘肃省土壤贫瘠化现象突出，因地制宜，甘肃省针对每年只种植一茬的露地蔬菜开展了尾菜粉碎后直接还田的研究。秋茬蔬菜收获后由于气温较低，不利于堆闷发酵，将蔬菜废弃物均匀撒于地面并撒施秸秆腐熟剂或生物菌，或喷洒EM有效微生物稀释液，用旋耕机深耕埋入，最后耙平。当地有灌溉条件的将地进行灌溉，可增加土壤的保湿度，有利于腐熟分解。经过在土壤中缓慢地腐熟增加土壤有机质和养分，有利于土壤表层吸收水分，提供土壤表层生物的生长环境，改善土壤酸化、碱化、沙化等土壤贫瘠化现象，改善局部生态环境。研究显示在高温季节（6～9月）1个月可彻底腐烂，以蔬菜尾菜看不见原有形态，腐烂成具有弹性黑褐色物质为标准。低温可导致腐烂时间延长。

但是，尾菜还田后，若与同一作物或近缘作物连作，即使在正常管理的情况下，也会产生产量降低、品质变劣、生育状况变差的连作障碍。连作还会引起病虫害加重，植物自毒物质的积累以及土壤营养元素平衡被破坏等问题。为了避免此类问题的发生，应注意合理安排第二年种植作物。此外，该技术目前只适应于露地蔬菜。

5. 蔬菜原位消毒还田

典型案例7：北京市农林科学院筛选消毒剂。

蔬菜原位消毒并还田是目前研究蔬菜废弃物资源化利用的热点。北京市农林科学院目前筛选了几种消毒剂，研究显示，喷洒消毒剂后，蔬菜废弃物中的真菌、细菌和放线菌等均显著减少，显示出消毒剂具有较好的灭菌效果。目前，正在开发蔬菜消毒、粉碎一体机，在粉碎蔬菜废弃物的同时喷洒消毒剂，实现蔬菜废弃物的田间原位还田，从而减少废弃物在田间收集、运输的成本，大大降低其劳动力投入，显示出较好的田间适用性。但目前该消毒剂成本较高，如何降低成本，实现产业化运作是该技术面临的难题。

（二）燃料化利用

作为植株残体，蔬菜废弃物也是一种生物质能源。粉碎后，与畜禽粪污或生活垃圾、污水一起进行沼气发酵，产生的沼气可作为农户的炊事用气，也可用于照明。该技术的副产品沼渣和沼液还是一种优质有机肥，可分别作为底肥和追肥再用于蔬菜生产，不仅可以节约肥料，还有一定的杀菌作用，有利于生产绿色和有机蔬菜。目前燃料化利用技术包括直接沼气化处理产生沼气和先杀菌再发酵成沼气两种技术机理。

1. 直接沼气化处理

沼气化处理属于厌氧消化机理，是在厌氧微生物作用下、有控制地使废物中可生物降解的部分趋向稳定的生物化学过程，它的最大优点是可以回收沼气能源。对于一般的固体废弃物，如果进行沼气化处理，需要采用高固体厌氧方法工艺（固体含量30%左右），运行条件较为苛刻，工艺不容易掌握。但是，对于蔬菜废弃物来说，由于含水率高这一特点，已经符合一般厌氧处理的固体含量（10%左右）。因此蔬菜废弃物的沼气化处理，在发酵过程中不易产生出渣难、堵塞等现象。

2. 高温杀菌+沼气化处理

单纯沼气化处理的产物直接用于土地改良仍有一定生物毒性。为了防止蔬菜秸秆中有害生物，如病毒、细菌、真菌、害虫等继续在棚室、下茬作物上侵染，间接沼气化处理技术首先应将蔬菜秸秆中携带的各种有害生物全部杀灭，达到蔬菜秸秆无害化处理，然后在沼气发酵池进行厌氧发酵。

典型案例 8：北京市植物保护站太阳能高温杀菌+沼气化处理。

北京市植物保护站开展了太阳能臭氧垃圾处理站示范技术，其将太阳能光伏电池供电系统与农业垃圾臭氧无害化处理系统有机结合，持续不断地向农业垃圾处理池内释放臭氧，利用臭氧的高效杀菌、消毒作用，将农业生产垃圾携带的各种有害生物全部杀灭，达到将农业生产垃圾无害化处理的目的。该装置包括一个秸秆粉碎机、一个输送带、一个发酵池和 16 组太阳能管。由粉碎机将蔬菜废弃物（干、湿均可）粉碎后，由传送带送到发酵池中，不接菌种，初次高温发酵灭菌后，再入沼气池发酵。发酵池底部有3个阀门，开启后放出沼液，用于设施蔬菜追肥。

总的来说，沼气化处理技术生产周期短，能实现废弃物的稳定化和能源化，但设备比较复杂，需要工厂化运作，较适合大型连锁超市、食品加工企业或大型设施园区的蔬菜废弃物集成化处理。

（三）饲料化利用

除肥料化利用外，蔬菜废弃物另外的主要去向就是进行饲料化加工。农户散养畜禽时，常常将蔬菜废弃物剁碎后直接或与麸皮混合后作为补充饲料饲喂畜禽；当养殖量大时，在蔬菜废弃物集中产生的季节（如换茬时），将大量的蔬菜废弃物粉碎后，与麸皮混合，再接种绿色木霉等进行发酵，可储存较长时间，以持续供应畜禽采食。废弃菜叶有着丰富的营养，富含矿物质和维生素，尤其是制成干品后，其脂肪和蛋白质含量都能达到一个很高的比例，发酵后的废弃蔬菜能转化为菌体蛋白饲料。

典型案例9：山东淄博制作黄粉虫饲料。

黄粉虫是一种食性广、环境适应性强、繁殖能力强的环境昆虫，其蛋白质和氨基酸含量高，可以用作食品、药品、化妆品的添加剂，也可以用作特种动物养殖的饲料。黄粉虫可以取食各类蔬菜废弃物，尤其喜欢取食尾菜。通过黄粉虫的过腹转化处理尾菜，是一个生物转化过程，可以将低值的尾菜转变成高附加值的昆虫蛋白，具有显著的经济效益。根据实验验证，黄粉虫的生物量每增加1吨，即可取食消化7～8吨尾菜，蔬菜废弃物利用率非常高。山东淄博科通生物科技有限公司，在收集各类尾菜的基础上，利用自主研发的工艺进行粉碎、脱水、烘干，其后根据黄粉虫的饲料配方添加辅料，进行造粒成型，生产出黄粉虫养殖专用饲料。该模式按照“公司＋合作社＋农户”的模式进行产业化开发，发展黄粉虫养殖户，并建立蔬菜尾菜处理中心。养殖好的黄粉虫可代替鱼骨用于生态鸡的养殖，也可以用于虫源蛋白、脂肪的深加工。虫粪沙作为有机肥可用于蔬菜生产。通过黄粉虫将秸秆、秧蔓等废弃物转化为虫源蛋白具有广阔前景。

典型案例10：甘肃省制作饲料蛋白。

甘肃省发挥当地夏季冷凉的特点，大力开展夏季蔬菜的种植，并在兰州建立蔬菜的加工转运中心，该加工转运中心蔬菜废弃物产生量巨大，并且日产量比较平均，已成为尾菜产生的集中地。通过尾菜饲料化生产线研发，建设蔬菜粉、颗粒饲料、袋装压缩青贮饲料、蜂窝块状生产示范线。具体工艺过程为原料—清洗—打浆—添加黏结剂、吸水剂或其他辅料—混合—压块—成品。制成的蔬菜菜饼经甘肃省兽药饲料监察所检测，成品水分含量 84.4%，干物质中粗蛋白质含量 19.87%，粗纤维含量 22.1%，粗灰分含量 7.8%，钙元素含量 1.23%，磷元素含量 0.42%，是较好的畜禽辅料，产业化前景和经济效益显著。

（四）不同蔬菜废弃物资源化利用典型模式比较

不同处理技术各有特点。从技术适应性和可推广性角度看，燃料化利用由于产气率低，实际应用不多；卫生填埋由于含水率高，填埋过程产生大量渗透液，处理困难，并会产生填埋气，甲烷含量可达 50%～70%，易燃易爆，加之土地资源稀缺，填埋场选址建设困难等因素，世界各国均积极致力于减少进入填埋场的垃圾量。饲料转化过程要将废弃的菜叶和菜帮进行切碎、脱毒、发酵、打包等，投资较高，很难大面积推广应用。因此，就实际应用看，多数的处理方式集中于肥料化应用。具体应用中，要根据当地的实际情况和需求来选择合适的处理技术，综合考虑各方面因素才能有效地实现消纳蔬菜废弃物和资源循环利用的目的。目前，国内还没有针对蔬菜废弃物处理的专门技术规范和要求，且蔬菜废弃物资源化利用的环境效益和社会效益大于经济效益，因此要实现大规模的推广应用还需政府的扶持和资助。

四、蔬菜废弃物资源化利用存在的问题

目前，许多地方已经开展了蔬菜废弃物处理的相关工作，均做出了一些有益的探索，积累了一些经验，为扩大蔬菜清洁生产技术推广奠定了基础。但是在蔬菜废弃物资源化利用方面仍存在一些问题。

（一）技术成熟度方面

蔬菜废弃物水分含量高、黏稠度大，碳氮比不合理，且不同批次原料成分差异大，国内外无符合实际需求的技术和经验可供借鉴。目前蔬菜废弃物资源化利用的主要问题是处理和利用的量太少，在处理过程中也存在着较大的问题

和隐患。

1. 堆肥季节与灭菌问题

传统堆肥都是与地面相接触，由于大地的热容量高，当靠近地面的堆肥部分温度达到地温时，就不再上升。因此，堆肥底部的病菌无法杀灭，还田将加重蔬菜病害。据北京市植保站试验，晚春、早秋和夏季，在高于地面且向阳的地方露天堆肥10～15天可杀灭病菌；但晚秋、早春和冬季，即使高于地面，其温度也达不到杀灭病菌的温度。因此，如果只是从蔬菜废弃物肥料化利用的角度来处理，四季均可，但如果从切断病害传播链条的角度来处理蔬菜废弃物，则并不是四季皆宜的。

2. 渗漏污染问题

传统的堆肥都是直接堆在地上，任雨水冲刷，不但污水横流，影响村容村貌，而且养分流失，降低了堆肥的肥效。除此之外还有看不见的地表渗漏，由于没有做防渗处理，堆沤过程中产生的废水会逐步渗漏到地下，污染地下水。有些地方为解决这一问题，采用塑料薄膜包被进行堆沤，但蔬菜秸秆极易扎破薄膜，很难起到防渗的作用。

3. 调碳氮比与配料问题

蔬菜废弃物含有大量的水分，叶菜类的水分含量高达90%以上，而且氮元素含量高，碳氮比低，进行堆沤时必须进行碳氮比调节，否则不但发酵时间长，而且发酵效果不好。往往是30%的蔬菜废弃物需要添加70%的麦秸或玉米秸，本来是处理蔬菜废弃物，但从处理量上来看，更像是处理麦秸或玉米秸，有本末倒置之嫌。在集中连片的蔬菜种植区域，为处理大量的蔬菜废弃物需要更为大量的麦秸或玉米秸，让农户远距离去收集秸秆，非常不现实。

4. 产气与温室效应问题

蔬菜堆肥处理技术有两种，一种是有氧发酵，一种是无氧发酵。有氧发酵产生的主要气体是二氧化碳，无氧发酵产生的主要气体是甲烷。这两种气体都是能够引起温室效应的气体。其中，甲烷的温室效应是二氧化碳的21倍。

一般情况下，在设施中（大棚或日光温室）发酵产生的二氧化碳，可以当作气肥供蔬菜吸收进行光合作用。但这种方法也只是在晚秋、冬季和早春三季较为合适，此时为增温，温室密闭，二氧化碳不会溢出到大气中。但在早秋、晚春和夏季，因温室在高温时需要放风，产生的二氧化碳就溢出温室而得不到利用了。

蔬菜废弃物处理产生的甲烷更应该得到重视。如果甲烷不能得到利用，就只能排到大气中，将加剧温室效应。设施蔬菜生产多是集中连片，菜农一般不住在温室旁，从经济性角度考虑，不可能远距离输送甲烷到农户集中居住区。

5. 还田与连作障碍问题

目前困扰蔬菜生产的最主要的问题不是品种和栽培技术，而是连作障碍和废弃物处理，而这两个问题又密切相关。尤其是茄果类蔬菜和瓜类蔬菜，其根部会产生一种自毒物质，长年种植会形成积累，极大地影响同类蔬菜的生长。以西瓜为例，要经过 8 年以上的休耕（改种非瓜类蔬菜等农作物），才能基本上消除连作障碍，而且还要通过耕作机械、人工作业、堆肥还田、灌溉水流动等途径。就目前的处理技术而言，蔬菜废弃物处理后的最终归宿是还田。尽管采用高温堆沤或臭氧消毒的方法可以杀灭病菌，却无法完全去除或破坏这种自毒物质，如果还田，将加重连作障碍，应注意合理安排蔬菜种植。

6. 优良菌剂以及下游产品开发问题

蔬菜废弃物含水量大，集中生产极易腐烂，目前尚没有高效、低成本的皮渣脱水技术使皮渣保质期延长，以用来进一步深加工。同时，蔬菜废弃物下游产品的研发较弱，产品的增加空间少，以蔬菜废弃物的饲料化利用为例，制备工艺及优良菌剂的开发等均有待于进一步的研究创新。

（二）推广利用方面

总体上来看，蔬菜废弃物资源化利用技术的实用性和技术经济效益不高，缺乏具有较好适应性及推广价值的技术装备体系。有些示范点重建设，缺后期管护，导致设备搁置；与此同时，有利于蔬菜废弃物利用的社会化服务体系尚未形成，一定程度上限制了蔬菜废弃物资源化利用技术在更大范围的推广利用。

主要体现在：①配套工艺设备研发滞后。以北京市为例，北京市自产蔬菜仅有 2%的产量用于加工，主要是净菜产品或鲜切菜产品，原料有生菜、胡萝卜、青椒、马铃薯等，也有一部分加工企业生产酱腌菜、蔬菜汁等产品。蔬菜加工的副产物主要为修整切割下的不可食及不具有商品性的部分，通常会有 30%～40%的加工废弃物。据调查，目前有条件的加工企业会与周围饲料厂合作，廉价或免费将蔬菜加工废弃物加工成饲料；没有条件的加工企业则将废弃物按市政垃圾处理。企业及园区对蔬菜废弃物的处理问题日益重视，但是苦于成本及技术的原因，目前蔬菜加工废弃物再利用的情况很少，迫切需要有切实可行的技术和工艺设备来解决。此外，蔬菜废弃物资源化利用方面缺乏有针对性的相关装备，因此导致一些好的技术在产业化过程中得不到应用和推广，废弃物的资源化利用在低水平上重复。②缺乏适应性强以及推广价值大的技术。创新的技术少，拥有自主知识产权的技术和具有较好适应性以及推广价值的技术更少，一些废弃物高效生产设备及其配套利用设备等在技术上未能有大的突破。在废弃物资源化设备的投入上，由于资金缺乏，一些好的技术在产业化过程中得不到应用和推广，不能适应农业现代化发展的需求。③蔬菜废弃物利用的社会化服务体系尚未形成。在市场服务体系方面，蔬菜废弃物资源化利用的最大难点之一为蔬菜废弃物的收集运输。由于农业生产区域分散，蔬菜废弃物难以集中收集，运输成本较高，对于小规模种植农户而言，在当前物流、人工成本居高不下的情况下，原料的收集运输是个大问题，迫切需要蔬菜废弃物收集运送的社会化服务组织。在技术服务体系方面，大部分蔬菜废弃物资源化利用示范点重示范，缺后续维护。在设备出现故障后，由于农民找不到专业的技术人员修理，而导致设备搁置浪费。

（三）政策支持方面

蔬菜废弃物利用价值低，处理成本高，无法实现企业化运转，应属于“公益化”项目，目前国家尚未出台相关的扶持和激励政策，各地缺少蔬菜废弃物的财政补贴、贷款及税收等方面的扶持，大多数农业生产者和企业缺乏应有的积极性，导致技术应用动力不足、推广不畅。

从顶层政策架构上，在推行农业绿色发展，推进蔬菜清洁生产的背景下，迫切需要从顶层层面出台关于蔬菜废弃物治理的有关政策性指导意见，鼓励种植农户、加工企业等对蔬菜废弃物转化利用进行投资，实现各参与主体在农业废弃物转化利用过程中的主动权及相应的经济效益，同时提高其社会地位。在政策激励方面，缺乏有效的激励机制，如鼓励农户将分拣的蔬菜秸秆运往指定收购点、鼓励农户自己进行蔬菜废弃物堆肥等。实地调研中，农户或企业做堆肥或沼气处理，需要占用一定面积的土地。如在设施大棚内，虽然沼肥施用十分便利，也可以节省一部分肥料费用，但占用温室内空间会给菜农造成损失，而且该损失超过了节省肥料的费用，如果没有经济补贴，农户一般都嫌费工费时，不愿意采用，而是将蔬菜废弃物直接丢弃，因此以政策激励提高各社会主体参与蔬菜废弃物处理的积极性是确保蔬菜废弃物得到资源化利用的必要手段。此外，由于政策扶持和资金支持的不足或缺乏，一些专门从事蔬菜废弃物资源化利用的加工企业未能很好地成长起来，一定程度上影响了蔬菜废弃物资源化利用的产业化发展。

（四）监管监督机制方面

目前我国整体经济水平还不发达，总体环保和综合利用意识较差。虽然园区和加工企业都清楚蔬菜废弃物资源化利用的意义，但是很少有企业愿意在近期投入资金专门用于废弃物的资源化利用，企业普遍把注意力放在主营产品上，认为废弃物资源化利用的投入产出比低，甚至亏钱。由于法规政策的缺乏，蔬菜废弃物的资源化利用未被摆在应有的位置上，因此，需要政府制定相关的法律和法规来规范蔬菜废弃物的资源化利用。

五、推进蔬菜废弃物资源化利用的对策建议

（一）出台蔬菜废弃物处理的指导意见

仿照秸秆禁烧的做法，在指导意见中规定不能随意大量丢弃蔬菜废弃物，鼓励村委会对蔬菜废弃物进行集中处理，配备专人进行堆肥，保证堆肥的灭菌效果，堆肥产品以有偿或无偿的方式提供给菜农使用。以项目形式对工程建设给予资金扶持。鼓励采取有氧堆肥方式，尽可能减少甲烷的产生和排放。对于自愿对自家蔬菜废弃物进行独立处理的农户，则仿照有机肥补贴办法对其进行补贴，以鼓励农户自觉地采用循环农业技术。

（二）提高服务供给能力，重视污染源头控制

重点在蔬菜生产基地、大型批发市场、超市等地建设蔬菜垃圾服务设施，在上述重点区域配备足够的垃圾桶、垃圾箱或垃圾转运站，配备专门服务人员和运输车，负责蔬菜废弃物的收集和运输工作。同时，提高蔬菜废弃物垃圾收集等工作的自动化程度，节省劳动力。

根据各园区或菜市场的特点，因地制宜建设相关废弃物处理工程。在蔬菜生产园区，可以根据自己生产的蔬菜废弃物特点，采用好氧发酵或者厌氧沤制

的方法进行处理，并将处理后的废弃物进行还田利用。在蔬菜集贸市场或各大超市，采用物业化处理模式，选址建立堆肥场所，将每天运来的废弃物进行处理，发酵后制成高品质的有机肥料，从而实现资源化利用。建立合理的收集、运输、处理服务体系，保障蔬菜废弃物处理工程的合理、正常运行。

（三）加强技术攻关，提高适用性、可推广性和技术经济效益

针对有关技术瓶颈加强攻关，提高技术的实用性、可推广性和技术经济效益。进一步加大对新型尾菜处理技术的科研支持力度，建立“科研院所＋菜农＋企业”的运行模式，变废为宝，提高尾菜的综合利用效果。引导有技术和经济条件的企业、大户和合作经济组织从事相关产业的开发和相关技术的完善，带动当地农民大面积推广示范。

1. 加大蔬菜废弃物处理技术的创新集成

加大蔬菜废弃物处理技术的创新集成是实现其无害化处理、资源化利用的重要保障。从我国目前处理蔬菜废弃物的主要技术来看，多数技术适用规模小，效益低，产业化前景不明朗。处理过程中，均需要进行专门的收集与处理，额外增加了劳动投入，推广难度较大。通过农业部门的公益性行业科研专项、各级财政项目等加强对蔬菜废弃物处理技术，特别是原位无害化处理技术的研发，可能是未来保障蔬菜废弃物资源化利用的关键所在。另外，对各类蔬菜废弃物还田后的环境效应，尤其是微生物菌群的变化和有毒物质在土壤中的累积等问题，需要格外重视。

2. 规范蔬菜废弃物堆肥技术

蔬菜废弃物做堆肥，不只考虑肥料问题，也要重视病菌再传染的问题。要制定蔬菜废弃物堆肥技术规范，如采用不同物料配比和不同的温度、湿度、通风量等条件，研究较合理的堆肥模式，或者接种微生物进行自然堆沤处理以加速蔬菜废弃物向液态肥的转化。此外应规定堆肥选址要远离河道和其他水源地，做好底部防渗，以防止废水对地下水的污染。规定堆肥最好是底部架空，以提高堆肥底部的温度，达到杀灭病菌的效果。

3. 加强蔬菜连作障碍机理研究

组织科研力量，对蔬菜根部自毒物质的产生机理、种类、成分、降解条件等进行研究，寻找切断自毒物质产生的途径，研制新型抗重茬剂等，解决蔬菜连作障碍问题，为蔬菜废弃物还田提供技术支持。

4. 开展高附加值及综合利用技术研究

蔬菜废弃物主要的应用方向还是堆肥及饲料类生产，堆肥及饲料生产过程中微生物的种类及配比对产品的品质及生产工艺影响较大，应作为今后研究的重点。但是堆肥及饲料均具有准公共产品的性质，导致技术应用动力不足、推广不畅，因此应在成本控制方面下功夫，增加产品的竞争力。另外，蔬菜废弃物转化为新能源产品可以很好地解决能源的可持续性，但蔬菜废弃物的选择及生产工艺仍有待于进一步探索。蔬菜废弃物中有效成分提取附加值高，但是受到提取率及有效成分含量的影响，应用并不广泛。因此，推动高附加值综合利用技术研究应是今后蔬菜废弃物处理需要思考的方向。

5. 提升新装备、新产品的研发速度及力度

发达国家农产品产后产值与自然产值的比例在 3：1 左右，美国达到 3.7：1，德国、日本为 2.7：1，而我国还不到 0.5：1。目前，蔬菜废弃物的资源化利用程度低，造成这一现象的最大原因是缺少能使废弃物资源化后大幅增值的技术和产品，企业没有经济动力。因此，加快研发一批针对蔬菜废弃物的加工技术，促进新产品的研发，将有利于提高产品附加值，拉长产业链，提高经济效益。同时，有针对性地加大对蔬菜废弃物资源化利用的相关装备的研发，向自动化、智能化方向发展，以先进设备来支撑蔬菜废弃物资源化利用向高水平迈进。

（四）建立蔬菜废弃物处理的政策激励机制

1. 建立科学合理的蔬菜废弃物处理补贴机制

将补贴对象精准为采纳蔬菜清洁生产技术的农户，以及以蔬菜废弃物为原料的有机肥料生产企业及厂家。补贴方式符合实际需求，建议以农户为对象的补贴方式可采取实物补贴和现金补贴相结合的形式，以企业为对象的补贴可以银行贷款及税收优惠的形式实施。合理确定补贴标准。根据当地的实际情况，运用科学的方法进行评估，确定合理补贴标准。在这方面，山东寿光为调动农户将分拣的蔬菜秸秆运往指定收购点的积极性，规定农户自行运送分拣好的秸秆，每吨可获得 40 元的补贴或兑换 4 袋生物有机肥料。甘肃省财政厅、省农牧厅联合制定了《省级财政尾菜处理利用专项资金管理暂行办法》，省级财政每年安排 1 000 万元专项资金，用于支持蔬菜废弃物处理利用工作，并要求各市（州）、县（市、区）财政配套一定比例资金。各级政府所筹资金主要用于三个方面：一是对分散农户田间堆肥、沤肥所需防渗材料、腐解菌剂、包覆材料，采取定额补助的方式集中采购，免费发放；二是对蔬菜集散市场、仓储及购销加工企业尾菜处理利用设施建设，采取先建后补的方式，实行以奖代补；三是对尾菜综合利用技术的升级，资源化利用技术、设备的研究开发和循环利用技术的推广应用等给予资金扶持。

2. 开展蔬菜废弃物利用示范工程建设

针对当地自然环境和实际需求，结合国家重大科研专项和中央财政专项资金项目的实施，选取典型区域，集成示范一批建设成本低、运行费用低、管理清晰和使用高效的蔬菜废弃物利用示范工程。通过试点示范，摸索有效的技术和管理模式，总结经验，为大范围地开展全国蔬菜废弃物综合利用奠定基础。

3. 强化宣传教育

认真总结蔬菜废弃物治理工作的好经验、好做法，充分运用电视、报纸、广播、网络、宣传标语等多种媒介，大力宣传蔬菜废弃物污染的危害和资源化利用的好处，积极倡导清洁生产方式。适时组织召开现场会、观摩会、新产品和新技术推介会，发挥典型引路和示范带动作用，充分调动和激发蔬菜主产区农民及加工企业参与的积极性。

（五）以市场为导向，开展蔬菜废弃物治理的社会化服务建设

建立合理的收集、运输、处理服务体系，保障蔬菜废弃物处理工程的合理、正常运行。

1. 探索蔬菜废弃物收集转运的社会化服务方式

针对蔬菜废弃物分散、难以集中收集，运输成本较高的现状，探索蔬菜废弃物收集运送的社会化服务组织。政府可通过业务委托，以购买服务的方式，推动市场化主体参与蔬菜废弃物的收集转运。此外，受蔬菜季节性生产的客观制约，蔬菜废弃物的产出时间有限，很难保证原料周年供应，而对于园区而言，建立废弃物的加工厂意味着设备和人员每年有部分时间处于闲置状态。因此，可引导园区将蔬菜废弃物处理进行社会化服务外包，探索蔬菜废弃物收集转运的社会化服务方式。

2. 推动“公司＋合作社＋农户”等多种运行模式

引导有技术、有经济条件的企业、大户和合作经济组织与农户合作，探索

“公司＋合作社＋农户”“公司＋社会化服务组织＋农户”的多种运行模式，从事蔬菜废弃物的收集处理，带动当地农民大面积推广示范。

3. 开展治理维护服务体系建设

蔬菜废弃物总量较大，分布不均，对于已建立的示范点，还需围绕如何继续运转展开深入研究，包括技术的熟练应用、硬件配套设施的使用与维护、人员的管理及产品的出路等。具体包括：设备升级改造、技术更新换代、技术标准的制定、原材料投入与设备维护规程的制定、合理的收费标准、科学的运维补贴方案等，使已有的示范点能真正运转起来，充分发挥科技服务的示范展示功能。针对已有的示范点，应根据各地实际情况和发展规划，尽快尽力完善后期管理与维护服务体系，推进管理的标准化和服务的专业化，实现公益化和市场化的结合。

（六）加强蔬菜废弃物治理监督和监管

蔬菜废弃物具有负外部性特点，对水、空气等环境污染严重。因此，各级政府对蔬菜废弃物的监管是非常必要的。联合农业部门等相关部门，加快建立蔬菜废弃物处理的相关规范。根据各地蔬菜废弃物的特征和固有特性，尽快形成适宜不同地区的处理规范。建立蔬菜废弃物治理监督机制，加大执法力度，定期不定期进行督促和检查，对任意倾倒的行为予以罚款，对修建沤肥池、沼气池的农户给予资金支持。以技术规范的制定和监督机制的建立推动蔬菜废弃物治理进入法治化和科学化的轨道。加强规模化蔬菜生产基地、蔬菜集散市场、仓储及购销加工企业环境管理，严禁随意弃置未经无害化处理的尾菜，补充建设尾菜处理设施，完善运行机制，保证其产生的蔬菜废弃物就地或异地无害化处理。

第五节　农业废弃物资源化利用的政策选择

一、我国现行农业废弃物资源化利用政策演变

近年来，我国政府高度重视农业废弃物的资源化利用问题，相关部门出台了诸多政策文件和法律法规，见表 3－5。

表 3-5 农业废弃物资源化利用方面的部分文件法规

年份	单位	文件
1992	农业部（国务院办公厅转发）	《关于大力开发秸秆资源发展农区草食家畜的报告》
2008	国家发展和改革委员会	《可再生能源中长期发展规划》
2008	国务院办公厅	《关于加快推进农作物秸秆综合利用意见的通知》
2010	国家发展和改革委员会等六部委	《中国资源综合利用技术政策大纲》
2011	国家发展和改革委员会	《“十二五”资源综合利用指导意见》和《大宗固体废物综合利用实施方案》
2014	国务院	《畜禽规模养殖污染防治条例》
2015	农业部	《关于打好农业面源污染防治攻坚战的实施意见》
2015	环保部、农业部	《农药包装废弃物回收处理管理办法（试行）》
2015	农业部等八部委	《全国农业可持续发展规划（2015—2030年）》
2015	国务院办公厅	《关于加快转变农业发展方式的意见》

2015年，中央1号文件对“加强农业生态治理”作出专门部署，强调要开展秸秆、畜禽粪污资源化利用和农田残膜回收区域性示范。2015年初，农业部会同国家发改委等部门先后出台了《农业环境突出问题治理总体规划（2014—2018年）》和《全国农业可持续发展规划（2015—2030年）》，印发了《关于打好农业面源污染防治攻坚战的实施意见》，对农业废弃物资源化利用工作进行了一系列部署。这些政策的出台，一方面彰显了我国政府开展农业废弃物资源化利用的决心，另一方面也反映了摒弃农业废弃物传统低效利用方式的决心。促进农业废弃物的资源化利用，已成为我国现代农业发展亟待解决的重要问题之一。

（一）宏观政策规划阶段（1992—2009年）

1992年，国务院办公厅转发《农业部关于大力开发秸秆资源发展农区草食家畜的报告》，对秸秆资源的利用作出了具体的指示。1999年4月，国家六部委联合发布的《秸秆禁烧和综合利用管理办法》中，针对秸秆禁烧给出了详细的禁烧办法和秸秆综合利用率的任务指标。

2001年，国家环境保护总局通过了《畜禽养殖污染防治管理办法》，确立了畜禽养殖污染防治实行综合利用优先，遵循资源化、无害化和减量化的原则。该办法要求畜禽养殖场应采取将畜禽废渣还田、生产沼气、制造有机肥料、制造再生饲料等方法进行综合利用；并且对那些直接还田利用的畜禽粪污，应当经处理达到规定的无害化标准，防止病菌传播。

2002 年 6 月 29 日第九届全国人民代表大会常务委员会第二十八次会议通过了《中华人民共和国清洁生产促进法》，要求对生产过程中产生的废物、废水和余热等进行综合利用或者循环使用。该法明确要求，农业生产者应当科学地使用化肥、农药、农用薄膜和饲料添加剂，改进种植和养殖技术，实现农产品的优质、无害和农业生产废物的资源化，防止农业环境污染。这是我国第一次在法律的层面要求农业生产废物的资源化，但采取何种措施实现农业生产废物资源化，该法并没有予以明确的规定。

2004 年修订后的《固体废物污染环境防治法》增加了农业废弃物资源化综合利用的规定。该法规定：国家鼓励科研、生产单位研究、生产易回收利用、易处置或者在环境中可降解的薄膜覆盖物和商品包装物。使用农用薄膜的单位和个人，应当采取回收利用等措施，防止或者减少农用薄膜对环境的污染。从事畜禽规模养殖应当按照国家有关规定收集、贮存、利用或者处置养殖过程中产生的畜禽粪污，防止污染环境。禁止在人口集中地区、机场周围、交通干线附近以及当地人民政府划定的区域露天焚烧秸秆。此外，该法还要求各级地方人民政府应制定农村生活垃圾污染环境防治的地方性法规。

2006 年，《中华人民共和国可再生能源法》和《可再生能源发电价格和费用分摊管理试行办法》的颁布，为秸秆综合利用提供了法律保障，推动了秸秆资源研究、利用与开发等方面工作的进展。但由于国家对秸秆收购没有设定保护价或给予补贴，当地政府无能力兑现奖励承诺。

2005 年出台的《秸秆综合利用规划》，制定了 2020 年生物质发电、生物质固体成型燃料、沼气利用、非粮原料燃料乙醇、生物柴油等生物质能源的重点发展技术领域及分别达到的总量目标，为秸秆能源化利用制定了总体发展目标。2008 年，国家发改委发布了《可再生能源中长期发展规划》；同年，国务院办公厅发布了《关于加快推进农作物秸秆综合利用意见的通知》。

2008 年，第十一届全国人民代表大会常务委员会第四次会议通过了《循环经济促进法》。该法对“循环经济”“减量化”“再利用”和“资源化”都进行了界定。该法认为，国家应鼓励和支持农业生产者和相关企业采用先进或者适用技术，对农作物秸秆、畜禽粪污、农产品加工业副产品、废旧农膜等进行综合利用，开发利用沼气等生物质能源。

这一阶段，相关部门对农业废弃物污染问题的解决经历了从“堵”到“疏”的过程。以农作物秸秆政策为例，政策指导思想由单一的秸秆禁烧，发展到促进秸秆综合利用，再发展到根据区域资源禀赋的差异，制定区域秸秆利用策略。

（二）具体政策与技术指标阶段（2010—2011年）

在秸秆综合利用政策方面，明确了引导秸秆利用方式的多元化发展，并给出了详细具体的技术类别和参数。2010年，国家发展改革委等六部委联合发布了《中国资源综合利用技术政策大纲》（2010年第14号公告），总结了农林废弃物、生活废弃物、养殖废弃物等23项综合利用技术，尤其是可再生资源农作物秸秆的综合利用技术。2011年11月，《“十二五”农作物秸秆综合利用实施方案》（发改环资〔2011〕2615号）印发，提出基本建立较完善的秸秆田间处理、收储运体系，形成布局合理、多元利用的综合利用产业化格局；并提出了2015年重点发展的秸秆肥料化、饲料化、基料化、原料化和燃料化利用等产业的具体目标。2011年12月，国家发展改革委发布了《“十二五”资源综合利用指导意见》和《大宗固体废物综合利用实施方案》（发改环资〔2011〕2919号）。《“十二五”资源综合利用指导意见》要求建设秸秆收储运体系，推广秸秆肥料、饲料、基料、原料和燃料化利用，推进畜禽养殖废弃物的综合利用，将农作物秸秆的利用作为实施资源综合利用的重点工程之一。

在禽畜粪便利用方面，2010年3月，农业部畜牧业司发布《农业部关于加快推进畜禽标准化规模养殖的意见》，提出了具体发展目标：对2015年畜禽规模养殖比重、标准化规模养殖比重、排泄物的达标排放或资源化利用做了详细规定，要求各地按照《关于促进规模化畜禽养殖用地政策的通知》（国土资发〔2007〕2220号）和《草原法》的有关规定，在场址布局、栏舍建设、生产设施配备、卫生防疫、粪污处理等方面严格执行畜禽标准化生产建设相关的法律法规和标准，达到畜禽良种化、养殖设施化、生产规范化、防疫制度化、粪污处理无害化和监管常态化等“六化”目标；对畜禽养殖污染的无害化处理和畜禽养殖标准化示范创建活动给予政策、资金的倾斜，重点扶持落实好标准规模养殖场（小区）建设和大中型沼气建设等项目，以提高畜禽粪污集约化处理和利用能力。

2011年9月，农业部发布《全国农业和农村经济发展第十二个五年规划》，提出要推进农作物秸秆畜禽粪污等农业废弃物无害化处理和资源化利用，并通过农村清洁工程推进农村有机废弃物处理利用和无机废弃物收集转运；要建设畜禽标准化规模养殖场（小区），重点加强养殖场（小区）的畜禽舍标准化改造和养殖废弃物处理利用设施建设；要因地制宜开展农业废弃物循环利用，重点实施农村沼气、农村清洁和秸秆能源化利用等工程。在“十二五”规划的引导下，沼气等能源化利用模式是主推的农业废弃物利用模式。2011年颁布了《绿色能源示范县建设补助资金管理暂行办法》《绿色能源示范县建设管理办法》和《绿色能源示范县建设技术管理暂行办法》，对绿色能源示范县沼气集中供气、生物质气化、生物质成型等工程建设的范围、资格、方针、工程技术规范、技术支持服务体系网络建设等方面做了详细具体的规定。

2011年12月，农业部科技教育司发布《农业部关于进一步加强农业和农村节能减排工作的意见》，指出“十二五”期间农业和农村节能减排的努力方向，要求积极防治农业面源污染，主要包括推广畜禽生态养殖技术、适度规模养殖、畜禽养殖排泄物治理、规模化养殖场或养殖小区养殖企业（户）粪污处理利用设施建设及补贴；大力推进农村废弃物资源化利用，重点在于农村沼气、大中型沼气集中供气、农村清洁工程的建设和沼气高值利用等方面；同时，大力推广秸秆的还田、肥料化、能源化、饲料化和基料化等方式的综合利用。

（三）综合政策阶段（2012年至今）

2012年11月，党的十八大将生态文明建设纳入“五位一体”的总体布局，提出发展循环经济，促进生产、流通、消费过程的减量化、再利用、资源化，为农业可持续发展指明了方向。2015年4月，中共中央、国务院印发《关于加快推进生态文明建设的意见》，提出协同推进新型工业化、信息化、城镇化、农业现代化和绿色化，全面促进资源节约利用，大力推进绿色发展、循环发展、低碳发展。2015年10月，党的十八届五中全会提出创新、协调、绿色、开放、共享的发展新理念，把“绿色发展”作为五大发展理念之一，强调农业生态环境保护与治理。

2013年，国家发展改革委要求杜绝秸秆露天焚烧造成的资源浪费和环境污染问题，推动秸秆综合利用规模化、产业化发展，强调在禁烧的同时进行农机补贴和技术支持。2014 年 11 月，国家发展改革委、农业部印发《秸秆综合利用技术目录（2014）》，指导各地推广实用成熟的秸秆综合利用技术，推动秸秆综合利用产业化发展。2015 年 11 月，国家发展改革委、财政部、农业部、环境保护部要求通过推动产业化发展拓宽秸秆利用渠道，推行秸秆机械化还田作业和留茬高度等标准，促进秸秆就地还田或应收尽收；积极扶持秸秆收储运服务组织发展，建立规范的秸秆储存场所，促进秸秆后续利用；支持秸秆代木、纤维原料、清洁制浆、生物质能、商品有机肥等新技术的产业化发展，完善配套产业及下游产品开发，延伸秸秆综合利用产业链。

2014 年 1 月 1 日施行的《畜禽规模养殖污染防治条例》赋予农牧部门“畜禽养殖废弃物综合利用的指导和服务”的职责，明确了一系列畜禽养殖废弃物综合利用政策扶持和激励引导措施。2014 年 5 月，国务院办公厅印发《2014—2015 年节能减排低碳发展行动方案》，进一步硬化节能减排降碳指标、量化任务、强化措施。

2015 年 2 月，农业部发布《关于扎实做好 2015 年农业农村经济工作的意见》，指出要认真实施《全国农业可持续发展规划》和《农业环境突出问题治理总体规划》，大力发展农业循环经济，开展秸秆、畜禽粪污资源化利用和农田残膜回收区域性示范，推动落实相关财税政策，开展病虫害绿色防控和农药废弃物回收补贴试点。2015 年 4 月，农业部印发《关于打好农业面源污染防治攻坚战的实施意见》（农科教发〔2015〕1 号），提出打好农业面源污染防治攻坚战的工作目标是实现“一控两减三基本”，其中，“三基本”即畜禽粪污、农作物秸秆、农膜基本资源化利用。2015 年 5 月，《全国农业可持续发展规划（2015—2030 年）》提出到 2020 年国家现代农业示范区和粮食主产县基本实现区域内农业资源循环利用，到 2030 年全国基本实现农业废弃物趋零排放。

二、推进农业废弃物资源化利用的对策建议

（一）强化政策扶持力度，建立长效机制

梳理现有法律法规、政策，统筹考虑、综合施策，促进各种政策措施协调配套。把已有的农作物秸秆综合利用、秸秆还田、标准化规模养殖、农村沼气

等项目和政策结合起来，配套实施、协同推进。在政策制定与实施过程中，不仅要关注短期目标，更要兼顾长期目标，探索建立农业废弃物资源化利用的长效机制。

具体而言，对于农作物秸秆的资源化利用，重点要加强六个方面的政策创设力度：一是在落实好现有秸秆综合利用政策的基础上，进一步加大示范和政策引导力度，大力开展秸秆还田和秸秆肥料化、饲料化、基料化、原料化和能源化利用；二是研究出台对以秸秆为原料的沼气、沼渣沼液、饲料、成型燃料、生物炭、电力等终端产品的补贴制度；三是研究出台秸秆初加工用电享受农用电价格、收储用地纳入农用地管理、扩大税收优惠范围、信贷扶持等政策措施；四是加大农机购置补贴支持力度，对秸秆综合利用急需的农机装备尽量做到应补尽补，同时要加大对新型机具的支持力度，积极争取秸秆还田和农机作业补贴；五是切实抓好秸秆饲料化利用，在发展草牧业和开展粮改饲试点方面出台扶持政策，推进农作物秸秆和籽实的全株利用；六是探索建立秸秆综合利用绩效奖补机制，依据秸秆综合利用率年度增幅等指标，对相关地区给予财政奖补。

对于畜禽粪污的资源化利用，一是要探索通过基础设施建设、财政补贴、金融扶持等手段，支持养殖场户开展畜禽粪污综合利用；二是要加大畜禽粪污处理设施设备的农机购置补贴力度，提高畜禽粪污处理利用的设施化水平；三是要推动建立有机肥生产和使用补贴制度，激励引导农民使用有机肥，既能解决畜禽粪污的出路问题，又能提升耕地有机质含量。

对于废旧农膜的资源化利用，一是要加大旱作农业技术补助资金支持；二是对加厚地膜的使用和回收加工利用给予补贴，扩大新标准地膜推广的补贴试点范围；三是要扶持农膜回收网点建设和提升废旧农膜加工能力，逐步健全回收加工网络，创新农膜回收与再利用机制。

（二）加大投入力度，健全利益联结机制

一是要逐步探索建立中央、地方、经营主体、农户等多方筹资机制。农业废弃物的资源化利用具有公益性特征，成本高、投入大，不能让单个主体完全承担相应的成本。要深入研究总结农业废弃物资源化利用的路径，尊重市场规律，遵照有关法律法规，厘清政府、企业、农户等主体各自应承担的责任，形成多元化的筹资机制。具体而言，对于废弃物处理设施（有机肥加工厂、沼气

池、集粪池等）建设、资源化产品标准制定等基础性、公益性事项，各级政府应大力支持；对于农作物秸秆还田、饲料化、基料化利用可继续采用政府补贴方式鼓励农户利用；对于资源化产品（有机肥、沼气等）的使用则采用政府补贴的方式鼓励农户使用。对于资源化产品的生产等经营性事项可以由企业按照市场规则承担，引导和鼓励工商企业投资农业废弃物利用产业，带动农业废弃物资源化利用的产业化发展，通过构建利益共同体，实现利润共享、风险共担。

二是创新投入方式，引导社会资本。综合运用财税投资、信贷等政策手段，调节和影响农业投资主体的经营行为，建立自觉节约资源和保护环境的激励机制，构建政府推动、市场驱动和公众参与相结合的农业废弃物资源化利用长效机制。在秸秆还田离田、收储利用体系建设方面，可由政府安排专项资金，引导社会和企业自筹资金，用于秸秆收储运技术和设备的研发、设施购置、体系建设和示范点项目建设，加快建立秸秆收储运输市场化机制，降低收储运输成本。在畜禽粪污综合利用方面，积极探索采取 PPP（Public—Private—Partnership，即政府和社会资本合作）模式，建立专业化生产、公司化运营的畜禽粪污集中处理中心，引导社会资本参与粪污综合利用。

三是建立开发性金融支持平台，强化资本市场化运营。积极与银行等金融机构合作，按照风险可控、商业可持续原则，遴选技术成熟、规模较大、产业化程度高、实现商业化运作的企业，给予信贷支持，扶持培育农业废弃物综合利用的龙头企业。探索建立全国性的秸秆综合利用产业基金，吸引社会资本，促进技术研发、产业化商业模式创新，支持“高、新、智、特”的秸秆利用项目和企业，引领秸秆综合利用行业发展。通过推动产业化发展拓宽农业废弃物利用渠道，完善配套产业及下游产品开发，延伸农业废弃物综合利用产业链。

（三）强化科技支撑，提高利用水平

科学技术是第一生产力，农业废弃物资源化利用的发展离不开科技的支撑。在秸秆利用技术方面，一是要针对秸秆综合利用科技创新与设施装备滞后的实际，加强对关键技术、关键设施装备的研发，取得重要突破。二是要引进消化一批适合我国国情的国外先进技术和装备，提升秸秆综合利用的产业化水平和升值空间。三是要创新研发一批秸秆综合利用产业链中的通用型和实用性技术装备，着力提高秸秆综合利用集成技术、工艺和装备水平。四是要科学制

定一批秸秆还田、收储运、肥料、饲料和基料等相关技术规范和标准，逐步建立秸秆综合利用产品标准以及质量检测体系。五是要培养集聚一批秸秆综合利用的技术骨干和推广人员，为秸秆综合利用技术指导、装备研发、标准制定、科学管理提供人才和智力支持。六是要转化推广一批适合不同区域的秸秆综合利用的成熟技术和设施装备，鼓励开展多种形式的产学研合作，构建各具特色的秸秆综合利用产业技术和模式，提高秸秆综合利用的经济效益。

在粪污处理技术方面，一是要支持开展标准化规模养殖场改造，推广干清粪方式和节水工艺，推进畜禽清洁养殖，实行固液分离、雨污分离，最大限度减少粪污特别是污水产生量，降低后端粪污综合利用难度。二是要支持规模养殖场配套建设粪污无害化处理和综合利用设施，加快研发畜禽粪污肥料化、能源化利用技术，推广投资少、处理效果好、运行费用低的畜禽粪污综合利用模式。三是积极探索养殖废水深度处理、安全回用技术，节约养殖用水量。四是要加强典型示范，提高有机肥使用的积极性，推行种养结合、循环利用。

在农膜回收利用技术方面，一是要加快地膜标准修订，严格规定地膜厚度和拉伸强度，严禁生产和使用不符合标准的地膜，从源头保证农田残膜可回收。二是要加快生态友好型可降解地膜及地膜残留捡拾与加工机械的研发，建立健全可降解地膜评估评价体系。三是通过立法来提高地膜质量标准、提高回收率，加强地膜应用的全过程监督管理。四是要加快地膜处理相关技术研发与推广。

（四）开展试点示范，探索成熟模式

我国地域辽阔，农业自然资源状况和生产力水平差异很大，各地区发展农业废弃物资源化利用要坚持因地制宜的原则，根据当地的资源禀赋条件、生产传统、农民的可接受程度等因素，确定自己的发展模式，不能强求一律。要以试点示范为引领和抓手，加快已有技术集成和体系的配套完善，总结探索可持续、可复制、可推广的成熟模式。

一是加强示范和政策引导，加大秸秆深翻还田、秸秆炭化还田改土、秸秆生物腐熟还田、秸秆生物燃油和航空燃料、以村为单位的成型燃料代煤并配套智能炉具等方面试点，切实解决技术瓶颈和商业模式的问题；在大气污染重点区域，启动秸秆综合利用示范县建设，从根本上解决秸秆露天焚烧问题。

二是因地制宜推广畜禽粪污综合利用技术模式，探索规模养殖粪污的第三

方治理、PPP 模式等新机制，继续实施畜禽粪污资源化利用试点项目，积极争取扩大项目实施区域，围绕生猪、奶牛等主要畜种，加强典型示范引导，总结推广一批可复制的商业化畜禽粪污综合利用模式；在畜禽养殖优势省份，以县为单位建设一批规模化畜禽养殖场废弃物处理与资源化利用示范点以及养殖密集区畜禽粪污处理和有机肥生产设施。

三是在农膜覆盖量大、残膜问题突出的地区，加快推广使用加厚地膜和可降解农膜，集成示范推广农田残膜捡拾、回收相关等技术，建设废旧地膜回收网点和再利用加工厂，建设一批农田残膜回收与再利用示范县。持续做好农用地膜清洁生产试点示范项目，充分总结推广各地的好经验好做法，加强试点示范引领。

（五）加大宣传力度，推进公众参与

加强舆论引导，广泛宣传农业废弃物资源化利用的法律法规、政策措施、实用技术等。通过多渠道、多形式的宣传方式，鼓励公众积极参与，营造良好的社会氛围。要把宣传农业废弃物资源化利用的重要意义和相关常用知识结合起来，在宣传教育中普及农业环境保护、生态农业发展、农村资源综合利用的科学与法律知识，如介绍农业废弃物如何利用、宣传农作物秸秆和沼气综合利用的相关知识、介绍农家生态系统内物质间的关联等，增强农民合理利用资源、保护环境的意识和责任感，让农民认识到农业废弃物资源化利用的必要性和有效性，提高农民发展生态循环农业的自觉性。

充分利用报纸、广播、电视、新媒体等途径，宣传循环经济和资源节约型社会，引导社会公众保护生态环境，培育绿色生活方式，促进形成绿色生产和消费方式。培养全社会参与发展农业循环经济的意识，将“绿色化”“减量化”“再利用”“资源化”等理念运用到农业生产和日常生活之中。

第四章

推进化肥减量增效

化肥、农药是重要的农业生产资料，在农业生产中广泛应用，促进了粮食等作物单产水平的提高，为保障国家粮食安全和重要农产品有效供给发挥了重要作用。根据联合国粮农组织（FAO）统计，20 世纪 60～80 年代，发展中国家通过施肥，粮食作物单产提高 55%～57%。然而，随着大量使用化肥的弊端凸显，化肥逐渐成为我国主要的水体和土壤污染源。2017 年农业部出台的《开展果菜茶有机肥替代化肥行动方案》中明确指出："我国化肥投入过量，尤其是水果、蔬菜化肥用量更多，果树亩均化肥用量是日本的 2 倍多、美国的 6 倍、欧盟的 7 倍，蔬菜亩均化肥用量比日本高 12.8 千克、比美国高 29.7 千克、比欧盟高 31.4 千克。"科学合理地利用化肥，事关我国生态安全、粮食安全和食品安全。

第一节　我国化肥施用现状分析

一、我国化肥施用总体特征

我国是世界上最大的化肥生产和使用国，以约占世界 10%的耕地消耗了约占全世界 35%的化肥用量，但总量只是一个维度，可以从多个维度理解我国化肥的大量使用。

（一）我国化肥施用总量与施用结构

表 4-1 是 2002—2013 年期间我国化肥施用总量和施用结构。这里所计算的化肥施用总量是氮肥、磷肥、钾肥三大类型化肥相加总和（不包括有机肥）。氮肥、磷肥、钾肥 3 种类型的化肥施用量不同，且差异较大。2002—2004 年我国化肥施用总量以年均 200 万吨的速度下降，其中 2003—2004 年下降幅度

明显。2004—2009 年我国化肥施用总量又呈大幅度的上升状态，平均每年增长 300 万吨。2009 年后化肥施用总量才有所下降。

从化肥施用结构上看，我国氮肥的施用比例明显高于其他两种肥料，排名第二的是磷肥，最后是钾肥，2012 年 3 种肥料的施用比率分别为 65.56%、24.18%、10.25%。

总体上看，自 2010 年后，我国化肥施用总量在一定程度上保持平稳，化肥施用结构也没有出现明显变化。

表 4-1　2002—2013 年我国化肥施用总量和施用结构

单位：吨

年份	总量（氮磷钾相加）	氮肥	磷肥	钾肥
2002	43 886 429	28 929 699	9 879 886	5 076 844
2003	42 736 486	28 263 183	9 641 793	4 831 510
2004	39 994 621	26 346 694	12 402 997	1 244 930
2005	47 898 927	27 855 822	12 995 555	7 047 550
2006	50 833 163	30 986 589	13 200 536	6 646 038
2007	51 960 248	32 408 684	11 200 413	8 351 151
2008	57 666 798	40 864 945	10 787 843	6 014 010
2009	63 216 177	44 922 624	13 468 158	4 825 395
2010	60 626 544	40 907 243	14 296 272	5 423 029
2011	56 429 780	38 098 094	10 542 267	7 789 419
2012	68 596 126	44 976 034	16 588 655	7 031 437
2013*	59 119 027	30 835 874	15 156 827	13 126 326

注：其中 2002—2012 年数据为 FAO 数据库中的数据，2013 年数据来源于《2014 年中国农村统计年鉴》。《中国农村统计年鉴》中的中国历年化肥消费量与 FAO 数据库中的中国历年化肥消费量存在一定差异，但是历年差距均在 5%的数量级内。

（二）我国化肥单位面积施用量

2002—2013 年我国化肥单位面积施用量中氮肥施用量最高，年均 297.89 千克/公顷，约是磷肥均值 106.92 千克/公顷的 3 倍、钾肥均值 55.34 千克/公顷的 6 倍，2009 年达到 408.39 千克/公顷。从化肥单位面积施用量结构上看，我国氮肥的单位面积投入明显高于磷肥与钾肥，2004—2009 年氮肥的单位面积施用量一直在明显上升，2010 年开始下降。磷肥单位面积施用量一直在 100 千克/公顷左右波动，钾肥单位面积施用量基本在 100 千克/公顷以下（表 4-2）。

表 4-2　2002—2013 年我国化肥单位面积施用量

单位：千克/公顷

年份	总量	氮肥	磷肥	钾肥
2002	369.00	243.25	83.07	42.69
2003	366.32	242.26	82.65	41.41
2004	327.34	215.64	101.51	10.19
2005	404.73	235.37	109.81	59.55
2006	430.27	262.28	111.73	56.25
2007	475.24	296.42	102.44	76.38
2008	530.92	376.23	99.32	55.37
2009	574.70	408.39	122.44	43.87
2010	544.46	367.37	128.39	48.70
2011	505.65	341.39	94.47	69.80
2012	507.52	332.76	122.73	52.02
2013	485.71	253.34	124.52	107.84
均值	460.15	297.89	106.92	55.34

数据来源：《中国农村统计年鉴》。

（三）我国各类农作物化肥施用情况分析

1. 各类农作物化肥施用总量

1998—2012 年我国 12 类主要作物的化肥用量情况如图 4-1 所示。自 2004 年之后，我国基本所有作物的施肥总量都呈增加趋势，粮食作物中稻谷和小麦的化肥用量趋于平稳，玉米的化肥用量增长较快；经济作物的化肥用量总体呈现较快的增长趋势；在所有作物中，蔬菜的化肥用量最大，2012 年为 1 214 万吨。

1998—2012 年我国 12 类主要作物化肥用量占比情况如图 4-2 所示。化肥用量基本是“五分天下”，分别是蔬菜、稻谷、小麦、玉米、其余经济作物（包括棉花、苹果、甘蔗、甜菜、烤烟、花生、油菜籽、大豆），大约各占 20%。在所有作物中，蔬菜施用的化肥占比最大，基本在 23%上下；三大粮食作物中，稻谷、小麦的占比有下降的趋势，玉米的占比略有上升；其他经济作物中，棉花、苹果占比相对较大，在4%左右。

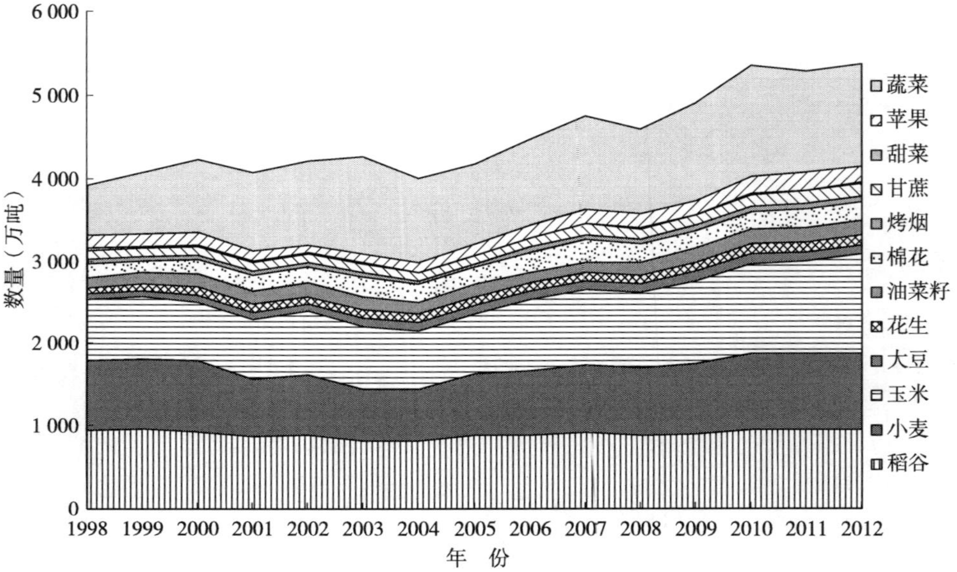

图4-1 我国主要农作物化肥施用总量

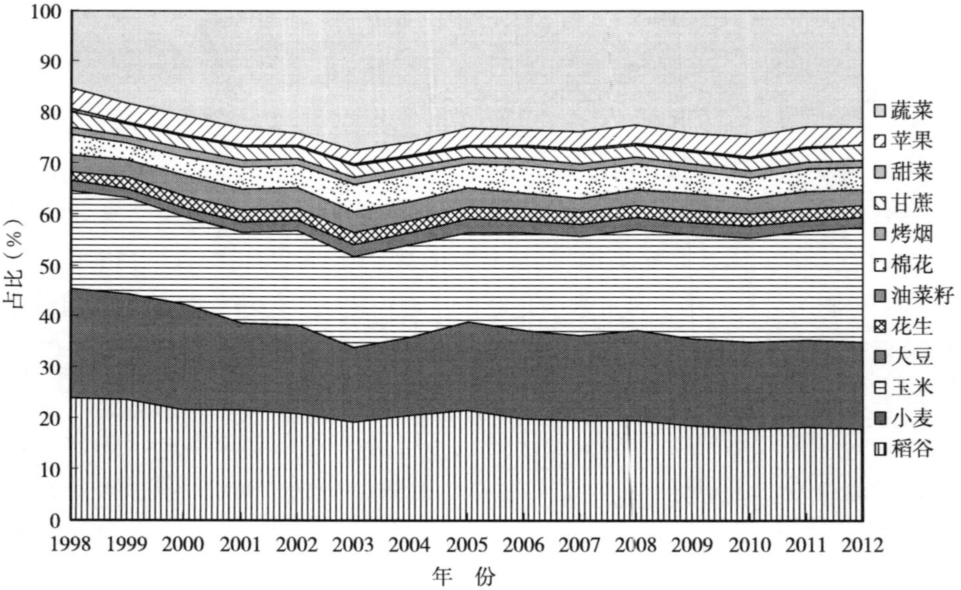

图4-2 主要农作物化肥施用量占比

2. 各类农作物化肥施用强度

我国1998—2012年12类主要作物的化肥施用强度（即每亩用量）变化情况见图4-3。从雷达图直观显示来看，近年来，苹果和甘蔗的施用强度明显高于其他作物，其中苹果的施用强度在60～70千克/亩区间，甘蔗在50～60千克/亩区间；第二层次是蔬菜、烤烟和棉花，施用强度分别在40～50千克/亩区间、30～40千克/亩区间、30千克/亩上下；甜菜、小麦、玉米，在20～30千克/亩区间，稻谷基本在20千克/亩上下波动；花生、油菜籽施用强度在10～20千克/亩区间，大豆在10千克/亩以内。

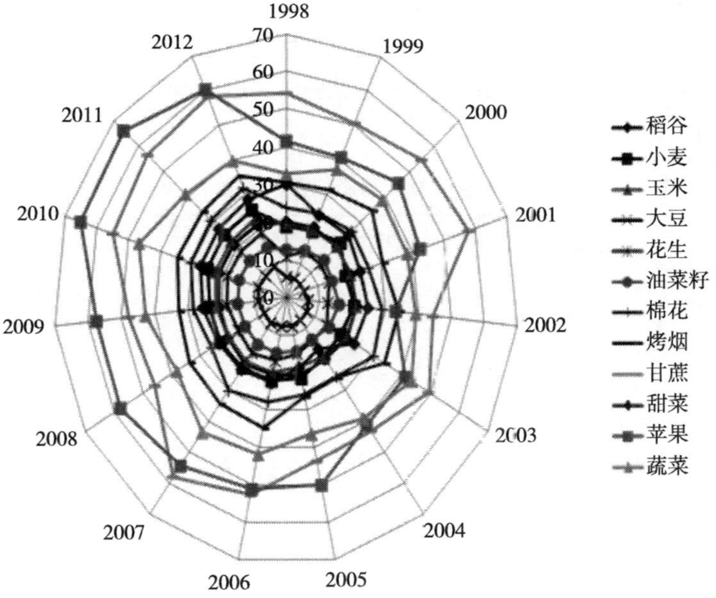

图4-3 主要农作物化肥施用强度（单位：千克/亩）

（四）化肥增量贡献分析

与1998年相比，2012年，除甜菜外，其余11种作物的化肥施用总量均有不同程度的增加。2012年，12种主要作物化肥总施用量比1998年增加了1 440万吨，增幅为36.6%。对增量贡献最大的是蔬菜，其化肥用量增加了609万吨，占增量的42.3%；其次为玉米，化肥用量增加了457万吨，占增量的31.8%。具体到各年，对化肥施用总量变化影响最大的也是蔬菜和玉米两种作物。如2012年，12种作物的施肥总量比上年增加了86.5万吨，其中玉米就增加了72.8万吨；2010年，12种作物的施肥总量比上年增加了436.5万吨，其中蔬菜增加了153.1万吨，玉米增加了97.3万吨。

总体而言，化肥施用总量增加，58.2%是由施肥强度的变化引起的，41.8%是由于作物种植面积变化引起的。

除蔬菜、玉米外，其余作物对于化肥增量的贡献主要来源于施肥强度的上升。值得注意的是小麦，由于种植面积的减少，其化肥施用总量增加的不多，但施用强度提高导致的化肥增量为286.7万吨，超过了种植面积减少对化肥减量的贡献。其余经济作物化肥施用强度的增加对化肥增量的贡献也不容小觑，如苹果、棉花、花生，施用强度上升对化肥增量的变化有一定贡献；大豆这种本身具有固氮作用的作物，其施用强度的上升也对化肥增量有较大贡献；烤烟对化肥增量的贡献则主要来源于面积的增加；甘蔗的化肥施用强度本身就较高，其增量主要来自面积的增加（表4-3）。

表4-3　2012年各类作物对化肥增量的贡献（1998年为基准）

农作物	总体变化		面积变化对增量的贡献		强度变化对增量的影响	
	用量增加（万吨）	占比（%）	用量增加（万吨）	占比（%）	用量增加（万吨）	占比（%）
稻谷	17.55	1.22	−34.40	−2.39	51.97	3.61
小麦	76.87	5.34	−209.80	−14.57	286.72	19.91
玉米	457.29	31.75	336.90	23.39	120.39	8.36
大豆	27.61	1.92	−18.30	−1.27	45.90	3.19
花生	64.28	4.46	17.00	1.18	47.32	3.29
油菜籽	35.48	2.46	19.80	1.38	15.66	1.09
棉花	64.06	4.45	11.00	0.76	53.11	3.69
烤烟	23.35	1.62	14.80	1.03	8.51	0.59
甘蔗	42.99	2.98	34.40	2.39	8.64	0.60
甜菜	−16.22	−1.13	−14.80	−1.03	−1.38	−0.10
苹果	38.04	2.64	−35.20	−2.44	73.26	5.09
蔬菜	609.01	42.28	480.70	33.37	128.34	8.91
合计	1 440.31	100.00	601.87	41.78	838.44	58.21

无论从控制面源污染保护环境，还是从降低成本提高农业竞争力的角度来讲，我国农业“减肥”都势在必行。通过对化肥施用情况的简单分析，可以看出，从化肥施用总量来看，蔬菜、玉米、稻谷、小麦是化肥的主要施用对象；

从化肥施用的增量来看，历年来蔬菜、玉米对增量的贡献最大，这两类作物的增量主要是由于其种植面积增加导致的，施用强度上升对增量的贡献其次；而其余农产品对增量的贡献主要来自施用强度的上升。

种植面积反映了市场对农产品的需求，因此，从保障农产品需求的角度来看，控制施用强度是“减肥”的首要手段。一是大类作物中，重点控制蔬菜、小麦、玉米、稻谷；二是小类作物中优先控制苹果、甘蔗等施用强度高的作物；三是控制小类作物中施用强度上升幅度较大的作物，如花生、大豆、棉花。假定以2012年为基准，保持种植结构不变，如果能够避免由于部分作物施用强度上升而带来的化肥增量，即可以少施56.7万吨化肥，超过同口径施用总量的1%。

（五）我国化肥利用效率

从农学效率的角度，化肥当季吸收率是最常用的指标。据测算，我国化肥的当季吸收率总体在33%左右，而发达国家通常在50%以上。目前我国化肥当季吸收率的权威数据只有两个，一个是朱兆良院士的30%～35%，该数据最早在2004年前后的文献中就出现过；另一个是农业部发布的《中国三大粮食作物肥料利用率研究报告》中提到的33%，该报告于2013年发布。因此可以看出当季吸收率的概念也存在较大问题：一是在缺乏跟踪性监测的情况下，它是一个静态的概念，如朱兆良院士的数据已经被广泛引用了10多年；二是当季吸收率对于绝大多数非自然科学家而言是一个较为抽象的概念，并且也不能反映化肥的全部利用情况，容易造成误解，例如有学者甚至认为除33%被当季吸收以外的化肥全部变成了污染。实际上，剩余部分化肥被农田沟渠、缓冲带、湿地或下级农田陆续消纳利用，造成环境污染的量往往被高估。

除当季吸收率外，这里提出使用化肥产出率来衡量化肥的使用效率。化肥产出率也就是每单位化肥投入所对应的农产品产量，在计算上等于作物单产除以化肥施用强度。一方面，化肥产出率不需要养分吸收量测定，具有简单明了、易于理解掌握的特点，且单产和化肥施用强度的连续数据在统计上可得；另一方面，基于实物量的化肥产出率，排除了价格、汇率、复种等因素的影响，便于做国际比较。

以每吨农产品的化肥施用量来看，我国粮食作物的化肥产出率有所提高，1998年每生产1吨稻谷、小麦、玉米，分别需要施用47.8千克、77.2千克、51.5千克化肥，到2013年则为45.8千克、67.8千克、47.8千克，均有不同程度的下降。油料作物中，每吨油菜的用肥量有较明显的下降，从1998年的138.9千克下降到2013年的108.4千克，而大豆、花生却有较为明显的上升。果蔬、糖类经济作物中，每吨苹果的用肥量有所提高，其余则较为稳定。而棉花和烤烟则长期居高不下，2013年每吨棉花的用肥量为366.7千克，每吨烤烟的用肥量为246.6千克（图4-4）。

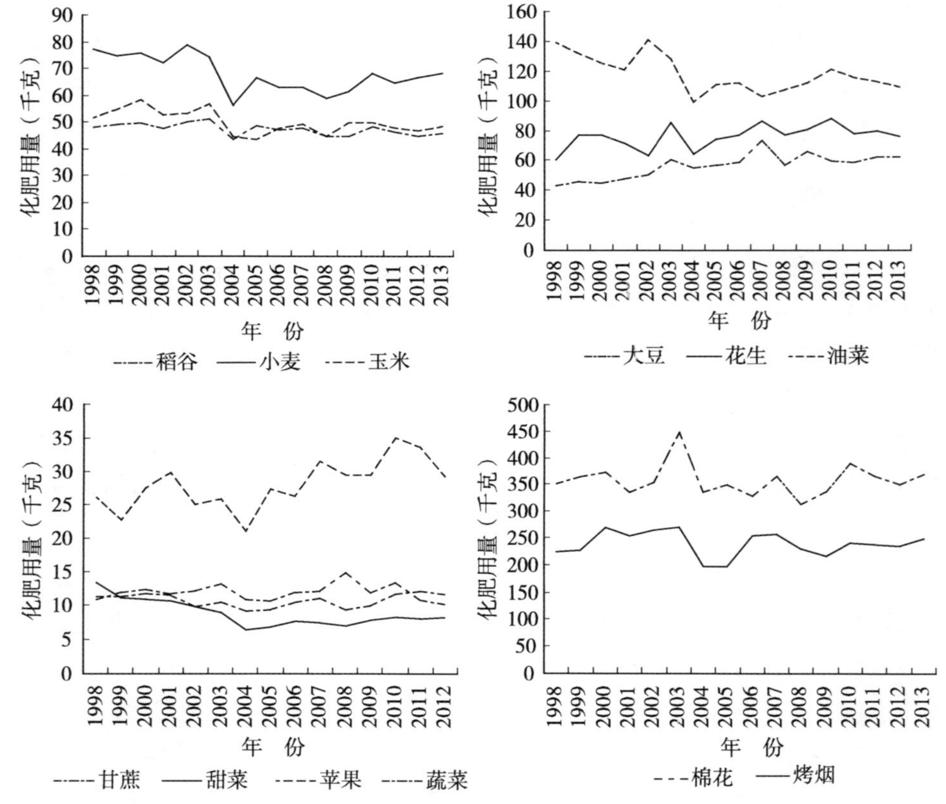

图4-4 每吨农产品化肥用量

二、化肥施用的国际比较

（一）化肥施用总量的比较

1. 世界化肥施用总量

2002—2011年全世界的化肥施用量处于平稳上升状态，2003年之后整体施用量已经超过1.5亿吨，10年间世界化肥施月量年平均增长率为2.73%（图4-5）。

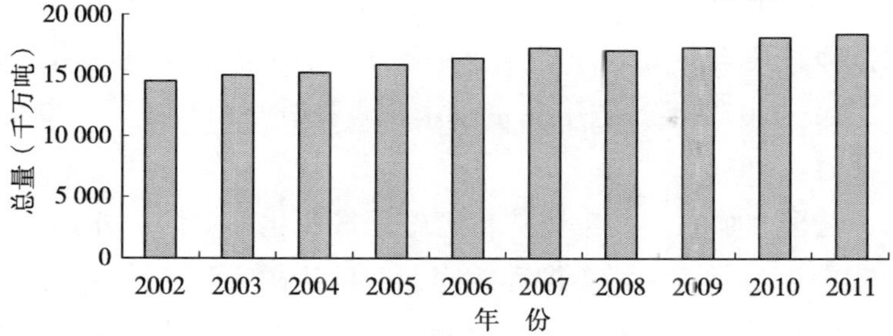

图4-5 2002—2011年世界化肥施用总量变化情况

图4-6描绘了2003—2011年世界化肥施用量年增长速度的变化情况。从图中可以看出，世界化肥施用量虽然整体上呈平稳上升态势，但增长速度经历了一定范围内的上下波动过程。2003—2011年世界整体化肥施用量增长速度只有2008年一年为负数，其他年份均为正值，整体施用量一直在增长。2003—2011年增长速度依次为4.3%、1.0%、3.9%、3.6%、5.1%、−0.8%、1.8%、4.6%、1.3%。

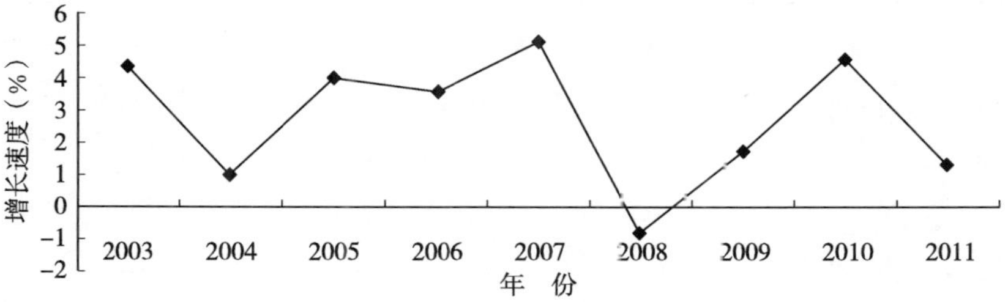

图4-6 2003—2011年世界化肥施用量年增长速度

2. 选定国家化肥施用总量

表4-4列出了选定国家化肥施用总量及与我国化肥施用总量的对比。

美国的化肥施用总量保持平稳，存在轻幅波动。化肥施用总量保持在2 000万吨左右，上下波动不超过300万吨。2002—2003美国化肥施用总量有90余万吨的小幅增长，2003—2005年则呈年均50万吨的小幅下降，2006年又上升，随后下降，最低施用量是2009年的1 717万吨，2010年后回升到1 900万吨以上并趋于平稳。从美国化肥施用的总体态势出发，近年来美国的化肥消费量保持了平稳的发展。与美国相比，美国的耕地总面积位列世界第一，中国的耕地总面积位列世界第三，但在化肥施用量上中国却排名第一。中国化肥施用总量从 2002 年的 4 388.64 万吨上升到 2009 年的 6 321.62万吨，10 年间增长了约 2 000 万吨。而美国的化肥施用总量已经趋于稳定，2002—2012 年的施用总量基本都保持在 1 800 万～2 000 万吨，年平均增长率为 0.298%。

德国、法国、加拿大、英国的化肥施用量变化和美国一样，处于平稳和轻幅波动状态。由此可见，美国和欧盟这些发达国家和地区的农业发展已经达到较为完善且平稳的状态，无论是粮食产量还是耕地面积或是化肥施用量都已经趋于平稳。2002—2012 年德国、法国、加拿大、英国这 4 个国家的化肥施用总量整体稳定，在 2004—2006 年经历了下降的过程，2007 年之后才有所回升。德国、法国、加拿大、英国这 10 年间的化肥施用总量年平均增长率分别为−0.843%、−3.22%、2.687%、−1.920%。属于欧盟的德国、法国、英国总体施用量出现了大比率的下降。

表 4－4　2002—2012 年各国化肥施用量

单位：万吨

年份	中国	美国	德国	法国	加拿大	英国
2002	4 388.64	1 946.26	259.49	388.16	263.52	184.60
2003	4 273.65	2 052.07	259.84	409.98	268.55	177.80
2004	3 999.46	2 049.29	255.96	389.60	248.14	167.20
2005	4 789.89	1 958.26	248.50	353.70	279.84	156.30
2006	5 083.32	2 024.70	230.70	349.14	212.00	154.90
2007	5 196.02	1 995.48	263.52	382.80	306.54	154.60
2008	5 766.68	1 819.22	190.42	278.50	283.07	125.00
2009	6 321.62	1 717.19	216.70	272.00	272.64	145.10
2010	6 062.65	1 925.70	250.66	275.50	290.45	150.40
2011	5 642.98	1 999.18	227.39	257.55	348.42	144.70
2012	6 859.61	2 033.63	235.40	250.42	341.42	145.60

数据来源：FAO。

整体而言，中国的化肥施用总量约占世界化肥施用总量的 1/3，化肥施用总量相当于美国和印度的用量之和。2002—2012 年中国的化肥施用总量明显高于其他各国，上升趋势明显，并且远远高于国际公认的目标范围值。

（二）化肥施用结构的比较

1. 世界化肥施用结构

2002—2011 年，世界氮肥施用量占化肥施用总量的 60%左右，在 2009 年高达 65.1%。磷肥的施用比排第二，最高的是 2004 年占 26.1%。钾肥施用比率排在最后，比率最高的是 2007 年的 18.7%，2011 年氮肥、磷肥、钾肥的施用比率分别为 61.1%、22.4%、16.5%。世界化肥施用结构以氮肥为主，其次是磷肥，最后是钾肥（表 4－5）。

表 4－5　2002—2011 年世界化肥施用总量与结构

单位：万吨

年份	施用总量（氮磷钾相加）	氮肥（氮元素）	磷肥（磷元素）	钾肥（钾元素）
2002	14 419.46	8 633.32	3 382.12	2 404.02
2003	15 045.15	8 950.42	3 578.42	2 516.30
2004	15 198.65	8 899.45	3 960.69	2 338.51
2005	15 796.65	9 053.05	4 002.61	2 741.00
2006	16 361.68	9 557.61	4 065.97	2 738.10
2007	17 198.82	10 038.56	4 013.60	3 146.65
2008	17 058.46	10 788.49	3 526.54	2 743.44
2009	17 357.45	11 291.05	3 860.12	2 206.27
2010	18 151.93	11 193.05	4 255.33	2 703.55
2011	18 381.31	11 234.95	4 110.13	3 036.24

数据来源：FAO。

2. 美国化肥施用结构

与中国相似，美国氮肥的施用量明显高于其他两种肥料，施用排名第二的是钾肥，最后是磷肥，2011 年 3 种肥料的施用比率分别为 58.95%、19.85%、21.21%。总体来看，近年来美国的化肥消费量保持了平稳的发展，化肥施用结构稳定（表 4－6）。

表 4-6　2002—2011 年美国化肥施用结构

单位：吨

年份	总量（氮磷钾相加）	氮肥	磷肥	钾肥
2002	19 462 900	10 945 100	4 015 500	4 502 300
2003	20 520 700	11 536 600	4 183 000	4 801 100
2004	20 492 900	11 398 600	4 275 200	4 819 100
2005	19 582 600	11 013 700	4 120 800	4 448 100
2006	20 247 000	11 625 400	4 113 600	4 508 000
2007	19 954 800	11 585 100	3 970 600	4 399 100
2008	18 192 157	11 084 292	3 450 615	3 657 250
2009	17 171 869	10 640 217	3 227 597	3 304 055
2010	19 256 987	11 302 811	3 847 346	4 106 830
2011	19 991 834	11 784 265	3 967 873	4 239 696

数据来源：FAO。

3. 欧盟化肥施用结构

欧盟的化肥施用结构与中国、美国相似，欧洲氮肥的施用比率明显高于其他两种肥料，但是磷肥的施用比率却低于钾肥排于最后，2011 年 3 种肥料的施用比率分别为 64.08%、16.40%、19.52%（表 4-7）。

表 4-7　2002—2011 年欧盟化肥施用结构

单位：吨

年份	总量（氮磷钾相加）	氮肥	磷肥	钾肥
2002	22 107 939	12 889 385	4 023 437	5 195 117
2003	22 455 346	13 530 806	4 194 478	4 730 062
2004	22 105 215	13 121 445	4 182 926	4 800 844
2005	21 245 793	12 738 198	4 096 219	4 411 376
2006	21 341 966	12 788 918	3 988 292	4 564 756
2007	22 885 817	13 660 881	4 342 992	4 881 944
2008	19 951 494	13 065 065	3 233 452	3 652 977
2009	19 239 593	12 687 154	3 133 538	3 418 901
2010	20 817 556	13 273 455	3 421 298	4 122 803
2011	21 216 390	13 596 283	3 479 424	4 140 683

数据来源：FAO。

（三）化肥单位面积施用量比较

2002—2011 年全世界耕地单位面积化肥施用量在 100～135 千克/公顷之间，单位面积化肥施用量低于 100 千克/公顷的国家有澳大利亚、南非、俄罗斯、加拿大。年均单位面积化肥施用量在 100～200 千克/公顷之间的国家有印度、巴西、泰国、美国、法国。在 200 千克/公顷以上的国家有日本、中国、德国、英国、越南（表 4－8）。中国年均单位面积化肥施用量高达 452.9 千克/公顷，其中 2009 年最高时达到 574.7 千克/公顷，高出世界平均水平 3 倍多。

表 4－8　主要国家和地区化肥单位面积施用量

单位：千克/公顷

国家和地区	2002 年	2003 年	2004 年	2005 年	2006 年	2007 年	2008 年	2009 年	2010 年	2011 年
印度	100.6	105.1	115.4	127.8	136.4	142.8	153.4	167.6	178.5	175.9
巴西	120.8	152.3	153.5	122.1	127.9	166.5	141.9	108.4	142.5	171.4
日本	333.5	335.2	353.7	348.0	332.8	350.5	278.2	239.6	261.4	260.7
泰国	110.5	149.2	131.7	112.7	117.4	125.0	130.5	122.1	162.2	161.5
澳大利亚	47.6	46.2	50.9	44.9	43.5	46.8	42.6	35.1	46.3	45.3
南非	61.2	55.2	60.3	47.3	62.3	61.0	56.3	55.8	53.2	54.0
俄罗斯	13.6	11.0	11.4	11.8	12.5	14.3	15.9	15.6	15.8	16.2
中国	369.0	366.3	327.3	404.7	430.3	475.2	530.9	574.7	544.5	505.6
美国	112.5	119.6	122.7	118.6	126.2	123.3	111.6	107.0	120.5	124.8
德国	220.1	219.7	215.1	208.8	194.4	221.9	159.6	181.4	211.6	191.5
法国	210.4	222.1	211.0	191.0	188.9	207.7	151.9	148.3	150.0	140.2
加拿大	57.6	58.9	54.6	61.8	47.0	68.6	64.0	62.2	66.9	81.1
英国	319.1	314.2	287.3	272.8	254.2	254.1	208.2	239.9	251.9	238.7
越南	305.0	342.3	403.9	292.3	300.2	353.0	305.7	403.0	310.5	251.6
世界	104.5	108.7	109.1	113.3	117.8	124.7	123.0	125.1	130.8	131.6

数据来源：FAO。

（四）中国与美国不同作物化肥产出率比较

1. 中国与美国小麦化肥产出率比较

中国小麦化肥产出率总体低于美国，除了 2004 年、2005 年高于美国外，其他年份的小麦化肥产出率均低于美国。1998—2013 年，中国小麦化肥产出率平稳变动，由 1998 年的 12.9 千克/千克增加到 2013 年的 14.7 千克/千克，年均增长 1.7%。同期，美国小麦化肥产出率波动提高，由 1999 年的 18.2 千克/千克增加到 2012 年的 21.8 千克/千克，年均增长 2.9%。1998—2013 年中国小麦化肥产出率年均值为 14.8 千克/千克，比美国低 4.1 千克/千克（表 4-9）。

表 4-9 中美小麦化肥产出率

年份	中国			美国		
	单位面积产量（千克/亩）	单位面积化肥投入（千克/亩）	化肥产出率（千克/千克）	单位面积产量（千克/亩）	单位面积化肥投入（千克/亩）	化肥产出率（千克/千克）
1998	245.9	19.0	12.9	—	—	—
1999	261.3	19.5	13.4	191.3	10.5	18.2
2000	289.8	22.0	13.2	188.1	10.5	18.0
2001	261.4	18.8	13.9	180.0	10.6	16.9
2002	261.9	20.6	12.7	157.0	10.9	14.5
2003	255.2	18.9	13.5	197.9	10.4	19.0
2004	339.8	19.1	17.8	193.4	12.4	15.6
2005	325.8	21.6	15.1	188.1	15.0	12.6
2006	351.8	22.2	15.8	173.1	9.3	18.5
2007	359.9	22.7	15.8	180.2	9.1	19.7
2008	388.3	22.9	16.9	200.8	8.9	22.5
2009	378.1	23.2	16.3	198.6	8.7	22.7
2010	370.0	25.2	14.7	206.7	9.0	23.0
2011	389.2	25.2	15.5	195.4	9.2	21.2
2012	382.8	25.4	15.1	206.9	9.5	21.8
2013	374.3	25.4	14.7	—	—	—
均值	327.2	22.0	14.8	189.8	10.3	18.9

数据来源：历年《全国农产品成本收益资料汇编》和美国农业部统计资料。

中国小麦化肥产出率总体低于美国的主要原因是化肥施用强度较高。尽管中国小麦的单产明显高于美国（年均比美国高 137.4 千克/亩），但由于化肥施用强度较高（年均比美国高 11.7 千克/亩），并且化肥施用强度贡献率较大（除 2004 年和 2005 年），最终使得中国小麦化肥产出率低于美国。此外，中国与美国小麦单位产品施肥比小于单位面积施肥比，即小麦化肥产出率的差异低于化肥施用强度的差异，并且二者差距呈现明显增加趋势，这在一定程度上说明小麦化肥施用强度对化肥产出率的贡献下降，单产对化肥产出率的贡献增加。

2. 中国与美国玉米化肥产出率比较

中国玉米化肥产出率低于美国。1998—2013 年，中国玉米化肥产出率基本稳定，由 1998 年的 19.4 千克/千克增加到 2013 年的 20.9 千克/千克，年均增长 0.9%。2007—2012 年，美国玉米化肥产出率波动降低，由 2007 年的 30.2 千克/千克下降到 2012 年的 24.7 千克/千克，年均下降 0.5%，主要原因在于玉米单产降低。1998—2013 年中国玉米化肥产出率年均值为 20.2 千克/千克，比美国低 9.5 千克/千克。值得注意的是，中国与美国的玉米化肥产出率差距呈现缩小趋势，由 2007 年的 9.9 千克/千克减小到 2012 年的 3.2 千克/千克，年均下降 12.1%（表 4-10）。

表 4-10　中美玉米化肥产出率

年份	中国			美国		
	单位面积产量（千克/亩）	单位面积化肥投入（千克/亩）	化肥产出率（千克/千克）	单位面积产量（千克/亩）	单位面积化肥投入（千克/亩）	化肥产出率（千克/千克）
1998	383.9	19.8	19.4	—	—	—
1999	363.2	19.8	18.3	—	20.0	—
2000	350.5	20.5	17.1	—	20.3	—
2001	379.4	20.0	19.0	—	19.9	—
2002	392.6	20.9	18.8	—	21.0	—
2003	368.5	20.9	17.6	—	20.9	—
2004	423.6	18.8	22.5	—	20.9	—
2005	422.6	18.4	23.0	—	20.9	—
2006	423.5	20.1	21.1	—	20.8	—
2007	422.4	20.8	20.3	629.9	20.8	30.2
2008	457.2	20.3	22.5	640.7	20.8	30.7
2009	429.9	21.4	20.1	687.1	20.8	32.9
2010	452.7	22.5	20.1	637.8	20.8	30.6
2011	472.2	22.5	21.0	613.6	20.8	29.4

（续）

年份	中国			美国		
	单位面积产量（千克/亩）	单位面积化肥投入（千克/亩）	化肥产出率（千克/千克）	单位面积产量（千克/亩）	单位面积化肥投入（千克/亩）	化肥产出率（千克/千克）
2012	492.6	22.9	21.5	514.5	20.8	24.7
2013	488.0	23.4	20.9	—	—	—
均值	420.2	20.8	20.2	620.6	20.7	29.7

数据来源：历年《全国农产品成本收益资料汇编》和美国农业部统计资料。

与水稻和小麦不同的是，中国玉米化肥产出率较低的主要原因在于单产较低而非化肥施用强度较高。2007—2012 年，中国玉米化肥施用强度与美国相差不大，但由于中国玉米单产明显低于美国（年均比美国低 200.4 千克/亩），使得中国玉米化肥产出率低于美国。此外，中国与美国玉米单位产品施肥比大于单位面积施肥比，即玉米化肥产出率的差异高于化肥施用强度的差异，并且二者差距呈现缩小趋势，这在一定程度上说明玉米单产对化肥产出率的贡献下降，中美两国玉米单产差异减小。

3. 中国与美国大豆化肥产出率比较

中国大豆化肥产出率总体高于美国。除 2006 年、2007 年、2009 年、2010 年和 2012 年外，中国其他年份的大豆化肥产出率均高于美国。1998—2013 年，中国大豆化肥产出率呈降低趋势，由 1998 年的 23.1 千克/千克降低到 2013 年的 16.1 千克/千克，年均下降 1.7%，主要原因在于大豆化肥施用强度增加。同期，美国大豆化肥产出率呈稳定增加趋势，由 1999 年的 15.2 千克/千克增加到 2012 年的 16.5 千克/千克，年均增长 1.4%。中国大豆化肥产出率年均值为 18.2 千克/千克，比美国高 2.9 千克/千克。值得注意的是，中国与美国的大豆化肥产出率差距不断缩小，由 1999 年高于美国 6.5 千克/千克变为 2012 年低于美国 0.5 千克/千克（表 4－11）。

表 4－11　中美大豆化肥产出率

年份	中国			美国		
	单位面积产量（千克/亩）	单位面积化肥投入（千克/亩）	化肥产出率（千克/千克）	单位面积产量（千克/亩）	单位面积化肥投入（千克/亩）	化肥产出率（千克/千克）
1998	129.0	5.6	23.1	—	—	—

（续）

年份	中国			美国		
	单位面积产量（千克/亩）	单位面积化肥投入（千克/亩）	化肥产出率（千克/千克）	单位面积产量（千克/亩）	单位面积化肥投入（千克/亩）	化肥产出率（千克/千克）
1999	121.7	5.6	21.7	164.1	10.8	15.2
2000	121.2	5.4	22.4	170.6	11.1	15.4
2001	118.6	5.6	21.2	177.5	11.7	15.1
2002	133.6	6.7	19.9	170.3	11.9	14.3
2003	119.9	7.2	16.7	151.7	14.1	10.8
2004	130.2	7.2	18.2	189.2	16.3	11.6
2005	132.2	7.5	17.7	192.9	13.4	14.4
2006	128.4	7.5	17.1	192.0	10.6	18.1
2007	110.1	8.1	13.6	187.0	11.0	17.0
2008	139.7	7.9	17.7	178.0	11.4	15.6
2009	128.8	8.5	15.2	197.0	11.7	16.8
2010	148.0	8.8	16.8	194.7	11.5	17.0
2011	146.3	8.6	17.1	187.9	11.1	16.9
2012	146.7	9.2	16.0	178.4	10.8	16.5
2013	138.0	8.6	16.1	—	—	—
均值	130.8	7.4	18.2	180.8	12.0	15.3

数据来源：历年《全国农产品成本收益资料汇编》和美国农业部统计资料。

中国大豆化肥产出率高于美国的主要原因在于化肥施用强度较低。尽管中国大豆单产低于美国（年均比美国低 50 千克/亩），但由于化肥施用强度较低（年均比美国低 4.6 千克/亩），并且化肥施用强度贡献率较大，使得中国大豆化肥利用效率总体高于美国。此外，中国与美国大豆单位产品施肥比大于单位面积施肥比，即大豆化肥产出率的差异高于化肥施用强度的差异。

4. 中国与美国棉花化肥产出率比较

中国棉花化肥产出率略低于美国（表 4－12）。1998—2013 年，中国棉花化肥产出率基本稳定，由 1998 年的 2.9 千克/千克下降到 2013 年的 2.7 千克/千克。同期，美国棉花化肥产出率波动提高，由 1999 年的 2.8 千克/千克增加到2011年的4.3千克/千克，年均增长3.9%。1998—2013年中国棉花化肥产出率年均值为2.8千克/千克，比美国低0.9千克/千克。

表4-12 中美棉花化肥产出率

年份	中国			美国		
	单位面积产量（千克/亩）	单位面积化肥投入（千克/亩）	化肥产出率（千克/千克）	单位面积产量（千克/亩）	单位面积化肥投入（千克/亩）	化肥产出率（千克/千克）
1998	68.3	23.9	2.9	—	—	—
1999	66.9	24.4	2.7	45.3	16.0	2.8
2000	71.3	26.5	2.7	47.2	15.5	3.0
2001	77.9	26.1	3.0	52.6	14.9	3.5
2002	81.9	29.0	2.8	49.7	15.8	3.2
2003	68.2	30.4	2.2	54.5	16.6	3.3
2004	76.3	25.5	3.0	63.8	16.2	3.9
2005	74.8	26.0	2.9	62.0	15.9	3.9
2006	85.1	27.9	3.1	60.8	15.6	3.9
2007	82.2	30.0	2.7	65.6	15.2	4.3
2008	83.3	25.9	3.2	60.7	14.7	4.1
2009	84.2	28.3	3.0	58.0	14.2	4.1
2010	77.4	30.2	2.6	60.6	13.7	4.4
2011	84.0	30.7	2.7	59.3	13.7	4.3
2012	91.5	31.9	2.9	—	—	—
2013	88.2	32.4	2.7	—	—	—
均值	78.8	28.1	2.8	56.9	15.2	3.7

数据来源：历年《全国农产品成本收益资料汇编》和美国农业部统计资料。

中国棉花化肥产出率低于美国的主要原因在于化肥施用强度较高。尽管中国棉花单产高于美国（年均比美国高21.9千克/亩），但由于化肥施用强度较高（年均比美国高12.9千克/亩），使得中国棉花化肥产出率低于美国。此外，中国棉花单位产品施肥比小于单位面积施肥比，即化肥产出率的差异低于化肥施用强度的差异。

三、中国化肥过量使用的原因剖析

（一）耕地基础地力不足，粮食增产基本依靠化肥投入

中国耕地质量总体偏低，根据2014年全国耕地质量等级情况的公报，中低等耕地面积达13.3亿亩，占耕地总面积的72.7%。我国基础地力对粮食产量的贡献率为50%左右，比发达国家低20～30个百分点。随着工业化、城镇化推进，耕地数量减少、质量下降的问题十分突出。实行占补平衡后，耕地数量下降的趋势虽在一定程度上得到遏制，但占优补劣、占近补远、占水田补旱地等问题普遍存在，补充耕地与被占耕地的质量一般差2～3个等级。农业长期的负重前行使得一些地方农田越种越硬、越种越薄，例如，东北地区黑土退化趋势明显，南方一些地区的工矿企业废弃物、生活和建筑垃圾等向农业农村转移，导致土壤酸化、重金属污染加重。我国土壤肥力低，耕地退化严重，只能靠增加化肥投入来提高单产。

（二）农业生产基础条件差，高效施肥技术推广受限

我国农业基础设施薄弱，农田水利和技术装备水平不高，靠天吃饭，“最后一公里”不到位的问题尚未得到有效解决，抗风险能力亟待提高。近年来，每年因干旱、洪涝、低温等气象灾害损失粮食900亿斤左右。特别是，对农业影响最直接的小型农田水利工程建设严重滞后，应该建设的农田水利设施无法建设，已建的农田水利设施失修，造成沟、塘、库、渠等农田水利基础设施陈旧老化，导致近一半的灌溉用水未得到有效利用。农业基础设施薄弱导致水肥一体化、机械深施等科学施肥技术难以推广应用。例如，水肥一体化技术主要利用管道灌溉系统，将肥料溶解在水中，实现水肥同步管理和高效利用。现行老旧落后的农田灌溉系统已成为推广应用水肥一体化技术的重要障碍。

（三）农产品需求刚性增长，耕地复种指数高

中国人均耕地面积仅为世界平均水平的40%，人多地少的矛盾非常突出。随着我国人口总量增加、城镇人口比重上升、居民消费水平提高和农产品工业用途拓展，我国农产品需求呈现刚性增长态势。据测算，我国每年总

人口增加700多万人、城市人口增加1 000多万人，粮食需求量大概增加200亿斤、肉类需求增加80万吨左右。在农业发展面临生产成本地板抬升、农产品价格遭遇天花板的双重挤压和资源短缺、环境污染双重约束的新常态下，农产品保供给的压力较大。据预测，到2020年我国粮食需求大约为14 000亿斤，目前粮食产能12 000多亿斤，缺口2 000亿斤左右。受资源约束和供求压力，我国土地复种指数高，南方地区一年多熟、黄淮海地区一年两熟、长城以北一年一熟。而欧洲、美国等农业大国和地区多为一年一熟，还实行休耕和轮作，用养结合。同等耕地面积下，复种指数高，单位面积耕地化肥用量自然就多。

（四）资源禀赋与市场条件变化，农户对化肥形成选择偏好

技术创新和技术演替往往是由自然资源禀赋变化诱导出来的，人类在选择技术时会根据资源稀缺程度的变化进行调整，并且人类掌握的知识越有限，就越有可能选择更为简单的技术。在20世纪90年代之前，受农村劳动力“无限供给”和传统农业种养结合的影响，农家肥还田较为普遍。随着农村劳动力的加速转移以及人口老龄化、农业兼业化的发展，农户在农业生产上逐渐减少劳动投入，劳动替代技术增多，农家肥还田由于费时费工费力逐步被农户舍弃。在农产品市场化发展格局中，农户选择哪种农业生产方式，主要看这种农业类型是否具有更强的市场竞争力和比较利益。为提高农产品产出率和商品率，传统小规模种养结合的循环模式逐渐分离，在技术应用上化肥这种省工、省力、立竿见影的技术迎合了农户节约劳动、追求产量的需求。通过对湖北、湖南、山东、河南四省355户调查，目前农村采取种养结合的农户不足20%，使用农家肥的农户不足一半。资源禀赋和市场环境的双重变化导致农户对化肥的偏好。

（五）化肥低价与含量不足，造成使用浪费与统计数据高估

为了保证化肥供应，国家对化肥企业在电力、天然气、石油等能源的使用、运输和税收上都给予了政策倾斜和优惠，为减少能源流失和保证国内有充足货源，对化肥出口征税和实施化肥淡季储存政策。过多的优惠政策对生产和贸易产生扭曲作用，化肥市场逐步进入供大于求的“买方市场”，低价竞争成为化肥行业的常态，导致农户在生产中不注重节肥，强化了农业生产中对化肥

的依赖。在产业饱和状态下，化肥市场较为混乱。近几年，假劣农资有明显的抬头之势，部分中小生产企业在产品的有效成分含量上大做文章，含量不足的问题比较普遍，而统计数据计算化肥折纯量时，依然按照标准或标明的养分含量计算，容易造成统计数据中化肥折纯量的高估。

（六）政策错位与缺位，难以形成科学用肥的制度体系

国家对农户使用化肥进行补贴，从 2006 年起启动农资综合补贴，补贴金额逐年增大，从 2006 年的 120 亿元增加到 2014 年的 1 078 亿元，增幅 798.3%，年均增长 36.8%。对使用化肥的补贴在一定程度上激励了化肥的投入。需要对化肥的科学使用进行技术指导，然而长期以来我国实行的政府驱动式、外压式农业技术推广体系，存在职能不清、管理不规范、投资机制不健全等问题，难以满足农户对技术指导的需求。由于化肥污染问题的"外部性"，使用者不承担外部成本，现有政策体系没有形成对化肥过量使用造成环境损害的有效控制，此外，对使用缓（控）释肥、有机肥等环保肥料的有效激励也不足。总体来看，科学用肥的制度体系还没有形成。

第二节　农牧交错地区化肥施用分析

一、农牧交错地区概况

1. 自然状况

农牧交错带是指我国东部农耕区与西部草原牧区相连接的半干旱生态过渡带，是生态极为脆弱的地带。我国农牧交错带北起大兴安岭，向西南延伸，经内蒙古东南直到鄂尔多斯、陕北地区，是从干旱半干旱区向湿润地区、从高原地区向丘陵、平原地区的过渡地带。

呼和浩特市武川县与乌兰察布四子王旗地处中部农牧交错带上，在空间上农牧并存，时间上农牧交替，因此选定四子王旗与武川县作为研究区。

四子王旗地理坐标为北纬 41°26′～41°55′，东经 111°38′～111°40′，东邻乌兰察布市察哈尔右翼中旗、察哈尔右翼后旗、锡林郭勒盟苏尼特右旗，南与乌兰察布市卓资县、呼和浩特市武川县毗邻，西接包头市达尔罕茂明安联合旗，北与蒙古国接壤。海拔范围为 1 300～1 590 米，整个地形由南向北

倾斜，丘陵起伏，平原相间。四子王旗地处大青山北麓，属于内蒙古高原带，东南部是山区，为半农半牧区；背部较为平坦，属于牧区。研究区气候类型属中温带大陆性季风气候，年平均气温 3.4℃，年平均降水量为 310 毫米，降雨多集中在 6～8 月份。年平均风速为 4～5 米/秒，全年大风日数在 50 天以上。

武川县地理坐标为北纬 40°47′～41°23′，东经 110°31′～111°53′。位于内蒙古自治区中部，阴山北麓，县境东南部和南部与呼和浩特市新城区、回民区和土默特左旗相连；西南和西部与包头市土默特右旗、固阳县毗邻；北部与包头市达尔罕茂明安联合旗（简称达茂联合旗）、四子王旗接壤；东与乌兰察布市卓资县交界。主要山脉是阴山山脉的中段——大青山，北部和中西部平缓起伏，形成一个未封闭的盆地——武川盆地，整个地形呈簸箕状。县境东西长约 110 千米，南北最宽约 60 千米，总面积约 4 885 平方千米。武川县属中温带大陆性季风气候，四季气候变化明显，具有明显的季风气候特征。历年平均气温 2.5℃，无霜期 105 天左右，年度差异很大，日平均气温大于或等于 0℃的年积温，历年平均为 2 516.2℃，大于或等于 10℃的年积温，历年平均为 2 192.0℃。

2. 土壤状况

春耕施肥前对试验区内样地采集土样，带回实验室进行化验分析，以一个田块为采样单元，在采样单元内按 S 形线路用不锈钢土钻随机取 10～15 个点的 0～20 厘米的土样，充分混匀后用四分法取土样装入样品袋，写好标签，带回实验室风干磨细，分别过 1 毫米及 0.149 毫米筛，供化学分析用。土壤样品采用全国第二次土壤普查时的测试方法（即常规法）进行分析，检测土壤 pH 以及有机质、碱解氮、有效磷、速效钾含量 5 项指标。

武川县与四子王旗两地农田土壤检测结果显示，武川县的农田土壤的 pH 为 8.15，为碱性土壤，有机质含量为 0.63%，碱解氮含量为 36.79 毫克/千克，有效磷含量为 21.23 毫克/千克，速效钾含量为 87.61 毫克/千克，该地区的土壤类型为碱性土壤，含钾量较高。四子王旗农田土壤的 pH 为 7.95，为碱性土壤，有机质含量为 0.56%，碱解氮含量为 32.02 毫克/千克，有效磷含量为 14.4 毫克/千克，速效钾含量为 87.31 毫克/千克。

武川县与四子王旗两地农田土壤的检测报告表明，两地的土壤性质较差，土壤中的有机质含量均较少，大部分农田土壤由于有机肥料的补充不足或者根本得不到补充，有机质含量逐年下降。土壤中养分不平衡，常年施肥和土壤利用不合理，大面积农田土壤出现“贫血症”（土壤中微量元素和有益菌补充不足）和“富集症”（某些大量元素如氮磷钾超出适宜水平，造成肥害），土壤板结、老化现象日趋严重。农户为了提高生产的利润，在农作物种植过程中依靠使用超量的化肥来提高农作物的产量，为了降低成本，使用廉价的肥料。土壤耕作和管理不合理，不耕或者浅耕，浅层施肥，施肥单一等现象越来越普遍，致使土壤的生产力下降，施肥管理成本逐年增加，污染现象严重。

3. 种植情况

受到气候特征影响，武川县与四子王旗两地多种植一年一熟的作物，市场经济的作用下，两地的主要种植作物比较相似。武川县种植的粮食作物种类主要有春小麦、莜麦、马铃薯等，其他作物的播种面积较小，在农业种植结构中，粮食作物占绝对的优势，粮食作物的播种面积占总播种面积的60%以上。在粮食作物总播种面积中，马铃薯占60%左右，因此，马铃薯为武川县的主导产业。四子王旗的农业结构也是以粮食作物为主，粮食作物种类主要有小麦、莜麦、马铃薯、豆类等耐旱作物，占到农业种植的50%以上。在粮食作物中，马铃薯的产量占粮食作物产量的60%以上，是四子王旗的主导产业。因此，两地的粮食作物种植在农业种植结构中占绝对优势，其中均以马铃薯种植为主导产业。

二、农户化肥施用现状研究

由于试验地自然条件和经济发展状况不同，农民多是单家独户经营，其经营活动涉及面也非常广泛，不同农户之间种植的作物各不相同，而且随着季节的变化同一农户种植作物也不一样。不同的农户由于耕地面积、作物种类、技术水平、经营水平、经济收入、居所地理位置及交通条件等不同，其肥料投入也会有差别。因此，调查研究区内化肥施用情况，需要深入了解农民的种植及生产现状。

2016年1月至9月期间，在内蒙古乌兰察布市四子王旗与呼和浩特市武川县进行实地调查，借助遥感影像，采用问卷调查与实地调查相结合的方法，以村庄为单位，深入农户，确定农户每一块农田的位置、面积、种植结构、施肥种类及施肥量、作物产量、农业劳动力和农业机械投入等信息，共调查了

1 970个农户的种植和施肥情况。其中，四子王旗1 000户农户，武川县970户农户。调查过程中，种植相同作物的相邻地块划为一体，经过合并最终得到地块的基础数据。为了提高数据的准确性，调查时尽量询问文化程度相对较高，对农田管理熟悉度高的农民。为了保证数据的准确性，调查结束后，又随机挑选了附近4家农资商店进行相关信息的咨询。

1. 农户化肥施用现状

通过对1 970户农户的施肥状况进行分析，不施化肥的农户有112户，占到总样本数的5.7%；施化肥的农户有1 858户，占总样本数的94.3%，表明武川县、四子王旗两地大多数农户都施化肥，高度重视施肥，且比例非常高。

对不同作物的施肥情况进行分析，两地的种植作物主要为马铃薯、小麦、玉米，施肥户数分别为1 130户、253户与248户，分别占到了调查农户总数的57.4%、12.8%以及12.6%，而大豆、谷子、豌豆、向日葵、燕麦等作物所占比例较少，比例不足1%（表4-13）。

表4-13 农户不同作物施肥情况

施肥				不施肥			
作物	户数（户）	总样本数（户）	比例（%）	作物	户数（户）	总样本数（户）	比例（%）
小麦	253	255	99.2	小麦	2	255	0.8
大豆	1	1	100.0	马铃薯	92	1 222	7.5
谷子	3	3	100.0	豌豆	1	2	50.0
马铃薯	1 130	1 222	92.5	向日葵	3	6	50.0
豌豆	1	2	50.0	油菜	2	220	0.9
向日葵	3	6	50.0	玉米	12	260	4.6
油菜	218	220	99.1				
燕麦	1	1	100.0				
玉米	248	260	95.4				
合计	1 858	1 970	94.3		112	1 970	5.7

对1 858户农户的化肥与有机肥施肥状况进行分析，施化肥的农户有1 728户，占到总样本数的93.0%，施有机肥的农户只有130户，占总样本数的7.0%，而两地的主要作物玉米、马铃薯及小麦等施用有机肥的占比较少，

分别为18.2%、3.5%、3.9%。从武川县、四子王旗两地农户的施肥情况来看，多数农户只注重施用化肥，忽略了有机肥的施用。因此，有机肥施用量严重不足已是制约当地农业生产的关键问题（表4-14)。

表4-14 农户不同作物化肥与有机肥施用情况

施化肥				施有机肥			
作物	户数（户）	总样本数（户）	比例（%）	作物	户数（户）	总样本数（户）	比例（%）
小麦	243	253	96.1	小麦	10	253	3.9
大豆	1	1	100.0	谷子	1	3	33.3
谷子	2	3	66.7	马铃薯	40	1 130	3.5
马铃薯	1 090	1 130	96.5	向日葵	2	3	66.7
豌豆	1	1	100.0	油菜	31	218	14.2
向日葵	1	3	33.3	燕麦	1	1	100.0
油菜	187	218	85.8	玉米	45	248	18.2
玉米	203	248	81.9				
合计	1 728	1 858	93.0		130	1 858	7.0

通过对采集的1 970份农户施肥调查进行统计，初步了解了两地的施肥现状。两地大多数农户都施用化肥，并主要集中在马铃薯、小麦以及玉米上，施化肥的农户占到了调查农户的94.3%，但施用有机肥的农户只占6.6%。

2. 化肥施用强度及密度研究

针对主要作物马铃薯、小麦、玉米的化肥施用情况进行分析，施氮肥的农户共1 555户，其中，马铃薯有1 109户、小麦有248户、玉米有198户农民，平均氮肥施用量分别为8.32千克/亩、7.24千克/亩与6.93千克/亩。作物中施用氮肥最少的为小麦，是3千克/亩，氮肥施用最多的为马铃薯，为35千克/亩。调查中，施用磷肥的农户共1 384户，其中，马铃薯有1 002户、玉米有204户、小麦有178户，平均磷肥施用量为5.12千克/亩、4.51千克/亩与3.78千克/亩。作物中施用磷肥最少的是小麦，为5千克/亩，磷肥施用最多的有小麦、马铃薯，都是28千克/亩。调查中施钾肥的农户共1 197户，其中，马铃薯有1 120户、小麦有56户、玉米有21户，平均钾肥施用量为9.05千克/亩、8.56千克/亩与8.32千克/亩。作物中施用钾肥最少的是小麦，为4千克/亩，施用钾肥最多的是马铃薯，为37千克/亩（表4-15）。

表4-15 农户主要作物施肥情况（折纯量）

单位：户、千克/亩

作物	氮肥施用				磷肥施用				钾肥施用			
	户数	最小值	最大值	平均	户数	最小值	最大值	平均	户数	最小值	最大值	平均
小麦	248	3	20	7.24	178	5	28	4.51	56	4	32	8.56
马铃薯	1 109	8	35	8.32	1 002	8	28	5.12	1 120	10	37	9.05
玉米	198	5	28	6.93	204	7	25	3.78	21	7	26	8.32

对比武川县与四子王旗两地农户不同化肥施用情况，可以发现武川县与四子王旗两地施肥强度的差异显著。武川县氮肥施用的最大值为35千克/亩，最小值为1千克/亩，平均为8.23千克/亩，相当于每亩施用18.11千克尿素或者48.89千克碳酸氢铵，四子王旗氮肥施用最大值为32千克/亩，最小值为1千克/亩，平均为7.95千克/亩，相当于每亩施用17.49千克尿素或者47.22千克碳酸氢铵；武川县磷肥施用最大值为25千克/亩，最小值为1千克/亩，平均为4.51千克/亩，相当于每亩施用9.79千克磷酸二铵，四子王旗磷肥施用最大值为28千克/亩，最小值为1千克/亩，平均为4.84千克/亩，相当于每亩施用10.51千克磷酸二铵；武川县钾肥施用最大值为37千克/亩，最小值为1千克/亩，平均为8.76千克/亩，相当于每亩施用17.52千克硫酸钾，四子王旗钾肥施用最大值为32千克/亩，最小值为2千克/亩，平均为8.32千克/亩，相当于每亩施用16.64千克硫酸钾（表4-16）。

表4-16 武川与四子王旗农户不同化肥施用强度（折纯量）

单位：千克/亩

化肥施用量	武川县			四子王旗		
	最小值	最大值	平均	最小值	最大值	平均
氮肥施用	1	35	8.23	1	32	7.95
磷肥施用	1	25	4.51	1	28	4.84
钾肥施用	1	37	8.76	2	32	8.32

氮肥在农作物产量与品质中起着关键作用，因此，两地大多数农户都施用氮肥，氮肥的施用强度在1～35千克/亩（折纯）。农户一般将磷肥当作基肥施

用，因此，施用磷肥的农户也非常多，施用强度在1～28千克/亩（折纯）。钾肥主要用于主导产业马铃薯的种植上，施用量在1～37千克/亩。施肥应该遵循作物的生长规律，例如马铃薯在种植过程中，氮磷钾的最佳比例应该为2.5∶1∶4.5，但武川县氮磷钾施用比例约为1.8∶1∶1.9，四子王旗氮磷钾施用比例约为1.6∶1∶1.7，两地的氮磷钾施用比例很不合理。

通过调查发现，农户对不同作物化肥施用量与施用比例均存在不合理性，同时，不同区域的化肥施用量相差也很悬殊。因此，必须根据种植作物的需肥特点合理控制施肥量，才能实现化肥的减施增效，从而保护生态环境。

通过对农户的种植现状与化肥施用现状的调查与研究，发现存在3个主要问题。一是农牧交错带地区化肥施用不够合理，武川县与四子王旗两地的主要种植结构与主导产业一致，两地化肥施用表现出明显的不合理性，农户施肥不依据土壤肥力状况、作物的需肥特点，盲目地施用肥料，造成了化肥施用的浪费。二是施用有机肥的比例较少，农户往往忽略有机肥的施用，在对农户施肥情况进行调查时，只有7%的农户施用有机肥，常年施用化肥导致土壤质量下降，尤其是有机质的含量较少，导致农业生产力较低。三是农牧交错带地区化肥施用强度较大，导致农田的化肥残留严重，造成了化肥的浪费并且限制了农业生产。

三、化肥施用贡献率测算

很长时间以来，化肥对农作物增产的贡献得到普遍认同，化肥已成为农业耕作必不可少的投入品。然而，相关研究证明化肥施用增加并不能持续推动农产品增产增收，可能会带来土壤肥力下降、加速土地退化以及增加生产成本等一系列问题。随着农户家庭收入的逐步提高以及各类化肥生产供给量的增加，农户开始逐渐转向依靠肥料特别是化肥投入带来增产，化肥已成为农业耕作必不可少的投入品，但是，相关研究表明土壤肥力会随着连年施用化肥而下降，农户为了每年保持高产而继续加大化肥的施用量，这导致了生产成本的增加并进一步加速土壤的退化。1978—2010年我国粮食产量年均增长率仅为1.84%，而化肥施用年均增长率高达5.92%，化肥贡献率呈递减趋势。因此对于施肥贡献率的研究具有重要的意义。

1. 柯布—道格拉斯生产函数

目前关于化肥贡献率的研究方法主要是美国的数学家柯布（C. W. Cobb）

和经济学家保罗·道格拉斯（Paul H. Douglas）研究发现的柯布—道格拉斯生产函数（简称 C-D 函数），依据 1899—1922 年美国制造业的生产函数，来预测工业系统或大企业的生产，分析企业生产发展途径的一种经济数学模型，是对生产函数一般形式上的重大改进，并引入了技术资源这一因素。这一函数随之被广泛应用于经济数量分析。本节基于生产函数规模报酬不变、生产者均衡和技术变化等假设条件，分析农牧交错带地区农业生产中各投入要素对种植效益的影响，同时考虑现代农业经济的增长不单依靠物质投入的增加，还取决于技术进步所带来的生产率的提高。目前农牧交错带地区不同种植结构中的化肥、劳动力和机械投入成本已占生产成本的 65%以上。因此，选用 C-D 函数模型来测定化肥、劳动力和机械投入的弹性值，此外，运用索洛余值法来计算农业技术进步贡献率。

模型的表示形式如下：

$$Y = AF^{\alpha}L^{\beta}K^{\gamma}e^{\delta t}$$

其中，A 为常数，F、L、K 分别代表调查地区不同种植结构农作物（粮食、土豆、玉米）单位面积化肥施用、农业劳动力投入和农业机械投入，α、β、γ 分别代表不同种植结构农作物化肥、劳动力和机械的投入弹性系数，Y 代表单位面积不同种植结构农作物产值，δ 代表农业科技进步的影响因素。对上述模型进行线性化处理（两边取对数）后，可转化为：

$$\ln Y = \alpha \ln F + \beta \ln L + \gamma \ln K + \delta t$$

分别将上式两边对 t 求导，可以分别推导出模型各项自变量的贡献度：

$$\delta = \Delta Y/Y - (\alpha \times \Delta F/F + \beta \times \Delta L/L + \gamma \times \Delta K/K)$$

其中，$\Delta Y/Y$、$\Delta F/F$、$\Delta L/L$、$\Delta K/K$ 分别代表农作物产值、化肥、农业劳动力和农业机械投入的年均增长率，其中 $\alpha \times \Delta F/F$，$\beta \times \Delta L/L$，$\gamma \times \Delta K/K$ 的取值均在（0，1）区间。

因变量 Y 为四子王旗与武川县两地农作物（马铃薯、玉米、小麦）的单位面积产值合计（单位：元/公顷）；自变量包括 3 个，自变量 F 为单位面积化肥投入成本（单位：元/公顷）、自变量 L 为单位面积劳动力成本（单位：元/公顷）、自变量 K 为单位面积机械作业成本（单位：元/公顷）。此外，由于农牧交错带地区粮食作物包括小麦、玉米和复播玉米，模型中所用的关于粮食的数据使用各类型粮食作物数据的加权平均数。

以粮食总产量为因变量 Y，选取农业劳动力 L、农用机械总动力 K、化肥

施用量 F 为自变量。

2. 主要作物化肥施用贡献率分析

通过使用C-D函数，对武川县的上突亥乡与西土城乡、四子王旗的忽鸡图乡与大黑河乡4个地区进行了化肥施用贡献率的计算。结果显示4个地区的玉米、马铃薯和小麦的化肥施用贡献率存在区域差异。化肥施用增长幅度越大的地区，化肥施用贡献率越高，农作物产值年均增长率越高。其中，玉米化肥施用贡献率最高的为四子王旗的忽鸡图乡，化肥贡献率为0.34，最少的为四子王旗的大黑河乡，化肥贡献率为0.21；马铃薯化肥施用贡献率最高的也是四子王旗的忽鸡图乡，化肥贡献率为0.12，最少的为武川县的西土城乡，化肥贡献率为0.04；小麦化肥施用贡献率最高是武川县的西土城乡，化肥贡献率为0.34，最少的为四子王旗的大黑河乡，化肥贡献率为0.28（表4－17）。

不同地区之间的化肥贡献率存在差异，原因可能是不同地区土壤中养分的含量、种植水平以及管理方式存在差异。不同作物之间化肥贡献率的差异则可能是由不同作物的需肥量、需肥种类以及比例的差异导致的。

表4－17　农牧交错带地区不同作物化肥施用贡献率

地区		贡献率		
		玉米	马铃薯	小麦
四子王旗	忽鸡图乡	0.34	0.12	0.32
	大黑河乡	0.21	0.08	0.28
武川县	上突亥乡	0.24	0.07	0.31
	西土城乡	0.22	0.04	0.34

综上分析，不同地区以及不同作物中化肥施用的贡献率存在着较大的差异，武川县与四子王旗的化肥施用贡献率均较低，但农业生产对于化肥施用的依赖度较高。

通过对农牧交错带地区主要种植结构、化肥施用现状、化肥施用贡献率的研究，表明农牧交错带地区的化肥施用存在诸多问题。农户施肥总量、施肥比例、施肥种类、施肥渠道以及种植结构多存在不合理性。因此需要减少农牧交错带地区化肥施用的量，避免化肥的浪费；需要提高化肥施用的合理性，提高化肥施用的贡献率；合理调整种植结构，保证农作物的产量；对主要种植作物的施肥进行科学合理的调整。

第三节　果菜茶种植农户有机肥替代化肥分析

一、果菜茶化肥施用现状

以湖北省宜昌市的秭归县和当阳市为例，首先从化肥施用量、施用结构、施用方式等方面对果菜茶不同作物的化肥施用总体情况进行宏观分析，进一步深入了解果菜茶化肥施用过量情况，最后分析不同情境下农户对有机肥替代比例选择的意愿。秭归县和当阳市是百个果菜茶有机肥替代化肥示范县中的柑橘示范县，在落实有机肥替代化肥行动中所采取的措施、手段值得深入挖掘。2017 年 7 月前往湖北省宜昌市的秭归县和当阳市进行调研，共获取有效样本 352 个，其中柑橘 129 个，蔬菜 69 个，茶叶 154 个。

（一）果菜茶化肥施用量

不同作物由于其生长环境、生理特性不同，对化肥需求量也相应存在差异。将亩均化肥施用量按照低于 200 千克、200～400 千克以及大于 400 千克的标准划分出 3 个区间，了解果菜茶 3 种作物亩均化肥施用总量的大致分布情况。其中，柑橘的亩均化肥施用量分布较为均匀，各区间样本数占总样本比例均为 30%左右，但这也反映出一个问题，亩均化肥施用量超过 400 千克的仍占 1/3，可见在柑橘种植过程中化肥大量施用的现象较为严重。相反，蔬菜和茶树的亩均化肥施用量区间分布较为集中，主要是 0～200 千克的区间范围内，其中，蔬菜在该区间的样本比例为 66.67%，茶树在该区间的样本比例为 66.23%，均达到了总样本的 2/3。同时，在亩均化肥施用量大于 400 千克的区间内，样本比例仅为 8.70%和 5.84%，这说明在蔬菜和茶树种植农户中，大量施用化肥的仅占少数。由果菜茶 3 种作物亩均化肥施用量区间分布情况来看，宜昌市秭归县和当阳市的柑橘化肥使用情况最不乐观，蔬菜和茶树相对较好（表 4 - 18）。

表 4 - 18　果菜茶 3 种作物亩均化肥施用量基本情况

亩均化肥施用量	柑橘		蔬菜		茶树	
	样本数（个）	比例（%）	样本数（个）	比例（%）	样本数（个）	比例（%）
0～200 千克	45	34.88	46	66.67	102	66.23

（续）

亩均化肥施用量	柑橘		蔬菜		茶树	
	样本数（个）	比例（%）	样本数（个）	比例（%）	样本数（个）	比例（%）
200～400千克	41	31.78	17	24.64	43	27.92
400千克及以上	43	33.33	6	8.70	9	5.84
平均值（千克）	356.18		187.98		185.69	

果菜茶3种作物亩均化肥施用量的样本平均值能更为直观地反映上述问题，柑橘的亩均化肥施用量的总样本均值为356.18千克，远远超过了蔬菜的187.98千克以及茶树的185.69千克。考虑到不同作物的化肥需求量存在差异，农业产出越高对化肥需求量也就越多。在柑橘、蔬菜和茶叶3种经济作物中，柑橘的亩产要远远高于另外两个，作物本身特性决定了柑橘的亩均化肥施用量较高的特性。

（二）果菜茶化肥施用结构

相较于施肥总量，施肥结构更能反映出农户对果菜茶3种经济作物的施肥偏好和施肥行为习惯。农户在种植不同果菜茶作物时施用的化肥包括氮肥、钾肥、磷肥、复合肥、叶面肥、中微量元素肥等，将农户施用化肥种类情况划分为未施用化肥、施一种化肥、施两种化肥、施三种及以上4类，分布情况见表4-19。

表4-19　果菜茶3种作物施肥种类基本情况

施肥情况	柑橘		蔬菜		茶树	
	样本数（个）	比例（%）	样本数（个）	比例（%）	样本数（个）	比例（%）
未施用化肥	1	0.78	1	1.45	5	3.25
施一种化肥	62	48.06	8	11.59	43	27.92
施两种化肥	42	32.56	23	33.33	94	61.04
施三种及以上	24	18.60	37	53.62	12	7.79

对于柑橘种植户，从未施用化肥的仅为1个，表明极少数人能真正做到不施用化肥。施用一种化肥的样本农户较多，为62个，占总体的48.06%；施用两种化肥和施用三种及以上的也相对较多，分别达到了42个和24个，各占

总样本的32.56%和18.60%。在实际调研中，发现仅施用一种化肥的农户多为施用复合肥，而施用两种及以上的农户则是以复合肥为基础，搭配其他元素肥。

对于蔬菜种植户，从未施用化肥的农户仅为1个。与柑橘种植户不同的是，施用单一化肥的蔬菜种植户也只有8个，占比仅为11.59%；多数农户采用了两种和三种及以上的化肥，样本农户分别为23个和37个，相应占比为33.33%和53.62%。这说明在蔬菜种植过程中，尽管多数农户同样施用了复合肥，但均增施了氮肥、磷肥、钾肥等单一元素肥。在一定程度上反映出，在针对蔬菜化肥减量和有机肥替代的行动中，要注重有机肥与多种化肥的配比使用。

对于茶树种植户，未施用化肥和施用三种及以上的农户相对较少，样本数分别为5个和12个，相应占比为3.25%和7.79%，处于中间段的农户相对较多。其中，施用单一化肥的样本农户有43个，施用两种化肥的样本数更是达到94个，占样本总量的61.04%。

果菜茶3种经济作物的施肥种类基本情况存在一定差异，其区间分布类型也不尽相同。其中，在柑橘方面的施肥种类分布较为均匀，蔬菜方面的施肥种类分布呈现递增趋势，而茶树方面的施肥种类分布则呈现倒U形分布。在了解清楚不同经济作物施肥种类基本情况的基础上，通过分析各化肥施用量占比来进一步掌握施肥结构的具体内容。

以氮肥和有机肥为分析对象，对各化肥施用量占比情况进行分析，相关数据统计如表4-20所示。需要说明的是，存在部分农户未施用氮肥或复合肥，所以比例之和不为1。具体而言，对于柑橘来说，氮肥施用占比低于50%的样本数有123个，样本占比95.35%；而施用复合肥则完全相反，复合肥施用占比超过50%的样本数达到了110个，样本占比为85.27%。可见，在柑橘种植过程中多数农户以施用复合肥为主。对于蔬菜来说，氮肥施用占比低于50%的样本数有57个，样本占比为82.61%，而复合肥施用占比分布较为均衡，低于50%和超过50%的分别占总样本数的57.97%和40.58%。对于茶树来说，氮肥施用占比更为均衡，低于50%和超过50%的分别占总样本数的41.56%和55.19%；在复合肥施用方面，低于50%的样本数相对较多，样本占比达到了72.08%。总的来说，柑橘种植过程中农户更偏向于施用复合肥，茶树种植过程中农户更偏向于施用氮肥，而蔬菜种植过程中农户施肥较为均衡，没有明显的偏向。

表 4-20 果菜茶 3 种作物主要化肥施用占比情况

化肥施用占比		柑橘		蔬菜		茶树	
		样本数（个）	比例（%）	样本数（个）	比例（%）	样本数（个）	比例（%）
氮肥	<50%	123	95.35	57	82.61	64	41.56
	>50%	5	3.88	11	15.94	85	55.19
复合肥	<50%	18	13.95	40	57.97	111	72.08
	>50%	110	85.27	28	40.58	38	24.68

（三）果菜茶化肥施用方式

传统意义上认为，化肥过量使用仅仅是从量上来讨论，单位面积化肥施用过多不仅会造成资源浪费，更可能造成水体污染、土壤板结等众多生态问题。但是，不科学地施肥同样是一种浪费，在某种程度上，正因为施肥方式的不科学导致肥料利用率低下，进而农户不断增加化肥施用量，如此恶性循环使得化肥施用量逐年增加、生态环境日趋恶化。为此，需要深入了解当前农户在果菜茶 3 种经济作物种植过程中对不同作物的施肥方式。根据前期分析结果，氮肥和复合肥是农户种植果菜茶中最常用的两种化肥，因此在施用方式分析时以氮肥和复合肥为主。需要说明的是，对同一种肥料在不同生产阶段可能存在多种施肥方式，所以存在比例之和大于 1 的情况。

柑橘的化肥施用方式如表 4-21 所示。无论是氮肥还是复合肥，条沟状施肥是主要的施肥方式之一，两者的样本数分别达到了 31 个和 85 个，分别占比 56.36%和 67.46%；其次是撒播施肥，对于氮肥的样本数为 28 个，占比为 50.91%，对于复合肥的样本数为 37 个，占比为 29.37%。最后是环状施肥，利用此法施用氮肥和复合肥的样本数分别占比 10.91%和 11.90%。

表 4-21 柑橘种植过程中化肥主要施用方式

种类	施肥方式	样本数（个）	比例（%）
氮肥	撒播施肥	28	50.91
	条沟状施肥	31	56.36
	环状施肥	6	10.91

（续）

种类	施肥方式	样本数（个）	比例（%）
复合肥	撒播施肥	37	29.37
	条沟状施肥	85	67.46
	环状施肥	15	11.90

蔬菜的化肥施用方式如表 4－22 所示。无论是氮肥还是复合肥，几乎所有的样本农户都是采取撒播施肥方式，两者的样本占比分别为 98.31%和 98.44%。高度相似的施肥方式，主要在于小户经营的蔬菜种植户，往往采用最传统的方式。

表 4－22　蔬菜种植过程中化肥主要施用方式

种类	施肥方式	样本数（个）	比例（%）
氮肥	撒播施肥	58	98.31
	茎叶施肥	1	1.69
复合肥	撒播施肥	63	98.44
	茎叶施肥	1	1.56

茶树的化肥施用方式如表 4－23 所示。无论是氮肥还是复合肥，采用最多的是撒播施肥的方式，两者的样本数分别为 97 个和 67 个，占各自样本的 75.19%和 58.26%；其次为条沟状施肥，两者的样本数分别为 36 个和 56 个，占各自样本的 27.91%和 48.70%；最后就是环状施肥和叶面施肥，仅有少数农户采用。

表 4－23　茶树种植过程中化肥主要施用方式

种类	施肥方式	样本数（个）	比例（%）
氮肥	撒播施肥	97	75.19
	条沟状施肥	36	27.91
	环状施肥	2	1.55
	叶面施肥	3	2.33

（续）

种类	施肥方式	样本数（个）	比例（%）
复合肥	撒播施肥	67	58.26
	条沟状施肥	56	48.70
	环状施肥	2	1.74
	叶面施肥	0	0.00

总体而言，柑橘、蔬菜、茶树的施用方式较为相似，撒播施肥仍占据重要地位。虽然撒播施肥方式较为省工省力，但其直接将化肥裸露在地表。在调研过程中也反映出多数农户会选择在下雨前进行施肥，主要目的在于加速化肥的溶解和吸收，但这一施肥习惯也使得化肥极易随雨水流失，造成水体污染。在蔬菜种植过程中采用撒播施肥方式最为普遍，而茶树和柑橘种植农户多会采取条沟状施肥，这也主要考虑到茶树和柑橘种植在山地，坡度较陡，采用条沟状施肥可以在一定程度上避免化肥的流失，相对而言是一种较为可取的施肥方式，在后续有机肥替代技术推广过程中可进一步考虑。

（四）果菜茶化肥施用过量情况考察

1. 化肥施用过量的主观认知分析

农户在推进果菜茶化肥减量与有机肥替代行动中的主体地位和重要作用毋庸置疑，农户的施肥理念和对过量施肥认识水平直接关系到有机肥替代行动的开展。调研中，几乎所有的农户在施用化肥时都是根据自身经验来判断施用量，柑橘、蔬菜和茶树三者相应的样本数分别为 120 个、68 个以及 139 个，分别占比 93.02%、98.55%和 90.26%（表 4 - 24）。不可否认，农户在长期生产经营过程中积累了丰富的经验，对于基本的农业生产要素投入量均有各自的判断，但判断是否科学合理却并未有人考证。相反，在与农户交谈中发现，部分农户对于自身经验的自信程度非常高，甚至当有新技术进行推广时表现出不屑的态度。因此，在开展化肥减量与有机肥替代行动过程中，需要重视农户过度依赖自身经验的情况，这容易导致农户对新技术的接纳程度较低以及较难转变传统的种植理念。

表 4-24 果菜茶化肥施用量判断依据情况

单位：个、%

依据	柑橘		蔬菜		茶树	
	样本数	比例	样本数	比例	样本数	比例
根据说明使用	2	1.55	1	1.45	7	4.55
自身经验判断	120	93.02	68	98.55	139	90.26
参考周边农户	2	1.55	0	0.00	3	1.95
咨询农资经销商	5	3.88	0	0.00	5	3.25

近半数以上的农户认为自家化肥施用水平一般，柑橘、蔬菜和茶树三者相应的样本数分别为 92 个、46 个以及 103 个，各自占比 71.32%、66.67%以及 66.88%。在茶树方面认为自家施肥水平相对较低的共有 20.13%，高于柑橘的 10.08%和蔬菜的 11.6%；与此对应，蔬菜方面有 21.74%的农户认为自家施肥水平相对较高，柑橘方面也有 18.61%的样本农户认为自家施肥水平相对较高。总之，农户对果菜茶 3 种经济作物的化肥施用水平认知处于“中间高、两边低”的正态分布（表 4-25）。

表 4-25 果菜茶化肥施用量相对水平认知

单位：个、%

施用水平	柑橘		蔬菜		茶树	
	样本数	比例	样本数	比例	样本数	比例
非常低	2	1.55	2	2.90	7	4.55
比较低	11	8.53	6	8.70	24	15.58
一般	92	71.32	46	66.67	103	66.88
比较高	23	17.83	14	20.29	20	12.99
非常高	1	0.78	1	1.45	0	0.00

2. 化肥施用相对过量的比较分析

以每个农户亩均化肥施用量与周边地区的平均水平进行比较，实质上是以平均水平为参照，判断每个农户化肥施用是否过量。虽然判断标准存在一定的内生性，即每家每户的化肥施用量决定了平均水平的高低，但考虑到每个农户所种植的果菜茶的品种、树龄、土壤肥力等多方面因素存在较大差异，即使采用标准的亩均化肥施用量作为参照同样存在不准确性。为尽可能减少利用平均数作为参照标准引起的误差，将划分区间细分为低于 80%平均水平、高于 120%平均水平以及处于 80%～120%平均水平共 3 个，柑橘、蔬菜和茶树的化肥施用相对过量情况如表 4－26 所示。从中可以看出，无论是柑橘、蔬菜还是茶树，低于 80%平均水平的样本农户数量都是最多的，分别为 59 个、38 个以及 66 个，分别占比 45.74%、55.07%以及 42.86%，说明在调查样本中近半数的农户在种植果菜茶过程中施肥过量情况相对较好。在与各自高于 120%平均水平的样本数比较后发现，后者样本数均远远小于前者，这也就反映出一个关键性问题，即在柑橘、蔬菜以及茶树中均存在少数农户大量施用化肥的现象，这部分农户极大程度上拉高了总样本均值。这一现象在蔬菜方面显得更为突出，其中处于平均水平 80%～120%的样本数仅为 9 个，而高于 120%平均水平的 22 个农户将低于 80%平均水平的农户整体施肥水平拉高至整体平均水平。总之，以总样本平均水平作为参照标准，柑橘、蔬菜、茶树 3 种作物化肥施用相对过量问题并不是非常严重，但蔬菜相对来说会更严重一些。

表 4－26　果菜茶化肥施用相对过量基本情况

单位：个、%

项目	柑橘		蔬菜		茶树	
	样本数	比例	样本数	比例	样本数	比例
低于 80%平均水平	59	45.74	38	55.07	66	42.86
平均水平的 80%～120%	29	22.48	9	13.04	44	28.57
高于 120%平均水平	41	31.78	22	31.88	44	28.57

二、农户有机肥替代化肥意愿分析

在实际调研过程中，借鉴选择实验法的基本原理和做法，提供了 3 种情境——保证产量、环境保护、生产成本。询问农户“在保持当前农产品产量的前提下，若要实行有机肥替代化肥，您能接受的替代比例”，提供 10%、20%、30%、40%以及 50%共 5 个选项。最高比例设定为 50%是根据自然科学试验结果确定的，尽管在实际调研过程中遇到部分农户表示愿意 100%替代，但从“经济人”角度出发，这一选择并不是有效率的，农户可能更多的是仅从意愿层面考虑。因此，对于选择超过 50%替代比例的农户，均作为 50%

这一选项处理，同样能反映出农户具有较强的有机肥替代意愿。

柑橘方面，在保证产量、环境保护、生产成本3种情境下均有少数农户不愿意进行有机肥替代化肥，各情境下样本数分别为6个、6个以及7个，占比分别为4.65%、4.65%和5.43%。同时，3种情境下选择10%、20%和30%替代比例的农户样本数大体相同，样本占比均为20%左右，但是选择40%和选择50%替代比例的农户样本数则出现两个极端，3种情境下选择40%的农户样本数分别为6个、9个以及12个，而选择50%的农户样本数分别为39个、37个以及23个，这也基本都大于选择较低替代比例的农户样本数。可能的原因是，一旦农户认为施用化肥对环境有较大影响，存在一定的环保意识，在推进有机肥替代化肥行动背景下愿意最大程度进行化肥减量与有机肥替代，而缺乏了解的农户，处于经营风险考虑仅愿意采用较低的替代比例（表4-27）。

表4-27　不同情境下农户对柑橘有机肥替代比例选择的基本情况

单位：个、%

替代比例	保证产量		环境保护		生产成本	
	样本数	比例	样本数	比例	样本数	比例
不愿意	6	4.65	6	4.65	7	5.43
10%	26	20.16	35	27.13	49	37.98
20%	29	22.48	22	17.05	19	14.73
30%	23	17.83	20	15.50	19	14.73
40%	6	4.65	9	6.98	12	9.30
50%	39	30.23	37	28.68	23	17.83

农户对蔬菜有机肥替代比例的选择，在保证产量、环境保护和生产成本3种情境下，与柑橘表现出高度的相似性，大多数农户均选择了10%或50%的有机肥替代比例，其中选择前者的农户样本数分别为24个、33个以及35个，分别占比34.78%、47.83%以及50.72%；选择后者的农户样本数分别为21个、19个以及21个，分别占比30.43%、27.54%以及30.43%。在蔬菜方面，替代比例两极端分布的情况相较于柑橘更为突出，蔬菜作为生长周期较短、一茬一收的经济作物，自然风险抵御能力相对较弱，为此农户在有机肥替代技术选择和有机肥替代比例方面会更加谨慎，一旦操作不当或面临自然风

险，将直接面临农业无收入的困境（表 4－28）。

表 4－28　不同情境下农户对蔬菜有机肥替代比例选择的基本情况

单位：个、%

替代比例	保证产量		环境保护		生产成本	
	样本数	比例	样本数	比例	样本数	比例
不愿意	1	1.45	1	1.45	1	1.45
10%	24	34.78	33	47.83	35	50.72
20%	7	10.14	5	7.25	3	4.35
30%	12	17.39	4	5.80	6	8.70
40%	4	5.80	7	10.14	3	4.35
50%	21	30.43	19	27.54	21	30.43

不同情境下农户对茶树有机肥替代比例选择的基本情况与柑橘和蔬菜所反映出的分布较为类似，同样在 10%和 50%替代比例选择上较为集中，在保证产量、环境保护以及生产成本 3 种情境下，选择 10%替代比例的农户分别为 50 个、54 个以及 67 个，分别占比 32.47%、35.06%以及 43.51%；选择 50%替代比例的农户则分别为 58 个、54 个以及 38 个，分别占比 37.66%、35.06%以及 24.68%。另外，在对 3 种情境下各替代比例选择情况进行对比分析后发现另一个有趣现象，在生产成本情境下选择 10%替代比例的农户样本数明显多于选择 50%替代比例的农户样本数，且在柑橘、蔬菜和茶树 3 种经济作物中都得到了相似的结果。可能的原因是，无论出于什么样的环境和背景下，农户始终作为一个“经济人”，其在农业生产中所做出的选择均出于成本收益角度考虑，在面临生产成本可能增加、而预期收益不确定时，相较于环境保护这一情境，农户在面临生产成本考虑时所做出的选择更加真实（表 4－29）。

表 4－29　不同情境下农户对茶树有机肥替代比例选择的基本情况

单位：个、%

替代比例	保证产量		环境保护		生产成本	
	样本数	比例	样本数	比例	样本数	比例
不愿意	1	0.65	1	0.65	1	0.65
10%	50	32.47	54	35.06	67	43.51
20%	18	11.69	17	11.04	21	13.64

（续）

替代比例	保证产量		环境保护		生产成本	
	样本数	比例	样本数	比例	样本数	比例
30%	19	12.34	16	10.39	15	9.74
40%	8	5.19	12	7.79	12	7.79
50%	58	37.66	54	35.06	38	24.68

三、果菜茶有机肥替代化肥典型案例

（一）山东省招远市

2005年，山东省招远市开始实施农业部测土配方施肥项目。十多年来，随着测土配方施肥项目的层层推进，农技部门探索出一套“施肥结构优化、施肥方式合理、耕地质量提升、农业绿色发展”的推广模式，达到了化肥用量减少，农作物产量增加，品质提高，农民可持续增收的目标。首先，深入推进测土配方施肥、水肥一体化技术项目，增加土壤有机质含量，实现精准施肥减少化肥用量。全市目前测土配方施肥项目已经在粮油作物上实现了全覆盖，在稳定粮油作物的基础上，不断向用肥量大的苹果、葡萄、樱桃、蔬菜等园艺作物扩展。根据全市土壤养分状况、作物需肥规律不断调整施肥配方，适时提出了“控氮、稳磷、增钾，补中微肥料”的施肥方针。在施肥过程中，加大缓控释肥、水溶肥料、生物肥料等新型肥料比例，进一步优化施肥结构，减少化肥用量。先后培育了苹果、葡萄、设施瓜菜、粮食作物等高标准的水肥一体化示范区30多个，较传统方式节水25%～40%、节肥30%～50%、省工80%，氮磷肥利用率提高20%，钾肥利用率提高30%，作物增产15%。其次，推广机械施肥，改变施肥方式，提高肥料利用率减少化肥用量。传统的撒施、浅施方式造成肥料挥发和流失，浪费、污染严重，肥料利用率低，且用工多，工效低，施肥成本高，在经济作物上表现更为突出。2016年招远市成功研制出了新一代果园施肥机，并进行批量生产。该机采用沟施法，施肥深度30～40厘米，可以有机肥、化肥单施，也可以同施，肥料与土壤混合充分，肥料利用率提高20%～30%，有效地减少了肥料用量。最后，建立化肥减量增效的试验示范点，加强农企合作，实现化肥减量与有机肥替代。把农业龙头企业、合作组织和种植大户等新兴农业主体开展的化肥减量基地作为化肥减量增效的试验示范点，以实实在在的应用效果，提高广大农户对化肥减量增效技术的认知程度，引领他们主动应用化肥减量增效技术。同时加强农企合作，加快配方肥的落地。2016 年研发开通八宝灵机线上供肥系统，进一步完善线上与线下多种手段相配合的智能服务体系，购一袋配方肥即可送肥到地，农户只需通过语音选货、订货、购货，48 小时内就能够配送到户到田。

（二）甘肃省敦煌市

2015 年，甘肃省敦煌市拉开了化肥使用量零增长行动序幕。通过测土配方施肥、增施农家肥和农作物秸秆资源化利用等措施，农作物实现亩平均减施化肥 5 千克左右，化肥使用量零增长行动取得切实效果。敦煌市以棉花、葡萄、瓜菜为重点开展化肥减量增效示范，结合项目建设，开展了“万千百示范工程”，采取配方肥补贴，发放有机肥、秸秆腐熟剂等方式，辐射带动全市化肥施用减量增效。开展测土配方施肥整建制推进行动，指导农户科学合理施肥，优化肥料结构，减少不合理用肥。开展了“一机一屏进店”行动，建成智能配肥站，生产销售配方肥超过 150 吨，为核心示范区免费发放配方肥 17 吨。推进水肥一体化技术，实现精准施肥，提高肥料利用率。推广增施有机肥、减少化肥用量技术。全年发放有机肥 400 吨、秸秆腐熟剂 200 吨以上，应用面积 0.4 万公顷，全市以葡萄、瓜菜为主的经济作物有机肥施用率达 85.2%，棉花、玉米秸秆粉碎腐熟还田应用率达 80%。

第五章

推进农村人居环境整治

党的十九大提出实施“乡村振兴”战略，确定了包括“生态宜居”在内的二十字总要求。改善农村人居环境，建设美丽宜居乡村是实施乡村振兴战略的重要任务之一，事关全面建成小康社会，事关广大农民根本福祉。近年来，各地区各部门大力推进农村基础设施建设和城乡基本公共服务均等化，农村人居环境建设取得了显著成效，但与全面建成小康社会的要求和农民群众的期盼还有较大差距，仍然是经济社会发展的短板。因而应进一步完善农村生活垃圾处理方式与政策，创新优化人居环境治理路径，探索科学合理的农村居民点整理方式，顺应广大农民过上美好生活的期待，加快补齐人居环境突出短板，为如期实现全面建成小康社会目标打下坚实基础。

第一节　加快农村生活垃圾处理

一、农村生活垃圾处理的现状与难点

农村垃圾是指农村居民生产生活过程中所产生的、被认为失去价值而将其倾倒或丢弃在农村某一公共场地的综合废弃物，可分为生产性垃圾和生活性垃圾两大类。前者主要包括种植业垃圾（如秸秆、地膜、农药化肥包装等）、养殖业垃圾（主要指畜禽粪污等）、工业垃圾、医疗垃圾和建筑垃圾等。后者主要是指在农民的日常生活中或者为日常生活提供服务的活动中所产生的各种废弃物，包括废纸、塑料制品、厨房垃圾等。经过多年的长期积累，农村生活垃圾已经形成了巨大的存量规模，对农村生活质量造成了明显的影响。

（一）农村生活垃圾排放特点

相较于城镇垃圾，农村生活垃圾的排放具有不同的特点。农村生活垃圾的排放量、排放结构一般受当地自然条件、经济发展水平等多种因素综合影响，且随着经济社会发展，农村生活垃圾呈现出了排放量增长、构成更为复杂且结构趋于城镇地区的特点，对农村地区垃圾治理提出了更高的要求。

1. 垃圾排放量上升，增长速度加快

相较于城镇地区，农村地区以往因经济水平较低、村民居住相对分散，加之生活垃圾中厨余物主要用作饲料，回收利用率较高，对环境产生的影响也较小，导致农村生活垃圾问题一直没有得到足够的重视。然而，近年来随着我国农村地区快速发展，城镇化进程加快，农村地区兼业经营现象增加，农民生活水平提高，农村生活垃圾排放量也不断上升①。蒋晓琴认为我国目前农村每人每天产生的垃圾量为 0.92 千克，全国农村每年生活垃圾排放量约为 3 亿吨，且城乡生活垃圾排放量正以 8%～10%的速度持续增长②。此外，随着农民兼业经营行为增加，农村地区厨余垃圾将更加难以寻找消化途径，因此，农村生活垃圾排放问题需引起高度重视。

2. 农村生活垃圾构成比例发生改变

一方面，由于农村经济发展水平不断提高，农民生活质量提高导致消费结构改变，另一方面，随着近年来城镇地区产业结构升级调整，愈发重视生态环境的保护，越来越多的企业开始由城镇向农村转移，同时，企业转移带来劳动力向农村地区的回流，大量工业品的出现也改变了农民消费结构，进而影响到了农村生活垃圾的构成，使其构成趋于复杂化，传统的厨余垃圾、畜禽粪污等比重下降，塑料、纸张包装物数量上升，其构成逐步与城镇垃圾构成趋同，随着垃圾构成比例的改变，农村地区传统的垃圾处理方式也需要随之改变。

3. 农村生活垃圾的组成受地域因素影响

总体而言，农村生活垃圾的组成因各地自然环境、经济发展水平、消费结

---

① 武攀峰，崔春红，周立祥，李超，农村经济相对发达地区生活垃圾的产生特征与管理模式初探——以太湖地区农村为例，农业环境科学学报，2006（01）：237－243。

② 蒋晓琴，探讨农村生活垃圾处理措施，科技风，2015（08）：122－123。

构等因素的不同而存在差异，目前我国农村生活垃圾的产生呈现明显的地域特征，这种特征既表现在发展较强区域与发展较弱区域之间的垃圾产生量方面的差异，也体现在南方与北方的生活垃圾组成方面的差异①。根据王俊起等人对各地农村垃圾排放量的调查显示，北京地区农村生活垃圾人均日排放量约为1.5～3.0千克，浙江地区人均日排放量约为1.19千克，而青海省最高为1.5千克，最低为0.2千克②。

4. 垃圾处理水平差异大

就全国范围来看，经济发展水平较高的东部地区，生活垃圾集中处理的比例也较高，设置垃圾收集点的行政村覆盖比例达82%，进行集中处理的行政村占比68%；东北和中部地区位居其次，有50%的行政村设置了生活垃圾收集点；而西部地区不论在农村生活垃圾的收集还是处理上都显得相对滞后③。自然地理因素以及公共服务投入力度不足等原因均导致农村在生活垃圾处理方面与城镇地区有较大差异。

（二）农村生活垃圾处理现状与难点

农村生活垃圾处理是制约农村经济社会发展的历史性“老大难”问题，长年累积使问题愈发凸显，形成了一系列亟待破解的难点与障碍，集中表现为制度性障碍、技术性障碍、习惯性障碍和执行性障碍四大方面，具体涉及农村居民认识水平与传统习惯的难点与障碍、农村生活垃圾处理资金支持的难点与障碍、农村生活垃圾处理基础设备的难点与障碍和农村生活垃圾处理运行机制的难点与障碍等。

1. 农村居民认识水平与传统习惯的难点与障碍

（1）知识水平较低。相较于城市居民而言，农村居民受教育年限较短、相关知识缺乏，对农村生活垃圾处理具有明显的阻碍作用。虽然随着国家义务教育的大力推进，农村人均受教育水平取得明显成效，但与城市居民相比仍有较大差距；更为重要的是，垃圾分类相关知识并未被视为农村居民生产生活所必

---

① 李栋，我国农村生活垃圾处理现状及其发展趋势，科技视界，2016（07）：262-263。

② 王俊起，王友斌，李筱翠，等，乡镇生活垃圾与生活污水排放及处理现状，中国卫生工程学，2004（04）：12-15。

③ 许增巍，姚顺波，苗珊珊，意愿与行为的悖离：农村生活垃圾集中处理农户支付意愿与支付行为影响因素研究，干旱区资源与环境，2016，30（02）：1-6。

须了解的“知识”，因而掌握的情况更差。

（2）观念习惯落伍。农村居民对生活垃圾的处理方式一贯采取“随意处理”的方式，门前屋后都是可以选择的地方，离家较远的道路边、溪水边、山脚下都是更佳的理想之地，因此，现实中农村生活垃圾处理的起步阶段，往往会出现把垃圾桶当作晾晒或储存所需家用工具的情况，且在较短时间内无法转变。

（3）操作难度较大。农村居民思想意识的落后与保守，以及“贪小便宜”的心理，使得农村生活垃圾处理推广存在一定难度，集中表现为农村居民的参与意愿不强、搭便车心理较为普遍、实质参与率较低，且在这一过程中缺乏相应的领头人或引路人等现实问题，加之农村居住较为分散、垃圾种类繁杂的情况，农村生活垃圾操作处理难度重重。

2. 农村生活垃圾处理资金支持的难点与障碍

（1）资金渠道单一。农村垃圾成分日趋复杂，环境成本不断加大，治理负担越来越重，仅依靠政府拨款的财政支持和专口管理显得有些不足，公共环境卫生设施难以满足农村居民实施生活垃圾处理，提升生活环境质量的要求。特别是现有财政资金以补贴建设为主，难以对运营进行持续投入，造成农村垃圾处理资金投入缺乏长效性和可持续性。这种重规划、重建设和轻运行意识导致部分环境卫生设施流于形式、形同虚设、不能真正发挥作用。

（2）资金规模偏小。在单一依靠政府财政投入且财力有限的背景下，农村生活垃圾处理的专项资金规模较小，即使加上其他综合性资金中的生态环境经费，也是捉襟见肘。特别是相关基础设施建设后长期运营所需的资金规模庞大，政府财力远远无法满足这一需求。

（3）结构差异较大。进一步来看，目前农村生活垃圾处理的财政资金主要依靠地方政府，区域经济发展水平差异及由此造成各地财政能力的差异，对不同区域农村生活垃圾处理的进展和成效带来巨大影响。

3. 农村生活垃圾处理基础设备的难点与障碍

（1）设备总体不足。农村生活垃圾处理起步晚、基础弱，最明显的表现为垃圾分类收集处理的设施设备明显不足。比如，很多农村没有分类的垃圾投放设施，没有单独或联合建立垃圾处理站或处理中心，远距离清运垃圾的专业车辆也十分缺乏。

（2）设备适应性存疑。目前农村生活垃圾处理大多学习和参考城市生活垃圾处理方式，设施设备也是如此。但农村生活垃圾的种类和质量与城市存在明显差异，简单套用城市设施设备在农村并不“好用”。最明显的例子是：城市公共区域垃圾桶设计大多是“可回收”和“不可回收”二合为一，但要区分清楚两者存在一定的难度，对农村居民来说问题更加突出，需要调整和改进。

（3）信息化手段运用不足。随着信息化时代的到来，以互联网、物联网为代表的智能化工具越来越普及。农村地区网络的普及程度也越来越高，但农村整体的信息化和智能化水平还较落后，农村生活垃圾处理在这方面基本处于空白状况，“互联网＋”等现代先进工具都未尝试使用。

4. 农村生活垃圾处理运行机制的难点与障碍

（1）各主体合力尚未形成。农村生活垃圾分类处理工作总体处于刚刚起步阶段，不少地方政府属于因上级要求而“积极推动”；农村居民基本处于比较被动或消极对待的状况，比如，拿了分类投放的垃圾桶后并未有效利用起来，垃圾清倒方式依旧；市场力量在政府政策尚未放开和自身对市场持观望心态的双重作用下并未有效介入，导致农村生活垃圾处理的合力尚未形成。

（2）与地方发展配套尚未形成。农村生态环境改善与农村地方发展存在正向互促作用，环境改善能推动地方发展，地方发展能支持环境改善。从现实情况看，目前农村生活垃圾处理还处于需要地方“单向付出”的阶段，与地区发展、产业项目的协同度低，循环经济远未形成。

（3）不少可用因素尚未调动。农村生活垃圾处理涉及面广，可利用的因素较多，但目前尚未对这些因素形成有效的挖掘和开发。比如，如何发挥村干部、党员组长、收集员的示范引领，如何利用学校、妇联（妇女干部）、志愿者、企业等社会组织，如何应用手机、微信、广播、电视等媒体平台，如何引导成立相应的合作社或企业进入等，这些因素都有待于进一步开发利用。

二、农村生活垃圾处理障碍分析

（一）居民个体特征对生活垃圾处理行为影响分析

农村居民是否选择环保型行为处理生活垃圾，不仅受个人特征、环保认知、家庭特征等内部环境因素的影响，还受到行政村所处的地理位置和环境、管理制度与管理行为等外部环境因素的影响。因此，农村居民对垃圾的处理方式选择可以看作是农村居民在特定的环境场景下理性选择的结果。

1. 农户的环保认知与态度

计划行为理论认为，人的意识影响态度，态度决定行为。农村居民对环境污染的认知、对待环境保护的态度，将直接影响其生活垃圾处理行为。64.41%的被调查者认为农村生活垃圾污染现象严重，且应该受到政府的重视，说明农村居民的环保认知意识逐渐提高。68.10%的被调查者清楚知道乱倒垃圾对环境的危害，说明农村居民的环保意识也逐渐提高。而对垃圾分类来说，仍有部分农村居民表示没有听说过，不了解什么是垃圾分类。超过70%的农村居民对目前生活垃圾治理的情况表示满意，说明近些年来农村生活垃圾治理成效逐渐凸显，基本达到村民的期望水平（表5-1）。

表5-1 调查对象的环保认知与态度

变量	变量分类	频数	百分比	变量	变量分类	频数	百分比
生活垃圾污染现象是否严重	严重，应该受到重视	105	64.41%	是否知道垃圾分类	是	104	63.80%
	不严重	58	35.58%		否	59	36.20%
是否了解乱倒垃圾对人类和环境的危害	了解	111	68.10%	生活垃圾治理满意度	满意	126	77.30%
	不了解	52	31.90%		不满意	37	22.70%

村庄生活垃圾处理公共服务供给情况是影响农村居民生活垃圾处理行为的重要外部因素。12.89%的村民表示所在的行政村没有垃圾收集设施，特别是像内蒙古达茂联合旗所在的畜牧业与农业并行行政村，垃圾收集基础设施十分稀少或是没有。由此可知，加大垃圾收集设施供给量是当前农村生活垃圾治理的首要任务。拥有就近的垃圾收集设施为人们进行垃圾集中处理提供了便利，能有效激励环保型垃圾处理行为的产生。调查显示，最近的垃圾收集设施距离村民步行1分钟内的占16.56%，距离路程为步行2～3分钟的占44.79%，路程4～5分钟的占11.04%，垃圾收集设施清理频率以0～3天/次为主，比较符合农户需求的清理频率。4～7天清理一次和一周以上才清理一次的比例分别达到25.15%、15.95%，甚至仍有部分垃圾桶无人清理垃圾，说明农村生活垃圾的及时清理存在较大问题。所调查行政村的村民反映本村垃圾集中处理目前是免费的，清理费用全由政府或者村集体负担（表5-2）。

表 5-2　调查区域的生活垃圾处理公共服务情况

变量	变量分类	频数	百分比	变量	变量分类	频数	百分比
所在村是否有公用垃圾收集设施	是	142	87.12%	是否有生活垃圾方面的宣传	是	40	24.54%
	否	21	12.89%		否	123	75.46%
最近的垃圾收集设施离你家的距离为步行几分钟	1分钟内	27	16.56%	垃圾桶清理频率	0～3天	69	42.33%
	2～3分钟	73	44.79%		4～7天	41	25.15%
	4～5分钟	18	11.04%		7天以上	26	15.95%
	5分钟以上	27	16.56%		无人清理	23	14.11%
	本村没有垃圾收集点	17	10.43%				

2. 变量选取

通过梳理总结前人研究成果，结合实地调研中了解的情况，假定农村居民是否选择环保型处理方式受个人特征、个人环保认知、村庄生活垃圾处理公共服务3个维度因素的影响，并选取以下指标来具体体现：①个人特征维度因素包括被调查者的性别、年龄、受教育程度、健康状况、家庭年收入；②个人环保认知维度因素包括生活垃圾污染现象是否严重、是否了解乱倒垃圾对人类和环境的危害、是否知道垃圾分类、对当地生活垃圾治理情况的满意度；③生活垃圾处理公共服务维度因素包括所在村是否有生活垃圾收集设施、离你家最近的垃圾收集设施的距离（步行时间）、离你家最近的垃圾收集设施的清理频率（天/次）、是否有生活垃圾方面的宣传。

将“回收再利用和堆放垃圾在政府指定的固定地点”归为环保型行为，“随意倾倒、焚烧处理、填埋”归为非环保型行为。因此，“农村居民处理生活垃圾的行为是否为环保型行为”是因变量，并定义该变量只有两个值，“1”表示环保型行为，“0”表示非环保型行为。自变量的选择如表5-3所示。

表 5-3　自变量及其赋值

分类参照	自变量	变量赋值
个人特征	性别	0=女，1=男
	受教育程度	0=未上过学，1=小学，2=初中，3=高中和中职，4=大专，5=本科及以上

（续）

分类参照	自变量	变量赋值
个人特征	年龄	0=21～30 岁，1=31～40 岁，2=41～50 岁，3=51～60 岁，4=60 岁以上
	健康状况	0=较差，1=一般，2=良好
	家庭年收入	0=5 000 元以下，1=5 000～10 000 元，2=1 万～2 万元，3=2 万～3 万元，4=3 万～5 万元，5=5 万元以上
个人环保认知	垃圾治理满意度	0=不满意，1=满意
	生活垃圾污染现象是否严重	0=不严重，1=严重
	是否了解乱倒垃圾对人类和环境的危害	0=不了解，1=了解
	是否知道垃圾分类	0=不了解，1=了解
生活垃圾处理公共服务	所在村是否有生活垃圾收集设施	0=没有，1=有
	离你家最近的垃圾收集设施的距离（步行时间）	0=1 分钟内，1=2～3 分钟，2=4～5 分钟，3=5 分钟以上，4=本村没有垃圾收集点
	离你家最近的垃圾收集设施的清理频率（天/次）	0=0～3 天，1=4～7 天，2=7 天以上，4=无人清理
	是否有生活垃圾方面的宣传	0=否，1=是

3. 实证结果与分析

运用 SPSS 16.0 统计软件对调查的 163 户农户的横截面数据，采用向后筛选法进行了 Logistic 回归处理。首先将所有变量引入回归方程，然后进行回归系数的显著性检验，在一个或多个 t 检验值不显著的变量中，将 t 值最小的那个变量剔除，然后再重新拟合回归方程，并进行各种检验，直到方程中变量回归系数的 t 值基本显著为止。从估计结果看，各模型 Nagelkerke R^2 值说明模型对数据拟合较好，模型通过剔除不显著的变量，最终得到最佳估计效果——模型 10。将影响农户选择环保型处理方式的因素归纳为表 5 - 4。

农村居民受教育程度、家庭年收入、是否了解乱倒垃圾对人类和环境的危害、所在村是否有垃圾收集设施、距垃圾收集设施的距离、是否对垃圾处理现状满意 6 个变量的系数在 5%的统计检验水平上显著，是影响农村居民选择环保型处理行为的重要因素。

表 5-4 模型回归结果

	模型 1			模型 10		
	回归系数	Wald 值	Exp (B)	回归系数	Wald 值	Exp (B)
常数项	−1.624	0.845	0.197	0.287	0.060	1.332
性别 X_1	0.962	3.239	2.617	—	—	—
年龄 X_2	−0.441	2.818	0.643			
受教育程度 X_3	0.454	1.914	1.575	0.509	4.554	0.601
家庭年收入 X_4	−0.397	4.786	0.672	0.312	3.997	0.732
健康状况 X_5	0.513	1.362	1.670	—	—	—
生活垃圾污染现象是否严重 X_6	−0.772	2.034	0.462	—	—	—
是否知道垃圾分类 X_7	0.220	0.115	1.246	—	—	—
有分类习惯 X_8	−0.809	0.800	0.445	—	—	—
支持垃圾分类 X_9	0.577	0.423	1.781	—	—	—
是否了解乱倒垃圾对人类和环境的危害 X_{10}	0.991	3.407	2.695	0.968	4.445	2.633
是否有生活垃圾方面的宣传 X_{11}	0.152	0.055	1.164	—	—	—
所在村是否有生活垃圾收集设施 X_{12}	2.013	9.518	7.483	2.251	12.989	9.494
离你家最近的垃圾收集设施的距离 X_{13}	−0.500	6.694	0.607	−0.386	5.105	0.680
离你家最近的垃圾收集设施的清理频率 X_{14}	0.014	0.005	1.014	—	—	—
垃圾治理满意度 X_{15}	1.838	11.034	6.282	1.467	9.215	4.336
Nagelkerke R^2		0.473			0.409	

(1) 农村居民受教育程度是影响其选择环保型处理行为的因素之一。从模型结果看，居民受教育水平变量的系数在5%统计检验水平上显著，回归系数较高，且符号为正。这说明，在其他条件不变的情况下，村民受教育程度越高，其处理生活垃圾越有可能采取环保的方式，这一结果符合预期，且由于回归系数较高，说明农村居民受教育程度对其是否采用环保行为有重要的影响作用。

(2) 家庭年收入也是影响农村居民选择环保型处理行为的因素之一，家庭收入变量的系数在5%统计检验水平上显著，且符号为正。这说明，在其他条件不变的情况下，村民的家庭收入越高，处理生活垃圾时采取环保行为的概率越大。

（3）了解乱倒垃圾对人类和环境的危害正向影响农村居民选择环保型处理行为，即农村居民关于环保方面的信息了解得越全面，越有可能采取环保型处理行为。

（4）所在村是否有垃圾收集设施是显著影响农村居民环保行为的因素，增加农村垃圾处理设施后，环保型垃圾处理行为发生的可能性将显著提高。因此，发放公用垃圾桶、修建垃圾池是缓解农村生活垃圾污染问题的必要条件。

（5）距垃圾收集设施的距离负向影响农村居民选择环保型处理行为，即居民离垃圾收集设施越远，越不愿意花费时间和精力往远处的设施运送生活垃圾。因此，在发放公用垃圾桶，修建垃圾池时应充分考虑当地的地形和地貌特征，建立符合农村实际的收集、转运和处理模式。

（6）农村居民对垃圾处理现状是否满意也是影响环保型处理行为选择的重要因素，只有当地的环境干净整洁，农村居民对环境感到满意，才会从内心保护环境。因此，政府要引导和鼓励农户从自身做起，保护环境，并结合相关的环保类宣传有效引导人们选择环保型垃圾处理行为。

综上所述，农村居民是否选择环保型垃圾处理行为受多方面因素的影响，其中有6方面因素影响最显著，按其作用由大到小排序依次为：所在村有垃圾收集设施、对垃圾处理现状满意、了解乱倒垃圾对人类和环境的危害、农村居民受教育程度、距垃圾收集设施的距离和家庭年收入。因此，在进行农村生活垃圾治理的过程中，必须充分重视主要影响因素的作用，优先在这些方面采取整治措施，促使治理工作取得事半功倍的效果，实现公共资源配置的效益最大化。

（二）农村生活垃圾处理技术对农村生活垃圾处理的影响分析

目前，专门针对农村生活垃圾的处理技术很少，比较常用的就是堆肥技术和厌氧产沼技术，此外，某些经济发达地区采用卫生填埋技术和焚烧处理技术。一些生活垃圾处理新技术如热解气化和低温裂解等，在技术手段和设备方面仍需要进一步熟化。此外，农村生活垃圾处理技术应用的软条件如市场主体、政策扶持、监管体系等也不成熟。因此，需要加大对农村生活垃圾处理技术研发、熟化、推广应用以及配套设施建设的支持力度。主要垃圾处理技术及介绍见表5-5。

表 5-5 垃圾处理技术对比

技术名称	适用垃圾种类	优点	缺点	建议
厌氧堆肥技术	有机垃圾	简单易用，运行成本低，利用程度高，减少化肥使用量	肥效差，养分含量低，运行时间长，易产生二次污染，经济效益低	适用范围广，特别适合家中饲养禽畜的农户
好氧堆肥技术	有机垃圾	堆肥效果更好，周期更短，基本不会产生二次污染	投资和运行成本较高，堆肥设备尚需完善	适合经济发达地区，利用财政资金统一在各村建设好氧堆肥站
厌氧产沼技术	有机垃圾	产生的沼气可以再利用，实现垃圾的资源化与减量化	需要已有沼气设施	适合秸秆资源丰富的地区，配合秸秆综合利用
卫生填埋技术	各类生活垃圾	投资和运行成本低，方法简单，无须分类，处理量大	对浸出液和沼气的收集、处理要求高，若处理不当，会产生有毒物质二次污染；而且填埋占据大量的空间和土地	经济发达地区可以乡镇为中心进行集中卫生填埋；其他地区可以县或市为中心进行集中卫生填埋
焚烧处理技术	各类生活垃圾	对固体垃圾的处理效率较高，可消灭各种病原体，将有毒有害物质转化为无害物，实现减量化和无害化；而且焚烧热能可以再利用	建设成本很高，要求垃圾分类；需要对焚烧产生的大量有害气体进行收集，以免污染空气	宜采取城乡一体化处理模式，即将农村生活垃圾纳入城市垃圾处理体系中，进行统一焚烧处理
垃圾分类与综合利用技术	各类生活垃圾	垃圾分类与综合利用是实现生活垃圾资源化、减量化的最重要手段，投资小，占地少	需要严格执行垃圾分类，对农户的教育成本和组织成本高	一方面增加垃圾分类的普及教育和激励，另一方面配套简单易用的垃圾分类回收设施
衍生燃料技术	以可燃物为主体	垃圾被粉碎混合均匀，燃烧完全、均匀，热值大，产生的有害气体和固体烟雾少；可供发电或供暖	要求垃圾分类，技术和设备尚待改进	进一步完善技术和设备

（续）

技术名称	适用垃圾种类	优　点	缺　点	建　议
热解气化技术	有机垃圾	实现垃圾无害化、减量化和资源化，有效克服焚烧处理产生的空气污染问题	能源消耗量大，需要组织集中处理	宜采取城乡一体化处理模式，垃圾分类后进行统一转运和处理
低温裂解技术	有机垃圾	实现垃圾无害化、减量化和资源化，建设和运行成本相对较低	技术和设备尚待改进	进一步完善技术和设备

（三）管理水平对农村生活垃圾处理的影响

随着经济的快速发展，农村生活垃圾越来越多，因此如何无害化处理生活垃圾成为目前亟待解决的关键问题。农村垃圾处理问题，已经成为村镇环境治理、统筹城乡一体化发展和全面建成小康社会的瓶颈，要实现全国农村环境综合整治“十三五”规划建设目标，须执果索因，有效贯彻和实施农村生活垃圾相关的环保政策及财政政策。

1. 吉林省榆树市农村生活垃圾处理

为落实和贯彻改善农村人居环境工作四年行动计划的要求，吉林省榆树市于2017年启动了农村生活垃圾治理工作。工作的重点任务主要为：第一，科学编制农村垃圾治理专项规划及年度工作方案。重点是确定垃圾处理目标及技术路线，选择合适的垃圾收运处理模式和处理工艺，测算建设运行经费，落实责任和保障措施。第二，建立城乡环卫一体化工作体系。乡镇按服务人口0.3%左右的标准配备保洁人员，村庄配备环卫协管员或者保洁员，组建稳定的农村保洁队伍。第三，推行农村垃圾分类减量处理。农村垃圾应根据成分和处理方式的不同，实行分类后就地减量处理。重点引导农户参与干湿分类，让易降解的厨余垃圾堆肥返田，一般垃圾进入垃圾收运处理系统，建筑垃圾和毒性垃圾不得进入生活垃圾收运处理系统。第四，全面治理农村生活垃圾。根据垃圾处理设施的服务范围以及村庄分布科学选择处理模式和工艺，推进非正规生活垃圾堆放点的排查和治理以及加快垃圾收集处理设施建设。

在被调研的4个行政村中，部分行政村已作为试点建立堆肥场，实现了垃圾分类收集、集中沤肥、统一还田的新型处理模式，并对广大村民进行保护环境教育，使得试点乡镇的环境污染治理工作朝着健康有序的方向发展。但在城乡环卫一体化工作体系建设和农村垃圾分类减量处理方面仍存在许多不足。垃圾收集基础设施建立不到位，且不能保证每个村庄配备相应的保洁员，导致垃圾清运不及时。此外，农民群众的生产生活习惯仍然没有较大的转变，大部分农户仍不能对生活垃圾进行粗分类，废纸、塑料、玻璃、金属、破布等可再生利用垃圾，缺乏回收设施。

目前，榆树市的部分农业行政村已探索和创新了新的农村环境治理模式，但在管理方面仍存在以下三点不足。第一，基础服务供给不足，垃圾收集点多为露天状态，且设施数量不足、垃圾清理频率不及时，服务分布不合理。第二，农村垃圾分类减量处理制度仍未建立，几乎所有的农村生活垃圾的收运模式都为混合收集方式，增加了后续的收集和处理难度，农村生活垃圾的运输大多由乡镇政府负责，在运输过程中采用敞篷式运输，必然造成二次污染。第三，农民的环境保护意识淡薄，生活习惯尚未改变，露天焚烧秸秆和农业塑料薄膜的现象十分常见，在生产生活中随意丢弃垃圾，对于污染后的生存与发展缺少危机感。

2. 河南省新乡市农村生活垃圾处理

为解决农村生活垃圾乱堆乱倒问题，结合新乡市实际状况，河南省新乡市政府制定了农村生活垃圾处理相关实施意见，主要开展了以下五项重点工作：第一，编制专项规划。按照城乡一体、区域统筹、设施共享的原则，建立健全覆盖全域城乡一体的农村生活垃圾收运处理体系，并鼓励各乡镇采取政府购买服务的形式，引入第三方公司，完成卫生保洁、垃圾收集、转运处理等工作。第二，建立村庄保洁制度。按照不低于行政村总人口数0.2%的标准配备保洁人员。明确保洁员和设施设备管理人员工作职责、范围、标准等要求。同时通过修订完善村规民约、与村民签订门前三包责任书等方式，明确村民的保洁义务。第三，推进生活垃圾源头减量。按照减量化、资源化和无害化原则，全面推进农村生活垃圾分类就地减量，降低收运处理的整体运行成本，引导和鼓励农户首先进行简单分类。有毒有害垃圾要单独收集，相关废物处理中心按照有关规定进行处理。第四，建立健全农村生活垃圾收运处理体系。统筹考虑村庄分布、经济条件等因素，建立符合农村实际的收集、转运和处理模式。严禁露天焚烧垃圾，严禁未经防渗处理随意填埋垃圾，并在各村庄建设生活垃圾集中收集点或配备密闭式收集箱，逐步改造或停用垃圾池等敞开式收集场所和设施，根据生活垃圾的产生量、收集点容量等情况合理确定清运频率。第五，清理陈年垃圾。重点清理宅院房前屋后、田间地头、坑塘沟渠、河边桥头、道路两侧等地方堆弃的陈年垃圾，达到“三无一规范一眼净”（村庄无垃圾堆放、无污水横流、无杂物挡道，日常生产生活物品堆放规范，道路两侧环境干净）的标准。

通过对河南省新乡市 4 个农业行政村进行走访和调查可以发现，新乡市农村垃圾处理情况相对较好，市政府在农村生活垃圾处理方面投入了大量的资金并给予了政策上的支持。被调研的行政村中，基本所有的行政村内都有相隔不远的垃圾箱，且垃圾箱的清理频率基本为 1～2 次/天，从源头上保证了行政村的卫生。但在对固体废弃物处理方式及生活垃圾分类方面仍存在较多不足。农业生产废物特别是废弃农药瓶随手丢弃在田间地头的现象尤为严重，在农田附近缺乏相应的固体废弃物回收的基础设施。对生活垃圾分类方面，由于缺少相应的有毒有害垃圾处理设施，大量有毒有害垃圾随着其他垃圾一起处理，不仅对环境产生了较大的危害，也增加了垃圾处理员的工作量。此外，在对陈年垃圾清理方面也存在一些不足，部分村庄在村口和村边公路旁仍有垃圾带存在，陈年垃圾并不能得到及时的清扫及处理。

综上所述，对于河南省新乡市的农业行政村来说，农村生活垃圾的管理基本按照相关政策执行，村庄保洁制度基本建立，能够保证生活垃圾定期的收集和清运。但在生活垃圾源头减量方面仍存在许多问题。第一，垃圾分类收集制度尚未建立，特别是对于严重污染物，如废电池、农药瓶等缺少相应的基础设施，导致村镇垃圾混合收运，使得村镇垃圾无害化处理难度大。第二，目前大多数农村生活垃圾处理方式主要是简单的转移填埋、粗放式堆肥、焚烧和随意倾倒，收运模式普遍为“村收集、镇运输、县（区）处理”，虽然有部分乡镇在政府补贴和优惠政策的指引下，建立了定点收集池或收集房，然而垃圾清运和处理设施简易，二次污染现象严重，生活垃圾处理处置技术应用率低下，缺乏创新型技术。第三，随着经济水平的提高，村民的环保观念不断增强，但大部分村民群众思想观念和生产生活习惯转变不够，仍旧存在随手乱扔垃圾，不把垃圾堆放到政府指定地点的现象，因此，破解“垃圾围村”困境，光靠政府投入还不够，还应引导社会积极参与，形成一股合力。农村垃圾从随意扔到自觉放，群众共建、共护、共享是不可忽视的关键。

3. 内蒙古包头市达茂联合旗农村生活垃圾处理

由于包头市农牧区占有较大的比重，包头市政府办公厅为加快推进农村牧区垃圾治理，提高农村牧区垃圾减量化、资源化和无害化水平，全面改善农村牧区人居环境，制定了相关的生活垃圾处理政策。对农村牧区生活垃圾处理的工作任务分为五步。第一，结合实际情况制订农村牧区垃圾治理试点工作方案。第二，建立城乡环卫一体化的工作体系。组建稳定的农村牧区保洁队伍，按保洁责任区域和保洁质量要求实施严格监管，确保达到垃圾“日产日清”。第三，加快城乡垃圾处理设施建设，逐步淘汰露天垃圾池、垃圾房等非密闭性垃圾收集场所和设施。第四，开展存量垃圾集中整治。集中力量彻底清理存量垃圾，清除卫生死角。第五，积极探索垃圾治理的新模式、新机制。研究农村牧区垃圾分类和资源回收的经济激励办法，鼓励优先利用农家超市、再生资源回收点等现有设施，鼓励有条件的地方通过向社会购买服务的方式，把环卫作业中的经营性服务项目推向市场，按保洁面积或实际工作量选择专业保洁队伍。

由于受到地理位置和经济条件的限制，农村地区基础服务供给不足。近一半的行政村没有公共的垃圾收集设施，且垃圾清运频率较低，导致垃圾箱附近垃圾堆积成山，无人清理状态维持的时间较长，畜禽粪便较多地堆积在道路旁边，严重污染生活环境。村庄内没有建立统一的堆肥场，而是由农户在家门口小规模堆肥，缺乏相应的技术手段，不仅达不到预期效果还污染当地环境。目前尚未有稳定的农村保洁队伍，垃圾清运频率也无法保证“日产日清”。此外，垃圾收集基础设施数量不足，无法保证每个村内都有公共的垃圾收集设施。政府重视程度不够，政府相关环保部门对于农村生态环保理念的宣传相对较少，大部分农村居民环保意识较差。基础设施不到位，由于受到农村经济和地理条件的限制，大多数农村居民把垃圾无序地倒在路边和大坑里，目前的“村收集、镇运输、县（区）处理”的垃圾收集模式需要大量的人力、财力投入，并需依托完善的配套设施，造成该模式在使用过程中建设投入较高、实施过程中运行成本昂贵。因此，人口分散型村镇的垃圾收运不及时，垃圾带大量出现。

三、我国农村生活垃圾处理的政策设计

国家治理目标绘就了农村生活垃圾处理蓝图，也为农村生活垃圾处理行业发展带来重大机遇。“十三五”时期是全面建成小康社会决胜阶段，亦是全面

改善农村人居环境的机遇期。国家“十三五”规划纲要提出，开展农村人居环境综合整治行动，同时国家及各地方政府相继出台一系列关于农村生活垃圾处理的政策，这些政策取得了一定的成效，但也存在一些问题。

（一）我国农村生活垃圾处理相关政策现状

目前我国已建立了以《中华人民共和国环境保护法》为核心的环境保护法律制度体系，当前涉及农村环境保护的法律有《土地管理法》及其实施细则、《城乡规划法》、国务院发布的《关于加强乡镇、街道企业环境管理的规定》和国家环境保护局等部门发布的《关于加强乡镇企业环境保护工作的规定》等。另外，还有关于农业环境保护的法律法规，主要包括《中华人民共和国环境保护法》《中华人民共和国农业法》《基本农田保护条例》。但关于农村生活垃圾处理的立法制度还不健全，目前主要有《国家农村小康环保行动计划》和《农村生活污染防治技术政策》（表 5－6）。

表 5－6　国家关于农村生活垃圾处理的相关政策

相关政策	相关内容
《中华人民共和国环境保护法》	为保护和改善环境，防治污染和其他公害，保障公众健康，推进生态文明建设，促进经济社会可持续发展制定的国家法律
《关于加强乡镇、街道企业环境管理的规定》	根据本地资源情况、技术条件和环境状况，全面规划，合理安排，因地制宜地发展无污染和少污染的行业；凡是排放工业“三废”及产生噪声污染的乡镇、街道企业，要按照国务院相关规定，征收排污费等
《关于加强乡镇企业环境保护工作的规定》	大幅度提高乡镇企业污染防治能力，根本扭转乡镇企业对环境污染和生态破坏加剧的状况
《中华人民共和国农业法》	为了巩固和加强农业在国民经济中的基础地位，深化农村改革，发展农业生产力，推进农业现代化，维护农民和农业生产经营组织的合法权益，增加农民收入，提高农民科学文化素质，促进农业和农村经济的持续、稳定、健康发展
《基本农田保护条例》	规定了农田保护实行全面规划、合理利用、用养结合等方针，对基本农田实行特殊保护，促进农业生产和社会经济的可持续发展
《国家农村小康环保行动计划》	明确了建设任务，开展农村生活垃圾收运—处理系统示范建设

（续）

相关政策	相关内容
《农村生活污染防治技术政策》	鼓励生活垃圾分类收集，设置垃圾分类收集容器；砖瓦、渣土、清扫灰等无机垃圾，可作为农村废弃坑塘填埋、道路垫土等材料使用；对无法纳入城镇垃圾处理系统的农村生活垃圾，应选择经济、适用、安全的处理处置技术；城镇周边和环境敏感区的农村，在分类收集、减量化的基础上可通过“户分类、村收集、镇转运、县（市）处理”的城乡一体化模式处理处置生活垃圾；有机垃圾宜与秸秆、稻草等农业废物混合进行静态堆肥处理，或与粪便、污水处理产生的污泥及沼渣等混合堆肥；亦可混入粪便，进入户用、联户沼气池厌氧发酵

2009年环保部发布《中国环境状况公报》，其中大力推进“以奖促治”政策。在中央政府的财政支持下，各地区结合当地的实地情况，陆续推出了一大批农村生活垃圾的防治措施，形成了值得借鉴的农村生活垃圾的清运模式。如浙江省金华市的垃圾分类模式，以美丽乡村、生态县市、新农村建设和“五水共治”等为依托，通过“两次四分”的垃圾分类方法、“垃圾不落地”的转运方法以及“阳光堆肥房”的就地资源化处理利用方式[①]，有效地改善了当地农民的生活居住环境。如表5-7所示，目前大部分地区都颁布了农村生活垃圾处理的相关政策，主要针对垃圾分类、陈年垃圾的处理、垃圾处理设施的完善及垃圾收运体系的完善等，有效解决了农村生活垃圾污染问题。

表5-7　部分地区关于农村生活垃圾处理的相关政策

地区	相关政策	主要内容
西安	《西安市改善农村人居住环境工作实施方案》	主要针对农村生活垃圾分类、生态补偿、城乡环卫一体化、垃圾收费等，通过细化各项法规政策统筹规划垃圾收运、处理设备设施和工程项目
浙江	《住房城乡建设部关于推广金华市农村生活垃圾分类和资源化利用经验的通知》	主要推进农村生活垃圾分类和资源化利用

① 赖亚萍．西安市农村生活垃圾治理现状及发展方向研究［J］．环境与可持续发展，2017，42(05)：169-171.

（续）

地区	相关政策	主要内容
吉林	《吉林省改善农村人居环境工作四年行动计划（2017—2020年）》	主要针对农村道路、饮水安全、危房改造、垃圾整治、粪便处理、厕所改造及秸秆利用等
河南	《关于全面推进农村垃圾治理的实施意见》	主要针对建立村庄保洁制度、推进垃圾源头减量及建立健全农村生活垃圾收运处理体系等
内蒙古	《农村牧区垃圾治理实施方案》	积极开展垃圾分类减量，重点引导农牧民的厨余垃圾堆肥返田；建立垃圾收集、转运系统；开展存量垃圾集中整治等
湖南	《湖南省农村垃圾专项治理实施方案（2016—2020年）》	科学选定垃圾处理模式，全力推行垃圾分类减量，加强村庄收集清运设施建设，加强乡镇中转处理设施建设，推进农业生产废弃物资源化利用，规范处置农村工业固体废物和危险废物，完善再生资源回收利用体系，清理陈年垃圾，建立保洁长效机制
湖北	《关于开展农村生活垃圾治理创建“美丽家园、清洁乡村”活动的实施意见》	推行垃圾分类、村组保洁机制建立；完善垃圾收运体系；培养县级稳定的、合格的农村垃圾运营管理队伍

（二）我国农村生活垃圾处理政策存在的问题

垃圾集中处理作为一项公共物品，长期以来主要由政府提供。近年来农村生活垃圾总量不断攀升，作为垃圾供给服务主体的政府，财政压力不断增大。与此同时，新农村建设不断推进，建设整洁新农村的呼声不断高涨，农村生活垃圾处理中的问题不断凸显出来。

1. 农村生活垃圾处理的相关法律不完善

目前我国相关法律制度中并没有较为综合的农村环境保护的法律规定。已有法律未能将农业环境与农业自然资源保护协调起来，更没有针对农村垃圾污染环境防治的具体办法。因此，在今后及一段时期内，立法部门应逐步完善农村环境保护法律体系，建立健全农村垃圾处理法律制度。

2. 垃圾处理模式僵化，缺乏创新型技术

各村镇地区由于经济发展水平、人口密度、地理环境、能源结构等方面存在差异，不同地区村镇生活垃圾产生量也相差较大，而大部分村镇地区均采取

“村收集、镇运输、县（区）处理”的垃圾收集模式，该模式在部分农村地区使用过程中缓解了生活垃圾收运处理问题，但是，针对相对封闭、交通不便、人口分散型村镇，该模式需要大量人力、财力投入，并需依托完善的配套设施，造成该模式在使用过程中建设投入较高、实施过程中运行成本昂贵。因此，导致人口分散型村镇的垃圾收运不及时，垃圾带大量出现。

3. 政府供给能力较低，基础设施建设落后

自取消农业税以来，我国步入了后农业税时代。财权上移、事权下移。乡镇政府不再拥有征收农业税费的权力，丧失了增收渠道，财政基础越发薄弱，进一步导致乡镇政府供给公共产品的物质基础缺乏。而当前我国农村经济生活水平较之城市仍较低，大多数村级组织无法自己负担生活垃圾集中处理费用。乡镇政府作为农村生活垃圾供给服务的主体，仅靠上级划拨资金或财政转移支付，无法填补本地公共服务缺口。

4. 村镇垃圾混合收运，无害化处理设施缺乏

大部分村镇的垃圾收运方式仍以混合收运为主，村镇垃圾无害化处理难度大、设施缺乏，大多数村镇垃圾收运处理设施简陋，达不到无害化处理要求。收运后的垃圾在没有任何防渗措施条件下进行简易填埋处理；可就地利用的餐厨废弃物、农业废弃物、园林垃圾和灰土，大量混入生活垃圾中，造成了农村生活垃圾产生量逐渐提高，不仅对资源造成浪费，而且给周边环境和居民健康带来潜在危害。

5. 村民委员会控制力减弱，农户环保意识缺乏

村民委员会（简称村委会）是农户自治的主体，理应是村庄开展生活垃圾集中处理服务的组织者。在农业税时期，村干部拥有征收钱粮税费的职责，在村庄当中拥有较高权威。目前，村干部工资主要由国家财政转移支付，具有了一定的行政化色彩。从“管理者”更多地转变为“服务者”角色，导致村干部在村内公共产品推进方面缺乏内在动力。与此同时，由于农户不再需要缴纳税费，亦无须受到村干部管制，导致村干部在处理村内公共事务时，即使有心，也因为实质上的控制力减弱，导致村委会在农村生活垃圾处理服务方面，始终无法发挥较大作用。

（三）我国农村生活垃圾处理的政策建议

农村生活垃圾处理必须建立在健全的法制基础之上，完善的法律法规是农村生活垃圾处理最为有效的保障。首先要解决的问题是对生活垃圾的减量化立法控制，从源头上控制和减少农村生活垃圾的产量。同时，通过立法明确各参与主体在进行农村生活垃圾处理时应当承担的法定职责，在有法可依的基础上提高执法能力，对落实情况进行高效监督。

1. 健全环保法律法规，明确责任主体

充分发挥法律的约束作用，通过立法的形式明确规定垃圾处理各个责任主体的权利与义务。一是国家层面应该通过立法形式明确规定市、县、乡镇各级部门在农村环保中的责任归属。同时，基层政府（乡镇）应该根据本地区的实际情况出台农村生活垃圾防治单行条例，为农村垃圾处理提供可操作性的法律导向。二是把农村自治组织和村民纳入法律体系之中，给予村委会自主制定村规民约和管理本村环境的权力，同时规定村民也可自主选择垃圾处理公共产品；另外，还要在生活垃圾的收集、清运、处理过程中，对各责任主体的权利和义务做出明确规定，确保各司其职，搞好农村生活垃圾处理工作。三是用法律手段硬性要求农村生活垃圾不能随意倾倒，引导村民自觉遵守垃圾处理法规。

2. 建立合理的农村生活垃圾费用分担机制

实地调研发现，当前农村生活垃圾处理资金面临投入不足且来源较单一的问题，主要依靠基层政府投入，村委会出资较少，而村民作为垃圾的直接生产者却不承担处理费用，因此导致村民参与生活垃圾处理的意愿不高。因此可通过基层政府资金的投入带动村民自治组织按比例投入，同时进一步鼓励村民合理地承担垃圾处理费用，建立合理的农村生活垃圾费用分担机制，为农村垃圾处理提供资金支持，确保农村生活垃圾处理工作的顺利进行。

3. 建立基础设施有效供给机制

一方面，侧重扶持农村垃圾处理设施建设，并在垃圾处理设施的规划和选址过程中本着便民的原则，科学设立垃圾箱，保证设备的有效利用。另一方面，要建立自下而上的环保设施供给机制。基层政府应多听取村民意见，结合村民的需求，合理提高农村生活垃圾处理公共产品的覆盖率，充分调动村民的积极性。

4. 建立农村生活垃圾分类处理机制

首先，公众媒体应加大对农村生活垃圾分类意愿的宣传，同时村委会可发放垃圾分类的宣传单，举办垃圾分类的宣讲活动等，提高农民垃圾分类的意识。其次，在垃圾分类的初期，应简化垃圾分类的方法，鼓励村民将生活垃圾按照厨余垃圾、可燃垃圾和不可燃垃圾三种类型进行简单的分类。最后，完善分类垃圾桶、垃圾沤制池、垃圾收集与运输设施、垃圾终端处理设备等的建设。

5. 加强农村环保宣传教育

村民由于居住环境闭塞和文化程度低的局限性，一般缺乏科学的生态意识和环保意识，导致村民不能意识到焚烧和随意堆放垃圾带来的严重危害。所以，政府应该利用好电视、新闻等媒体结合环保节日，对村民进行生活卫生知识和环境保护知识的宣传和教育，促使农村社会能够全面形成良好环保氛围。

第二节　农村人居环境质量评价与优化

一、农村人居环境发展现状

（一）农村环境卫生发展状况

环境卫生是反映农村人居环境好坏最为重要的一项指标之一，通过在华北农村地区的环境卫生调查发现：第一，农民生活用水条件基本改善，自来水普及率较高。从农民饮用水状况来看，使用公用自来水和入户自来水的农户合计占比为 94.82%，采用池塘水、井水等其他方式获取饮用水的比重仅占到样本农户总量的 5.18%。98.50%的农户表示使用村里提供的自来水十分便利，98.53%的农户认为现有饮用水水量充足，可以随时使用。43.41%的农户认为饮水质量很好，39.11%的农户认为饮用水质量一般。但有 17.47%的农户认为现有的饮水质量较差，进一步调查发现，水质差的主要原因在于水垢较多，水质不干净，水里有沙子、有不好的味道、附近有化工厂污染等问题（表 5-8）。

表 5-8　农户生活用水状况

农户生活用水状况	变量界定	样本量（个）	占比（%）
家庭饮用水来源	公用自来水	225	30.65
	入户自来水	471	64.17
	其他来源（包括池塘水、井水、窖水等）	38	5.18
使用村里提供的自来水是否方便	否	11	1.50
	是	720	98.50

（续）

农户生活用水状况	变量界定	样本量（个）	占比（%）
饮用水量是否充足	否	11	1.47
	是	735	98.53
饮用水质量	差	130	17.47
	中	291	39.11
	好	323	43.41

数据来源：通过调查问卷数据统计整理而来。

第二，农村生活污水处理较为缓慢。从农户生活污水的处理情况来看，35.46%的农户通过下水管道来排放生活污水，27.76%的农户通过家中渗井来排放生活污水，但随意排放和直接排放到院外沟渠的农户占比分别为19.79%和13.94%。随意排放污水不仅会影响村容村貌，也会对农村地区地下水源、土壤等造成二次污染，不利于农村人居环境的改善（表5-9）。

表5-9　农户生活污水处理情况

农户生活污水排放情况	变量界定	样本量（个）	占比（%）
家庭生活污水排放	下水管道	267	35.46
	排到家中渗井	209	27.76
	随意排放	149	19.79
	院外沟渠	105	13.94
	其他	23	3.05

数据来源：通过调查问卷数据统计整理而来。

第三，农村厕所仍以旱厕为主，改厕工程有序进行。从厕所使用与改造情况来看，农村居民使用室外旱厕居多，占49.67%，19.26%的调查农户家中拥有室外水冲式厕所，29.22%的调查农户家中安装了室内水冲式厕所。从厕所改造情况来看，64.28%的调查农户对家中厕所进行了改造，其中69.42%的农户表示获得了国家的“厕所工程”改造补贴，华北农村地区农村厕改工程正在有序进行。但仍有近30%的农户表示虽然厕所进行了改造，但并未得到任何政府补贴（表5-10）。

表 5－10　农户厕所使用与改造情况

农户厕所使用与改造情况	变量界定	样本量（个）	占比（%）
农户家庭厕所设施	室外旱厕	374	49.67
	室外水冲式厕所	145	19.26
	室内水冲式厕所	220	29.22
	无厕所	2	0.27
	其他	12	1.59
村里是否进行厕所改造	是	484	64.28
	否	263	34.93
	不知道	6	0.8
若已改造，是否享受政府补贴	是	336	69.42
	否	141	29.13
	不清楚	7	1.45

数据来源：通过调查问卷数据统计整理而来。

第四，生活垃圾处理逐步得到改善，部分生产垃圾处置仍不当。由表 5－11 可知，从垃圾处理情况来看，近一半（占 49.42%）的被调查农户对农药包装、塑料薄膜等生产性垃圾给予了相对正确的处理，他们或送到村里指定的地点由村里集中收集或自己卖掉；66.62%的被调查农户会将生活垃圾送到垃圾堆放点，23.50%的被调查农户会定点堆放生活垃圾；78.18%的农户表示村里有专门负责垃圾清运的环保工作人员，89.51%的农户表示村里有专门的垃圾收集设施，53.39%的农户表示村里的垃圾清运及时。

表 5－11　农村生产生活垃圾处理情况

农村垃圾处理状况	变量界定	样本量（个）	占比（%）
	农户自己垃圾处理情况		
农药包装、塑料薄膜处理	任意丢在田间地头	198	28.53
	就地填埋	49	7.06
	就地焚烧	52	7.49
	送到村里指定地点，等人来收	296	42.65
	卖掉	47	6.77
	其他	52	7.49

（续）

农村垃圾处理状况	变量界定	样本量（个）	占比（%）
生活垃圾处理	随意丢弃	64	8.54
	定点堆放	176	23.50
	送到垃圾堆放点	499	66.62
	其他	10	1.34
	村内垃圾处理情况		
村里垃圾处理	不处理	59	7.92
	村里集中堆放	116	15.57
	堆放后集中填埋	116	15.57
	运到村外处理	448	60.13
	其他	6	0.81
村内及周围是否有专职环境卫生工作人员	否	163	21.82
	是	584	78.13
村里垃圾收集点设施状况	有垃圾收集设施（垃圾桶、垃圾箱、垃圾池、垃圾坑等）	674	89.51
	无垃圾收集设施	76	10.09
	其他	3	0.40
村里固定的垃圾收集点是否有人清运	没人清理	63	9.09
	有人清运，但不及时	260	37.52
	清运及时	370	53.39

数据来源：通过调查问卷数据统计整理而来。

但同时要注意到，仍然有近一半的被调查农户（43.08%）会将农药包装、塑料薄膜任意丢弃在田间地头，或就地焚烧，或随便用土浅盖了事。仍然有近10%的农户随意丢弃生活垃圾；7.92%的农户表示村里不进行垃圾处理，21.82%的农户表示村里缺乏专职环保人员处理垃圾问题，10.09%的农户表示农村垃圾收集点什么设施都没有，直接乱堆乱放，9.09%的农户表示农村垃圾点垃圾成堆，无人处理。

（二）农村居民住宅发展状况

农村居民住宅状况的好坏直接与农村居民的生产生活水平紧密相连，是反映我国农村地区人居环境好坏的另一项重要指标。从华北农村地区的调研数据来看，87.05%的调查农户住宅为砖瓦房，94.69%的农户住房为1层，华北地区的农村居民仍然保持了传统的住宅样式，以砖瓦房为主。农户住房的建筑面积多数在101～200平方米，占到总样本量的43.63%，人均建筑面积达到51.90平方米，多数农户对老旧住房进行了翻新改造，93.49%的农户对自家住房的居住面积表示满意和非常满意。华北农村住宅存在的主要问题是缺乏统一规划，布局不尽合理，存在私搭乱建现象（表5-12）。

表5-12 农户住宅情况调查数据

农户住宅情况	变量界定	样本量（个）	占比（%）
主要住宅类型	土房	25	3.34
	砖瓦房	652	87.05
	混凝土房	70	9.35
	其他	2	0.27
楼层	1层	695	94.69
	2层及以上	39	5.31
建筑面积	100平方米以内	218	29.54
	101～200平方米	322	43.63
	200平方米以上	198	26.83
人均建筑面积（平方米）		51.90	

数据来源：通过调查问卷数据统计整理而来。

（三）农村家庭能源使用结构情况

清洁能源的使用不仅有利于解决农村地区的能源短缺问题，而且有利于减少传统能源对农村生活环境的污染，对于促进农村地区人居环境的改善具有重要意义。调研发现，如表5-13所示，在华北地区许多农户采用煤气、液化气和电来做饭、烧水等，分别占到被调研农户的51.93%、15.93%和29.22%，同时仍然有17%的农户使用柴草、木炭和煤炭等传统能源，这些传统能源的大量使用会破坏生态环境并容易引起农村地区人居环境的恶化。相对而言，沼气和太阳能等清洁能源在华北地区农村的使用则十分少见。在当前华北地区环境污染较为严重的大背景下，优化农村的家庭能源使用结构，加快清洁能源的使用是一个迫切需要解决的问题。

表 5-13　农户家庭能源使用情况

	变量设置	样本量（个）	占比（%）
家中采用何种方式做饭烧水（可多选）	柴草	82	10.89
	木炭	34	4.52
	煤炭	12	1.59
	煤气	391	51.93
	液化气	120	15.93
	天然气	30	3.98
	电	220	29.22
	沼气	4	0.53
	太阳能	0	0.00

数据来源：通过调查问卷数据统计整理而来。

（四）农村基础设施发展状况

农村基础设施建设对于农村经济、社会发展发挥着重要的支撑作用，也是农村人居环境的一个重要组成部分。在对华北农村地区的调研过程中，主要涉及道路交通和农田水利设施两项最为重要的基础设施①。

从道路交通的调研数据来看（表 5-14），94.02%的农户表示进城方便，96.28%的农户表示到集贸市场方便，87.12%的农户表示乘坐公交车方便；85.40%的农户认为村内的道路质量中等偏上，90.58%的农户认为进村的道路质量中等偏上。这表明华北农村地区道路交通设施相对较好，但在道路管理维护上相对差一些，近 20%的农户表示村内道路无人维护管理。

从农田水利设施的调查数据来看，58.43%的农户仍然采用传统的灌溉方式，以沟灌、淹灌和漫灌为主，24.70%的农户采用较为先进的现代化灌溉方式，这部分农户多集中在北京地区。87.98%的农户认为现有的农田水利设施可以满足需求，93.13%的农户认可现有农田水利设施的建设工程质量，90.87%的农户认为农田水利设施维修管理状况中等偏上。目前华北农村地区农田水利设施建设方面所面临的主要问题还在于设施较为传统老化，存在着浇

① 垃圾处理设施、污水排放设施等其他设施在环境卫生内容中得以体现。

灌不够均匀、浪费水资源的问题。在严重缺水的华北地区加快改进和提升传统灌溉方式和设施是一项亟待完善的工作。

表 5-14　基础设施情况

农村基础设施	变量设定	样本量（个）	占比（%）
进城是否方便	否	45	5.98
	是	708	94.02
到常去的集贸市场是否方便	否	28	3.72
	是	725	96.28
乘坐公交车是否方便	否	97	12.88
	是	656	87.12
村内道路质量	差	110	14.61
	中	323	42.90
	好	320	42.50
进村道路质量	差	71	9.43
	中	316	41.97
	好	366	48.61
村内道路管理维护	差	145	19.26
	中	331	43.96
	好	277	36.79
农田水利灌溉方式	传统灌溉（沟灌、淹灌、漫灌）	440	58.43
	现代化灌溉（微喷灌、滴灌、渗灌等）	186	24.70
	不种地或不灌溉情况	127	16.87
现有的农田水利设施是否能够有效浇地、排水	否	79	12.02
	是	578	87.98
农田水利设施建设工程质量	差	45	6.85
	中	306	46.58
	好	306	46.58
维修管理状况	差	60	9.13
	中	310	47.18
	好	287	43.68

数据来源：通过调查问卷数据统计整理而来。

（五）农村公共服务发展状况

农村的教育、文化、医疗诊所及日常购物便利程度能够在很大程度上反映出农村居民日常生活的便捷程度以及农村宜居程度和公共服务水平的高低，是农村人居环境的重要组成部分。从华北农村地区的调查数据来看（表 5－15），54.61％的农户表示村里没有小学，由于“撤点并校”的缘故许多村小学已经被撤掉，村里的学龄儿童必须到距离较远的乡镇或其他村去上学，存在着诸多实际困难和问题。尽管农村文化活动广场大都已经建设并投入使用（占到 91.71％），但仍然有 21.24％的农户表示村里很少举办文化娱乐活动；55.36％的农户表示村里没有或者不知道有图书室，很少阅读。仍然有 11.82％的农户表示村里没有诊所，看病需要到较远的镇上或县城，在局部农村地区存在着医疗供给服务的缺失和不足问题。

表 5－15　社会服务与社会关系

教育、文化及社会服务	变量设定	样本量（个）	占比（%）
村里是否有小学	否	411	54.61
	是	342	45.39
村里文化活动广场或中心个数	0 个	70	6.51
	1～2 个	656	87.12
	3～4 个	27	3.59
村里是否经常组织文化娱乐活动	否	160	21.24
	是	593	78.76
村里图书室个数	没有或不知道	417	55.36
	1～2 个	336	44.62
村里卫生诊所个数	0 个	89	11.82
	1～2 个	574	76.23
	3 个以上	90	11.95

数据来源：通过调查问卷数据统计整理而来。

二、农村人居环境质量评价体系构建

构建农村人居环境指标体系的目的在于有效评价当前农村人居环境现状，监测和揭示在区域发展过程中制约农村社会经济发展和影响环境的因素，分析各种影响因素产生的原因，以期引导政府因地制宜地制定地区农村发展政策。农村未来发展的方向在于缩小城乡差距，实现新型城镇化，因而农村人居环境的发展必须放在新型城镇化的大背景和前提下进行。

（一）评价指标设计原则

农村人居环境是个结构复杂、内涵丰富的庞大系统，各子系统之间既相互独立，又相互作用并且相互间存在输入输出关系。从单个人居环境指标来看，以新型城镇化为背景，农村人居环境指标筛选既要考虑新型城镇化对于农村经济环境各方面发展的要求，又要考虑农村人居环境自身的特点，同时还应该考虑指标数据的可获取性与可操作性以及数据的区域性特征等。从整个人居环境指标体系来看，农村人居环境指标体系应体现农村实际情况的方方面面，即具备综合性、全面性、系统性等。综上，要建立一套系统、可操作性强的农村人居环境指标体系，应遵循以下原则：

1. 以人为本原则

新型城镇化是中国城乡建设与发展的大目标和大环境，实现城乡统筹发展，涉及经济、文化、社会、生态等方方面面，归根结底，就是要坚持以人为本的原则，注重城乡“人”的发展。人居环境的核心就是人，“人居环境的科学就是普通人的科学”。随着时代的发展和人民生活观念的转变，人居环境的内涵不再局限于居民的居住条件、生态环境，更涉及公共基础设施与公共服务等公共人居环境，不仅要注重城乡居民居住环境外观上的改变，更要注重质的发展以及人的进步发展。也就是说，新型城镇化建设与人居环境发展二者在根本上是统一的，即其目标都是实现以人为本的发展。因而，坚持以人为本的原则，是构建新型城镇化背景下农村人居环境指标体系最基本与最根本的要求。

2. 经济与环境和谐发展原则

当前农村正在大力发展经济，然而随着落后淘汰产业向农村转移，农村生态环境遭到破坏，反过来又制约了农村的进步。经济发展是农村人居环境可持续发展的物质保障，而环境保护则是经济发展的前提。经济的发展不能以牺牲环境为代价，农村人居环境发展也不能以破坏生态环境为代价。农村人居环境指标不仅要反映保护农村自然环境和生态环境的生态观，更要体现经济与环境和谐发展的可持续发展观。坚持经济发展与环境保护和谐发展的原则，有利于建立体现科学发展观的农村人居环境指标体系，反映农村建设实现内涵式发展的需求。

3. 数据易获取性与可操作性原则

农村人居环境指标是衡量和评价农村人居环境质量的基本数据，指标数据应当遵循数据的可获取性与可操作性原则，尽可能选用国家或地方统计部门和业务部门的规范数据，避免使用不常用、难于统计的数据，指标的标准化、规范化有利于保证评价指标体系的实用性及评价结果的客观性。在构建评价指标体系的过程中，必须考虑到指标数据的可操作性，即是否易于统计，如运用SPSS等数据处理软件进行数据处理；指标应简明扼要，表达规范，即指标应简单、容易理解，不宜长篇赘述，内容复杂；指标数据统计标准应一致，互相之间具备可比性。

4. 系统性原则

农村人居环境评价指标体系是一个有机整体，它应该体现出系统性原则。系统性原则的内涵包括：首先，就整个评价指标体系而言，必须考虑与农村人居环境相关的方方面面和农村实际情况，即指标体系具有系统性和全面性；其次，农村人居环境指标体系的子系统、分类及具体指标应该体现层次性、指标相对完备等原则；最后，指标体系中各项指标一方面互相独立，但另一方面应当互为补充，形成有机组合，因而指标选择应遵循综合性原则。

（二）评价指标体系构建

遵循上文所述农村人居环境评价指标设计、选取原则，结合新型城镇化“城乡统筹，生态宜居，和谐发展”“着眼农民，涵盖农村，实现城乡基础设施一体化与公共服务均等化”“促进经济发展，实现共同富裕”等要求，考虑指标的客观规范性与数据的易获取性，首先初步筛选能反映农村人居环境的指标，形成包含经济发展环境、基础设施环境、公共服务环境、生态环境、社会和谐环境5个子系统共计39项指标。其次，运用德尔菲法邀请环境科学、社会学、政治学、管理学等不同领域7位专家为39项指标重要程度打分（5分表示非常重要，4分表示重要，3分表示一般，2分表示不太重要，1分表示不重要）。根据两轮打分结果计算各项指标平均分，原则上剔除均分低于3分的指标，即不太重要与不重要的指标，但由于指标体系的系统性要求和对研究重点的把握，部分低分指标仍得以保留，共剔除4项指标。最后，运用主成分分析法对35项指标进行筛选，替换两项指标。

最终建立如下指标体系（表5-16）：

表 5-16　农村人居环境质量综合评价指标体系

系统层	子系统层	分类层	指标层
农村人居环境评价指标体系	经济发展环境（B_1）	收入水平（C_1）	人均 GDP（D_1）
			农林牧渔业总产值（D_2）
			农民人均纯收入（D_3）
		消费水平（C_2）	农村居民人均现金支出情况（D_4）
			农村居民家庭人均食品支出（D_5）
		城镇化水平（C_3）	各市城镇人口比重（D_6）
			第三产业从业人员比重（D_7）
			农村非农户固定资产投资完成额（D_8）
	基础设施环境（B_2）	居住（C_4）	农村非农户住宅投资完成额（D_9）
			城镇居民家庭人均居住支出（D_{10}）
			农村居民家庭人均居住支出（D_{11}）
		交通（C_5）	通汽车村数量（D_{12}）
			农村每百户年底生活用汽车拥有数（D_{13}）
		供水供电（C_6）	农村自来水受益村数（D_{14}）
			乡村居民生活用电量（D_{15}）
		信息通信（C_7）	通电话村数量（D_{16}）
			各市农村邮递线路长（D_{17}）
	公共服务环境（B_3）	教育（C_8）	农村小学在校学生数（D_{18}）
			乡镇高中在校学生数（D_{19}）
		医疗（C_9）	农村居民家庭人均医疗保健支出（D_{20}）
			各市乡镇卫生院病床使用率（D_{21}）
			乡村医生和卫生员数（D_{22}）
		社会保障（C_{10}）	新型农村合作医疗参合率（D_{23}）
			农村低保人数（D_{24}）
			各市基本养老保险可用结余资金（D_{25}）
		娱乐休闲（C_{11}）	农村人均文教、娱乐用品及服务支出（D_{26}）
	生态环境（B_4）	绿化面积（C_{12}）	森林覆盖率（D_{27}）
			各市造林总面积（D_{28}）
		污染及治理（C_{13}）	废水治理设施数（D_{29}）
			农用化肥施用量（D_{30}）

（续）

<table>
<tr><th>系统层</th><th>子系统层</th><th>分类层</th><th>指标层</th></tr>
<tr><td rowspan="5">农村人居环境评价指标体系</td><td rowspan="2">生态环境（B_4）</td><td rowspan="2">环境卫生（C_{14}）</td><td>农村卫生厕所普及率（D_{31}）</td></tr>
<tr><td>各地区人均水资源量（D_{32}）</td></tr>
<tr><td rowspan="3">社会和谐环境（B_5）</td><td>基层组织建设（C_{15}）</td><td>各市乡镇数量（D_{33}）</td></tr>
<tr><td rowspan="2">社会稳定（C_{16}）</td><td>乡村从业人员数（D_{34}）</td></tr>
<tr><td>城镇登记失业率（D_{35}）</td></tr>
</table>

（三）评价方法遴选

农村人居环境系统是一个存在诸多要素的复杂系统，用统计方法研究多变量问题时，多变量会增加计算量和增加分析问题的复杂性。为研究方便，我们运用主成分分析法对农村人居环境区域差异进行评价。主成分分析也称主分量分析，旨在运用降维的思想，把多指标转化为少数几个综合指标。在农村人居环境指标体系中，每个变量都在不同程度上反映了所研究问题的某些信息，并且指标之间彼此有一定的相关性，将相关性较高的变量转化成彼此相互独立或不相关的变量，通常是选出比原始变量个数少，能解释大部分资料中变量的几个新变量，即所谓主成分，并用以解释资料的综合性指标。

（四）全国农村人居环境质量定量评价

在综合评价全国农村人居环境时，根据专家打分结果对各分类层对应子指标进行排序，提取高分指标（4 分及以上指标），从《中国统计年鉴 2014》《中国农村统计年鉴 2014》中选取较能代表上述主要因素的指标变量进行主成分分析，既能有效避免数据过于冗杂影响数据处理结果，又能较好评价全国农村人居环境发展状况。对全国农村人居环境指标原始数据和主成分结果进行分析，以主成分综合得分为划分标准，可将全国不包括西藏和港澳台地区的 30 个省份农村人居环境综合发展水平划分为高、较高、中、低 4 个级别。

（1）高级发展区。高级发展区是指农村人居环境指标综合得分高于 0.5 的省份。全国农村人居环境高级发展区包括浙江、上海、北京、江苏、广东、山东，其农村人居环境主成分综合得分均高于0.5，尤其是浙江、上海、北京等地的农村地区，综合水平高达1.106、1.03、1.016，远高于全国平均水平，是全国农村人居经济发展、民生状况、农村公共服务环境等全面发展的示范区。高级发展区省份大部分位于我国东部沿海地区，其经济发达，基础设施完备，社会保障健全，居民生活水平高。高级发展区省份农村人居环境发展各方面表现较为均衡，各主成分得分大部分相差不大，其中尤以浙江省为甚，各主成分得分均高于1。但是不难看出，上海和北京两市在第一、三主成分与第二主成分得分差异较大，其第二主成分得分低于全国平均水平，生态环境较差。北京、上海两市经济高速发展，也造成生态环境恶化，需投入更多精力治理环境问题，做到农村人居环境各方面均衡发展。

（2）较高级发展区。较高级发展区是指农村人居环境指标综合得分高于全国平均水平（>0），低于高级发展区水平（<0.5）的省份，主要有福建、河北、辽宁、天津、湖北、湖南、安徽。这7个省份大部分位于我国中部地区，农村人居环境综合水平高于全国平均水平，农村人居环境发展较好。具体来讲，天津、福建、辽宁等地在第一主成分上有较大载荷，表明其经济发展状况、民生状况以及农村公共服务状况发展较好，河北、湖南、安徽、湖北等地在第二主成分表现较好，表明其农村基础设施较为完善，生态环境保护意识较高。福建、湖北、湖南等地社会保障水平较高。较高级发展区农村人居环境发展存在不少短板。如河北、湖南、安徽等地经济发展水平低于全国平均水平，农村公共服务不到位；福建、辽宁等地公共基础设施有待完备，同时应注意环境保护；天津等地急需健全社会保障制度。较高级发展区农村人居环境发展策略应为保持优势，“补缺补差”。

（3）中级发展区。中级发展区是指农村人居环境综合得分高于−0.55低于0的省份，具体包括江西、山西、广西、河南、吉林、黑龙江、重庆、陕西、海南、四川、内蒙古、贵州、云南、宁夏、新疆等地。这些省份大部分位于我国中西部地区，农村人居环境发展均低于全国平均水平，部分地区存在优势，如吉林省第一主成分得分高于全国平均水平，河南、广西、四川等地在第二主成分上得分较高，表明其农村基础设施较为健全，生态环境保护良好，贵州、宁夏、云南等地社会保障尤其是养老保障制度普及较好。除此之外，中级发展区大部分省份农村人居环境发展各方面均有待进一步提升，在把握全局的基础上抓重点建设，如河南、重庆等地应加大力度整治环境，加大社会保障力度；云南、贵州应着重经济发展建设，注重公共服务发展，关注民生等。

（4）低级发展区。低级发展区是指农村人居环境主成分综合得分低于−0.55的省份，主要有甘肃、青海两省，其农村人居环境综合得分排最后两位，除甘肃省第三主成分得分高于全国平均水平外，两省在各主成分上的表现都不甚理想。从地理区位来看，甘肃、青海位于我国西部地区，经济基础差，资源缺乏，经济发展粗放，不注重生态保护。低级发展区发展策略应为打稳根基，重点加快经济发展，注重基础设施建设等。

综上，我国农村人居环境发展水平呈现出东部高、中部次之、西部较差的阶梯式发展格局，不同发展区域应采取不同的策略以提高农村人居环境发展水平。

三、农村人居环境公共服务供给满意度评价研究

（一）理论分析及模型选择

1. 理论分析

人居环境的研究缘起于城市规划学，以霍华德构建的“田园城市”思想和盖迪斯提倡的“区域观念”最具代表性。在20世纪50年代由道萨亚迪斯首先提出“人类聚居学”的概念，自此人居环境开始得到系统的研究，他把城市、乡村等所有人类的居住区看作是一个整体，对人类居住区的人、房屋、社会、自然等“元素”进行广义上的系统研究。人居环境可以看作是与人类聚居生产生活紧密联系的地表空间，它是人类赖以生存的基础，是人类利用自然和改造自然的主要场所，可划分为人居软环境和人居硬环境两部分。

农村人居环境作为人类聚居环境的重要组成部分，是农村居民在生产生活过程中，进行居住、交通、耕作、文化娱乐、教育卫生等活动，利用自然和改造自然所创造的环境。农村人居环境既包括基础设施、公共服务设施和居住条件等硬环境，也包括社会服务水平、经济发展水平、生活舒适程度和信息交流便捷程度等软环境。农村环境卫生状况、房屋建筑设计和农村基础设施状况可以反映出农村人居硬环境的状况，而农民经济负担和社会服务可以反映农村人居软环境。因此，本研究基于前人的研究，并结合农民生产生活的实际需求，从农村环境卫生状况、房屋建筑设计状况、农村基础设施状况、农民经济负担

状况和社会服务状况5个维度构建农村人居环境的分析框架（图5-1），并以此为基础，从农民需求的视角来分析农民对于农村人居环境建设的真正需求和实际使用感受。

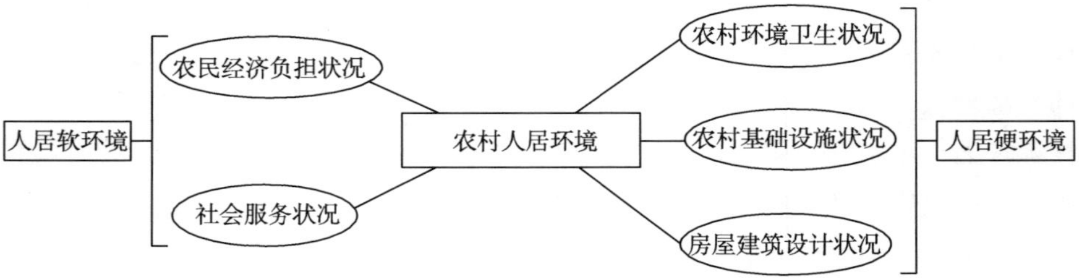

图5-1 农村人居环境分析框架图

2. 模型选择

在社会科学的研究领域中，涉及的许多变量都不能够准确、直接地测量，这种变量被称为潜变量，如本研究所关注的农村环境卫生状况、农民经济负担状况、房屋建筑设计状况、农村基础设施状况、社会服务状况等变量。传统的计量方法不能合理地处理这些潜变量，而结构方程模型（Structural Equation Model，SEM）能够用于分析研究过程中所涉及的潜变量间的复杂关系，它是基于变量间的协方差矩阵，对变量间的关系进行分析的一种统计方法。结构方程模型具有以下多方面的优点：①结构方程可以同时考虑并处理多个因变量；②允许因变量和自变量包含测量误差；③能够同时估计因子关系和因子结构；④能够处理有比较复杂从属关系的模型，测量模型更具弹性；⑤能够估计出模型的整体拟合度。因此，本研究采用结构方程模型来分析我国农村人居环境的发展状况。

结构方程模型包括两部分：①测量模型，用来描述潜变量与指标间的关系；②结构模型，用来描述潜变量间的关系。通常测量模型表示为：

$$x = A_x\Phi + \delta \tag{5-1}$$

$$y = A_y\eta + \varepsilon \tag{5-2}$$

结构模型表示为：

$$\eta = B\eta + \Gamma\Phi + \zeta \tag{5-3}$$

其中，x 表示外生潜变量的测量指标；y 表示内生潜变量的测量指标；A_x 表示外生潜变量与其测量指标间的关系；A_y 表示内生潜变量与其测量指标间的关系；Φ 表示外生潜变量；η 表示内生潜变量；δ 表示外生潜变量测量指标的误差项；ε 表示内生潜变量测量指标的误差项；ζ 表示结构方程的残差项，η 代表在方程中未被解释的部分。

（二）数据来源与样本特征

1. 样本选择

本研究数据来自 2015 年 7 月在北京郊区农村和河北省农村的实地调研。之所以选择这两个地区，主要是由于京郊农村可以反映出大城市边缘区当前农村人居环境发展的状况，而河北省位于华北平原地区，经济发展水平一般，对其农村人居环境状况的研究更有普适性，对这两个地区的调研能够综合反映出两种不同类型农村人居环境建设的状况。在选取具体调研村庄时，课题组依据经济社会发展水平的不同，在每个地区分别选取经济发展水平相对较高、一般、较低的区县，然后随机抽取调研的村庄。在农户选择方面，受访者在本村是否长期居住会直接影响调研结果，为确保调研结果的真实可靠，受访农户必须为本地居民，而且每年在本村居住的时间为 10 个月以上。同时，考虑到受访农民的文化层次，为避免受访者对于问卷理解上存在偏差，对问卷回答的有效性和真实性造成影响，调研采用一对一问答的形式，并由调研员填写问卷。调研共发放问卷 753 份，其中有效问卷 750 份，有效率为 99.6%。

2. 问卷设计

在遵循科学性、合理性、系统性、层次性等原则的基础上，结合农村生产生活的实际，问卷设置植被绿化状况、生活垃圾处理状况、生活污水处理状况和空气质量状况 4 个观测指标反映农村环境卫生状况；设置房屋保温隔热状况、自住房屋样式、住房面积大小和厕所状况 4 个观测指标反映住房建筑设计状况；设置村内交通质量、供电设施、供水设施和通信网络状况 4 个观测指标反映农村基础设施状况；设置生活支出负担、医疗支出负担、赡养老人支出负担 3 个观测指标反映农民经济负担状况；设置文化娱乐活动、医疗卫生服务、社会治安形势和村委会工作服务 4 个观测指标反映农村社会服务状况。通过综合考虑人居硬环境和人居软环境两个方面，共设置 19 个观测指标，来考察农户对于农村人居环境建设的评价状况。问卷采用 5 级李克特量表设计，问卷主要构成及变量说明见表 5-17。

表 5-17 模型变量说明

潜变量	观测变量	变量赋值
农村环境卫生状况（F_1）	植被绿化状况（HJ_1） 生活垃圾处理状况（HJ_2） 生活污水处理状况（HJ_3） 空气质量状况（HJ_4）	1=非常不满意，2=不太满意，3=一般满意，4=满意，5=非常满意
房屋建筑设计状况（F_2）	房屋保温隔热状况（JZ_1） 自住房屋样式（JZ_2） 住房面积大小（JZ_3） 厕所状况（JZ_4）	1=非常不满意，2=不太满意，3=一般满意，4=满意，5=非常满意
农村基础设施状况（F_3）	村内交通质量（JC_1） 供电设施（JC_2） 供水设施（JC_3） 通信网络状况（JC_4）	1=非常不满意，2=不太满意，3=一般满意，4=满意，5=非常满意
农民经济负担状况（F_4）	生活支出负担（JJ_1） 医疗支出负担（JJ_2） 赡养老人支出负担（JJ_3）	1=负担非常重，2=负担比较重，3=负担一般，4=负担不重，5=完全没有负担
农村社会服务状况（F_5）	文化娱乐活动（FW_1） 医疗卫生服务（FW_2） 社会治安形势（FW_3） 村委会工作服务（FW_4）	1=非常不满意，2=不太满意，3=一般满意，4=满意，5=非常满意

本次调研把农民对农村人居环境的满意度设置为“非常不满意”“不太满意”“一般满意”“满意”和“非常满意”五档，依次赋值为1～5。从调查的结果看（表5-18），农民对于农村人居环境的满意度平均值为2.48，且有42.13%农民对农村人居环境不满意，仅有少数农民表示满意（9.47%）和非常满意（7.07%），表明目前农民对于农村人居环境状况的满意度较低，因此农村人居环境改善迫在眉睫。

表 5-18 农民对农村人居环境满意度评价

农村人居环境满意度	非常不满意	不太满意	一般满意	满意	非常满意
评分标准	1	2	3	4	5
样本个数	250	66	310	71	53
占比（%）	33.33	8.80	41.33	9.47	7.07
平均值			2.48		

（三）实证结果分析

1. 模型拟合

研究使用 Amos21.0 作为分析工具，通过渐进的方式对模型进行了多次修正，最终得到如图 5-2 所示的模型图。模型估计结果（表 5-19）显示，标准化系数均未大于 1，误差项未出现负的变异系数，每个参数的标准误估计值都很小，并且估计参数均达到显著性水平（$p<0.01$），表明模型没有出现违反

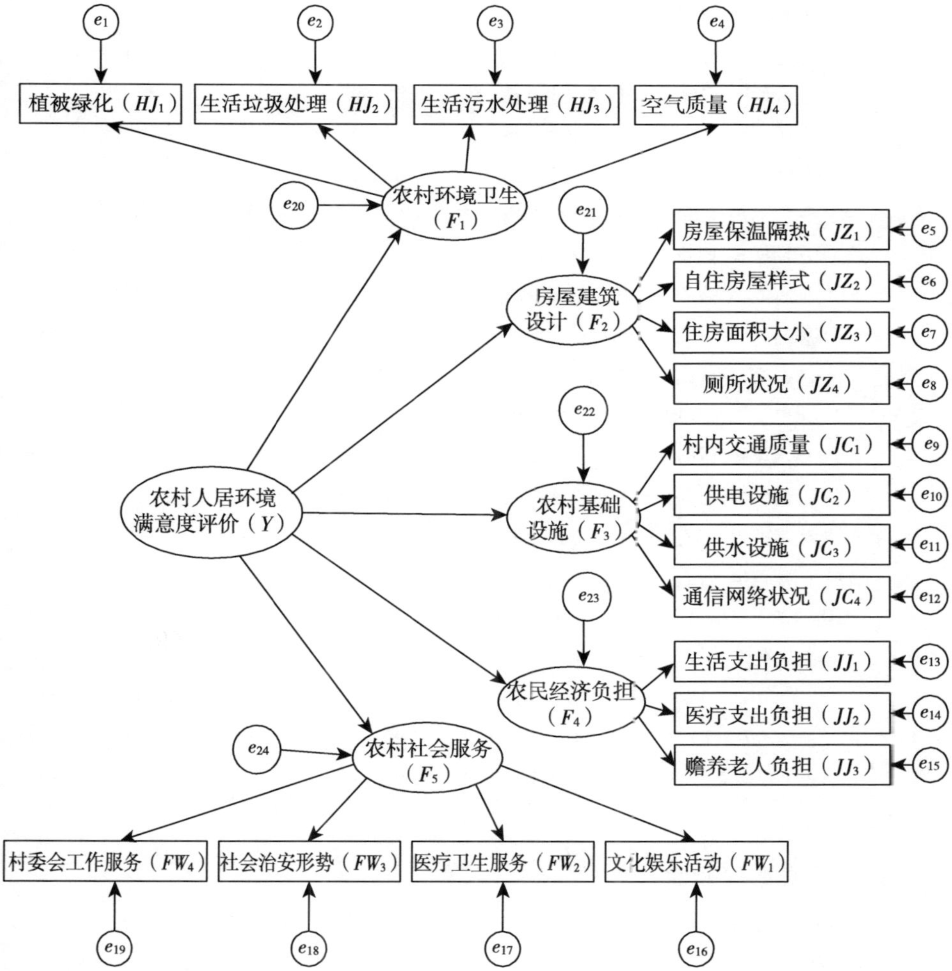

图 5-2　结构方程模型图

估计的情况，估计结果较好。

表 5-19　结构方程模型的回归结果

	变量关系	标准化参数估计值	标准误	临界比率值	显著性
结构模型	环境卫生（F_1）←人居满意度（Y）	0.768	0.042	14.091	***
	房屋状况（F_2）←人居满意度（Y）	0.581	0.036	13.219	***
	基础设施（F_3）←人居满意度（Y）	0.741	0.031	17.860	***
	经济负担（F_4）←人居满意度（Y）	0.128	0.036	2.623	***
	社会服务（F_5）←人居满意度（Y）	0.763	0.036	13.428	***
测量模型	绿化状况（HJ_1）←环境卫生（F_1）	0.652	0.061	14.142	***
	生活垃圾（HJ_2）←环境卫生（F_1）	0.669	—	—	—
	生活污水（HJ_3）←环境卫生（F_1）	0.690	0.072	14.701	***
	空气质量（HJ_4）←环境卫生（F_1）	0.618	0.061	13.585	***
	保温隔热（JZ_1）←房屋状况（F_2）	0.555	0.045	15.349	***
	房屋样式（JZ_2）←房屋状况（F_2）	0.848	—	—	—
	面积大小（JZ_3）←房屋状况（F_2）	0.863	0.041	24.854	***
	厕所状况（JZ_4）←房屋状况（F_2）	0.655	0.044	18.676	***
	道路交通（JC_1）←基础设施（F_3）	0.519	0.050	14.952	***
	供电设施（JC_2）←基础设施（F_3）	0.903	—	—	—
	供水设施（JC_3）←基础设施（F_3）	0.877	0.035	30.913	***
	通信网络（JC_4）←基础设施（F_3）	0.716	0.039	23.005	***
	生活负担（JJ_1）←经济负担（F_4）	0.673	—	—	—
	医疗负担（JJ_2）←经济负担（F_4）	0.779	0.103	12.315	***
	赡养老人负担（JJ_3）←经济负担（F_4）	0.608	0.081	12.524	***
	文化娱乐（FW_1）←社会服务（F_5）	0.613	—	—	—
	医疗卫生（FW_2）←社会服务（F_5）	0.686	0.080	14.412	***
	社会治安（FW_3）←社会服务（F_5）	0.712	0.080	14.771	***
	村委工作服务（FW_4）←社会服务（F_5）	0.791	0.094	15.635	***

注：*** 表示 p 值小于 0.01。

2. 模型适配度检验

结构方程模型适配度评估的指标有很多，可以用组合信度系数来反映模型的内在质量，通过绝对适配度指数、增值适配度指数和简约适配度指数来反映模型的外在质量。首先，依据标准化回归系数值，求出各潜变量的组合信度系数，均在 0.7 以上，表明模型的内在质量理想。然后，进一步计算反映模型外在质量的指标，结果如表 5－20 所示，模型指标值均在合理范围内，表明模型外在质量理想。因此，模型整体适配度较好，本研究中建立的理论模型得到了很好的支持，可进行下一步的结果讨论。

表 5－20　模型适配度评价指标

统计检验量		适配度标准值	实际拟合值	检验结果
绝对适配度指数	χ^2/df 值	2～5	4.698	适配合理
	GFI 值	＞0.90	0.902	适配良好
	RMSEA 值	＜0.05（适配良好），＜0.08（适配合理）	0.070	适配合理
增值适配度指数	IFI 值	＞0.90	0.905	适配良好
	CFI 值	＞0.90	0.904	适配良好
简约适配度指数	PGFI 值	＞0.50	0.698	适配良好
	PNFI 值	＞0.50	0.758	适配良好
	CN 值	＞200	206	适配良好

3. 结果分析

根据以上的参数估计以及模型检验结果，可以得出以下结论：

（1）结构模型能够反映出潜变量之间的关系。回归结果表明，农村环境卫生状况、房屋建筑设计状况、农村基础设施状况、农民经济负担状况和社会服务状况都与农村人居环境满意度有显著的相关关系，因此要搞好农村人居环境建设在这五个方面都要给予足够的重视。从影响的重要程度来看，人居硬环境方面环境卫生状况标准化回归系数（0.768）最高，人居软环境方面社会服务状况标准化回归系数（0.763）最高，因此对于农民来说，当前人居硬环境最需要改善的是环境卫生状况，而人居软环境最需要改善的是社会服务状况，二者重要程度相当。农村基础设施状况标准化回归系数为 0.741，房屋建筑设计状况的标准化回归系数为 0.581，这表明农村基础设施建设对农民来说也较为重要，而房屋建筑设计方面对于农民来说重要程度一般，主要原因是当前河北和北京两地的农村居民在住房方面的需求已基本得到满足，因此住房方面的改善对人居环境建设来说并非最关键的因素。农民经济负担的标准化回归系数（0.128）最小，可能的原因是随着农村经济不断发展，农民生活水平不断提高，经济负担作为一项人居软环境在农民的感知中不再是迫切需要改变的一环，但并不能说明经济发展对于农村人居环境建设不重要，经济发展水平提高会使人居环境建设得到更多的财政支持，利于人居环境的改善，因此不断推动农村经济发展仍然显得至关重要。

（2）测量模型能够反映出潜变量和观测变量之间的关系，从表 5-19 中可以看出各观测变量的回归系数都在 0.01 水平下显著，标准化回归系数在 0.5 以上，说明观测指标对于潜变量有很强的解释力。具体关系可归纳如下：

①从农村环境卫生状况来看，绿化状况、生活垃圾处理、生活污水处理、空气质量都对农村环境卫生的满意度有显著影响，而生活污水和生活垃圾处理回归系数最大，分别为 0.690 和 0.669。这说明对于农民来说，当前农村环境卫生方面最关注的是生活污水和生活垃圾的处理，这也是目前农村环境污染的重要来源，因而污水和垃圾的有效处理对于改善农村环境卫生至关重要。

②从房屋建筑设计状况来看，住房面积（回归系数为 0.863）和房屋样式（0.848）对房屋建筑设计状况满意度的影响最大，这在一定程度上反映出农民的诉求，农村的“面子文化”使农民对于房屋大小、房屋样式比较注重，但这可能会造成农村物质财富的浪费，因此需要政府合理规划住房建设，引导农民合理建设住房。除此之外，厕所状况（0.655）对房屋建筑设计状况满意度的影响程度较高，因此政府推行农村厕所改造对于改善农村人居环境会产生积极影响。

③从农村基础设施状况来看，供电设施（0.903）、供水设施（0.877）在农村基础设施建设中显得更为重要。供电、供水设施关系到农民的日常生活，调研发现，供电设施已经基本能够满足当前农村居民生产生活的用电需求，但供水设施仍较为落后，供水质量难以保证，农民普遍反映饮用水存在水碱大、水垢多等问题，农民的饮用水安全受到威胁。因此，改善供水设施，对供水进行净化处理，对于农村居民来说显得尤为重要。

④从农民的经济负担来看，医疗负担标准化回归系数为 0.779，反映出医疗负担仍是农民的重要经济负担，尽管新型农村合作医疗制度的推行在一定程度上减轻了农民的医疗负担，但由于基层医疗水平较差、大病异地报销比例偏低等原因，农民因大病返贫的状况并没有得到根本改善。因此，减轻农民负担还需要政府部门在政策上进一步合理改进，有效地改善农民看病难、看病贵的问题，有利于农村人居软环境的优化。

⑤从农村社会服务来看，村委会工作服务的标准化回归系数（0.791）最大，是对农村社会服务影响最显著的指标变量，这是由于村委会工作服务的好坏，会直接关系到农村人居环境改善政策的落实，如村内垃圾的处理、房屋建筑规划等，村干部的不作为可能会妨碍农村环境的治理。除此之外，社会治安、医疗服务和文化娱乐也都有较大的因子载荷，改善治安环境以及农村医疗服务，组织农民参加娱乐活动，也成为农村人居软环境建设的重要组成部分。

四、优化我国农村人居环境的路径研究

（一）我国农村人居环境存在问题的原因分析

追本溯源，我国农村人居环境出现的诸多问题既是我国粗放型经济模式发展到一定阶段的不良产物，也与政府对农村人居环境公共服务供给的不足及基层政府管理工作不到位密切相关，同时长期以来由于农民认知水平有限，导致其对人居环境的保护和参与意识淡薄也是造成农村人居环境恶化的一个重要原因。

1. 粗放型经济发展模式带来的恶果

长期以来，我国实行了高消耗、高污染的粗放型经济发展模式，片面地追求国民经济的高速发展，在很大程度上忽略了生态文明建设，甚至是以牺牲生态环境来谋求短期经济的快速发展。可以说，改革开放30多年来我国快速的经济增长是以大量消耗资源、牺牲生态环境作为代价的。具体到农村地区，由于我国农村地区环境污染治理体系尚未建立，在城市环境污染问题日益得到重视并开始加强环境治理的过程中，一些工业污染企业逐步向郊区或农村地区转移，再加上乡镇企业、农药化肥及生活垃圾乱堆乱放带来的环境污染，两方面污染的叠加效应导致我国农村地区人居环境迅速恶化。目前，仍有超过1亿的农村人口喝不上干净水；全国对生活垃圾进行处理的村庄只占35%，对生活污水进行处理的行政村只占9%；全国土壤污染超标率达16.1%，全国化肥当季利用率只有33%左右，普遍低于发达国家50%的水平；中国是世界农药生产和使用第一大国，但目前有效利用率同样只有35%左右；每年地膜使用量约130万吨，超过其他国家的总和，地膜的“白色革命”和“白色污染”并存。

2. 政府供给与基层管理工作不到位

长期以来城乡割据的二元经济发展格局导致了城乡之间相对割裂的公共服

务供给和管理模式，城市在各种类型的公共服务供给和管理上都要优于农村，政府对于农村人居环境的公共服务供给及管理水平严重滞后。第一，从农村环境卫生公共服务供给和管理状况来看，农村在环境卫生综合治理方面的公共产品供给和管理方面几乎处于空白状态，环境监测、环境规划、相关环境保护法律等在农村均处于缺失状态；基层环保机构十分不健全，普遍存在着污染事故无人管理现象，这是导致农村环境卫生脏乱差的重要原因。第二，从农村住宅状况来看，普遍缺乏统一规划和管理，导致私搭乱建现象在农村十分普遍。第三，从基础设施的供给来看，农村道路交通建设缺乏维护和管理，农田水利设施老旧现象较为普遍，现代化灌溉设施供给缺乏；农村生活垃圾处理系统、饮用水净化设施、生活污水排放系统等环境治理基础设施建设严重供给不足，这是制约我国农村人居环境发展的主要瓶颈之一。第四，教育、医疗、文化娱乐等软性公共服务供给不足，农村基础教育正面临着过度“撤点并校”所带来的各种难题，如距离太远、租房成本高等问题；基层医疗资源较为有限，农民“看病难、看病贵”的问题并没有得到有效缓解；农村文化娱乐公共服务存在着优秀文化产品供给不足、公共文化资源短缺等问题，难以满足广大农民的实际需要。

3. 农户对农村人居环境的保护建设意识较为淡薄

任何一项公共事业都离不开社会公众的积极参与，如果农村人居环境没有广大农户的积极参与、保护与建设，单靠政府单方面投入的增加，也很难实现农村人居环境的根本性改善。长期以来，我国农村居民对于人居环境尤其是对村里的环境卫生保护与参与意识十分淡薄。一方面多数农民在投入使用农药化肥等生产资料时，更多地考虑如何提高自身的经济效益，而相对忽略了环境污染、食品安全健康等问题；而另一方面，由于受到教育水平偏低、信息闭塞等因素制约，广大农民的环境保护意识和认知水平普遍偏低，他们对环境污染的危害性认识不足，也不知道如何参与保护环境卫生、改善本村人居环境。一项调查数据显示：有超过 50%的农民不知道灌溉用水过多等于浪费，有超过 40%的农民不了解过量施肥会造成环境污染，有超过 40%的农民不了解环境保护政策，有超过 55%的农民不知道如何保护环境①。尽快提高农户对于人居环境尤其是农村环境卫生保护与建设的意识以及具体环保操作实践，是当前我

① 李渊清．公共服务视角下的农村环境保护［D］．华中师范大学，2013.

国政府亟待完善的一项重要工作。

（二）改善我国农村人居环境的对策建议

本研究以华北地区北京、河北两地农村地区为例，定性、定量分析了我国农村人居环境目前的发展现状、存在的问题及其原因，针对现存问题，对症下药，从宏观、中观和微观层面，提出以下三个方面的对策建议。

1. 在宏观层面上，要彻底扭转以牺牲环境为代价的粗放型发展模式

要从根本上改善农村的人居环境，在宏观层面上应从顶层设计入手，彻底扭转过去以牺牲环境为代价的粗放型发展模式，真正践行科学发展观，统筹城乡发展规划，坚持走经济发展与资源环境相协调的可持续发展之路。国家要从战略高度上充分认识到农村人居环境建设在国家发展战略中的特殊地位，搞好农村人居环境建设不仅是实现我国经济可持续发展的重要内容，也是改善农村居民居住环境的必然要求，关系到我国社会主义新农村建设的成败，至关重要。各级地方政府应该严格遵循国务院在 2014 年颁布的《关于改善农村人居环境的指导意见》，坚持因地制宜、分类指导、量力而行、循序渐进，城乡统筹、突出特色，并坚持农民主体地位的原则，加快美丽乡村建设，完善农村人居环境。

2. 在中观层面上，要完善农村人居环境公共服务的供给和管理机制

针对过去我国农村人居环境公共服务供给和管理机制相对缺乏，历史欠账较多的问题，要切实改善农村的人居环境问题，在中观层面上应从完善农村人居环境公共服务的供给和管理机制入手。要多措并举努力增加对农村人居环境公共服务的投入，依据“政府主导、市场推进、公众参与”的原则，多方筹资，逐步建立起多元化的农村人居环境治理投入机制，各地根据当地农村人居环境建设的各项内容，查漏补缺，逐步改善农村基础设施落后、垃圾乱堆乱放、污水横流的现象，改进现有农村基础教育、医疗和文化娱乐公共服务供给中的短板问题。

要在基层政府部门逐步建立起农村人居环境管护的长效机制，切实建立并不断完善基层环保机构建设，配备齐全环保工作人员，对于村内道路交通设施、老旧农田水利设施、农村环境卫生设施、污水排放管道等基础设施能够提供及时维修和管理服务，确保农村人居环境有人管、有能力管，保证农村人居环境建设成果能够持续发挥作用。

具体到华北地区，根据定量分析的结果，改善农村人居环境，基层政府部门在改善农村人居环境过程中要分清轻重缓急。第一，在农村人居硬环境改善方面，应把农村环境卫生的改善作为重点。其中村中垃圾收集设备简陋、清运不及时以及生活污水处理是改善农村环境卫生工作的重中之重。第二，在农村人居软环境改善方面，应该把农村社会服务的改善作为重点。其中优化村庄治理、完善民主管理监督制度，继续改善医疗卫生服务，增强基层医疗工作人员医务水平和开展多种形式的文化娱乐活动是改善农村人居软环境工作的重中之重。

3. 在微观层面上，加强环保宣传教育工作，尽快提高农民的环保参与意识

基于农村居民对人居环境保护和建设认知缺乏的问题，在微观层面上，要加大对农村人居环境尤其是对农村环境卫生污染治理的宣传和教育工作，通过宣传画册和相关资料、广播、电视、网络、学校教育、短期培训、入户交流等多种方法宣传保护环境卫生、保持农村人居环境良性发展的重要性，向广大农民普及保护环境卫生的具体操作方法，让农民真正认识到过量使用化学农药、化肥，随意丢弃垃圾等不良行为对环境、土壤及食品安全等多方面所造成的巨大危害，学习合理施肥用药、正确处理生产生活垃圾等具体操作方法，逐步树立起“保护环境、人人有责”的价值观念，充分调动起农民的积极性，促使广大农民加入改善农村人居环境建设的行列中来，成为保护和建设农村人居环境不可或缺的重要主体之一。

第三节　农村居民点整理对农民生产生活的影响

一、农村居民点整理对农民生产生活的影响

（一）农村居民点整理对农业生产的影响

1. 农业种植由小规模向大规模转变

以江苏省为例，农村居民点整理后苏南、苏中地区基本由村集体统一流转耕地，农民不再种地，耕地流转价格每亩在 500～700 元，合同每 5 年一签，随着物价上涨，耕地流转价格也会有一定的增长。苏北地区农民继续耕种，根据调查，今后一两年内也将由村集体统一流转。截至 2013 年 3 月底，泗洪县

累计流转土地面积 61.9 万亩，占全县耕地面积的 31%。流转的土地全部由大户或合作社承包经营，实现连片种植，提升规模效益。

2. 农业生产由手工劳作向机械化耕作转变

土地集中整治后，通过财政投入、项目资金扶持、业主投入等方式，对所有土地上原有的坑塘、水面、田坎、墓葬地、谷场、农村宅基地、零散道路，农田水利等进行综合整治，统一配套建设基础设施，按照 200 米的宽幅进行条田化整治和沟渠路配套，为农业机械化创造了条件，机械功效提高 2 倍以上。农村居民点整理后耕种距离变远，农民通常需要走 1～2 千米去原来的承包地进行耕种，农民更愿意采用机械收种的方式，减少自身劳动时间。

3. 农业管理由粗放型向集约型转变

过去，农业生产一家一户的经营模式与现代农业发展的矛盾越来越凸显，“村村点火、户户冒烟”的零散经营体制，农民不愿投入，也难以改善农业生产条件，一家几亩口粮田，几分自由田，自给自足，粗放经营。推进农村居民点整理，土地实现集中化、规模化，大户承包经营、规模化生产和高投入高产出的集约化经营，促进了耕地资源使用收益的大幅提升。据瑞恒粮食种植专业合作社法人徐荣权介绍，他承包土地 1 600 亩专门种植水稻、小麦，2012 年种植的水稻亩产 1 200 斤，小麦亩产 800 斤，扣减掉土地租金 850 元，机耕 100 元/亩、机插秧 80 元/亩、机收 100 元/亩，扣减人工费用及管理费用等，每亩纯收益 400 元，当年承包总收益 64 万元，充分体现了规模效益和高投入高产出的集约经营成效。

（二）农村居民点整理对农民生活的影响

1. 家庭收入中农业收入明显减少，工资性收入和财产性收入有所增加

调查结果显示，农村居民点整理前后，农户家庭收入中农业收入占比从 27.7%下降到 8.2%，减少了 19.5 个百分点；工资性收入占比从 57.7%上升到 69.7%，增加了 12 个百分点；另外财产性收入有所增加，从 0.2%上升到 10.1%，增加了接近 10 个百分点。从区域来看，农村居民点整理前后，农业收入变化最大的是南通地区，其农业收入占比从 35.6%减少到 4.1%；财产性收入变化最大的是无锡地区，增加了 18.7 个百分点。

2. 家庭支出中食品支出大幅增加，其他支出部分也在增加

调查结果显示，农村居民点整理前后，农户家庭支出中食品支出占比从

35.9%上升到了54.0%，增加了18.1%；水电气支出占比从8.9%上升到13.3%，增加了4.4%；其他支出占比从0.7%上升到6.4%，增加了5.7%，其他支出主要包括物业费等支出。从区域来看，农村居民点整理前后，食品支出占比变化最大的是无锡地区，从31.5%上升到64.2%，增加了32.7%；水电气支出占比变化最大的是徐州地区，从7.0%上升到14.9%，增加了7.9%；其他支出占比变化最大的是徐州地区，增加了接近19个百分点。

3. 家庭收支变化幅度支出大于收入，且地区差异较大

农村居民点整理前后农户家庭收入与支出变化地区差异较大，无锡地区收入与支出均有所增加，但支出增加幅度大于收入增加的幅度；南通地区农村居民点整理后收入有所下降，下降幅度为13.1%，支出增加了98.8%；徐州地区收支变化幅度更大，收入下降8.8%，支出增加了121.2%，表明农民上楼居住后，收入来源减少但支出项目大幅增加，给农民生活造成巨大压力。

4. 农村居民点整理后农户福利水平依然偏低，并有所下降

以江苏省农户调查为基础，基于森（Sen）的“可行能力”理论，运用模糊方法评估农村居民点整理前后的农户福利变化。评估结果表明，农村居民点整理后农户福利水平有所下降，且福利水平总体偏低；从区域看，经济发展水平相对较高的地区，农户福利有所下降，而经济相对欠发达的地区农户福利水平有所上升。根据表5-21，具体来看：

（1）总体来看农户福利水平偏低，且农村居民点整理后农户福利水平有所下降。农村居民点整理前后的福利指数分别为0.439和0.304，均低于0.5，表明福利水平偏低。同时，整理后的福利水平低于整理之前，下降了0.135，表明整理后的农户福利水平有所下降。

（2）从各项功能指标看，环境质量隶属度有所提高，从0.477上升到0.494，接近于0.5，表明农村居民点整理后农民生活环境质量有了明显的改善。而社会保障隶属度下降最为明显，从整理前的0.615下降到0.162，看来农地还是农民赖以生存的基础，农地的社会保障功能尤其突出。同时，社区生活隶属度虽然有所下降，但都超过了0.5，表明农民对治安和邻里关系还是较为满意，社区生活比较和谐。家庭经济状况也有所下降，农民集中居住后收入略微减少，支出却在大幅增加，福利水平有所下降。

（3）从区域看，经济发展水平相对较高的地区，农户福利水平在下降，而经济相对欠发达的苏北地区农户福利在上升。经济发展较快的无锡，整理前的农户福利为 0.517，超过了 0.5，但整理后农户福利为 0.369，下降了 0.148；苏中地区的南通，整理前农户福利为 0.355，整理后的农户福利为 0.275，下降了 0.08。两个经济发展较快的区域农村居民点整理后农户福利水平反而下降，其原因主要有：①农民心理对比程度的差异。经济相对较高的地区，整理之前农民生活水平已经处在接近小康的水平上，但整理之后农民发现并没有带来生活水平的进一步提高，加上土地整理后的土地出让收益与政府补偿部分的极大差距，影响了他们的心理对比程度。而经济相对欠发达的苏北地区，整理之前农民生活水平就比较低，整理之后觉得居住环境等比以前有很大改善，心理对比程度比较强。②政策执行的差异。苏南及苏中地区在实施农村居民点整理时采取“双置换”，即宅基地换新房、承包地集体统一流转或换成社保，农民基本失去了土地的社会保障功能；而苏北地区基本保持耕地不动，保留了土地的社会保障功能，只是宅基地换成了新房。③调查区域的特殊性。本文选取了无锡、南通和徐州作为调查区域，研究结果仅能反映该地区农村居民点整理后农户福利的变化。同时，农户对福利变化有一个反应过程，具有滞后性。徐州农村居民点整理实施较晚，调查地区农民 2011 年年底进入新房居住，只对当前的居住状况比较满意，对将来的生活支出变化和社会保障等问题暂未考虑；而无锡和南通农民已经搬进新房 3～5 年时间，尤其是无锡，对集中居住后的生活支出变化等问题有深切体会。

表 5－21　农户福利模糊评估结果

功能性活动及指标	变量类型	整理前		整理后	
		隶属度	权重	隶属度	权重
1. 家庭经济状况	—	0.202	1.075	0.118	1.245
1.1 总收入	C	0.254	1.371	0.224	1.496
1.2 农业收入	C	0.109	2.219	0.028	3.576
1.3 生活支出	C	0.800	0.223	0.782	0.246
2. 居住条件	—	0.446	0.625	0.441	0.569
2.1 人均居住面积	C	0.312	1.166	0.482	0.730
2.2 房屋类型	Q	0.590	0.528	0.956	0.045
2.3 装修水平	Q	0.794	0.230	0.385	0.955

（续）

功能性活动及指标	变量类型	整理前		整理后	
		隶属度	权重	隶属度	权重
3. 社区生活	—	0.584	0.450	0.527	0.628
3.1 治安状况	Q	0.513	0.668	0.478	0.738
3.2 邻里关系	Q	0.817	0.202	0.596	0.518
4. 环境质量	—	0.477	0.593	0.494	0.697
4.1 空气质量	Q	0.724	0.323	0.503	0.687
4.2 噪声污染	Q	0.676	0.394	0.442	0.816
4.3 垃圾卫生	Q	0.333	1.098	0.554	0.591
5. 社会保障	—	0.615	1.058	0.162	1.403
5.1 恩格尔系数	C	0.184	1.691	0.266	1.324
5.2 农地面积	C	0.117	2.143	0.043	3.147
5.3 是否有养老保险	D	0.473	0.749	0.513	0.667
6. 心理	—	0.414	0.883	0.391	0.939
6.1 总体满意度	Q	0.414	0.883	0.391	0.939
总模糊指数	—	0.439	—	0.304	—

注：①变量类型中 C 表示连续变量、Q 表示虚拟定性变量、D 表示虚拟二分变量。在计算过程中，为符合数学意义，将数值 1 和 0 分别改为 0.999 和 0.001。

二、农村居民点整理存在的问题及政策建议

（一）农村居民点整理存在的问题

1. 农民安置问题

调研地区的农村居民点整理过程中主要采取了两种住房安置措施。一是把农民统一安置到建好的居民区，根据城镇用地标准以及原先宅基地房屋情况，给予每户面积不等的住房一套。二是对原先农民宅基地房屋进行评估，发放补偿费用，由农民自己在政府划定的区域建房或者买房。然而，有些地区给予农民的补偿款不足购买新房或者自己建房，导致农民生活负担进一步加重。有些地区新房还未建好，已先进行拆旧工作，但同时又未做好农民的过渡住房安置工作，或者仅发放一些过渡时期的安置款，远远无法满足农民租房支出费用，

使得农民对居民点整理产生抵触情绪，影响整理工作的顺利开展。

2. 农民收益问题

目前，在农村居民点整理过程中，农村建设用地估价技术缺乏，同时又缺少安置补偿的统一标准，因此，在整理过程中一些项目区对于农民的补偿随意性大。同时，有些地方政府把获取的建设用地指标转让后，获得的资金并未全部用于改善农民福利，造成土地虽然升值农民却未受益的现象，损害了农民的权益。农民失去农地搬到新房之后，家庭消费支出大幅增加，不仅食品消费增加，水、电、煤气、物业费等都使农民生活负担加重。另外，居民点整理后一些地方政府的就业措施不到位，造成一些失地农民无地可种又无业可就，农民权益无法得到保障。

3. 责任田的再分配问题

农村居民点整理后，农民迁移到中心村或城镇，这就涉及责任田的再分配问题。例如，从居所到田地距离较远的农民面临交通成本的问题，这些费用由谁承担？另外，有些地方则把整理出的田地由政府统一经营，成立农业生态园区，园区管委会每年向农民交纳租金或一次性付给农民集体补偿费用，在这种情况下，如何保证农民的利益也成为农村居民点整理中需要关注的问题。

4. 耕地复垦问题

农村居民点整理不仅要增加耕地数量，还要提高耕地质量。因此，整理过程中既注重整理的数量，还需特别注重整理为耕地后，耕地质量的高低。过去，在实施耕地总量动态平衡的过程中，就因为只注重耕地的数量而没有过多强调复垦后耕地的质量，造成了“占好地、补劣地”现象时有发生，给我国耕地的总体质量带来了一定影响。所以，现阶段农村建设用地整理的过程中，应进一步加强对整理出的耕地进行质量评价，提高耕地质量。

5. 社区环境维护问题

调研发现，一些安置社区建成后，生活配套设施没有跟上，缺少放置生产资料、收获农作物、农机具和晾晒农作物的场所，加之农民原有的生活习惯无法改变，便出现了住宅小区内到处都是随意堆放物品的场景，严重影响了生活环境。社区环境的维护成为农村居民点整理后需要关注的问题。

（二）进一步推进农村居民点整理的政策建议

为保障农村居民点整理工作的顺利实施，必须有一系列切实可行的措施与之配套，为此，研究提出以下建议：

1. 充分听取民意，确保民众参与

农村居民点整理直接关系到公众自身利益的调整，如被拆迁公众的拆迁补偿费用、安置费用以及实行整理后公众的居住环境等相关的利益。而在市场经济条件下，失去利益驱动，就会挫伤农民参与、配合和支持的积极性。同时公众又是村庄的主人，村庄发展目标的选择、规划及建设标准的制定，必须让公众广泛参与，实行民主决策、民主管理以及民主监督。在农村居民点整理的过程中实行公众参与就是让广大公众了解、关心和参与涉及他们切身利益的农村居民点整理，提高广大公众的规划意识，在农村居民点整理的过程中发挥公众自身的力量，真正实现基层民主的作用，调动广大公众的积极性，做好农村居民点整理工作。

2. 明晰土地产权调整，保障农民权益

明晰农村居民点整理所涉及的土地产权调整及土地收益分配关系，制定土地分配与补偿条例，把农村居民点整理后的利益分配与土地整理工作相互联系起来，建立农村居民点整理的激励机制。充分尊重土地所有者的权益，不得侵犯农民的产权。同时要使广大农民认识到居民点整理的重大意义，并保证整理项目的透明和公开，随时接受农民的监督。在整理过程中，要给予农民实惠，注重改善居民生产、生活条件，并保证农民生活质量不降低，对于整理过程中对农民造成的损失要给予公平的补偿。要采取多项措施保护农民权益，实现农民增收，如扩大农民非农就业渠道，增加工资性收入，政府应为农民建立良好的就业服务体系，做好农民再就业的职业教育和技能培训工作，使农民群体逐渐转入第二、三产业；提高土地退出的现金补偿标准，增加农民转移性收入，对于自愿退出承包地和宅基地农民来说，其补偿标准为：①宅基地以当地市场价格进行补偿；②承包地按本轮承包期内剩余年限和年平均流转收益标准给予补偿；③当农民获得了合理的现金补偿后，可以将资金用于购买社保、进城安家置业等，以保障农民退出土地后获得良好的生活条件。同时，对于农民日后的基本生活保障金或者就业生活补助金也有必要考虑适当提高额度和延长期限，充分保障农民的利益。

3. 科学合理用地，严格保护耕地

对农村居民点整理项目区内的土地，必须严格执行土地用途管制制度，确保农村居民点整理节约出的土地只能用于新农村和乡镇企业建设。科学合理地利用土地，确保复垦区域的农用地得到高效利用。对于复垦新增的耕地，要采取严格的耕地保护措施，并不断提高耕地质量。另外，城镇建设用地置换指标要做到与复垦耕地的数量、质量“双挂钩”。应建立并完善耕地质量评价体系，合理运作、科学评价。同时，地方政府应该对复垦后的耕地质量进行评估，对于高于平均水平或质量很高的复垦耕地，可以给予奖励或置换成比复垦面积更大的建设用地使用指标。

4. 完善配套设施建设，改善农村环境

农村居民点整理的过程就是营造新型农村聚落，整治、保护和建设生态环境，改善人地关系的过程。通过农村居民点整理，居住生活用地和工农业生产用地更为集中，为生产生活配套设施的配备创造了条件，有益于保护环境，减少疾病等恶性问题的发生。因此，在整理过程中应充分考虑农民的生活习惯和当地风俗，切实做好与农民生活相配套的基础设施建设工作，避免出现环境问题及农民生活习惯的较大偏差。要做好建成后新社区的后续管理工作，如社区环境、治安维护、物业管理等，要使农民从心理上真正意识到自己是社区的主人，并让农民参与到社区建设中。

农村居民点整理事关我国农村农业现代化建设中农村土地的集约化程度和用地效率，是促进农村土地有序、合理与科学化利用的重要手段，对于改善农村生态环境，提高农民生活质量，缓解用地矛盾，实现耕地占补平衡，发展农村经济，促进城镇化，缩小城乡差距，解决“三农”问题等具有重大的现实意义。农村居民点整理工作要切实保障农民的权益，不能靠侵害农民的权益来发展经济，要以科学发展观为指导，走土地可持续利用之路。

第六章 PPP模式在农业农村环境污染治理中的应用

随着我国城市化进程的加快，经济的加速发展和人口的不断增长，在城市环境日益改善的同时，农业环境的恶化不得不让我们重视。农业生态破坏、农业生产环境污染、城市和工业污染向农业转移、农业生活污染等已经成为当前农业环境的突出问题，并日益成为制约农业建设和社会主义经济可持续发展的重要因素。为加快农业环境建设，提高农业环境质量，解决好农业环境治理问题，加大对农业环境治理的资金投入，形成多渠道的投融资体系成为一个不容忽视的问题。习近平总书记在全国生态环境保护大会上明确提出，要提高环境治理水平，要充分运用市场化手段，完善资源环境价格机制，采取多种方式支持政府和社会资本合作项目。近年来，各级政府积极探索政府和社会资本合作（Public-Private Partnership，PPP）模式在农业农村环境污染治理中的应用，创新了农业农村环境污染治理模式，但同时也面临诸多挑战和困难，进一步优化完善应用PPP模式治理农业农村环境污染的路径与相关政策支持对于破解环保投融资难、有效缓解地方财政压力具有重要意义。

第一节　PPP模式内涵及动力机制

一、PPP模式的内涵与特征

（一）PPP模式的内涵与分类

1. PPP模式的内涵

PPP作为一种融资模式，最早于1982年出现在英国，之后在世界各国开始普遍应用。PPP 模式是一种公私合营模式，政府为私人组织提供一定的特许经营权，私人组织进行项目设计、融资、建设、经营等活动，提供某种服务和公共物品，政府全过程参与经营，政府和私人组织之间建立利益共享、风险共担和全程合作的共同体关系。从广义上讲，PPP 是指公共部门和私营部门为提供公共产品或服务而建立的各种合作关系的总称，以授予特许经营权为特征，可以理解为一系列项目融资模式的总称，主要包括建设—经营—转让（BOT）、建设—拥有—经营（BOO）以及各种衍生模式、私人筹资计划等模式。狭义的 PPP 泛指公共部门与私人部门为提供公共产品或服务而建立的各种合作关系，狭义 PPP 强调使用者付费，但它比 BOT 更强调合作过程中的风险分担机制和项目的衡工量值（Value For Money）原则。

国家各部委对 PPP 模式内涵的界定，缺乏对单一行业的考量，尤其是引入 PPP 模式较晚的农业，缺乏结合农业发展特点的 PPP 模式内涵的解读。依据表 6-1 及农业发展情况，对 PPP 模式引入农业领域的内涵做一基本界定，农业 PPP 模式的作用主要是增强农业相关公共产品和服务的供给能力，尤其是服务的供给能力，由政府采取竞争性方式择优选择具有投资、运营管理能力的社会资本，按照平等协商原则订立合同，明确责权利关系，通过特许经营、购买服务、股权合作等方式，由社会资本提供公共产品和服务（包括设计、建设、运营、维护等），并通过“使用者付费”及必要的“政府付费”获得合理投资回报，政府行使监管权力，与社会资本建立利益共享、风险分担及长期合作关系。农业 PPP 模式的社会资本范围包括企业、专业合作社、家庭农场、经纪人、社会化服务机构等其他投资、经营主体。

表 6-1　国家各部委对 PPP 模式内涵的界定

机构/文件	定义	社会资本范围
财政部	在基础设施及公共服务领域建立的一种长期合作关系。通常模式是由社会资本承担设计、建设、运营、维护基础设施的大部分工作，并通过“使用者付费”及必要的“政府付费”获得合理投资回报；政府部门负责基础设施及公共服务价格和质量监管，以保证公共利益最大化	已建立现代企业制度的境内外企业法人，但不包括本级政府所属融资平台公司及其他控股国有企业

（续）

机构/文件	定义	社会资本范围
国家发展改革委	政府为增强公共产品和服务供给能力，提高供给效率，通过特许经营、购买服务、股权合作等方式，与社会资本建立的利益共享、风险分担及长期合作关系	符合条件的国有企业、民营企业、外商投资企业、混合所有制企业，或其他投资、经营主体
国办发〔2015〕42号	政府采取竞争性方式择优选择具有投资、运营管理能力的社会资本，双方按照平等协商原则订立合同，明确责权利关系，由社会资本提供公共服务，政府依据公共服务绩效评价结果向社会资本支付相应对价，保证社会资本获取合理收益	国有控股企业、民营企业、混合所有制企业等各类型企业。包括：已经建立现代企业制度、实现市场化运营的，在其承担的地方政府债务已纳入政府财政预算、得到妥善处置并明确公告今后不再承担地方政府举债融资职能的地方政府融资平台

PPP模式的主要内涵包括：

（1）PPP是一种新型的项目融资模式。PPP项目融资是以项目为主体的融资活动，根据项目的预期收益、资产以及政府扶持措施的力度来安排融资。项目公司经营收益，包括政府扶持所转化的效益，是偿还贷款的资金来源。项目公司的资产和政府给予的有限承诺是贷款的安全保障。

（2）PPP融资模式吸纳更多的社会资本，以提高运营效率，降低投资风险。这也正是现行项目融资模式所欠缺的。政府的公共部门与投资企业以特许权协议为基础进行整个项目周期的全程合作。使投资企业参与到PPP项目的确认、设计和可行性研究等前期工作中，引入投资企业更有效率的管理方法与技术，有效地实现对项目建设与运行的控制，可以降低投资风险，较好地保障国家与投资企业各方的利益。这对缩短项目建设周期，降低项目运作成本甚至资产负债率都有值得肯定的现实意义。

（3）PPP模式可以在一定程度上保证社会资本的收益预期。私营部门的投资是以投资回报为目标，无利可图的PPP项目是吸引不了社会资本投入的。PPP模式中，政府可以给予私人投资者相应的政策扶持作为补偿，从而保障PPP项目的正常运营，如税收优惠、贷款担保、给予投资企业优先开发权等，提高社会资本投资PPP项目的积极性。

（4）PPP模式可以减轻政府初期建设投资负担和风险，同时提高项目质量。

在 PPP 模式下，公共部门和投资企业共同参与项目的建设和运营，由投资企业负责项目融资，有可能增加项目的资本金数量，进而降低较高的资产负债率，节省政府的投资，还可以将项目的一部分风险转移给投资企业，从而减轻政府的风险。同时双方可以形成互利的长期目标，更好地为社会和公众提供服务。

2. PPP 模式的基本结构

PPP 模式运行结构中，项目主体属于各参与方的具体衔接点，各参与方包括公共部门、民营部门、金融机构、建设部门、项目经营主体等（图 6－1）。PPP 模式的基本结构，就是政府相关部门或者相关职能机构与项目的投资者、经营者之间相互合作，而不是由政府变相包办，反而是依赖于引入真正的市场主体，报以“双赢”或“多赢”的理念，开展项目实施，通过各方自身的比较优势降低项目实施的成本。即 PPP 模式是一类通过多方参与使公共部门减轻财政压力的模式。尽管这一过程中，项目融资的属性不曾变化，但项目实施的组织机构设置本身就是一种创新。

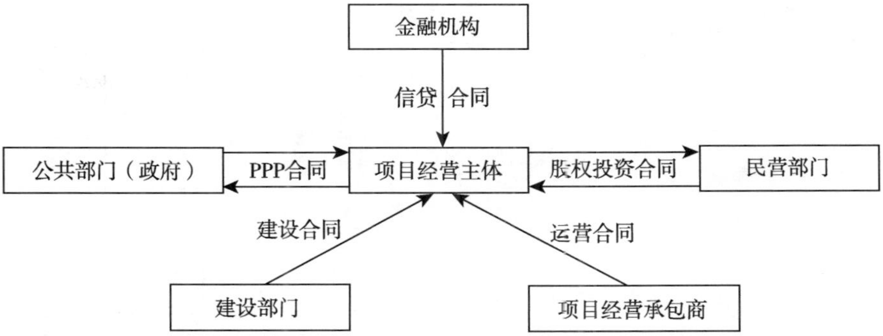

图 6－1　PPP 模式的基本结构

3. PPP 模式的主要分类

PPP 模式种类多样，公共部门、私人部门或合作手段的任一变量的变化均可衍生、演绎出不同形式的 PPP 模式。联合国发展计划署和培训研究院、美国 PPP 国家委员会、世界银行、英国财政部、加拿大 PPP 委员会、亚洲开发银行、欧盟委员会等机构均对 PPP 模式的具体形式进行了分类，虽然具体形式存在差异，但都是 PPP 模式的具体演化，本文为了更好地厘清 PPP 模式的分类及具体形式，结合三级分类方法对 PPP 模式的具体形式进行了界定（图 6－2、表 6－2）。

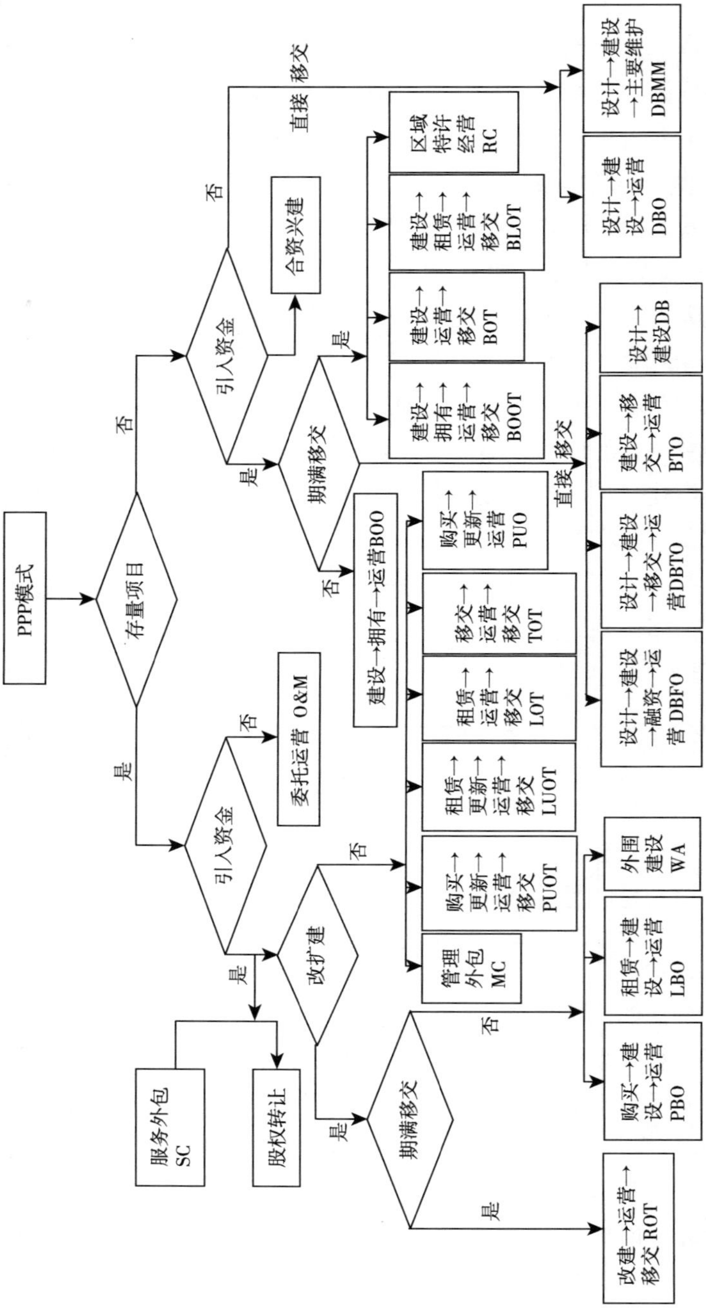

图6-2 PPP模式运作方式

表 6-2　根据三级分类方法的 PPP 模式主要运作方式及其含义

模式类别	具体模式	运作方式	中英文含义	适用项目	最终所有权	投资方	建设方	经营维护	风险承担	合同期限（参考）
外包类	模块式外包	SC	服务外包 Service Contract	存量项目（现有）	公共部门	公共部门	公共部门	公共部门 私人部门	公共部门	1～2 年
		MC	管理外包 Management Contract	存量项目（现有）	公共部门	公共部门	公共部门	私人部门	公共部门	3～5 年
	整体式外包	DB	设计→建设 Design-Build	增量项目（新建）	公共部门	公共部门	私人部门	私人部门	私人部门	不确定
		DBO	设计→建设→运营 Design-Build-Operate	增量项目（新建）	公共部门	公共部门	私人部门	私人部门	私人部门	不确定
		DBMM	设计→建设→主要维护 Design-Build-Major Maintenance	增量项目（新建）	公共部门	公共部门	私人部门	私人部门	私人部门	不确定
		O&M	委托运营 Operation & Maintenance	存量项目（现有）	公共部门	公共部门	公共部门	私人部门	私人部门	5～8 年
特许经营类	TOT	TOT	移交→运营→移交 Transfer-Operate-Transfer	存量项目（现有）	公共部门	公共部门	公共部门	私人部门	私人部门	20～30 年
		PUOT	购买→更新→运营→移交 Purchase-Upgrade-Operate-Transfer	存量项目（改扩建）	公共部门	公共部门	公共部门	私人部门	私人部门	20～30 年
		LUOT	租赁→更新→运营→移交 Lease-Upgrade-Operate-Transfer	存量项目（改扩建）	公共部门	公共部门	公共部门	私人部门	私人部门	20～30 年
		LOT	租赁→运营→移交 Lease-Operate-Transfer	存量项目（现有）	公共部门	公共部门	公共部门	私人部门	私人部门	20～30 年

（续）

模式类别	具体模式	运作方式	中英文含义	适用项目	最终所有权	投资方	建设方	经营维护	风险承担	合同期限（参考）
特许经营类	BOT	BOT	建设→运营→移交 Build-Operate-Transfer	增量项目（新建）	公共部门	私人部门	私人部门	私人部门	私人部门	20～30年
		BOOT	建设→拥有→运营→移交 Build-Own-Operate-Transfer	增量项目（新建）	公共部门	私人部门	私人部门	私人部门	私人部门	20～30年
		BLOT	建设→租赁→运营→移交 Build-Lease-Operate-Transfer	增量项目（新建）	公共部门	私人部门	私人部门	私人部门	私人部门	20～30年
	其他	DBO	设计→建设→运营 Design-Build-Operate	增量项目（新建）	公共部门	私人部门	私人部门	私人部门	私人部门	20～30年
		DBTO	设计→建设→移交→运营 Design-Build-Transfer-Operate	增量项目（新建）	公共部门	私人部门	私人部门	私人部门	私人部门	20～30年
		DBFO	设计→建设→融资→运营 Design-Build-Finance-Operate	增量项目（新建）	公共部门	私人部门	私人部门	私人部门	私人部门	20～30年
		ROT	改建→运营→移交 Rebuild-Operate-Transfer	存量项目（改扩建）	公共部门	私人部门	私人部门	私人部门	私人部门	20～30年
		LBO	租赁→建设→运营 Lease-Build-Operate	存量项目（改扩建）	公共部门	私人部门	私人部门	私人部门	私人部门	20～30年
		WA	外围建设 Wraparound Addition	存量项目（改扩建）	公共部门 私人部门	私人部门	私人部门	私人部门	私人部门	不确定
		RC	区域特许经营 Regular Chain	增量项目（新建）	公共部门	私人部门	私人部门	私人部门	私人部门	20～30年

（续）

模式类别	具体模式	运作方式	中英文含义	适用项目	最终所有权	投资方	建设方	经营维护	风险承担	合同期限（参考）
私有化类	完全私有化	PUO	购买→更新→运营 Purchase-Upgrade-Operate	存量项目（改扩建）	私人部门	私人部门	公共部门 私人部门	私人部门	私人部门	永久
		BOO	建设→拥有→运营 Build-Own-Operate	增量项目（新建）	私人部门	私人部门	私人部门	私人部门	私人部门	永久
		PBO	购买→建设→运营 Purchase-Build-Operate	存量项目（改扩建）	私人部门	私人部门	私人部门	私人部门	私人部门	永久
	部分私有化	股权转让	部分股权转让	存量项目（现有）	公共部门 私人部门	公共部门 私人部门	公共部门	公共部门 私人部门	公共部门 私人部门	不确定
		合资兴建	共同出资建设	增量项目（新建）	公共部门 私人部门	公共部门 私人部门	公共部门 私人部门	公共部门 私人部门	公共部门 私人部门	不确定

从最基本的PPP模式的分类看，依据PPP项目是否为存量项目，可以分为存量项目和增量项目，存量项目指的是已由公共部门建成基础设施，公共部门通过出售、租赁、运营与维护、扩建与改造基础设施的方式，与私人部门进行合作，那么，存量项目还可以分为现有存量项目和改扩建存量项目。增量项目指的是公共部门通过招标等方式与私人部门建立合作关系，由私人部门新建基础设施，建成后可以移交给公共部门，也可以按照合同约定运营一定的时间后，移交给公共部门，还可以按照与公共部门的协议，私人部门对新建的基础设施拥有所有权及经营权。

结合以上分析，利用我国PPP模式三级分类方法，可把PPP模式分为外包类、特许经营类和私有化类（表6-2），其中，外包类包括模块式外包和整体式外包；特许经营类包括TOT、BOT及其他；私有化类包括完全私有化和部分私有化。就国内外有关PPP模式的应用来看，主要的PPP模式包括SC、MC、O&M、LBO、TOT、DBO、BOT、WA、BBO、BOO、ROT等。

（二）PPP模式的特征

从PPP概念可看出，一是公共部门与私营部门的合作，合作是前提，每个概念中都包含合作这个关键词。二是合作的目的是提供包括基础设施在内的公共产品或服务。基于对PPP的认识，并结合上述观点，其管理模式包含与此相符的诸多具体形式。通过这种合作和管理过程，可以实现在不排除并适当满足私人部门投资营利目标的同时，为社会更有效率地提供公共产品和服务，使有限资源发挥更大的效用。从开阔的视角看，PPP实质上是一种联结全社会内部公共部门、企业部门、专业组织和社会公众各方的准公共品优化供给制度，其现代意义上的形成和发展源自新公共管理运动中公共服务的市场化取向改革。“交易费用理论”和“委托—代理理论”等成为推动这一改革实践的理论力量，并随着PPP的广泛应用和不断深化而在理论层面清晰地呈现出政府和市场从分工、替代走向合作的基本脉络及升级趋势。

从我国实践看，PPP不仅仅是一个新融资模式，还是管理模式和社会治理机制的创新。如果掌握得当，PPP有望成为解决我国环境污染治理等问题的重要机制，并通过PPP改革创新形成天然的机制性内洽与联通。当然，PPP作为制度供给的创新，其顺利运行和长久发展，特别需要强调现代文明演进中的法治建设和契约精神建设的相辅相成。PPP 模式的运行具有如下几个重要特征：

1. 伙伴关系

伙伴关系是 PPP 的首要特征。它强调各个参与方平等协商的关系和机制，这是 PPP 项目的基础所在。伙伴关系必须遵从法治环境下的“契约精神”，建立具有法律意义的契约伙伴关系，即政府和非政府的市场主体以平等民事主体的身份协商订立法律协议，双方的履约责任和权益受到相关法律、法规的确认和保护。所有成功实施的 PPP 项目都是建立在伙伴关系之上的。可以说，伙伴关系是 PPP 中最为首要的问题，没有伙伴关系则供给无效或失效。政府购买商品和服务，给予授权，征收税费和收取罚款，这些事务的处理并不一定代表合作伙伴关系的真实存在和延续。事实上，PPP 中民营部门与政府公共部门的伙伴关系与其他关系相比，一个显著的特征就是项目目标一致。公共部门之所以和民营部门合作并形成伙伴关系，核心问题是存在一个共同的目标：在某个具体项目上，以最少的资源，供给最多的产品或服务。民营部门是以此目标实现自身利益的追求，而公共部门则是以此目标实现公共福利和利益的追求。为了能够保持这种伙伴关系的长久与发展，需要伙伴之间相互为对方考虑，同时还需具备多元化主体、利益共享和风险分担等显著特征。

2. 参与主体多元化

PPP 模式不仅将私营部门引入基础设施项目中，而且也将更多的参与者引进基础设施项目中，如银行、担保机构、建材公司、保险公司、原材料供应商等。但对于每个参与者来说都有其不同的参与目的。就私营部门而言，主要意图是通过参与 PPP 项目，获取最大的投资收益，私营部门作为准商人的角色注定要谋求利益的最大化。而对政府部门而言，引入 PPP 旨在为大众提供优质的公共服务，同时发挥好监管者的作用，以实现资源的合理配置。

3. 收益方式多样化

PPP 模式下的项目投资回报是以消费者支付费用为主，而基础设施项目提供的服务和产品的定价则是由政府加以调控的，并非是单纯由市场说了算。特别是对一些公共物品而言，更是离不开政府的控制。对于一些这样的项目，私营投资商往往难以从消费者那里获取到合理的回收成本，政府通常会用其他的方式对私营投资商进行经济补偿。

4. 风险分担复杂化

PPP 模式下的风险分担有几个主要原则：首先，风险应分配给最有能力承担的那一方，即最有能力评价估算出风险的那一方或是最能够控制风险的那一方。其次，风险并不需要一定转移给一方，也可以共同承担。再次，风险应该分配给与风险相关的费用最低的那一方。最后，风险应该分配给从承担风险中最能获益的那一方。基于 PPP 模式下的项目建设，由于有众多的参与者再加上特许期的周期较长，必然造成在特许期内存在诸多不确定的风险，如何在项目初期协议签订阶段商谈好风险分担显得尤其重要，也关系到项目的成功与否。合理的项目风险分担不但能使公共利益受到应有的保护，使得投资者的投入和回收成正比，同时对激发私营部门的投资热情，提高私营部门的参与积极性有很大的帮助。

综上所述，政府部门与私营部门通过签订特许协议，实现公私合作伙伴关系，彼此共担风险，取长补短，提供更优质的公共产品和服务，最终实现双赢的目的。一方面，政府部门减轻了自身的财政压力，职能随之发生转变，使得基础设施也得到了建设发展，运营效率得到提高，社会公众得到更好的服务。另一方面，私营部门实现了利润最大化的目的，积极地促进自身企业的发展，在社会上树立起更好的企业形象。

二、应用 PPP 模式治理农业环境污染的动力机制

以畜禽粪污资源化利用为例，应用 PPP 模式的关键在于处理好各参与主体的利益诉求，明确各环节交易主体之间的利益分割，如图 6－3 所示。

（1）政府部门。政府部门为了推进区域内的畜禽粪污资源化利用，利用 PPP 模式，采用政府招标、政府采购、财政补贴等方式吸引私人部门的加入，尤其是政府可以以财政补贴的形式保证实施主体在按期还款的情况下仍能获取一定的收益，还可以设立财政担保基金使实施主体顺利申请到金融部门的贷款，同时，政府还可督促实施贷款利息收入免征增值税政策以减轻私人部门在贷款方面压力。政府除了实施以上政策外，还能够在 PPP 模式运行过程中获取畜禽粪污资源化建设的成果，如缓解畜禽养殖污染、改善土壤质量以及推动农业可持续发展，而且政府还能够获取部分收益，如租赁或出售畜禽粪污资源化利用的设施及设备、转让畜禽粪污资源化利用设施设备的部分股权等。

（2）私人部门（农业经营主体）。私人部门的构成与其他行业不同，具有

多样性，既包括家庭农场、农民合作社、农业产业化龙头企业等新兴农业经营主体，还包括经纪人、非农业龙头企业等传统的农业经营主体，且在PPP模式的运转过程中，新型农业经营主体将会起到至关重要的作用。私人部门通过与政府竞争性谈判或磋商，与政府部门达成合作意向，能够获得财政补贴、信贷补贴及担保等优惠措施。与金融部门合作，解决资金问题，虽然担负还贷的压力，但贷款是为了获取更多的利益。最为重要的是，私人部门与产品上下游的主体合作，通过销售产品获取收益，达到追求利益的目标。

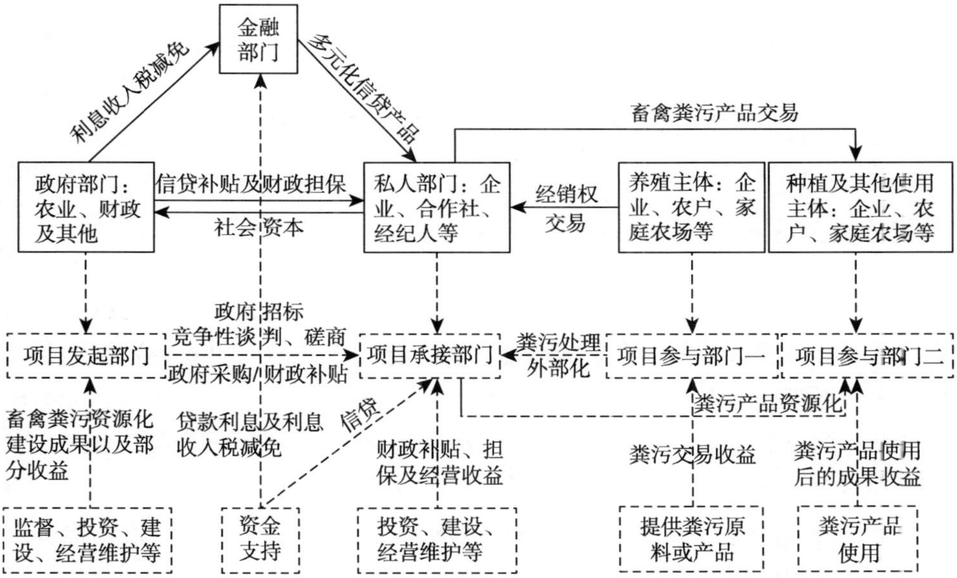

图6-3 基于PPP模式的畜禽粪污资源化利用各主体之间的关系

（3）金融部门。作为保障部门的金融部门，在PPP模式中必不可少，私人部门在基础设施建设、设备购置以及运营维护过程中所需的资金并不都能自给，需要金融部门的“输血”，虽然“输血”有“代价”，但能够达到利益的持久获取。金融部门在PPP模式的运营过程中，获得了贷款利息。

（4）项目参与部门。畜禽粪污资源化的PPP模式运作过程中有两个项目参与部门：一是畜禽养殖主体。我国秉承畜禽粪污“谁污染，谁治理”的原则，使得畜禽养殖主体成为粪污处理的责任人，但其处理畜禽粪污的方式和技术并不专业，且受到资金、技术、人才等因素的制约，需要第三方的治理，畜禽养殖主体从粪污处理中解脱出来，从而实现专业化分工，也能实现规模养殖与环境保护的协调发展，即使养殖主体需要付出一定的费用，只要其认为是可以承受的，况且大部分地区的畜禽粪污交易，大都是畜禽养殖主体获益。二是畜禽粪污产品使用主体。畜禽粪污是放错了地方的资源，只要科学处理、合理利用，就能够成为重要的资源。畜禽粪污实现能源化、肥料化和工业化处理后，在日常生活中可作为燃料或电能、在种植过程中可作为有机肥料和灌溉用水等，能够替代原有的投入，从而节省了开支，也就增加了收益，与此同时，还实现了环境的保护以及治理、改良。

总的来看，在畜禽粪污资源化利用中引入 PPP 模式，能够让参与的各方获利，满足各参与主体的利益诉求，明确了各环节交易主体之间的利益分割。

第二节　农业农村环境污染治理 PPP 模式剖析

一、畜禽粪污资源化利用的 PPP 模式

畜禽粪污沼肥转运 PPP 模式是目前最为明确提出的畜禽粪污资源化利用 PPP 模式，该模式已经在畜禽粪污沼气利用比较广泛的四川省得到了示范推广应用，形成了国内外公认的治理畜禽粪污的有效方式，即基于完整营养循环的“猪→沼→果”生产模式，也就是将沼肥运输到果园进行还田处理。

2014 年以来，在四川省财政厅大力支持下，省农业厅在 6 个县（市、区）启动 PPP 模式推进畜禽粪污综合利用试点。4 年试点表明，PPP 模式推进畜禽粪污综合利用取得了较大成功，达到了预期目标，在畜禽粪污综合利用领域和环境治理领域产生广泛影响。畜禽粪污综合利用 PPP 模式主要是采用政府购买服务的形式，实现散养户密集区畜禽粪污污水分户收集、集中处理利用，最终将发酵处理过的畜禽粪污、沼液还田、还林综合利用。

本部分将主要对四川省畜禽粪污沼肥转运 PPP 模式进行总结，尤其是对其效果进行实证分析。拟对在四川省成都市蒲江县调研到的 1 个畜禽粪污沼肥转运主体作为案例开展具体分析，并结合调研到的种植户样本数据，从畜禽产品全产业链的角度探究畜禽粪污沼肥转运 PPP 模式的效果。

（一）项目实施背景

蒲江县是全国生猪养殖大县，2015 年全县生猪养殖户共计 28 588 户，常年

存栏生猪 45 万多头，年出栏生猪 100 万头，年产粪污约 120 万立方米，该县生猪养殖主要以散户和专业户为主。由于生猪养殖数量大且养殖主体缺乏对生猪粪污资源化、无害化处理的能力，使得畜禽养殖污染严重，这就需要引入畜禽粪污资源化利用 PPP 模式，弥补养殖主体缺乏的生猪粪污资源化利用能力。为了推进 PPP 模式在畜禽粪污资源化利用领域的应用，2014 年四川省各级政府提出了利用 PPP 模式推进畜禽粪污资源化利用的系列文件，包括《四川省财政厅推进政府和社会资本合作（PPP）试点工作推进方案》（川财办〔2014〕26 号）、《关于印发〈PPP 模式推进农业面源污染防治畜禽粪污综合利用试点工作方案〉的通知》（川农业〔2014〕174 号）、《关于报送 2015 年 PPP 模式推进畜禽粪污综合利用试点项目实施方案的请示》（蒲农报〔2014〕93 号）。以上文件确定了蒲江县成为四川省首批畜禽粪污资源化利用 PPP 模式的试点县（市、区），并确定了蒲江县开展试点的 6 个乡镇，试点由县农业局主导。

（二）案例基本信息

1. 成都市天籁农业发展有限公司基本情况

本部分所用到的案例是成都市天籁农业发展有限公司，该公司成立于 2013 年 9 月 6 日，公司位于成都市蒲江县寿安镇插旗山村，公司主要经营范围包括：畜禽粪污沼肥转运，综合利用无害化还田处理，蔬菜、水果种植及销售，农业技术开发和技术转让，农业观光旅游。

成都市天籁农业发展有限公司 2015 年进入蒲江县畜禽粪污沼肥转运 PPP 项目，签订的服务村是隆盛社区、龙泉村等 13 个村（社区），2015 年 13 个村（社区）共收集畜禽粪污沼肥 18 100 立方米，还田量达 15 000 立方米，2016 年在原来 13 个村（社区）的基础上新增加了青龙社区、树林村和沙湾村 3 个村（社区），2016 年 16 个村（社区）收集畜禽粪污沼肥 31 703 立方米，还田量达 28 000 立方米。成都市天籁农业发展有限公司在 2015 年有 5 立方米汽车 1 辆和 4 立方米拖拉机 1 辆，2016 年粪污收集量增加，又新购了 1 辆 9 立方米的抽粪车并将原有的 5 立方米抽粪车罐改装为 6 立方米容量。目前，成都市天籁农业发展有限公司有 2 支 6 人的专业抽粪队伍，其中，专业驾驶员 3 名、专业抽粪人员 3 名，抽粪队伍对 16 个村（社区）的养殖户沼液进行免费抽取，养殖户需要灌溉果树的也及时做了还田处理，抽取的剩余沼液用于本公司自有苗木、果树的灌溉。

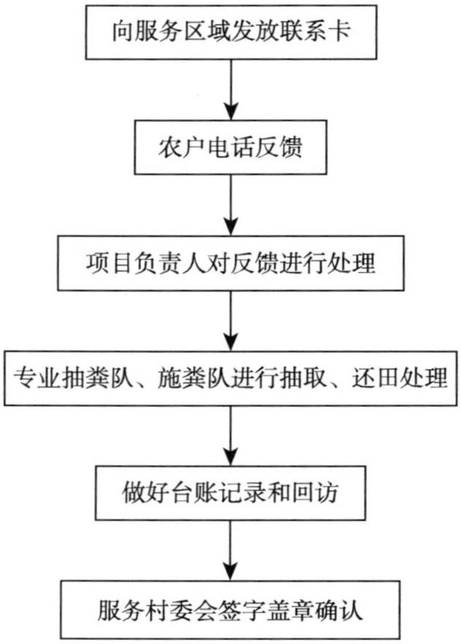

图 6-4　成都市天籁农业发展有限公司 PPP 模式畜禽粪污沼肥转运项目运作程序

成都市天籁农业发展有限公司设计转运沼肥 40 000 立方米，目前沼肥储存池体量为 5 000 立方米，沼肥的来源范围是周边 50 千米以内的畜禽规模养殖户，与畜禽养殖户签订了沼肥收购合同，合作的稳定程度较高，沼肥的收购价是由政府招标来确定的。利用沼肥的覆盖范围为周边 10 千米以内的经济作物种植户，主要的经济作物是柑橘、金银花、核桃等，公司与经济作物种植户实行口头约定的约束方式，合作的稳定程度不高，公司在定价方面的权利要比经济作物种植户要高，沼肥的销售存在季节性，主要在冬季和春季销售沼肥。

2. 寿安镇 PPP 模式推进畜禽粪污沼肥转运基本情况

成都市天籁农业发展有限公司所在的寿安镇，专门出台了《寿安镇人民政府关于 2017 年 PPP 模式推进畜禽养殖污染综合利用实施方案》（寿府发〔2017〕15 号），明确积极探索 PPP 模式推进畜禽粪污的综合利用，拟在全镇 26 个村（社区），开展畜禽养殖粪污综合利用，实现沼肥转运 25 000 立方米、涉及 20 833 头生猪、沼肥转运费补助 375 000 元、沼肥还田 8 333 亩，并且对实施沼肥还田的土壤，按照每 500 亩布一个点的方式，对 16 个取样点实施前后的土壤进行检测。明确了畜禽粪污沼肥转运的运转模式：一是实行面源污染公司化外包，根据服务公司转运沼肥量给予补助，政府补贴 15 元/立方米。其余部分由种植户、养殖户自筹。二是全镇通过公开评选确定 2 家有资质的服务公司，由各村（社区）与公司签订外包服务合同，服务合同期限至 2017 年 11 月底。三是由各村（社区）负责做好对公司的日常监管和考核工作，政府结合各村（社区）户数和养殖户数量给予沼肥转运费补助，政府补贴资金在验收完成后兑付。自筹资金全部由外包服务公司负责收取。

寿安镇还专门制定了畜禽粪污沼肥 PPP 模式的考核方式：在合同期限及服务范围内，各村（社区）及时督促服务公司做好台账，项目实行月报制和每月抽查制，当月沼肥转运还田台账（盖章）必须经村委会签字认可后，于每月 20 日前报送镇政府，政府按 20%比例进行抽查核定，未按时报送台账每次扣 50 元，台账数据不真实的每例扣 50 元。公司沼肥转运不及时，村上巡查每发现 1 起直排、外溢现象的，扣除公司服务费 50 元/次。镇上巡查每发现 1 起直排、外溢现象的，扣除公司服务费 100 元/次，并扣除村（社区）年终目标考核分 0.5 分。若直排、外溢被举报至县级以上（含县级）以及被媒体曝光的，扣除公司服务费 400 元/次，并扣除村（社区）年终目标考核分 2 分。

3. 畜禽粪污沼肥转运 PPP 模式效益分析

（1）畜禽粪污沼肥转运主体效益分析。从沼肥转运的投入来看，成都市天籁农业发展有限公司投资超过了 40 万元，均为自有资金的投入，而投入最主要的部分就是畜禽粪污沼肥转运设备，其中，抽粪车的投入最大，目前已经投入 39 万元（扣除政府补贴 13 万元，则投入为 26 万元），每年还需要 0.8 万元的维修费，且由于使用年限短，每年的折旧费用较高，达到了 6.5 万元/年；管道每 2 年就要更换，每次更换需要 6.4 万元，在没有政府补贴的情况下，每年的折旧费达到了 3.2 万元；抽粪泵的使用年限最短，只有 1 年，每年的抽粪泵投入约为 2.02 万元。综合以上来看，沼肥转运设备的初始投资约为 34 万元，每年的折旧费以及维修费合计 12.52 万元（表 6－3）。

表 6－3 畜禽粪污沼肥转运设备投入统计

设备类型	投入类别	单位	数额
抽粪车	均价	万元/辆	13
	辆数	辆	3
	政府补贴	万元	13
	维修	万元/年	0.8
	使用年限	年数	4

（续）

设备类型	投入类别	单位	数额
管道	费用	万元	6.4
	政府补贴	万元	0
	使用年限	年数	2
抽粪泵	均价	万元/个	0.2
	个数	个	8
	政府补贴	万元	0.08
	维修	万元/年	0.5
	使用年限	年数	1

从表 6－4 畜禽粪污沼肥转运成本收益来看，成都市天籁农业发展有限公司转运每立方米沼肥的成本为 32.39 元/立方米、政府补贴 15 元/立方米，在出售价格为 20 元/立方米的情况下，其每转运 1 立方米的净利润为 2.61 元，成本收益率为 108.06%。倘若没有政府补贴的情况下，成都市天籁农业发展有限公司转运畜禽粪污沼肥是赔本的，难以实现赢利。该结果表明，作为具有一定公共性质的畜禽粪污沼肥需要政府和社会资本的合作，政府在设备以及沼肥收购方面进行补贴，以实现沼肥的赢利，促进社会资本进入畜禽粪污沼肥转运行业，从而也就实现了沼肥的资源化、无害化利用。

表 6－4　畜禽粪污沼肥转运成本收益统计

项目	金额	项目	金额
总成本（元/立方米）	32.39	净利润（元/立方米）	2.61
政府补贴（元/立方米）	15.00	成本收益率（%）	108.06
出售价格（元/立方米）	20.00		

从成都市天籁农业发展有限公司 2015 年进入蒲江县畜禽粪污沼肥转运 PPP 项目后的沼肥转运情况来看（表 6－5），该公司畜禽粪污沼肥的收购数量、销售数量均呈递增趋势，需要说明的是，访谈过程中，成都市天籁农业发展有限公司负责人预计 2017 年能够转运的畜禽粪污沼肥超过 60 000 立方米，随后几年还会继续增加，净利润也会随之增加。

表 6-5 天籁公司沼肥转运量变化情况统计

项目	2015 年	2016 年	2017 年上半年
沼肥收购量（立方米）	28 000	40 000	30 000
沼肥销售量（立方米）	28 000	40 000	30 000
政府补贴的沼肥量（立方米）	28 000	40 000	30 000
沼肥政府补贴额（元/立方米）	15	15	15
净利润（元）	73 111	104 400	78 333

综合成都市天籁农业发展有限公司畜禽粪污沼肥转运的成本、收益来看，畜禽粪污沼肥转运的初始投资较大，且沼肥收购需要政府在设备购买以及沼肥购买方面给予补贴，即使在有政府补贴的情况下，沼肥转运仍处于微利状态，若没有政府补贴，则沼肥转运赔本，可能会导致沼肥转运行业走下坡路。从这一结果来看，PPP 模式引入畜禽粪污沼肥转运领域，有利于沼肥转运行业的可持续发展，同时有利于沼肥的资源化利用。

（2）畜禽粪污沼肥施用主体效益分析。为了更为全面地分析畜禽粪污沼肥转运 PPP 模式的效果，项目组专门对成都市天籁农业发展有限公司的销售对象进行了调研，主要对沼肥施用后经济作物投入产出的经济效益做了详细了解，具体统计情况见表 6-6。

表 6-6 沼肥施用效果统计

沼肥施用	柑橘		葡萄		核桃		金银花	
	未施用	已施用	未施用	已施用	未施用	已施用	未施用	已施用
种植面积（亩）	700	700	305	305	400	400	200	200
沼肥成本（元/亩）	0	600	0	900	0	500	0	400
肥料成本（元/亩）	1 400	800	1 900	1 100	1 020	820	600	500
总成本（元/亩）	3 350	2 740	4 500	3 420	2 970	2 770	2 800	2 600
产品产量（千克/亩）	1 400	1 600	1 200	1 500	350	420	110	125
产品价格（元/千克）	8	10	10	12	24	35	80	110
产品收益（元/亩）	11 200	16 000	12 000	18 000	8 400	14 700	8 800	13 750
净利润（元/亩）	7 850	13 260	7 500	14 580	5 430	11 930	6 000	11 150
农产品质量	—	提高	—	提高	—	提高	—	提高
土壤质量	—	改良	—	改良	—	改良	—	改良

从肥料成本来看，柑橘、葡萄、核桃以及金银花4种经济作物的肥料成本在畜禽粪污沼肥施用前后呈现出明显的差异，其中，柑橘的肥料成本在畜禽粪污沼肥施用前后相差600元/亩，葡萄的肥料成本在畜禽粪污沼肥施用前后相差800元/亩，核桃的肥料成本在畜禽粪污沼肥施用前后相差200元/亩，金银花的肥料成本在畜禽粪污沼肥施用前后相差100元/亩。这一结果表明，由于施用了价格更为便宜的畜禽粪污沼肥，减少了价格较高的化肥的施用量以及减少了部分商品有机肥或农家肥的施用，改良了肥料施用结构。

从沼肥施用前后的投入产出来看，柑橘、葡萄、核桃以及金银花4种经济作物在畜禽粪污沼肥施用前后的总成本存在差异，该差异主要体现在肥料成本的差异；柑橘、葡萄、核桃以及金银花4种经济作物施用畜禽粪污沼肥后，产品产量得到了小幅提升，尤其是需要灌溉较多的葡萄，产量提升的幅度最大。这一结果有力地论证了畜禽粪污沼肥施用的效果以及种养结合的可行性。

从沼肥施用前后的收益来看，柑橘、葡萄、核桃以及金银花4种经济作物在施用畜禽粪污沼肥后，产品价格均有提高，尤其是核桃和金银花价格提高的绝对值较高，由于产品产量以及价格的提高，使得施用畜禽粪污沼肥后的产品收益和净利润也得到了大幅提高。这一结果验证了畜禽粪污沼肥资源化利用的潜力和广阔前景。

此外，畜禽粪污沼肥施用以后，柑橘、葡萄、核桃以及金银花的产品品质得到了提升，在产品价格方面也得到了呼应，符合绿色农业、生态农业发展的要求。由于畜禽粪污沼肥的施用，减少了化肥施用，改良了土壤，缓解了面源污染问题，实现了农业的可持续发展。

沼肥施用主体与成都市天籁农业发展有限公司的合作均是签订了合同，合作的稳定程度较高，达到了5分（满分为5分），而且成都市天籁农业发展有限公司与种植主体在畜禽粪污沼肥定价方面均是以比较平等的方式进行商议，使得不同经济作物在定价权方面存在差异。总体来看，畜禽粪污沼肥的转运运营比较规范，而且有合同以及制度约束参与主体的行为，理顺了畜禽粪污沼肥PPP模式各个利益主体的关系，有利于PPP模式在畜禽粪污沼肥转运领域的应用。

表6-7　沼肥施用主体与天籁公司的合作情况统计

经济作物名称	约束方式	合作稳定程度	定价权
柑橘	1	5	5

（续）

经济作物名称	约束方式	合作稳定程度	定价权
葡萄	1	5	2
核桃	1	5	1
金银花	1	5	5

注：约束方式——1 代表签订合同；2 代表口头约定；3 代表没有约定；4 代表其他。
合作稳定程度——0～5 分，5 分代表最稳定。
定价权——1 代表天籁公司；2 代表种植主体；3 代表同等；4 代表天籁公司大于种植主体；5 代表种植主体大于天籁公司。

（3）畜禽粪污沼肥转运 PPP 模式的环境效益分析。根据寿安镇畜禽粪污沼肥转运 PPP 模式 2017 年的计划，拟将实现 20 833 头生猪的 25 000 立方米的沼肥有效还田，按照农业部科教司、第一次全国污染源普查领导小组办公室发布的《第一次全国污染源普查畜禽养殖业源产排污系数手册》中有关粪污排放及减排的测算依据，2017 年寿安镇通过畜禽粪污沼肥转运 PPP 模式可减少畜禽粪污 COD 排放量 1 261.42 吨、总氮排放量 135.82 吨、总磷排放量 13.58 吨，总减排量达到了 1 410.82 吨。依此测算了资金使用效率，总体来看，沼肥转运补贴的使用效率较高，其中，在 COD 减排方面的资金使用效率达到了 33.64 吨/元、在总氮减排方面的资金使用效率约为 3.62 吨/元、在总磷减排方面的资金使用效率约为 0.36 吨/元。由此也说明了，采取社会资本与政府合作的 PPP 模式有利于财政资金的高效利用，而且提升了环境效益，实现了污染物的减排以及资源化利用。

表 6-8　寿安镇畜禽粪污沼肥转运 PPP 模式污染物减排效率统计

项目	指标	寿安镇畜禽粪污沼肥转运 PPP 模式	
		总量	资金使用效率（吨/元）
成本	财政补贴（万元）	37.50	—
效益	粪污处理量（头）	20 833.00	—
	COD 减排量（吨）	1 261.42	33.64
	总氮减排量（吨）	135.82	3.62
	总磷减排量（吨）	13.58	0.36

（三）畜禽粪污沼肥转运 PPP 模式成效分析

四川省经过近 4 年示范推广应用畜禽粪污沼肥转运 PPP 模式，取得了显著成效，主要表现在以下 5 个方面。

一是畜禽粪污沼肥转运 PPP 模式初步建立。通过实施试点项目，四川省探索出了以政府农业主管部门作为项目发起人，以沼渣沼液等畜禽粪污综合利用产品经销权为基础，通过政府采购依法公开选择合作伙伴，以财政资金补助沼肥运输成本和运输储存设施设备为主要投资方式，以合同明确合作双方权利和义务，以农业部门规范监管为重点，以沼肥异地还田利用为主要形式的畜禽粪污沼肥转运 PPP 模式。

二是 PPP 模式主要管理制度体系基本形成。各试点县积极探索创新，按照政府采购有关规定，探索出适合畜禽粪污沼肥转运的合作伙伴选择程序和方法，通过竞争性谈判和竞争性磋商等多种方式，选择项目合作伙伴（包括企业性质的合作伙伴以及合作社性质的合作伙伴）。部分试点县探索制定 PPP 模式操作指南，规范各环节操作流程，积极指导社会资本参与实施。拟定较为规范的 PPP 模式项目合同文本，明确关键环节和重点，农业部门与合作伙伴、合作伙伴与种养户形成合同管理关系，合理确定了各方权利与义务。

三是 PPP 模式多方合作共赢机制基本建立。PPP 模式推进畜禽粪污综合利用，参与主体包括农业部门、财政部门、合作伙伴、大中型养殖场和规模化特色种植户。试点县按照补偿成本、合理收益、优质优价、公平负担的原则，合理确定财政补助标准、养殖户付费标准、种植户使用付费标准，初步建立多方共赢合作机制。仅就 2014 年的 6 个试点县来看，通过 1 600 万元财政补贴引导，截至 2016 年 3 月底，撬动合作伙伴投入 592 万元，其中，设备购置投入 410 万元，基础设施建设投入 182 万元。引导养殖户付费 263 万元，付费标准为每立方米 5～10 元；种植户使用付费 438 万元，付费标准为每立方米 8～17.5 元。

四是规模畜禽养殖污染得到有效治理。仅就 2014 年的 6 个试点县来看，6 个县购置沼肥运输车辆 35 辆，吸收社会专业车辆 100 多辆，通过开展畜禽粪污异地配送利用，完成涉及 21 个乡镇、152 个规模养殖场、4 395 个养殖小区（户）、35.92 万头畜禽（猪、牛）粪污量的处理、利用，转运还田利用总量达到 51.3 万立方米，占养殖场畜禽粪污排放总量的 66.9%，占项目计划任务数的 78.3%，在畜禽粪污治理领域创出了一条新路，实现了畜禽粪污治理利用的延伸和补充，有效弥补了畜禽粪污治理利用能力不足问题。

五是种养循环农业发展得到有力推动。试点县通过重点推广“生态养殖＋沼肥配送＋高效种植”农业循环经济模式，实现沼肥还田总面积 14.8 万亩，涵盖 71 个规模种植基地和 9 100 个特色种植户，有效解决长期种养结合不紧密、沼肥利用时空不匹配问题，实现养殖减排、环保减压和种植增效。通过蒲江、射洪等试点县调查监测，土壤有机质含量提升 0.1%以上，化肥施用量减少 10%以上，农作物增产 5%以上，种植基地每亩节本增效 400 元以上，养殖场畜禽粪污处理成本减少 30 元/立方米左右。

二、农业经营主体对 PPP 模式的认知及需求分析

（一）养殖主体

本研究所用数据来源于 2017 年 7 月由课题组开展的以“畜禽粪污资源化利用 PPP 模式及效果”为主题的专项调查资料。该调查对四川省和江苏省开展了畜禽养殖场（户）、畜禽粪污资源化利用主体的随机抽样调研，共获得 312 个畜禽规模养殖场（户）的样本数据。经数据检查、筛选，有效畜禽养殖场（户）样本为 292 个，样本有效率达到了 93.59%。

具体的抽样情况如下：根据我国 2015 年各省（直辖市、自治区）生猪、蛋鸡养殖情况①，并参考农业部软科学委员会办公室的意见和建议，选择了 2 个生猪、蛋鸡养殖大省（四川省、江苏省）作为调研省份，这两个省份在推行畜禽粪污资源化利用 PPP 模式方面开展了大量工作，尤其是四川省。在以上两个省份，根据生猪和蛋鸡养殖的具体分布情况，分别选择了 2 个地级市，并在每个地级市选择了 2 个重点生猪、蛋鸡养殖大县（市、区），每个县按照随机抽样原则选择 40 个生猪或蛋鸡养殖场（户）进行问卷调研。

1. 模型设定

对养殖主体畜禽粪污资源化利用 PPP 模式认知及需求的分析，拟采用

① 数据来源：2016 年《中国统计年鉴》、2016 年《中国畜牧兽医年鉴》。

Logistic-ISM 组合模型，先利用 Logistic 模型实证分析影响养殖主体畜禽粪污资源化利用 PPP 模式认知及需求的关键因素，然后利用 ISM 方法探究关键因素的影响层次和逻辑。

（1）Logistic 模型。以往学者对畜禽养殖场（户）粪污资源化利用意愿的研究大都未形成严谨的方法框架，大都是设计一个或两个问题直接询问养殖场（户）的态度。本研究为了更为严谨地开展相关研究，借鉴了条件价值评估法（CVM），利用该方法的调研和研究思路，获取相关数据。在此基础上，选择 Logistic 模型分析影响养殖主体畜禽粪污资源化利用 PPP 模式认知及需求的关键因素。

Logistic 模型一般用于分析基于主体效用或效益最大化原则的选择行为。养殖主体畜禽粪污资源化利用 PPP 模式认知及需求本身就是效益最大化原则的选择，因此，本研究建立 Logistic 模型来重点分析影响养殖主体畜禽粪污资源化利用 PPP 模式认知及需求的关键因素。模型的基本形式为：

$$y_i = f(x_{ki}) + \varepsilon_i \tag{6-1}$$

（6－1）式中，y_i 代表畜禽养殖主体 i 粪污资源化利用 PPP 模式认知及需求情况，当 y_i 取 1 时，表示养殖主体知道或需要畜禽粪污资源化利用 PPP 模式，当 y_i 取 0 时，表示养殖主体不知道或不需要畜禽粪污资源化利用 PPP 模式；x_{ki} 表示影响畜禽养殖主体 i 粪污资源化利用 PPP 模式认知及需求的因素；ε_i 为随机扰动项。回归模型的具体形式为：

$$\mathrm{Ln}(\frac{p_i}{1-p_i}) = \alpha + \sum_{k=1}^{m} \beta_k x_{ki} \tag{6-2}$$

（6－2）式中，p_i 表示养殖主体 i 知道或需要畜禽粪污资源化利用 PPP 模式的概率，α 为常数项，β_k 为回归系数。

（2）解释结构模型（ISM）。ISM 分析方法是于 1973 年由美国沃菲尔德教授为分析复杂社会经济系统的结构问题提出的一种方法。基本原理如下：先通过专家访谈法确定各影响因素之间的相互关系，然后利用图论中的关联矩阵原理和计算机技术，对各影响因素及其相互影响关系进行信息处理，从而确定因素间的关联性和层次性，进而探讨各主要因素之间的内在联系。ISM 分析方法已经在各项研究中得到了广泛应用。影响养殖主体畜禽粪污资源化利用 PPP 模式认知及需求的各关键因素既独立发挥作用，又相互影响、相互作用。因此，本研究拟运用 ISM 分析方法在 Logistic 模型测定关键因素的基础上进一步解析各因素之间的关联关系及其多阶段结构。

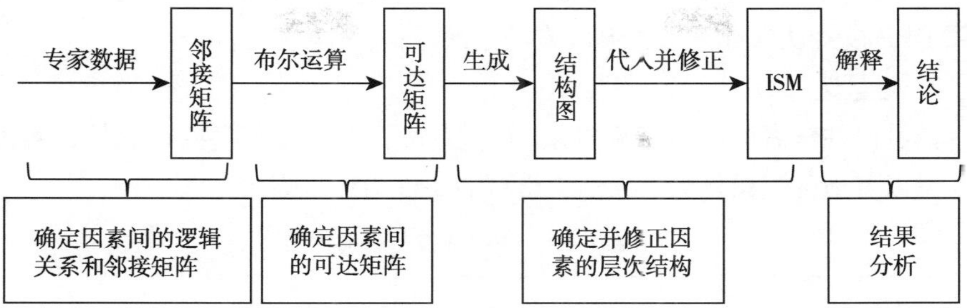

图 6-5　ISM 方法的处理流程

根据实际情况，影响养殖主体畜禽粪污资源化利用 PPP 模式认知及需求的因素有 k 个，用 S_0 表示养殖户是否知道或需要畜禽粪污资源化利用 PPP 模式，S_i（$i=1$，2…，k）表示影响养殖主体畜禽粪污资源化利用 PPP 模式认知及需求的因素，因素间的逻辑关系指两个因素之间是否存在直接的相互影响或者互为前提等关系。

因素间邻接矩阵R 的构成元素由（6-3）式定义：

$$r_{ij}\begin{cases}1 & S_i \text{ 与 } S_j \text{ 有关系} \\ 0 & S_i \text{ 与 } S_j \text{ 无关系}\end{cases} \qquad i=1,2,\cdots,k;j=1,2,\cdots,k \quad (6-3)$$

因素间的可达矩阵由下式可得：

$$M=(R+I)^{\lambda+1}=(R+I)^{\lambda}\neq(R+I)^{\lambda-1}\neq\cdots\neq(R+I)^2\neq(R+I) \quad (6-4)$$

（6-4）式中，I 为单位矩阵，$2\leqslant\lambda\leqslant k$，矩阵的幂运算采用布尔运算法则。

最高层的因素根据下式确定：

$$L_1\{S_i \mid P(S_i)\cap Q(S_i)\}=P(S_i);i=1,2,\cdots,k \quad (6-5)$$

（6-5）式中，P（S_i）表示可达矩阵中从因素 S_i 出发可以到达的全部因素的集合，Q（S_i）表示可达矩阵中可以到达因素 S_i 的全部因素的集合，即：

$$P(S_i)=\{S_i \mid m_{ij}=1\},Q(S_i)=\{S_i \mid m_{ij}=1\} \quad (6-6)$$

（6-6）式中，m_{ij} 和 m_{ji} 均是可达矩阵M 的因素。

其他层因素的确定方法如下。首先，从原可达矩阵M 中删去L_1中因素对应的行与列，得到矩阵M'。其次，对M'进行（6-6）式和（6-5）式操作，得到位于第二层L_2的因素。以此类推，得到位于所有层次的因素。最后，用有向边连接相邻层次间及同一层次的因素，得到影响养殖主体畜禽粪污资源化利用 PPP 模式认知或需求关键因素的层次结构。

2. 变量选择

借鉴以往学者的相关研究成果①②，选取了户主及家庭特征变量、养殖特征变量以及地区变量作为 Logistic 模型的关键指标（表 6－9）。

表 6－9　解释变量统计表

变量类型	变量名称	变量含义	均值
户主及家庭特征变量	户主受教育程度	户主受教育的层次[a]	2.23
	畜禽养殖收入	畜禽养殖收入占总收入比例，%	87.12
养殖特征变量	养殖规模	畜禽养殖数量，万只	0.72
	养殖年限	养殖畜禽的年数，年	13.75
	畜禽粪污处理培训	参加过畜禽粪污处理培训：1＝是；0＝否	0.54
	合作社	参加合作社：1＝是；0＝否	0.27
	环保监察	有环保监察：1＝是；0＝否	0.33
	附近居民举报	被附近居民举报：1＝是；0＝否	0.24
	资金	畜禽粪污资源化利用缺资金：1＝有；0＝否	0.62
	技术	畜禽粪污资源化利用缺技术：1＝有；0＝否	0.24
	管理	畜禽粪污资源化利用缺管理：1＝有；0＝否	0.41
	市场	畜禽粪污资源化利用缺市场：1＝有；0＝否	0.57
	政策	畜禽粪污资源化利用的政策：1＝有；0＝否	0.35
	畜禽品种	具体的畜禽养殖品种：1＝生猪；0＝蛋鸡	0.47
地区变量	地区类别	1＝四川省；0＝江苏省	0.48

注：a——1＝小学及以下；2＝初中；3＝高中、中专、技校；4＝大专及以上。

户主及家庭特征变量。该类变量选取了户主受教育程度和畜禽养殖收入，

---

① 张晖，虞祎，胡浩，基于农户视角的畜牧业污染处理意愿研究——基于长三角生猪养殖户的调查，农村经济，2011（10）：92－94。

② 何如海，江激宇，张士云，等，规模化养殖下的污染清洁处理技术采纳意愿研究——基于安徽省 3 市奶牛养殖场的调研数据，南京农业大学学报（社会科学版），2013，13（03）：47－53。

其中，户主受教育程度越高，则其对畜禽粪污资源化利用 PPP 模式的认识程度可能越高，则有利于其对畜禽粪污资源化利用 PPP 模式产生需求，即户主受教育程度对养殖主体畜禽粪污资源化利用 PPP 模式认知及需求具有正向影响；畜禽养殖收入与养殖主体畜禽粪污资源化利用 PPP 模式认知及需求的关系并不明确，尚需模型做进一步分析。

养殖特征变量。该类变量选取了养殖规模、养殖年限、畜禽粪污处理培训、合作社、环保监察、附近居民举报、相关政策以及畜禽粪污资源化利用所需的资金、技术、管理、市场等。其中，畜禽养殖规模越大，粪污产生量越大，则养殖主体为了保障生物安全，对畜禽粪污资源化利用的意愿可能就越强烈，从而对 PPP 模式引入畜禽粪污资源化利用领域产生需求；养殖年限越长，对畜禽养殖过程中存在问题的理解和判断越准确，对畜禽粪污资源化利用 PPP 模式的认识越深刻，但也有可能受到传统养殖的束缚，而忽视畜禽粪污资源化利用 PPP 模式，因此，养殖年限对畜禽粪污资源化利用 PPP 模式认知及需求的作用方向不明确；畜禽粪污处理培训过程中会提到有关 PPP 模式的问题，养殖主体参加培训后，就有可能对 PPP 模式有所认识，且产生需求；若该畜禽养殖场参加了合作社，则在合作社的引导下，产生对畜禽粪污资源化利用 PPP 模式的认知及需求的可能性较高；环保监察和附近居民举报都有利于养殖主体提高对畜禽粪污资源化利用的关注度，进而关注 PPP 模式在畜禽粪污资源化领域的利用；养殖主体对污染的认知程度直接影响到其是否会对畜禽粪污进行资源化利用，且在资金、技术、管理以及市场的影响下，养殖主体将会对 PPP 模式进行了解，进而产生需求。资金、技术、管理以及市场也是本部分研究的重点；外部发展环境对养殖主体畜禽粪污资源化利用 PPP 模式认知及需求具有促进作用，选取了政策作为替代变量。

地区变量。本研究引入了地区变量，以期探寻地区间的差异。由于本文所用的调研数据涉及 2 个猪肉和鸡蛋主产省份，为了更为简洁地分析问题，地区变量界定以这两个省份作为依据。

3. 统计结果分析

从总体的情况来看，养殖主体知道畜禽粪污资源化利用 PPP 模式的比例并不高，仅占总样本的 31.51%，仍然有超过 2/3 的养殖主体不知道畜禽粪污资源化利用 PPP 模式。在知道畜禽粪污资源化利用 PPP 模式的样本中，已经进入或愿意进入畜禽粪污资源化利用PPP模式的样本数量占51.09%，经过典型样本的访谈，尚未进入或未有意愿进入畜禽粪污资源化利用PPP模式的原因在于对畜禽粪污资源化利用PPP模式的了解程度低，养殖主体观望心理明显，且也与未有试点项目提供给养殖主体参观学习以及政府宣传力度有待提高有关。在知道畜禽粪污资源化利用PPP模式的样本中，支持畜禽粪污资源化利用PPP模式的比例达到了95.65%，表明养殖主体对PPP项目的认可度较高。对不知道畜禽粪污资源化利用PPP模式的养殖主体样本解释畜禽粪污资源化利用PPP模式内涵以及运行模式后，愿意进入PPP模式的样本比例达到了79.00%，83.50%的样本养殖主体支持PPP模式应用于畜禽粪污资源化利用领域。综合来看，在畜禽养殖主体了解畜禽粪污资源化利用PPP模式以后，愿意进入畜禽粪污资源化利用PPP模式的样本数占总样本的85.62%，说明养殖主体对畜禽粪污资源化利用PPP模式的认可度相对较高，目前亟须开展畜禽粪污资源化利用PPP项目的试点示范工作，提升畜禽养殖主体的认识，以全面推进畜禽粪污的资源化利用（表6-10）。

表6-10　养殖主体对畜禽粪污资源化利用PPP模式认知及需求统计

指标类别	具体指标	生猪		蛋鸡		总体	
		样本数（个）	比例（%）	样本数（个）	比例（%）	样本数（个）	比例（%）
是否知道畜禽粪污资源化利用PPP模式（N=292）	是	49	36.03	43	27.56	92	31.51
	否	87	63.97	113	72.44	200	68.49
若知道，则是否进入或愿意进入PPP项目（N=92）	是	28	57.14	19	44.19	47	51.09
	否	21	42.86	24	55.81	45	48.91
若知道，则对PPP项目的态度（N=92）	支持	46	93.88	42	97.67	88	95.65
	不支持	3	6.12	1	2.33	4	4.35
若不知道，则解释后，是否愿意进入PPP项目（N=200）	是	71	81.61	87	76.99	158	79.00
	否	16	18.39	26	23.01	42	21.00
若不知道，则解释后，对PPP项目的态度（N=200）	支持	73	83.91	94	83.19	167	83.50
	不支持	14	16.09	19	16.81	33	16.50

从不同的畜禽品种来看，生猪以及蛋鸡对畜禽粪污资源化利用PPP模式认知及需求的统计结果与总体情况相差不大，说明不同的畜禽品种之间差

异不明显。仅从生猪和蛋鸡的显著差异来看，生猪养殖主体知道、进入或愿意进入畜禽粪污资源化利用 PPP 模式的比例要高于蛋鸡养殖主体，而在经过对养殖主体解释畜禽粪污资源化利用 PPP 模式后，愿意进入畜禽粪污资源化利用 PPP 模式的比例，生猪养殖主体仍高于蛋鸡养殖主体。其他的统计指标，不同的畜禽品种之间差异较小。综合来看，尽管养殖的畜禽品种有差异，但在对畜禽粪污资源化利用 PPP 模式的认知及需求方面，畜禽养殖主体的态度是一致的，均是希望 PPP 模式能够应用于畜禽粪污资源化利用领域，解决畜禽养殖污染防治问题，促进资源的利用以及不同产业的配套发展。

为了更为清晰地了解养殖主体对畜禽粪污资源化利用 PPP 模式的需求，在调研过程中，项目组专门根据畜禽粪污资源化利用 PPP 模式的运行机理，设计了畜禽粪污资源化利用 PPP 项目的具体模式，且为了让养殖主体更为明晰地了解 PPP 项目，专门从养殖主体参与的角度精简了畜禽粪污资源化利用 PPP 模式，以更有针对性地了解养殖主体对畜禽粪污资源化利用 PPP 模式的需求以及参与方式，统计情况见表 6－11。

表 6－11　养殖主体对畜禽粪污资源化利用 PPP 项目精简方案的需求及参与方式统计

项目	指标类别	具体指标	生猪		蛋鸡		总体	
			样本数（个）	比例（%）	样本数（个）	比例（%）	样本数（个）	比例（%）
鲜粪污收购主体收购	态度 $N=292$	同意	107	78.68	137	87.82	244	83.56
		反对	29	21.32	19	12.18	48	16.44
	鲜粪污 $N=244$	免费提供	54	50.47	49	35.77	103	42.21
		收购主体付费	42	39.25	75	54.74	117	47.95
		养殖主体付费	11	10.28	13	9.49	24	9.84
区域内集中建有机肥厂，粪便集中到有机肥厂加工	态度 $N=292$	同意	113	81.29	119	77.78	232	79.45
		反对	26	18.71	34	22.22	60	20.55
	鲜粪污 $N=232$	免费提供	50	44.25	55	46.22	105	45.26
		有机肥厂付费	47	41.59	51	42.86	98	42.23
		养殖主体付费	16	14.16	13	10.92	29	12.50
	投资意愿 $N=232$	愿意投资	62	54.87	67	56.30	129	55.60
		不投资	51	45.13	52	43.70	103	44.40

（续）

项目	指标类别	具体指标	生猪		蛋鸡		总体	
			样本数（个）	比例（%）	样本数（个）	比例（%）	样本数（个）	比例（%）
区域内集中建沼气发电厂，粪便集中到沼气发电厂加工	态度 $N=292$	同意	95	69.85	121	77.56	216	73.97
		反对	41	30.15	35	22.44	76	26.03
	鲜粪污 $N=216$	免费提供	46	48.42	57	47.11	103	47.69
		沼气发电厂付费	36	37.89	48	39.67	84	38.89
		养殖主体付费	13	13.68	16	13.22	29	13.43
	投资意愿 $N=216$	愿意投资	13	13.68	16	13.22	28	12.96
		不投资	82	86.32	105	86.78	188	87.04
自建沼气设施，沼肥被企业、合作社或经纪人收购	态度 $N=292$	同意	101	74.26	86	55.13	187	64.04
		反对	35	25.74	70	44.87	105	35.96
	沼肥 $N=187$	免费提供	51	50.50	43	50.00	94	50.27
		收购主体付费	38	37.62	34	39.53	72	38.50
		养殖主体付费	12	11.88	9	10.47	21	11.23
区域内集中建污水处理厂，污水集中到污水处理厂加工	态度 $N=292$	同意	62	45.59	35	22.44	97	33.22
		反对	74	54.41	121	77.56	195	66.78
	污水 $N=176$	免费提供	31	50.00	21	60.00	52	53.61
		污水处理厂付费	24	38.71	8	22.86	32	32.99
		养殖主体付费	7	11.29	6	17.14	13	13.40
	投资意愿 $N=176$	愿意投资	41	66.13	16	45.71	57	58.76
		不投资	21	33.87	19	54.29	40	41.24

①鲜粪污收购主体收购。鲜粪污直接被收购主体收购是目前畜禽养殖主体采用较多的模式，但目前鲜粪污收购主体的运输设备难以达到环保要求，且运输设备的成本较高，需与政府部门合作，推行 PPP 模式，既能够解决畜禽养殖主体的鲜粪污处理问题，也能够保障鲜粪污收购主体的正常运营。该模式得到了畜禽养殖主体的支持，支持的样本数占总样本的 83.56%，以免费提供和收购主体付费两种鲜粪污提供方式为主，生猪和蛋鸡存在差异，生猪养殖主体以免费提供鲜粪污为主要方式，而蛋鸡养殖主体以收购主体付费为主要方式，这可能与不同畜禽品种鲜粪污的资源利用价值存在差异有关。此外，还有大约

10％的养殖主体付费，让收购主体从养殖场收集鲜粪污，这与调研到的目前养殖主体鲜粪污付费处理的比例基本一致。总的来看，鲜粪污直接被收购的方式还是可行的，既节省了养殖主体投资处理鲜粪污的费用，同时也实现了养殖场污染的防治。

②集中建有机肥厂。在密集养殖区内集中建有机肥厂，把粪便集中到有机肥厂进行加工，这种模式是典型的畜禽粪污资源化利用 PPP 模式，在有些地区已经开始试点运行。该种模式有利于实现种养结合，而且还能够达到无害化的要求。该模式同样得到了绝大多数养殖主体的支持，能够接受该种模式的样本比例约为 79.45％，养殖主体以免费提供或有机肥厂付费收购鲜粪污的方式参与该种畜禽粪污资源化利用模式，生猪和蛋鸡在鲜粪污提供方式上的样本比例相差不大。在同意在区域内集中建有机肥厂的样本中，超过一半的养殖主体愿意参与投资，生猪和蛋鸡养殖主体在投资意愿上差异不大。总的来看，作为畜禽粪污资源化利用主要推广模式的有机肥加工方式，在畜禽养殖主体中已经得到了认同，尤其是畜禽养殖主体还有投资的意愿，那么，在畜禽养殖密集区，推行畜禽粪污有机肥加工的模式是可行的，且应用 PPP 模式也得到了养殖主体的认同，政府及社会资本投资主体可以开展合作，根据各地不同的畜禽产业发展情况，采取 PPP 模式不同的具体方式，推进畜禽粪污的肥料化利用。

③集中建沼气发电厂。在区域内建沼气发电厂，能够在无害化利用畜禽粪污的基础上，生产清洁能源——电能以及沼气，还能产出沼渣作为肥料利用，沼气发电模式已经在我国得到了运用，如北京德青源农业科技股份有限公司已经实现了蛋鸡粪的沼气发电利用。该模式由于前期投资比较大，需要政府及社会资本的合作。调研过程中，样本养殖主体对沼气发电模式的认可度较高，同意建设沼气发电厂的样本比例约为 73.97％，蛋鸡养殖主体的样本比例高于生猪养殖主体的样本比例。鲜粪污的提供以免费和沼气发电厂付费为主。经仔细询问，畜禽养殖主体对沼气发电的投资意愿较低，仅有约 12.96％的同意建沼气发电厂的样本养殖主体有投资的意愿。总体来看，沼气发电模式能够得到畜禽养殖主体的认可，但由于沼气发电厂建设的初始投资较高，畜禽养殖主体难以承受，而且畜禽养殖主体对沼气发电技术以及并网发电技术并不掌握，使得其投资意愿较低，需要政府及社会资本合作，推行 PPP 模式，既解决初始投资大的问题，也能够解决技术问题，尤其是通过与政府合作解决并网发电问题。

④自建沼气设施，沼肥由收购主体收购。我国推行畜禽粪污沼气利用已经

十几年了，畜禽养殖主体采取该方式处理粪污的比例较高，虽然畜禽粪污实现了沼气化利用，但沼肥的利用问题一直制约着粪污沼气利用的推广，这就需要政府部门主导，吸引社会资本进入沼肥运转行业，实现沼肥的资源化利用，该种方式已经在四川省内得到了推广应用。该模式与以上 3 种模式相比，虽然在畜禽养殖主体同意采用的比例上有差异，但仍有超过 60%的养殖主体同意采用该模式，表明该模式还是有“群众基础”的，能够推行。养殖主体对沼肥的提供主要以免费和收购主体付费为主，这与养殖主体急切处理掉沼肥有关。总体来看，沼肥的运转可以借鉴畜禽粪污资源化利用 PPP 模式，通过在四川省内的实践来看是可行的，也是有利可图的。可以在总结四川省畜禽粪污沼肥 PPP 模式的基础上，在适宜地区进行推广。

⑤集中建污水处理厂。集中建污水处理厂是目前畜禽养殖污水处理采取比例较低的方式，相对于养殖主体自行处理污水，污水处理厂在污水处理效果以及无害化、资源化水平均有优势，但该种方式前期投资大，需要引入 PPP 模式，在保障社会资本能够正常运行以及赢利的情况下，政府和社会资本合作，以实现污水的有效处理。该种方式养殖主体的态度以反对的较多，主要原因是目前畜禽养殖污水处理厂较少，难以起到示范推广作用，使得养殖主体对其认知水平较低，影响到了养殖主体对集中建污水处理厂的态度。在同意建设污水处理厂的样本中以免费和污水处理厂付费的方式为主，仍有部分的养殖主体希望通过污水来获取一部分的利益。养殖主体对污水处理厂的投资倾向较弱，从总样本来看，仅有 19.52%的养殖主体有意愿参与污水处理厂的建设，通过与养殖主体就投资意愿进行深入交谈，超过 75%的有投资意愿的养殖主体在投资金额方面并没有总体概念，当提及建设污水处理厂需要的资金超过其承受能力时，其投资意愿就会大幅度降低。总体来看，污水处理厂的“群众基础”较弱，若要推行畜禽养殖污水工厂化处理，就得推行 PPP 模式。

基于以上的分析来看，畜禽养殖主体倾向于把畜禽粪污交由第三方主体进行资源化利用，尤其是应用 PPP 模式，引入社会资本。在保障畜禽养殖主体利益的情况下，即畜禽粪污、沼肥、污水等收集不需要畜禽养殖主体的投入，畜禽养殖主体能够接受 PPP 模式运行下的鲜粪污收购主体收购、集中建有机肥厂、集中建沼气发电厂、自建沼气设施、集中建污水处理厂等，那么，这就从畜禽养殖主体角度验证了 PPP 模式应用于畜禽粪污资源化利用的可行性。

4. 实证结果分析

本研究利用 Eviews 8.0 软件对 Logistic 模型进行了回归，得到的结果如表6-12所示，模型结果从整体上通过了检验。户主受教育程度、畜禽养殖规模、畜禽粪污处理培训、环保监察、资金、技术、管理、市场以及政策对养殖主体畜禽粪污资源化利用 PPP 模式的认知及需求具有显著影响。具体结果分析如下：

表 6-12 Logistic 模型结果

变量类型	变量名称	PPP 模式认知模型结果		PPP 模式需求模型结果	
		系数	p 值	系数	p 值
截距	常数	-1.817***	0.000	-1.524***	0.000
户主及家庭特征变量	户主受教育程度	0.148***	0.000	0.129***	0.000
	畜禽养殖收入	0.112	0.154	0.078	0.134
养殖特征变量	养殖规模	0.224***	0.003	0.219***	0.000
	养殖年限	-0.089	0.245	-0.079	0.232
	畜禽粪污处理培训	0.137**	0.043	0.109**	0.049
	合作社	0.121	0.695	0.100	0.687
	环保监察	0.213*	0.057	0.191*	0.065
	附近居民举报	0.019	0.352	0.014	0.295
	资金	0.276***	0.000	0.251***	0.002
	技术	0.186*	0.063	0.174*	0.069
	管理	0.233**	0.024	0.227**	0.026
	市场	0.151**	0.012	0.147**	0.017
	政策	0.167***	0.003	0.158***	0.007
	畜禽品种	0.012	0.312	0.099	0.274
	PPP 模式认知	—	—	0.289***	0.000
地区变量	地区类别	0.069	0.727	0.055	0.813

注：***、** 和 * 分别表示变量在1%、5%和10%统计水平上显著。

（1）户主受教育程度在1%的统计水平上对养殖主体畜禽粪污资源化利用 PPP 模式认知及需求具有显著的正向影响。这一结果与前文的判断一致，户主受教育程度越高，则养殖主体在畜禽粪污资源化利用方面的关注度越高，且也能够对 PPP 模式进行了解，进而产生对 PPP 模式的需求，推进以及实现畜禽粪污资源化的利用。

（2）畜禽养殖规模与养殖主体畜禽粪污资源化利用 PPP 模式认知及需求呈显著的正相关关系。该结果说明，养殖规模越高，畜禽粪污资源化利用的压力越大，其就会倾向于选择更有利于畜禽养殖的粪污处理模式，就会对 PPP 模式产生兴趣，并能够在深入了解的基础上，期望能够在畜禽粪污资源化利用方面应用 PPP 模式。

（3）畜禽粪污处理培训与养殖主体畜禽粪污资源化利用 PPP 模式认知及需求呈显著的正相关关系。该结果验证了前文判断，通过畜禽粪污处理培训宣传了畜禽粪污资源化利用 PPP 模式，从而让养殖主体能够在一定程度上对畜禽粪污资源化利用 PPP 模式有所了解，并认识到 PPP 模式可以应用于畜禽粪污资源化利用领域。

（4）环保监察的作用不可忽视，虽然其仅在 10%的显著性水平上对养殖主体畜禽粪污资源化利用 PPP 模式认知及需求产生作用。环保监察作为政府行为，在威慑力以及执行力上都能够有所保障，能够宣传畜禽粪污资源化利用 PPP 模式，以促进或推动养殖主体在畜禽粪污资源化利用方面倾向于选择 PPP 模式。

（5）畜禽粪污资源化利用所需的资金、技术、管理以及市场成为影响养殖主体对畜禽粪污资源化利用 PPP 模式认知及需求的关键因素。就调研的情况看，养殖主体在畜禽粪污资源化利用方面缺少资金、技术、管理以及市场，而 PPP 模式可以通过社会资本的引入，实现资金、技术、管理以及市场的供给。正是因为 PPP 模式可以满足养殖主体的需求，使得养殖主体能够在畜禽粪污资源化利用领域接受 PPP 模式。

（6）外部发展环境对畜禽规模养殖户的污染防治投入行为具有显著的正向影响。具体来看，有关畜禽粪污资源化利用的政策在 1%的显著性水平上对养殖主体畜禽粪污资源利用 PPP 模式认知及需求具有正向影响，说明政策法规的出台和实施，能够起到宣传作用，并能够引导养殖户实现畜禽粪污资源化利用。

此外，畜禽养殖主体对 PPP 模式的认知显著影响到了其对粪污资源化利用 PPP 模式的需求。可以通过出台畜禽粪污资源化利用 PPP 模式的实施方案、推行政策、宣传措施等，促进 PPP 模式在畜禽粪污资源化利用领域的应用。

通过 Logistic 模型的结果获取到了影响养殖主体畜禽粪污资源化利用 PPP 模

式认知及需求的关键因素，这些因素为本部分的分析提供了基本材料。同时，本研究还通过专家访谈法对各变量之间的关系进行了再次确认，以便准确分析影响养殖主体畜禽粪污资源化利用 PPP 模式认知及需求因素的解释性结构。

从图 6－6 中可以看出，影响养殖户污染防治投入意愿的因素可分为三层，第一层是户主受教育程度、畜禽养殖规模，这些变量影响到了第二层的养殖主体畜禽粪污资源化利用资金、技术、管理以及市场等。第二层是影响养殖主体畜禽粪污资源化利用 PPP 模式认知及需求的关键层，环保监察、政策以及畜禽粪污资源化利用资金、技术、管理和市场都直接影响到了畜禽粪污资源化利用 PPP 模式认知及需求。第三层是养殖主体对畜禽粪污资源化利用 PPP 模式认知，该变量直接影响到了养殖主体对畜禽粪污资源化利用 PPP 模式的需求。通过以上分析，能够准确地了解各因素之间的关系，并引导养殖主体参与畜禽粪污资源化利用 PPP 模式。

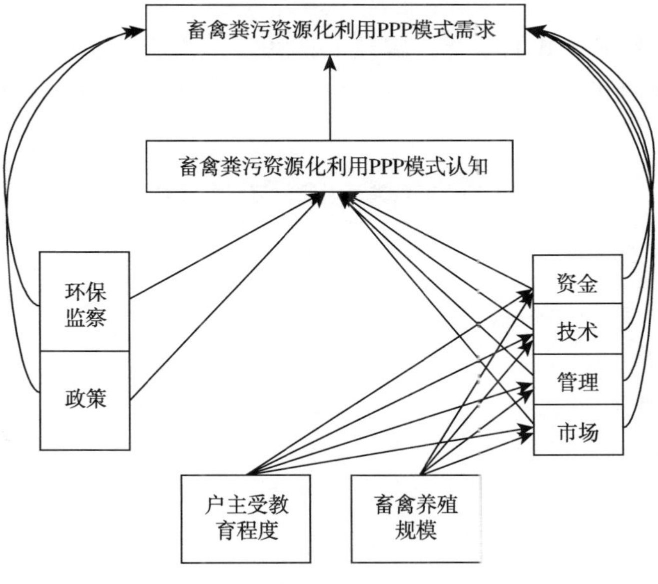

图 6－6 影响因素间的关联与层次结构

（二）畜禽粪污资源化利用主体

1. 数据来源

本研究所用数据来源于 2017 年 7 月开展的以“畜禽粪污资源化利用 PPP

模式及效果”为主题的专项调查资料。该调查获得了四川省3个沼肥转运主体的样本数据以及2个畜禽粪污沼气发电厂样本数据，还获得四川省、江苏省、安徽省、湖北省16个畜禽粪污有机肥厂的样本数据（其中1个样本作为典型调研，因该样本目前运营存在困难，未获得投入产出数据），经过数据的整理、筛选以及电话回访，以上所获得的样本数据均有效。

所调研到的3个四川省畜禽粪污沼肥转运PPP模式的样本数据如表6-13所示，就总体情况来看，畜禽粪污沼肥的转运成本超过了30元/立方米，虽然出售价格较低，但因为有政府补贴，能够弥补出售价格和转运成本的差额，且正是由于有政府补贴以及在PPP模式下运营，畜禽粪污沼肥运转主体能够获得一定的收益，为2.00～4.00元/立方米，成本收益率保持在110.00%左右，在成本、收益以及净利润稳定的情况下，转运畜禽粪污沼肥的数量越多，则年净收益就越高，如绿亿公司由于其年转运的畜禽粪污沼肥数量较多，使得其年净收益远超天籁公司和万雄猪业专业合作社。总的来看，通过PPP模式的运行，实现了畜禽粪污沼肥的运转以及种养结合，可以通过对四川省畜禽粪污沼肥转运PPP模式的总结，加以示范推广应用。

表6-13　畜禽粪污沼肥转运成本收益统计

公司名	绿亿	天籁	万雄
总成本（元/立方米）	36.00	32.39	33.26
政府补贴（元/立方米）	20.00	15.00	20.00
出售价格（元/立方米）	20.00	20.00	17.15
净利润（元/立方米）	4.00	2.61	3.89
成本收益率（%）	111.11	108.06	111.70
年出售量（万立方米/年）	6.00	4.00	1.32
年净收益（万元/年）	24.00	10.44	5.13

所调研到的2个沼气发电工程分别处理的是蛋鸡粪污以及生猪粪污，其中，德青源公司旗下的合力清源公司是最为典型的沼气发电工程，共投资6 500万元，其中，设备投资6 000万元，输电线路500万元。具体的经济效益分析如表6-14所示。

表 6-14　畜禽粪污沼气发电厂经济效益统计

项目	金额（万元）	备注
初始投资	6 500.00	固定资产投资
设备投资	6 000.00	
输电线路	500.00	
燃料动力费用	100.00	
折旧成本	300.00	按照15年摊销，残值率10%
维修成本	30.00	按照折旧费10%计算
人工成本	36.00	12人，2 500元/（人·月），12个月
原料成本	0.00	德青源公司自产
地租	0.00	已计入总公司成本
利息成本	135.00	贷款1 800万元，年利息7.5%
运行成本合计	601.00	
原料机会成本	464.28	按照蛋鸡粪市场价60元/吨，日消耗量212吨计算
占地机会成本	3.75	占地30亩，按照粮食收入1 250元/（亩·年）计算
总成本合计	1 069.03	
发电收入	882.70	每年可生产1 400万度电，每度电0.630 5元
沼气售卖收入	0.00	年供沼气73万立方米，目前免费
有机肥收入	330.00	年生产约5 500吨，每吨600元
收入合计	1 212.70	
排污处罚	7.00	排污收费0.70元/当量，30只蛋鸡=1当量，共300万只蛋鸡

从成本来看，有关设备运行的燃料动力费用、折旧成本和维修成本就需要430万元，人工成本约36万元，利息成本约135万元。而原料和地租由于自产和计入总公司成本的原因，其成本可计为0.00元，但为了更为准确地计算其经济效益，本文还对两者的机会成本进行了核算，其中，原料的机会成本为464.28万元，占地的机会成本为3.75万元。算上机会成本的话，合力清源公司年运行成本需要1 069.03万元。

从收益来看，合力清源公司沼气发电厂总收入为1 212.70万元，主要有两项收入：第一项收入是发电收入882.70万元，第二项收入是有机肥收入

330 万元。

从成本收益率上看，算上原料和占地的机会成本，合力清源公司沼气发电厂的成本收益率为 13.44%，净利润约为 143.67 万元。如果不计算原料和占地的机会成本，年成本就可以减少 468.03 万元，则年净利润可达 611.70 万元，成本收益率为 101.78%。通过核算得出，合力清源公司实际年净利润可达 607.95 万元。

所收集到的有投入产出数据的 15 个畜禽粪污有机肥厂的情况如表 6-15 所示，综合来看，目前的畜禽粪污有机肥加工成本较高，尤其体现在鲜粪污费用、辅料费用、雇工费用和包装物费用 4 个方面，这几项投入占总成本的 65%以上。从不同的畜禽粪污有机肥加工企业的成本投入来看，由于各加工企业的鲜粪污费用、辅料费用存在差异，使得各加工企业的总成本存在一定的差异，这说明畜禽粪污有机肥生产投入存在地区差异。从畜禽粪污有机肥加工收益看，正是由于成本较高，使得畜禽粪污有机肥加工企业处于微赢利状态，每吨畜禽粪污有机肥的净利润区间为－21～135 元/吨，成本收益率也均未超过 122.00%。目前畜禽粪污有机肥生产效益不高的原因在于有机肥市场受到了化肥的严重冲击、种植户对有机肥的接受程度低、有机肥加工成本高、在短期内化肥比有机肥施用效果更明显以及有机肥施用量大且耗费人工等。从畜禽粪污有机肥加工能力看，调查到的 15 家畜禽粪污有机肥加工企业每年的产量均未达到设计产能，且有 9 家的产量未能超过设计产能的 50.00%，造成了资源的浪费和企业生产成本的增加。造成以上现状的主要原因包括有机肥市场还需进一步拓展、有机肥的施用存在季节性、有机肥库存成本高等。

2. 统计结果分析

从总体情况看，畜禽粪污资源化利用主体对 PPP 模式的认知比例较高，其对 PPP 模式的认知水平要高于畜禽养殖主体。而且大多数的畜禽粪污资源化利用主体愿意承担、进入或参与 PPP 项目，并对 PPP 项目持支持态度，这对于推进畜禽粪污资源化利用具有重要意义。而且不知道畜禽粪污资源化利用 PPP 模式的主体在了解 PPP 模式的内涵及运行机理以后，3/4 样本愿意承担、进入或参与 PPP 项目。综合来看，畜禽粪污资源化利用主体因为受到目前资金、技术、管理以及市场等方面的影响，亟须与政府开展 PPP 项目的合作，共同推进畜禽粪污的无害化、资源化利用。

表 6-15 畜禽粪污有机肥加工投入产出统计

	地利奥	天雨	吉金	隐山	神丹	好鑫	圣鑫	顺宝	绿源	沃丰	雅隆	石桥	天星	东环绿宝	三厂
工艺	槽式	槽式	槽式	槽式	槽式	条垛式	槽式	槽式	条垛式	槽式	发酵罐	条垛式	槽式	发酵罐	条垛式
鲜粪污费用（元/吨）	225.00	60.00	55.00	340.00	162.00	200.00	80.00	300.00	150.00	25.00	150.00	35.00	200.00	220.00	180.00
辅料费用（元/吨）	120.00	75.00	315.00	40.00	85.00	100.00	110.00	100.00	100.00	250.00	300.00	300.00	200.00	240.00	110.00
发酵剂费用（元/吨）	15.00	70.00	40.00	40.00	45.00	55.00	40.00	12.00	50.00	15.00	12.00	50.00	15.00	30.00	20.00
包装物费用（元/吨）	50.00	30.00	50.00	30.00	63.00	70.00	45.00	65.00	60.00	50.00	35.00	0.00	80.00	75.00	50.00
雇工费用（元/吨）	85.00	40.00	150.00	70.00	90.00	45.00	75.00	65.00	35.00	150.00	100.00	0.00	60.00	80.00	60.00
固定成本折旧（元/吨）	45.00	10.00	10.00	50.00	55.00	30.00	100.00	74.27	10.00	10.00	14.60	36.00	70.00	60.00	30.00
其他费用（元/吨）	40.00	115.00	20.00	55.00	100.00	70.00	70.00	0.00	40.00	106.00	10.00	0.00	175.00	370.00	60.00
总成本（元/吨）	580.00	400.00	640.00	625.00	600.00	570.00	520.00	616.27	445.00	606.00	621.60	421.00	700.00	1 075.00	510.00
出售价格（元/吨）	650.00	475.00	700.00	700.00	700.00	650.00	600.00	750.00	500.00	640.00	650.00	400.00	800.00	1 180.00	525.00
净利润（元/吨）	70.00	75.00	60.00	75.00	100.00	80.00	80.00	133.73	55.00	34.00	28.40	−21.00	100.00	105.00	15.00
成本收益率（%）	112.07	118.75	109.38	112.00	116.67	114.04	115.38	121.70	112.36	105.61	104.57	95.01	114.29	109.77	102.94
年出售量（万吨/年）	0.20	0.36	0.26	0.12	0.96	0.02	0.40	2.00	0.10	2.30	0.30	0.01	2.00	2.80	2.00
年净收益（万元/年）	14.00	27.00	15.60	9.00	96.00	1.60	32.00	267.46	5.50	78.20	8.52	−0.21	200.00	294.00	30.00
生产能力（万吨/年）	1.30	1.00	0.60	0.37	3.00	0.20	0.80	3.00	0.30	9.00	1.00	0.02	4.00	3.00	3.00
产能利用率（%）	15.38	36.00	43.33	32.43	32.00	10.00	50.00	66.67	33.33	25.56	30.00	66.67	50.00	93.33	66.67

表 6-16　畜禽粪污资源化利用主体对 PPP 模式认知及需求统计

主体类型	指标类别	具体指标	样本数（个）	比例（%）
沼肥转运主体	是否知道畜禽粪污资源化利用 PPP 模式（N=3）	是	3	100.00
		否	0	100.00
	若知道，是否进入或愿意进入 PPP 项目（N=3）	是	3	100.00
		否	0	100.00
	若知道，对 PPP 项目的态度（N=3）	支持	3	100.00
		不支持	0	100.00
沼气发电厂	是否知道畜禽粪污资源化利用 PPP 模式（N=2）	是	2	100.00
		否	0	100.00
	若知道，是否进入或愿意进入 PPP 项目（N=2）	是	2	100.00
		否	0	100.00
	若知道，对 PPP 项目的态度（N=2）	支持	2	100.00
		不支持	0	100.00
畜禽粪污有机肥加工厂	是否知道畜禽粪污资源化利用 PPP 模式（N=16）	是	12	75.00
		否	4	25.00
	若知道，是否进入或愿意进入 PPP 项目（N=12）	是	10	83.33
		否	2	16.67
	若知道，对 PPP 项目的态度（N=12）	支持	11	91.67
		不支持	1	8.33
	若不知道，则解释后，是否愿意进入 PPP 项目（N=4）	是	3	75.00
		否	1	25.00
	若不知道，则解释后，对 PPP 项目的态度（N=4）	支持	4	100.00
		不支持	0	100.00

就沼肥转运主体以及沼气发电厂来看，两个主体对畜禽粪污资源化利用 PPP 模式都是知道的，且也愿意承担或参与 PPP 项目，并对 PPP 项目持支持态度；就畜禽粪污有机肥加工厂来看，知道畜禽粪污资源化利用 PPP 模式的样本比例为 75.00%，还有 4 个样本不知道 PPP 模式，在 12 个知道畜禽粪污资源化利用 PPP 模式的样本中有 10 个愿意承担或参与 PPP 项目、有 11 个对 PPP 项目持支持态度，在 4 个不知道畜禽粪污资源化利用 PPP 模式的样本中，有 3 个愿意承担或参与 PPP 项目、有 4 个对 PPP 项目持支持态度，整理数据

后发现，畜禽粪污有机肥加工厂对 PPP 项目的接受度达到了 93.75%。总的来看，不同畜禽粪污资源化利用主体之间在 PPP 模式上虽有差异，但整体上是支持 PPP 模式在畜禽粪污资源化利用领域的应用，依此，建议政府部门出台宣传措施以及示范推广的方案，增强畜禽粪污资源化利用主体对 PPP 模式的认知程度，推进畜禽粪污资源化利用 PPP 模式的实施。

三、PPP 模式应用于畜禽粪污资源化利用领域的困难

PPP 模式如何应用于畜禽粪污资源化利用领域，需要对其存在的困难展开分析，并以此提出相应的对策建议。同时，还要对路径展开分析，以明确 PPP 模式应用于畜禽粪污资源化利用领域的发展方向。

（一）对畜禽粪污资源化利用 PPP 模式的认识不到位

对于政府部门来讲，畜禽粪污资源化利用势在必行，且也了解其发展的内容和趋势，但大部分政府部门对 PPP 模式的认知还往往停留于理论阶段（大都认为 PPP 模式仅仅是一种融资的手段），鲜有地方政府在畜禽粪污资源化利用领域推行 PPP 模式，对于 PPP 模式如何在畜禽粪污资源化利用领域发挥作用，并不明确，还往往夸大 PPP 模式的作用。这就要求政府部门“摸着石头过河”，在不断加深对 PPP 模式认知的基础上，结合畜禽粪污资源化利用的实际情况，推出适合不同地域的畜禽粪污资源化利用 PPP 模式的具体项目。四川等地虽然已经在畜禽粪污资源化利用领域推行了 PPP 模式，但还需进行总结以提升对 PPP 模式的认知水平，以更好地推行 PPP 模式。总的来看，对畜禽粪污资源化利用 PPP 模式的认识不到位制约了 PPP 模式在畜禽粪污资源化利用领域的应用。

对社会资本来讲，PPP 模式在不同的行业都被予以实践，积累了一定的经验和认知。但畜禽粪污资源化利用领域本身就是一个朝阳行业，处于发展的初级阶段，社会资本对其的认知水平也不高，尤其是政府部门如何参与、利益如何分配、风险如何分担等方面的不明确影响了社会资本参与畜禽粪污资源化利用 PPP 模式的积极性。畜禽粪污资源化利用 PPP 模式的实践不多，也限制了社会资本对畜禽粪污资源化利用 PPP 模式的认知，再加上各地区之间存在信息交流上的不对称，也在一定程度上堵塞了社会资本了解畜禽粪污资源化利用 PPP 模式的途径和信息来源。此外，由于政府部门对畜禽粪污资源化利用 PPP 模式的认识不到位，且宣传手段缺失以及宣传力度不够，影响了社会资

本对畜禽粪污资源化利用 PPP 模式的认知。

除了以上两个主体以外，畜禽养殖主体对畜禽粪污资源化利用 PPP 模式的认知也会影响项目的推行，主要体现在影响畜禽养殖主体与社会资本及政府部门的合作，所以在提升各主体对畜禽粪污资源化利用 PPP 模式的认知水平方面，畜禽养殖主体是不可忽视的重要组成部分。

（二）畜禽粪污资源化利用 PPP 项目的不足

畜禽粪污资源化利用 PPP 项目投资规模大且回收周期长，畜禽粪污资源化若做到无害化程度，需要较大金额的初始投资，前文所论述到的畜禽粪污沼气发电以及有机肥加工，往往初始投资都超过 1 000 万元，有些甚至超过了5 000万元，这对于社会资本以及政府部门来讲，投资的数额还是比较大的。更为关键的是，畜禽粪污资源化利用 PPP 模式的投资回收期较长，投资风险高、利润率低，以追求利润为首要目标的社会资本在该种情况下，若没有政府部门财政的支持或由政府部门完成前期的初始投资，则其参与畜禽粪污资源化利用 PPP 模式的积极性不高。也就是说，畜禽粪污资源化利用 PPP 项目在吸引社会资本方面较为困难，据测算，若项目收益率低于 12%，就很难有吸引力。

畜禽粪污资源化利用 PPP 项目资产专用性强。资产专用性指的是资产用于特定用途后被限制，很难转为其他用途，如果转为其他用途使用价值将会大幅降低甚至变得毫无价值。畜禽粪污资源化利用 PPP 项目资产的专用性极强。一方面，畜禽粪污资源化利用 PPP 项目资产流动性不强，其转让交易受到市场需求的制约和应用领域的约束；另一方面，畜禽粪污资源化利用 PPP 项目资产强调使用的配套性，与其他配套资产结合起来才能有效运营，体现最为突出的就是沼气发电需要并网才能实现项目的顺利运营。

畜禽粪污资源化利用 PPP 项目的推介和实施存在时滞，以四川省推行的畜禽粪污资源化利用 PPP 项目为例，畜禽粪污沼肥转运项目的实施方案从正式审批到实际签约，大约花费了 1 年多的时间。畜禽粪污资源化利用 PPP 项目初始投资较大，且投资回收周期长，制约了社会资本在短期内有效参与政府推出的畜禽粪污资源化利用 PPP 项目。

定价问题是畜禽粪污资源化利用 PPP 项目推进的关键，一些畜禽粪污资源化利用 PPP 项目的收益来源于政府付费，而资金的来源有 3 种，分别是政府买单、用户付费以及“使用费＋政府补贴”。就我国目前各个地方的政府财政情况来看，许多地方政府的财务状况都非常紧张，使得地方政府的支付意愿不高。在法律制度不健全、政府存在失信可能性的大环境下，社会资本难以有效进入畜禽粪污资源化利用 PPP 项目。

（三）政府部门参与畜禽粪污资源化利用 PPP 模式的能力亟待提升

政府部门对畜禽粪污资源化利用 PPP 模式的顶层设计不完善，行政效率不高。主要体现在：一是政策协同性不够，尽管中央制定、发布了多项 PPP 政策文件，但缺少清晰明确的解释，降低了地方政府在执行政策方面的效率，增加了社会资本对参与 PPP 项目的担忧。协同性不够主要表现在 PPP 项目的相关法律法规不统一、政策措施协调性和可操作性不大、PPP 项目参与主体之间的平等协商谈判机制不健全和渠道不畅等方面。二是地方政府把 PPP 项目局限为融资模式，忽视了管理模式创新。在中央部委出台推广运用 PPP 模式的相关政策后，PPP 模式立刻被地方政府当作新的融资渠道，甚至被当作缓解债务压力“甩包袱”的手段。三是基层政府财力不济。财政部发布的《政府和社会资本合作项目财政承受能力论证指引》明确限制了地方政府支持 PPP 项目的财政资金规模。长期以来，我国基层政府的财政压力较大，难以满足 PPP 项目的融资需求，进而会影响推广运用畜禽粪污资源化利用 PPP 模式的积极性。

畜禽粪污资源化利用 PPP 模式实施的规范性较差。主要体现在三个方面：一是缺乏可执行的畜禽粪污资源化利用 PPP 模式操作指南和细则，难以用于指导实际工作。包括畜禽粪污在内的 PPP 政策文件大多以宏观指导为主，并未说明畜禽粪污资源化利用 PPP 模式的具体操作方式、规范性流程以及细则，对实际工作的指导效果有限。二是缺乏硬性的约束条件以及量化的风险控制指标。从现行的政策来看，针对社会资本参与 PPP 项目的硬性约束条件并不明确，且可计量的风险控制指标体系也尚未建立，这就造成了政府既是运动员，又是裁判员的状况。三是管理政策和制度尚未覆盖畜禽粪污资源化利用 PPP 项目全生命周期的各个环节，从目前的相关政策措施来看，在畜禽粪污资源化利用 PPP 项目的前期管理政策和制度相对健全，但在项目运行过程中以及项目中间阶段的管理政策和措施尚未健全。

此外，政府违约在以往的 PPP 项目实施过程中已不再是小概率事件，据调查，在采取 PPP 模式比较多的污水处理行业，全国大部分地方政府按期足额支付污水处理费的很少，会造成企业运营困难。以往政府在 PPP 项目中的违约行为，会影响到社会资本参与畜禽粪污资源化利用 PPP 模式的决心和积极性。

（四）社会资本对参与畜禽粪污资源化利用 PPP 模式持谨慎态度

畜禽粪污资源化利用 PPP 项目性质与社会资本投资偏好不一致，多数的社会资本倾向于投资期限短且收益高的项目，或者投资有固定现金流的“使用者付费”项目。而畜禽粪污资源化利用 PPP 项目的收入来源主要是使用者付费和政府补贴，在项目自身收益低、政府补贴或购买价格不明确的情况下，社会资本参与的积极性不高。

社会资本对政府信用存在顾虑，社会资本参与畜禽粪污资源化利用 PPP 项目的担心主要在于有些地方政府部门缺乏契约精神，政策随意性和执行性风险较大。PPP 项目实施周期内可能会出现政策的变化以及官员的换届或调整，地方政府存在“新官不理旧账”“合同是张纸，签完随时改”“改变游戏规则”等现象，增加了社会资本参与畜禽粪污资源化利用 PPP 项目的风险，使得社会资本对 PPP 项目政府履约意愿和能力存在担忧。

社会资本在畜禽粪污资源化利用 PPP 项目的话语权不明确，尽管地方政府会采取各种措施吸引社会资本参股、入股 PPP 项目，但话语权会受到政府部门的干扰，难以实现其管理理念，影响社会资本参与畜禽粪污资源化利用 PPP 项目的积极性。还有一些政府在政企关系方面角色定位不清，也增加了社会资本参与 PPP 项目的隐忧。

信息不对称影响畜禽粪污资源化利用 PPP 模式的实施，社会资本参与畜禽粪污资源化利用 PPP 项目，必须建立在对项目具体信息非常了解的基础上，但目前已有的许多在政府网站上公示的 PPP 项目，仅显示项目名称、投资额等信息，关键信息基本上没有，这就造成了信息不对称以及地位的悬殊，难以形成伙伴关系，阻碍了 PPP 模式的深入推进。

（五）银行对畜禽粪污资源化利用 PPP 模式的实质性参与度不高

通过对已有的农业相关 PPP 项目的总结，以及对畜禽粪污资源化利用行业融资问题的总结，发现银行虽然对畜禽粪污资源化利用 PPP 项目积极响应，但实质性的参与度并不高，主要原因是具有稳定收入来源的经营性项目少、PPP 项目融资特点与银行信贷模式不符、PPP 项目筛选和评审难度大以及一级项目论证难以达到商业银行金融支持条件等方面的影响。这就需要政府部门出台相关的类似于政府贴息等的金融扶持政策，以推进银行参与畜禽粪污资源化利用 PPP 项目。

（六）制度环境和体制不健全影响畜禽粪污资源化利用 PPP 模式的实施

目前尚未形成完善的 PPP 制度框架和法规体系，一是有关 PPP 模式的法规多为部门和地方制定，缺乏国家层面的法律，法规层次较低，法律效力不高，有些法规还存在着操作性不强、难以实施等问题；二是 PPP 模式涉及财政、投资项目管理、招投标、融资、价格管理和公共服务等多方面的工作，普遍缺少针对 PPP 模式的专门规定，更没有形成完整的政策体系；三是相关部门规章、地方政府规章和地方性法规之间不协调、不配套甚至相互冲突。没有具体的法律保护，没有成熟的规范和合同是推进畜禽粪污资源化利用 PPP 模式的重大挑战。

管理体制不健全，效率不高。一是我国政府内部没有设置专门负责 PPP 项目统计、政策制定和协调的常设机构，PPP 决策处于一事一议的状态，缺乏综合谋划和长远考虑；二是 PPP 项目的立项审批仍沿用一般政府投资项目流程，审批烦琐、监管缺位，没有针对其特点设计专门的审批流程、监管体系以及项目评估标准；三是对地方政府实施 PPP 项目缺乏规范与指导，各地政策差异大。管理体制的不健全，制约了社会资本参与畜禽粪污资源化利用 PPP 模式的积极性。

畜禽粪污资源化利用的产品市场开拓是制约该行业发展的关键问题，尤其是畜禽粪污肥料化利用模式，该模式需和种植业相互配合发展，推行种养结合模式，当地政府部门在其中起到协调的作用。但在调研过程中发现，区域内的畜禽养殖业与种植业往往发展不平衡，使得畜禽粪污肥料的运输半径增加以及产品销售困难，影响畜禽粪污资源化的收益，进而影响 PPP 模式的推行。

示范推广的作用不能忽视，畜禽粪污资源化利用 PPP 模式是新事物，目前成功的案例较少，且仅在小部分的区域内实行，大多数的社会资本处于观望状态，缺乏示范推广项目。若有畜禽粪污资源化利用 PPP 模式的示范推广项目，则可以利用这一平台，通过参观学习、培训解说等方式，对畜禽粪污资源化利用 PPP 模式进行宣传及推广。示范推广项目作为“眼见为实”的载体，能够消除社会资本投资的顾虑，从而推进 PPP 模式在畜禽粪污资源化利用领域的应用。

第三节　农业农村环境污染治理的 PPP 模式路径选择

一、PPP 模式应用于畜禽粪污资源化利用的路径选择

为了确定三维框架内 PPP 模式的选择路径，设定路径识别原则如下：原则一是尽可能在 PPP 模式的统一大类内形成路径；原则二是同一选择路径内的所有权转移或者精英群控制的特征相近；原则三是每一个选择路径都能满足公私合作程度从低到高变化的要求；原则四是符合政府从已有项目出发，向新建项目逐步推广 PPP 模式的现实要求。前两个原则划定出路径构成节点的范围，后两个原则定出路径发展的起始点和终点。按照以上的原则，在图 6－7 中识别出 4 条 PPP 模式选择路径。

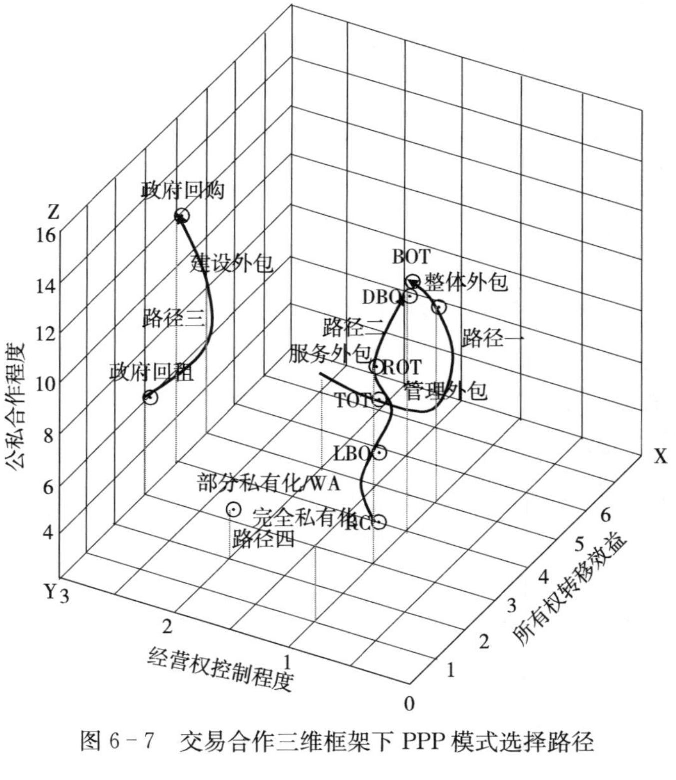

图 6－7　交易合作三维框架下 PPP 模式选择路径

为了便于比较三个维度的关系，将每个维度的得分进行标准化处理，具体数据见表 6－17。

表 6－17　PPP 模式的所有权、经营权与合作程度得分标准化统计

PPP 模式	所有权转移效益标准化值	经营权控制程度标准化值	公私合作程度标准化值
整体外包	1.231	−0.725	0.613
管理外包	1.231	−0.725	−0.536
服务外包	1.231	0.483	−0.536
建设外包	1.231	1.691	0.038
政府回购	0.428	1.691	1.187
政府回租	−0.375	1.691	−0.536
BOT	0.428	−0.725	1.761
DBO	0.428	−0.725	1.474
TOT	−0.375	−0.725	0.325
ROT	−0.375	−0.725	0.900
LBO	−0.375	−0.725	−0.249
RC	−0.375	−0.725	−1.398
WA	−1.177	0.483	−1.111
部分私有化	−1.177	0.483	−1.111
完全私有化	−1.980	−0.725	−0.823

1. 选择路径一：服务外包→TOT→整体外包→BOT

根据表 6－17 的数据，绘制了“选择路径一”的交易合作特征变化曲线，如图 6－8 所示。

图 6－8 中的曲线走势反映出“选择路径一”的重要特征：①政府对项目的经营权控制程度最低；②除了 TOT 模式之外，其他 3 种模式的所有权转移效益都在所有模式平均水平之上（标准化得分在 0 点以上），并且 4 种模式的所有权转移效益标准化得分总体上高于经营权控制程度得分，体现出在该路径下政府更关心的是所有权的归属问题；③选择路径上 PPP 模式的合作程度在逐步上升。

“选择路径一”适用于政府经营效率不高，而私人部门能够发挥技术管理优势，可以进行市场化运作的项目。同时在该路径中选择模式时，政府希望通过所有权转移实现较高效益，最终获得项目所有权以恢复项目的公共性质，并且与私人部门具有良好的合作经验和高度合作意愿。

据此，“选择路径一”可在畜禽粪污资源化利用领域提供 PPP 模式的选择决策参考：①收取畜禽粪污处理费的项目，如沼肥转运项目；②能源生产项目，如畜禽粪污沼气发电项目；③可产业化运作的环境治理项目，如畜禽养殖污水处理、畜禽粪污有机肥加工。

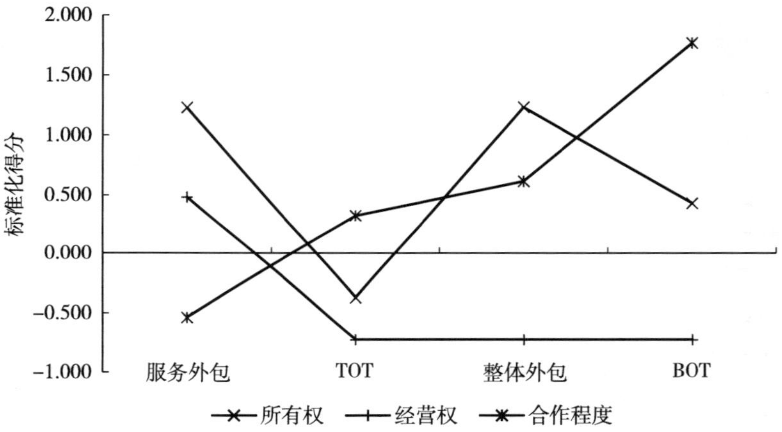

图 6－8　“选择路径一”的交易合作特征

2. 选择路径二：RC→ROT→LBO→DBO

图 6－9 中的曲线走势反映出“选择路径二”的重要特征是：①政府对项目的经营权控制程度最低；②除了 DBO 模式之外，其他 3 种模式的所有权转移效益都在所有模式平均水平之下（标准化得分在 0 点以下），体现出在该路径下政府对于所有权的归属问题相对不重视；③选择路径上 PPP 模式的合作程度在逐步上升。

“选择路径二”适用于政府经营效率不高，而私人部门能够发挥资金、技术、管理等方面的综合优势，可以进行市场化运作的项目。同时在该路径中选择模式时，政府希望通过所有权转移获取一定的效益，倾向于与私人部门保持良好的合作关系。

据此，“选择路径二”可在畜禽粪污资源化利用领域提供 PPP 模式的选择决策参考：①提供畜禽粪污处理设施的项目，如沼肥转运项目；②政府部门难以为畜禽粪污资源化利用提供初始投资的项目，如畜禽粪污沼气发电、畜禽养殖污水处理、畜禽粪污有机肥加工等项目。

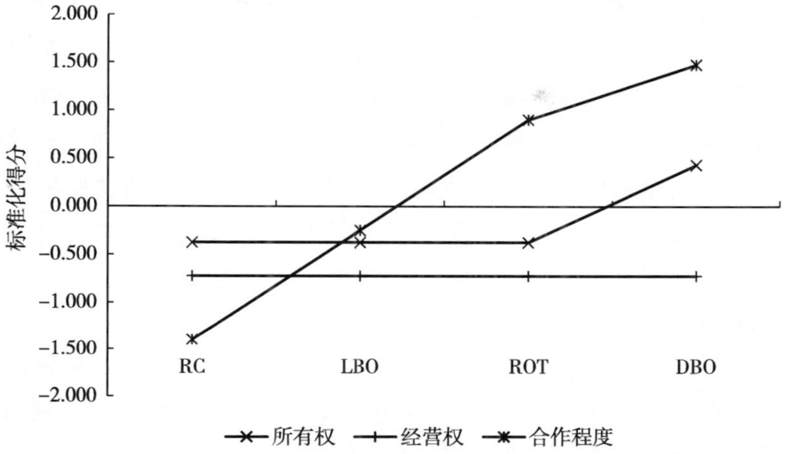

图 6-9 “选择路径二”的交易合作特征

3. 选择路径三：政府回租→建设外包→政府回购

图 6-10 体现出“选择路径三”的交易合作特征为：①政府对项目的经营权控制程度最高；②除政府回租模式之外的其他两种模式的所有权转移效益标准化得分要高于总体平均水平，同时 3 种模式的所有权转移效益标准化得分要低于经营权控制程度得分，说明该路径下政府更注重对项目经营权的控制；

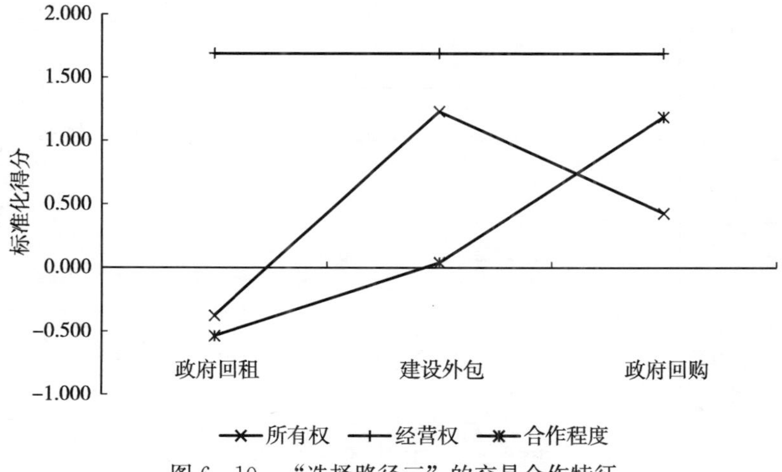

图 6-10 “选择路径三”的交易合作特征

③“选择路径三”的合作程度虽然在不断增加，但是总体上要低于“选择路径一”的合作程度水平。

“选择路径三”适用于不能通过市场化运作并由私人部门经营管理，或者政府需要强化经营权控制程度的项目。在该路径中选择模式时，政府希望较快实现对此类项目所有权的转移，并最终获得所有权，同时可以在一定程度上与私人部门展开合作。由于畜禽粪污资源化利用必须通过市场化进行运作，且政府对其的经营权控制程度需要强化，这与“选择路径三”的适用项目并不匹配，那么，“选择路径三”并不适用于需要市场化运作的畜禽粪污资源化利用领域。

4. 选择路径四：WA→部分私有化→完全私有化

图 6-11 中“选择路径四”的特征为：①政府对项目经营权的控制程度较低；②项目所有权转移效益在所有路径中是最低的；③政府和私人部门的合作程度虽然有所上升，但是总体上处于 4 种路径的最低水平。

“选择路径四”适用于政府不需要获得项目所有权，可以充分调动民间资本积极性，由私人部门负责经营的项目。在该选择路径上的模式不要求实现公私间的高度合作，整体上政府对项目的经营权控制程度最低。

“选择路径四”可在畜禽粪污资源化利用领域提供 PPP 模式的选择决策参考：可直接向使用者收费，例如，畜禽粪污沼气发电、畜禽粪污有机肥加工、沼肥转运等。

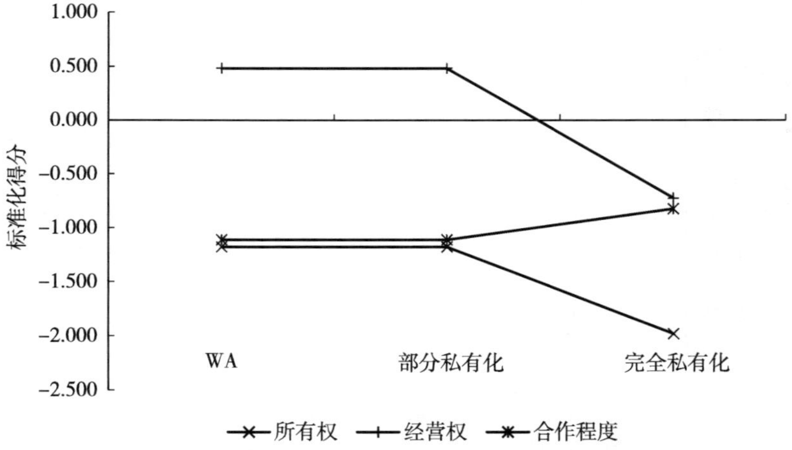

图 6-11 “选择路径四”的交易合作特征

二、PPP 模式下推进农业环境长效治理的政策建议

（一）健全 PPP 模式农业废弃物资源化利用制度和监管框架

建立健全的 PPP 项目法律体系以及设立专门的法律。目前尚无适用于 PPP 模式农业废弃物资源化利用的财税政策，制定的 PPP 模式农业废弃物资源化利用的政策应做到原则性强、指导性规定明确，是实际可操作的具体政策措施。在国家层面的 PPP 立法中规定政府审批权限、流程和管理程序，项目回报机制、退出机制和纠纷处理机制，各地项目规模上限与政府财力比例，中长期预算机制，会计准则，信息披露、政府监管与公众参与制度等，使之具备全国统一的原则性做法和较强的法律效力，避免由中央部门或地方法规政策所带来的冲突，特别是处理过去国家层面法律未覆盖到或与 PPP 模式有冲突的内容。同时，制定全国性的 PPP 项目实施指南，包含更具体的操作程序和细节，如特许经营协议/合同示范文本等，规范各中央部门和各地政府的不同做法。

PPP 项目融资功能是各级政府大力推动 PPP 模式的直接动因。PPP 模式要落地并且有效发挥其融资功能，关键在于建立和完善一套有利于 PPP 模式运行的、合理的项目回报机制。2017 年财政部、农业部发布《关于深入推进农业领域政府和社会资本合作的实施意见》，提出制定合理的项目回报机制。依据项目合同约定将财政支出责任纳入年度预算和中期财政规划，按项目绩效考核结果向社会资本支付相应对价，保障社会资本获得稳定合理收益。鼓励新型农业经营主体参与 PPP 项目，并通过订单带动、利润返还、股份合作等模式进一步完善与农户、相关企业的利益联结机制，建立长期稳定的合作关系，让更多农民分享农业 PPP 发展红利。本着契约和平等合作的精神，确定政府部门和社会资本都能接受的投资收益率均衡点，建立完善投资收益率动态调整机制。综合考虑项目全生命周期内的成本核算范围和成本变动因素，采用公开招标、竞争性谈判等方式采购社会资本，完善 PPP 项目投资建设、资产资源使用、成本核算等方面的财务会计制度，督促项目公司建立健全内部财务制度和内控办法，建立完善成本核算和控制机制。为解决年度投资运营成本性支出的波动性与运营收入相对固定性不相匹配问题，政府部门应建立完善年度政府付费或财力补助及时调整机制，稳定项目现金流和年度收益。建立完善风险损

失分担和补偿机制，应明确界定政策性风险和商业性风险的边界，科学划分政府部门和社会资本各自承担风险损失的责任。建立完善绩效考核评价机制，应抓紧制定PPP绩效考核评价指标体系，出台PPP绩效考核评价具体办法，明确以绩效考核评价的结果作为项目付费多寡的依据。

建立高效的PPP项目政府监管机构。监管机构作为PPP项目监管体系的核心，高效的监管机构体系有利于确保项目监管的有效性和统一性，所以对各部门的监管边界进行明确划分是十分必要的。目前发展中国家在实施PPP时，通常不具备健全的监管体系。一方面是由于发展中国家总体制度建设的滞后，另一方面存在政府力量推动，出于效率和政绩需要，往往希望在较短的时间内实现某一合作目标，忽略了制度建设的重要性。PPP项目监管机构的设立：首先明确各个政府行政监管部门的监管职责和范围。如发改委和财政部重点监管PPP项目的发起，农业部以及下属部门是农业废弃物PPP项目市场的监管主体，地方政府管理部门主要监管PPP项目的融资、建设、运营、移交等状况，地方政府财政局和审计局主要管理PPP项目的资金安全问题等。其次，依据目前农业废弃物资源化利用PPP项目案例来看，PPP项目的原料来源和地址大多选在靠近广大农村的生产基地，在县域设立独立综合性的政府监管机构，便于监管各个领域PPP项目建设和运营，有条件的地方政府也可以设立专业性的独立监管机构，具有独立性和专业性的PPP项目监管机构可以保证PPP项目行政监管的效率。各地应建立PPP项目财政支出责任统计监测体系，中央财政和省级财政对接近或超出10%红线的地区，要进行风险预警。

建立完善的PPP项目社会监督体系。完善的PPP项目社会监督体系是PPP项目成功的重要保障，体现了公众作为项目利益相关者参与项目的公平性和公正性。PPP项目社会监管体系可以由PPP项目公众投诉及建议平台、PPP项目听证会制度两部分组成。PPP项目听证会制度一方面要建立听证人员甄选制度，公正广泛地选取听证人员；另一方面，听证的主要议题应在相关媒体上公示，开放实时网络讨论，真正做到公众参与并定期把结果反馈给公众。加大公众在监管过程中的参与度，建立完善的PPP项目社会监督体系，实现对PPP项目监管的再监督，保障公众需求得到满足。

（二）完善风险管理机制，促进农业风险投资发展

利益共享和风险分担是PPP模式的最主要特点，而农业废弃物资源化利

用开发项目量大面广、投入较高、风险较大、涉及的参与方较多。目前，农业废弃物 PPP 项目尚处于初期发展阶段，国内对农业废弃物 PPP 项目的风险管理意识较淡薄，缺乏行之有效的风险管控方法，再加上农业废弃物 PPP 项目实践较少，风险分担机制不够完善。为了使农业废弃物 PPP 项目实施效果更佳，以最少的资源实现最多的产品或最优的服务，保障项目各参与方的利益，如何有效进行风险防范、管控以及风险分担，便成为当下亟待解决的问题。根据博弈结果，项目风险的分担取决于对该风险偏好系数最大的项目参与方，当风险得到合理分担时，项目整体满意度最大。基于此，以及从维护各方利益、减少损失的角度出发，农业废弃物资源化利用 PPP 项目风险应由对风险最有控制力的一方承担；承担的风险程度与所得的回报大小相匹配；私营部门承担的风险要有上限，超过上限时要启动重新谈判或调节机制。

农业风险投资在我国起步较晚，需要政府加大扶持力度，起到引导规范监管作用。农业废弃物资源化利用 PPP 项目由于量大分散，受自然环境影响，以及利用产品处于发展初期等农业废弃物自身利用特点，PPP 项目承担的经营风险很大，为了降低农业废弃物利用企业的风险成本，需要引导更多的风险资本注入农业废弃物领域，各级政府应为风险投资者提供良好的政策支持，扶持农业废弃物 PPP 项目稳定、健康发展。创造有利于农业风险投资发展的宏观环境，建立专职服务农业风险投资的中介机构，逐步建立和完善包括资本市场、技术市场、人才市场、信息市场、产权交易市场等在内的生产要素市场的交易服务体系环境。多渠道开辟农业风险资本来源渠道，加大风险资本的规模。充分利用我国分散的资金，筹集民间资金、个人存款、保险资金等，建立一定的信用等级机制将民间资本引入农业风险投资领域。选择一定的方式将风险资本撤出投资企业，以求实现资本增值或者降低损失。构建完善的多层次资本市场体系，完善政策法规，建立有效的退出机制。

由于农业废弃物 PPP 项目合作方来自地方政府、投资企业、其他参与方和社会资本，由组建的项目公司负责 PPP 项目运营过程，项目生产过程也是一个技术创新发展的过程，是合作各方知识技术、成果产权的共同投入和收益分享行为，必然存在着合作创新过程中的知识产权风险。合作创新要求各参与主体之间分享具有敏感性的知识和信息，而通常情况下参与主体之间是一种协作性的竞争关系，每个参与主体都可能由于分享或独占研究开发成果而引起争端和冲突，由此产生各种知识产权风险。选择伙伴时就要求合作伙伴具有一定的知识资源和技术能力，以保障农业废弃物资源化利用 PPP 项目产品具有较强的市场竞争力。PPP 项目公司与合作伙伴深度合作运行过程中承担知识外溢造成的知识产权风险。

（三）适应农业结构调整需要，促进 PPP 模式农业废弃物资源化利用

目前我国农业发展数量与质量、总量与结构、成本与效益、生产与环境等方面的矛盾依然突出。存在不合理的粮经饲结构，表现在农作物秸秆习惯性焚烧同时玉米、大豆等饲料原料供不应求，耕地地力下降同时养殖业粪肥污染治理难等种养结合不紧、循环不畅的各种矛盾，我国需要进一步优化农业结构，当前已经到了农业结构调整的重要节点。

农业土地经营规模适度扩张，有利于农业废弃物资源化利用 PPP 项目的规模经营。我国传统小规模家庭经营主要依靠经验种地，缺乏先进的农业技术指导以及现代化机械操作，制约了劳动生产率和土地生产率提高。发展适度规模经营提高了土地利用率和规模化农业废弃物的利用，促进实现我国农业现代化发展，是农民增收的一条途径。通过吸引社会资本（包括外资）增加农业投入，是提高农业国际竞争力的根本途径，发展规模经营已成为我国农业的发展趋势。在世界范围内农地经营规模不断集中的趋势背景下，大多数学者对于农业规模化经营的必要性持肯定态度。虽然目前我国土地供给制度正在不断调整以适应规模经营的需要，如土地所有权与土地承包经营权、土地使用权分离，但在具体项目实施中仍然缺乏灵活性，导致农地流转受限，成为扩大经营规模的最大限制因素。

提高农民劳动力素质，降低 PPP 项目经营风险。目前我国农村人力资源数量巨大，农村存在大量富余劳动力，同时农民文化、科技素质与城市居民及发达国家相比仍存在较大差距。劳动力素质整体水平偏低的现状无法适应农业废弃物资源化利用等现代绿色农业发展要求，制约了农业废弃物利用产业的发展壮大。因此，加快农村人力资源的开发与利用，努力提高农村劳动力素质，是加快农业废弃物资源化利用的机械化、产业化、工业化进程的需要；是加快推进农业和农村经济结构调整，实现农业现代化、市场化的有力保证。

农业 PPP 投资是我国农业向现代化转型、农村生产要素关系变化的必然结果。一般农业废弃物资源化利用 PPP 项目具有一定规模，投融资数额大，经营周期较长，科技水平和管理技能要求都很高，是准公益性微利经营项目。

为了降低 PPP 项目经营风险，这就要求要提高农村劳动力资源的专业化、科技化、信息化素质水平，采用现代的农业机械和耕作工具以降低生产成本，积极引入多方社会资本的参与，适应现代农业发展的需要。

（四）金融机构加大金融产品和服务创新力度，保障投融资环境

国家发展改革委、农业部《关于推进农业领域政府和社会资本合作的指导意见》提出，要加强政府农业投资引导，加快农村集体产权制度改革，创新金融服务与支持方式，建立合理投资回报机制，完善风险防控和分担机制等举措。鼓励金融机构通过债权、股权、资产支持计划等多种方式，支持农业 PPP 项目。鼓励金融机构加大金融产品和服务创新力度，开展投贷联动、投贷保贴一体化等投融资模式试点。一些基础项目政府要真正实现从微观向宏观、从审批向监管、从项目安排向制度供给的转变，要真正做到政府投入与社会资本的有机结合，利用 PPP 来创新农业投资模式，真正提高投资的效率。

根据 PPP 项目的特点，针对性地加大金融产品的开发也很关键。政策性银行参与 PPP 项目，可以发挥中长期融资优势，为 PPP 项目提供投资、贷款、债券、租赁、证券等综合金融服务，并联合其他银行、保险公司等金融机构以银团贷款、委托贷款等方式，拓宽 PPP 的融资渠道。商业银行也是 PPP 项目最重要的资金提供方，可以通过资金融通、投资银行、现金管理、项目咨询服务、夹层融资等方式参与 PPP 项目。PPP 项目涉及地方政府、项目公司以及社会资本等多个主体，相关主体对于契约的遵守情况直接影响项目现金流、盈利能力和融资项目的信用风险。由于 PPP 项目资金规模大、生命周期长，在项目建设和运营期间面临很多风险，PPP 项目参与各方都有通过保险降低自身风险的需求，保险公司可以开发信用险种为 PPP 项目进行风险承保，增加 PPP 项目结构设计的灵活性，降低和转移 PPP 项目参与方的风险。证券公司可以为 PPP 项目公司提供 IPO 保荐、并购融资、财务顾问、债券承销等投行业务，也可以通过资产证券化、资管计划、另类投资等方式介入。信托公司通过直接投资的形式或间接参与融资的形式，与其他社会资本联合投资项目公司，采取明股实债的方式，在约定时间内由其他社会资本回购股权退出。PPP 产业基金是以股权、债权及夹层融资等工具投资 PPP 项目的投资基金，在 PPP 产业基金模式下，金融机构可与地方政府、项目运营方签订产业基金合同，对能够产生稳定现金流、收益率合理的 PPP 项目进行合作，可以自有

或募集资金设立项目公司，作为有限合伙基金的有限合伙人。

科技金融扩展农业废弃物资源化利用技术创新网络。农业废弃物能源化、肥料化、饲料化、材料化利用不断普及，我国已经建立了多个沼气工程技术、生物质燃料、有机肥产品、秸秆青贮饲料、秸秆板等方面技术规范。总体上来看，农业废弃物资源化利用还需在机械化、工业化、规模化、商品化等方面继续开拓发展。科技金融是金融推动科技创新网络的一种链接机制，政府通过财政资金嵌入金融交易结构，可以增信科技型中小企业，降低金融机构的风险和交易成本，从而促进科技创新网络与金融网络的链接。能够提供科技创新的金融资源主体包括政府、市场、企业、社会中介机构等，是国家科技创新体系以及金融体系的重要部分。构建财政资金的风险分担与补偿机制不仅是政策性金融的一种市场化运作，也是提高财政资金运用的杠杆效应的一种金融创新，在推动科技创新与成果转化过程中财政资金能够发挥更大的作用。农业废弃物科技创新 PPP 项目引入政府、社会资本等多方参与，是科技金融机制的一种体现。

农业废弃物资源化利用是农村环境治理的重要内容，农村环境治理资金投入不足，严重制约了农村治理污染的基础设施建设，从而对于改善农村环境、提升农民居住环境都有一定的抑制作用。PPP 模式运作资金充沛。对于银行资本或民间资本而言，我国运用 PPP 模式进行农村环境治理有充足的资金来源。对于银行资本，一般地方政府不能直接借贷银行资金，所以，对于以地方财政信用为基础的公益性项目，必须采取新的融资方式，如 PPP 模式就是由私人部门通过收益权质押贷款的方式，使大量的银行贷款或民间资本融入 PPP 项目中。对于民间资本，我国的储蓄率水平较高，促使私营企业发展的资金力量不断壮大，这些为 PPP 项目带来大量的资金。随着中国改革开放和加入世界贸易组织，我国金融业也对外资开放，来中国投资的外国企业商人以及国际商业银行的资金已经大量涌入中国市场，这些也为 PPP 项目提供了大量的资金来源。

融资渠道多元化。目前中国农业银行已出台了针对 PPP 项目的信贷政策，中国农业发展银行、国家开发银行也推出了 PPP 项目专项基金。中国政企合作投资基金股份有限公司注册资本为 1 800 亿元，由财政部与国内 10 家大型金融、投资机构共同发起设立，并设立省级 PPP 基金。PPP 模式强调在治理中引入私营部门，以特许经营的形式允许其参与治理，不仅减轻了财政负担，也使农村环境治理资金来源渠道多元化；政府在 PPP 模式治理中既可以利用私营部门的本身资金，也可以为其担保银行贷款。

投资农村治理的新型农业经营主体受到较强的信贷约束，自身资本积累不能满足其生产所需资金的需要，外源资本显得尤为重要。通过建立有政府参与的农业投融资平台能够有效解决资金供需矛盾。以政府财政资金作为还款来源和保障，即使在缺乏有效抵押物的情况下依然能够轻易获得商业银行贷款。由政府主导的项目融资，能够有效吸引社会资金注入，相对于传统单方面的银行融资更容易形成规模效应，同时还有利于调动民间资本投资积极性。相对于新型农业经营主体，政府农业投资决策更具科学性。政府依托专业的农业生产团队、科研开发技术团队、决策咨询智囊，能够精准把握农业投资动向，科学把控投资计划。

风险分担合理化。私营部门在开展商业运作和服务项目上与公共部门相比通常会更有经验和技巧。私营部门在进行项目合作之前就会理性地进行项目风险评估，通过项目设计使风险降到最低；一般来说应用 PPP 模式时，私营部门只承担（部分）商业风险，而公共部门则被要求承担政策变动、罢工等政治风险和利率变动、通货膨胀等经济风险，还有以投保的方式规避其他一些风险，这种风险分担模式将相关各方义务承担的风险与各自的风险承担能力相结合，提高了治理项目的抗风险能力，有利于项目的成功实施。

（五）区域发展存在差异，需要地方政府加大产业扶持力度

从区域发展来看，社会资本投资农业存在明显的区域差异，东部沿海地区农业生产基础和投资环境优越，农业投资起步较早，投资规模大，效益明显，而社会资本在中西部地区投资农业尚处于起步阶段，可选择的经营范围与盈利空间相对有限。因此，针对区域发展的不均衡性特点，中西部地区更需要地方政府加大扶持力度，为 PPP 项目提供更加便利的财政优惠政策和资源条件，积极开展农业废弃物资源化利用 PPP 项目与相关企业的合作对接活动，吸引有竞争实力的央企、国企参与投资。

在地方政府财政压力加大、银行贷款和社会融资成本较高的情况下，借力基金吸引各种社会资本投入 PPP 项目，成为地方促进 PPP 项目落地的举措之一。据了解，目前，我国已有多省设立了产业基金，入股 PPP 项目，这正在成为 PPP 融资的新模式。农业 PPP 投资是我国经济发展阶段转变、农业向现代化转型、农村生产要素关系变化的必然结果，也是市场利润、政策红利等共

同导致的现象。

从农业行业需求来看，迫切需要 PPP 来增加投资。政策、科技、投入，历来是我国支持农业发展的三大要素，我国农业依然是国民经济发展的薄弱环节，投入不足、基础脆弱的状况并没有改变。像农业这种投资数额很大，而回收周期长、见效又比较慢的行业，要想成功吸引社会资本是比较困难的。在我国，如何稳定和逐步增加对农业发展所必需的各项投资，是巩固农业基础设施建设的重要一环，PPP 就是引导社会资本增加农业投入的重要手段。PPP 项目确实可以快速做大公司收入，但对企业现金周转及垫资、施工能力提出了更高要求。央企具备更强的 PPP 项目优势，政府背书可以提供信用担保，且资金成本有优势。

农业废弃物资源化利用 PPP 项目应该依据农业废弃物的区域分布差异及空间特点，在种植业及畜禽养殖的主产区探索具有一定经营规模的 PPP 项目示范工程，在经济发达的东部、中部地区发展农业废弃物利用产业集群区，在西部不发达地区、农业废弃物资源丰富的地区，借助地方政府的支持，结合 PPP 项目特点，引入有竞争实力的企业社会资本参与，选择具有稳定收益、市场竞争力强的农业废弃物资源化利用项目，降低 PPP 项目的经营风险。

（六）鼓励微观新型经营主体参与农业废弃物资源化利用 PPP 项目

与农业废弃物资源化利用相关的微观新型经营主体有农业大户、家庭农场、农民合作社、上下游企业、农业产业化龙头企业以及行业主导企业等。农业废弃物“谁产生谁处理”，种植大户、养殖大户和广大农户应该承担主体责任。农业大户在经营规模、经营理念和科技运用方面都比一般农户占有优势，具有一定的人脉资源和交际能力，带动作用较强，生产机械化程度高，生产效率高，劳动强度相对较低。家庭农场是引领适度规模经营、发展现代农业的有生力量，对于农业废弃物的利用技术有一定的吸纳能力，具有规模化经营管理能力，降低了农业废弃物 PPP 项目的技术风险和经营风险。组建的 PPP 项目公司是以家庭经营模式为主导，减少了劳动力监督成本，易于获得规模效应，家庭农场 PPP 项目产品的市场竞争力较强。农民合作社是同类农产品的生产经营者或者同类农业生产经营服务的提供者、利用者，自愿联合、民主管理的互助性经济组织。农民合作社参与农业废弃物资源化利用 PPP 项目，将提高农民抵御市场风险的能力，并帮助其获得规模效益。农业产业链延伸发展将有助于农业废弃物资源化利用 PPP 项目的开展。农业废弃物资源化利用的相关企业包括养殖场、牧场、农场等上游企业，及发电厂、燃气公司、饲料加工厂、化肥厂、板材加工企业等下游企业。整个产业链长期、有效的协调和配合是先进的生产组织模式或生产方式得以发展的前提。支持龙头企业参与农业废弃物资源化利用 PPP 项目，可以有效地利用龙头企业的社会资本、管理技术和人力资源作为 PPP 项目发展基础，吸引更多的社会资本（民间资本、外资和金融机构等）参与，对于提高 PPP 项目农业组织化程度、促进龙头企业扩大经营规模、降低 PPP 项目投资风险都具有十分重要的作用。

引入行业主导企业作为社会资本投资方，提升 PPP 项目的产品市场竞争力。农业废弃物资源化利用的产品主要为能源化、肥料化、饲料化以及材料化利用产品，与相关成熟工业产品都有一定的竞争，并且在市场竞争中并不占有明显优势。如电力行业是国家垄断行业，对于沼气发电工程而言，国家电网公司是电力市场的主导者，沼气并网发电就面临着重重阻碍。在政府扶持下，为 PPP 项目提供信用担保，引入行业主导企业（如信用高且具有竞争优势的央企）等社会资本的参与，降低经营风险，推进农业废弃物资源化利用产品走差异化发展、科技创新发展的道路，树立品牌意识，多方合作探索提高 PPP 项目市场竞争力的发展途径。

（七）选择适宜农业废弃物资源化利用的合作模式和合作机制

农业废弃物资源化利用 PPP 项目是一种特许权经营的项目，类似 BOT 或 BOO 模式。从政府部门得到排他性的特许权，引入私人资本，由公私部门组建的项目公司负责项目的设计、建造、运营，通过向使用者收费收回成本，适合废弃物处理、燃气开发、废弃物资源化利用等项目。该模式的优点是能够最大限度地使用私人部门的财务资源，项目问题由私人部门解决，转移了市场需求风险，缺点是私人部门有权决定收费标准，而政府则无权。要求合作伙伴具有一定的知识资源和技术能力，保障农业废弃物资源化利用 PPP 项目产品的市场竞争力较强，PPP 项目公司与合作伙伴深度合作运行过程中共同承担知识外溢造成的知识产权风险。

基于产业链延伸的 PPP 合作模式。由于我国城乡产业自成一体，封闭发展，农业产业链也被分割在不同地区和部门，没有形成完整的产业链。在农业废弃物资源化利用过程中，PPP 项目合作应将触角延伸至农业废弃物的上、下游企业。其上、下游企业作为社会投资方，对于农业废弃物的认知程度高，企业具有一定的技术储备和资源优势，有多样化规模经营的需要，与地方政府开展 PPP 合作项目具有明确的收益预期。同时社会资本认可农业废弃物上、下游企业的生产管理和经营资质，信任农业废弃物上、下游企业对 PPP 项目组建公司（项目公司）的运营管理，降低了技术风险和运营风险，具有长期合作的意愿。因而基于产业链延伸的农业废弃物资源化利用 PPP 项目由政府支持发起的公益性微利项目转化为上、下游企业合理发展的商业活动。地方政府可以提供一定财税优惠条件，为“双项目”开发提供扶持政策。如发电厂新增燃煤发电机组，同时建设生物质发电项目；家庭农场建设一定规模的养殖场项目，同时建设禽畜粪污利用的有机肥生产项目；鼓励新建牧场同时建设秸秆饲料加工项目等。

基于农村基层组织的 PPP 关系。农业废弃物生产者大多为农村种植业、养殖业农户、大户或专业户等，废弃物量大面广，收集工作不易，废弃物生产者有义务和责任进行废弃物的处理或利用。实施生产者责任延伸制度对于提高资源利用率，减少废弃物的排放，保护和改善自然环境发挥着重要的作用。农业废弃物生产者的上层组织即农村基层组织——村集体，对于将农业废弃物进行资源化利用具有一定的监管责任和治理义务。地方政府可以鼓励村集体参与农业废弃物资源化利用的 PPP 项目投资，作为社会资本的一部分，与地方政府形成合作伙伴关系，有效利用村集体的土地、劳动力资源优势，探索进行有机肥、秸秆饲料、秸秆综合利用等投资规模不大、利用效率高且具有长期运营收益的 PPP 项目，既有效进行了农村废弃物的治理工作又增加了村集体收益，同时便于政府监管规范项目的运营。缺点是虽然有地方政府为村集体做融资担保，但村集体融资难度依然较大，需要进行农村集体产权制度改革，探索出切实可行的村集体产权融资办法。

基于县域的 PPP 合作模式。2017 年中央 1 号文件提出以县为单位进行农业废弃物资源化利用试点工作，结合 PPP 模式建立基于县域的公私合作伙伴关系也是一个重要的议题。近年来，县域经济越来越成为我国经济增长的推动力量。县域经济发展模式是县域地区在不断推进工业化与现代化进程中逐步形成的一种独特的发展过程和路径。其中农业主导型的县域经济，其主要特点在于农业及其延伸产业的发展是推动县域经济发展的主体力量，农业产业化是促进农业主导型县域经济发展的关键路径。我国县域经济尚处于发展进程中，

PPP项目应用中存在很多的问题，如公共部门观念尚未转变、缺乏契约精神、非国有资本（包括国内民间资本、外资和港澳台资本）融资困难、县域经济体中PPP项目的咨询市场发育不完善等问题。项目建设规模超过合理需求将会产生公共服务定位虚高、企业亏损以及政府负担加重等后果。县域经济体中PPP项目的主管部门不明确，容易出现多头管理、无人管理等现象，对PPP项目的推广应用十分不利。

由于农业废弃物资源化利用PPP项目受到农业经济环境和农业废弃物区域分布不平衡等环境条件影响，且尚处于PPP项目发展初期，通用的运行模式和合作机制也在摸索过程中。为了保障农业废弃物资源化利用PPP项目的正常运营，政府在选择私营部门投资企业时，应该选择具有市场竞争力的企业参与，降低项目运营风险。还需要进行前期项目咨询，对适用于地方的PPP项目方案、建设规模、工艺流程以及设备选择等项目设计和项目周期的收益、还贷情况做深入、精细的计划，让有现代生产管理经验和生产技能方法的私人企业运营项目公司，使公私各方在共同运营中获得长期、稳定的效益。

（八）提高农业废弃物PPP项目的经营效率和融资效率

提高重点领域的经营效率。农业废弃物资源化利用PPP项目是准公益性项目，可以获得经济效益和环境效益，在同类型产品中的市场地位薄弱，不具有市场竞争优势，虽然合作伙伴制度解决了融资问题，但应用过程中的经营效率仍然面临较大困难，需要政府针对重点领域加强监督管理和调查研究，加大政策扶持力度和财政补贴力度，保障项目公司生产经营持续、健康发展。近年来，畜禽粪污-沼肥-农作物（果、蔬）的利用模式已经成为解决畜禽养殖污染的有效途径，该模式完全依赖政府投入的融资方式可能带来政府财政资金的低效率，PPP模式是当前公共服务供给方面增长最快的一种融资机制。相较于全部依靠政府投资的既往案例，利用PPP融资模式的蒲江项目处置禽畜粪污的利用效率提高，不但可以产生更大的环境效益，还可以节约财政资金，提高资金使用效率。秸秆资源饲料化的方法有很多种，应用前景广阔，在实际中应根据种植规模、经济实力以及当地的情况具体分析利用项目的规模和投融资情况。废旧地膜也是废塑料的一种，有很大的经济效益。政府建立完善的废旧地膜回收体系，通过可再生产品的生产，这些被回收的地膜可以全部进入循环体系。回收后二次利用成本高、收益低也是残膜治理之痛。重大动物疫情和畜产品质量安全事件多发，从事畜禽饲养、屠宰、经营、运输的单位和个人是病死畜禽无害化处理的第一责任人，鼓励大型养殖场、屠宰场建设病死畜禽无害化处理设施，并可以接受委托，有偿对地方人民政府组织收集及其他生产经营者的病死畜禽进行无害化处理。地方各级人民政府对本地区病死畜禽无害化处理负总责。

农业废弃物的特征对企业生产效率的影响。由于农业废弃物具有分散性、差异性、季节性等特点，对于项目公司生产过程的原料供应提出了挑战，构建农业废弃物逆向物流网络是解决项目公司原料供应的有效途径。制定行之有效的“农业废弃物逆向物流”法规政策，保证其市场进入、退出以及竞争规则，降低农业废弃物逆向物流发展的经营风险，将有效地提高农业废弃物资源化利用 PPP 项目公司的生产运营效率。良好的逆向物流网络需要农村交通设施建设、农资及农产品回收点、回收中心的发展和建设、网络信息平台等基础设施建设的支持。

提高农业生态效率。农业是第一生态产业，是国民经济和自然生态的双重基础。伴随着农业的快速发展，化肥农药的过量使用，秸秆、禽畜粪便等农业废弃物的不当处理是造成农业污染的重要原因。农业废弃物资源化利用就是提高资源利用率，降低农业生态污染，提高农业生态效率的过程。农业废弃物资源化利用 PPP 项目是环境治理市场化运营项目，项目公司具有追求经济效益的生产目标，同时农业废弃物得到规模化治理，获得生态效益，使提高农业生态效率成为长期、可持续的发展目标。

改善农村金融效率。目前我国正在大力推进 PPP 项目在农业领域的应用，也需要依靠金融业的推动，而农村金融的良好发展又要求农村金融效率的提高。学者认为产权制度不够完善和农村经济市场化程度较低是引起农村金融效率低下的原因。我国农村金融资源配置效率整体较为稳定，各地农村金融配置效率还存在较大差别。有些地区的资源配置效率一直低下，其原因可能是这些地区存在着不同程度的投入冗余和产出不足问题。为此，我国还需从优化农村金融管理制度、不断加强金融创新、协调各项投入的比例关系、完善农村金融服务机制等方面进一步提高我国农村金融效率。

提高项目公司融资效率。提高 PPP 项目融资效率，要积极做好项目对接，推动中央和地方联动，优化 PPP 项目融资环境，降低融资成本。要坚决杜绝各种非理性担保或承诺、过高补贴或定价，避免通过固定回报承诺、明股实债等方式进行变相融资。重视内源融资，可有效地推动农业废弃物资源化利用

PPP 项目公司的长期稳定、可持续发展，提升项目公司的自身价值，进而推动企业的生产经营观念向价值型盈利模式转变。优化项目公司的资本结构对于提高融资效率非常重要。当项目公司的资本结构最优、综合资本成本最低以及政策选择适应企业的整体发展要求时融资效益最高，三者互相影响，互相作用。强化现代企业制度，客观上要求我国中小企业建立适合自身发展的企业治理结构和科学的财务会计制度。管控企业融资风险，需要实现融资渠道的拓宽工作，使企业的资金来源更加丰富，避免因银行信贷政策变化而产生融资规模下降的情况。

第七章

农业绿色发展的国际经验与启示

20 世纪 80 年代初，中国农村推动改革开放，农业生产取得了举世瞩目的成就，为保障世界粮食安全作出了巨大贡献。但也必须清楚地看到，农业生产巨大成就所付出的巨大的生态代价。众所周知，中国农业生产是以大量化学品投入为基础，最大限度地提高水土资源的产出率，由此带来了对水土资源的巨大压力，使其长期处于被“剥削”状态。与此同时，快速工业化、城镇化和农业现代化的进程中，水土资源遭受着日益严重的污染，对农产品质量安全、国内消费者健康日渐构成威胁。党的十九大报告提出了乡村振兴战略，强调要以绿色发展引领乡村振兴，走生态文明发展之路，建设美丽中国，为人民创造良好生产生活环境。绿色发展是化解经济发展与资源环境矛盾的必然选择，对未来的环境保护和可持续发展都将产生深远影响。迄今为止，国际上很多国家在此方面做了积极探索和努力，形成了完备的耕地质量保护制度和完善的水权制度与水权交易市场，切实可行的化肥减施政策，行之有效的农村生活垃圾处理路径等。本章将对各国绿色发展的相关政策和实践经验进行总结分析，以期为我国农业绿色发展战略制定和实施提供借鉴。

第一节　水土资源保护与高效利用的国际经验与启示

一、典型国家和地区耕地质量保护制度与启示

美国、加拿大等发达国家和地区在 20 世纪 60 年代也遭遇了耕地的大规模减少和破坏，90 年代形成了比较完备的农地资源市场保护机制和法律法规政

策等，属于典型的农地资源成熟市场机制保护类型〇。

（一）美国农地保护制度

美国农地保护主要经历了3个阶段：农地开垦引起生态环境破坏背景下的农地保护阶段、高速城市化带来的耕地面积锐减背景下的农地保护阶段和成熟的政府农地综合体系保护阶段。主要通过调节、支出、税收和土地权益收购4个方面的影响，来实现农地资源（这里主要指耕地）的保护，从而形成了完善的市场经济耕地保护机制。其中“调节”主要包括分区规划、农田等级划分、全面计划，城市增长边界、农业区和法律规定的土地用途管制以及美国农业土地信托（AFT）等；“支出”主要表现在公共事业和财政奖励支出上；“税收”包括所得税、财产税和房地产税的减免；“土地权益收购”即土地发展权的购买和转让[①]。

1. 政策或法律手段[②]的调控举措

美国建国初期，为了加快工农业发展，促进耕地的开垦，邦联国会通过了《土地法令》和《西北土地法令》；之后又通过了《土地法》，以降低土地价格来鼓励公众购买。20世纪30年代，由于美国西部农业开发引起了严重的生态问题，美国政府制定了《土壤保护法》《水土保持和国内生产配给法》《农业调整法》和《土地侵蚀法》等，对农业施行了限制性的保护规划。20世纪50年代中期，联邦政府加大了对耕地的保护。20世纪60年代中后期，因城市化进程的高速推进，美国为防止优质农用地向城市用地流转，制定了一系列公有土地的管理法规，对公有土地分类、评价利用和转化加以规范。20世纪70年代中期美国农业部恢复设立了“土地利用委员会”。1976年，美国正式提出基本农田的概念，并对其内涵进行严格界定；1977年，国会制定了《土壤和水资源保护法》以加强对优质农田的保护；根据美国农业部和环境质量委员会在1981年出版的《国家农用地研究》，从20世纪60年代到70年代，美国耕地非农化幅度增加3倍。20世纪80年代后，美国农地保护进一步深入展开，

---

① 张合林，美国农地资源保护机制及对我国的借鉴和启示，地球科技，2014。

② 美国土地保护的主要法律有：1785年《1785年土地法令》、1800年《土地法令》、1877年《土地法》、1934年《泰勒放牧法》、1935年《水土保持和国内生产配给法》、1936年《土壤保护法》、1956年《土壤储备计划》、1976年《联邦土地政策和管理法案》、1977年《土壤和水资源保护法》、1981年《农地保护政策法》、1996年《联邦农业发展和改革法》、2000年《农业风险保护法》。

1981年联邦政府将《农地保护政策法》作为农地保护的法律依据，与此同时还提出土地评价与立地分析系统，以确定农地保护类型和范围；1996年，美国通过《联邦农业发展与改革法》，农地保护工作全方位展开。

2. 经济手段的调控举措

美国政府通过税收优惠政策、设置土地发展权等方式①，鼓励农民保护耕地资源，通过调动权利人积极性的方式加大对耕地资源使用用途的限制，以此来实现耕地资源的有效保护。尽管耕地保护政策纷繁复杂，在各州的实施也不尽相同，但是实施最为普遍的是土地开发权计划和耕地保护规划制度。

（1）土地开发权计划。土地开发权计划分为购买土地开发权计划（PDR）和转移土地开发权计划（TDR）。PDR计划和TDR计划都是将土地的（建设用地）开发权利从完全的所有权中分割开来，并将之出售给第三方，从而实现耕地保护的目的。PDR计划是由政府主导的一种土地开发计划，即政府允许土地拥有者将耕地转换为建设用地（包括修建住房、商业开发和工业用途）的权利永久性地出售给政府成立的土地信托（Land Trust）。这是一种完全自愿的计划，通常由土地拥有者提出申请，在获得政府审批后通过磋商或者竞价方式与土地信托确定权利交易的价格；也有部分情形是由土地信托提出购买要求，但是土地拥有者有拒绝参加计划的权利。即使参与PDR计划，土地拥有者的所有权仍然不发生改变，只是在开发的选择上受到限制。根据美国多年的实践，PDR计划往往受到老年人的欢迎，因为美国土地继承的遗产税非常高，参加PDR计划，不仅可以获得一笔颇丰的现金流，同时也降低了土地的价值，从而避免高额的遗产税。TDR计划最大的特色在于产权被精确细分。TDR计划是规划权利的市场化模式，不仅较之传统的强制性规划更易实施，同时也更加尊重土地拥有者的权利，因此受到市场原教旨主义者的赞扬。然而，现实中，TDR计划极少获得成功，最大的障碍是实施和监督存在困难，需要政府的强力介入，这往往并不受民众欢迎②。

（2）耕地保护规划。1926年，美国最高法院正式批准土地规划制度，允许地方政府对土地的建筑密度、用途和方案设计进行规划。20世纪70年代中

---

① 张良悦，美国的土地发展权与农低保户——城市化进程中农地保护的一种借鉴，经济问题探索，2008。

② 徐建炜，美国也为保护耕地，中国土地，2009。

期，加利福尼亚州、宾夕法尼亚州和华盛顿州将规划制度用于耕地保护，逐渐形成一系列完善的农业用地规划手段。1995 年，美国有 24 个州的耕地保护政策都利用了规划制度。耕地保护规划制度对于农业用地的使用进行严格限制，重点是对其中的居住面积（类似于国内“宅基地”概念）占全部土地面积的比重进行限制①。

3. 农地分级管理和土壤监测

根据 1981 年美国政府制定的《农地保护政策法》，将全国的农地划分为四大类：基本农地，适于生产粮食、饲草、纤维和油料作物的土地；特种农地，生产特定的高价值粮食、纤维和特种作物的土地；州重要农地，各州的一些不具基本农地条件而又重要的农地；地方重要农地，有很好的利用和环境效益，并被鼓励继续用于农业生产的其他土地。农地监测与管理是保护农地的重要环节，而有效管理取决于农地基础数据的精度和数据更新的及时性。遥感和地理信息系统作为农地数据获取和数据处理的新技术手段被引入到农地资源保护中。

4. 农业区建设

农业区划是指为了建立稳定的农业区基地，政府通过提供服务措施，支持农业区内的农业生产活动和鼓励农民形成特定的农业区的行为②。农业区划的目的是保护土壤的生产力，使农场经营和与之冲突的非农业用途相分离，以及在限制和允许耕地开发二者之间达到平衡。

农地保护区是美国政府通过规划明确地方政府未来的土地开发行为的空间分布③。美国各州分别通过了不同的土地保护法令，结合当地的自然资源状况，配合州政府所实施的有关城市发展边界、农业区范围、城市功能区规划建设等政策手段来达到对耕地用途进行限制的目的，从而最大限度保证了耕地的质量。

（二）加拿大农地质量保护法律制度

1. 土地利用规划和农地保护计划

加拿大各省农地保护计划，重点通过制定以自然要素为主的土地利用规

① 徐建炜，美国也为保护耕地，中国土地，2009。
② 张合林，美国农地资源保护机制及对我国的借鉴和启示，地球科技，2014。
③ 冯文利等，美国农地保护及其借鉴，中国国土资源经济，2007。

划，以阻止或减缓在高质量农地上的城市土地开发[①]，保护优质的农地免于开发。农业开发坚持农业生产优先原则，限制农地上的非农业活动，未经农地保护委员会的批准，任何市镇不能向建设申请者签发建筑许可证。加拿大农地保护的经验在于制定完备的法律体系，强化公众参与。其不足之处在于，过分强调自然要素为主的土地利用规划，忽视了市场因素对农业生产活动的影响，也没有从经济和社会因素角度考虑土地有哪些更为科学合理和可持续的利用方式，没有关注到农业收入、农业生产成本和农业生产方式本身对土地带来的影响。

2. 健全的法律保障体系

加拿大农地保护方面的各项法律之间是相互协调和互为补充的，形成了一个较为完善的法律体系，如《农地保护和农业活动法》是与另一部重要的法律《土地利用规划和发展法》相协调的。同时，加拿大还出台了一项农地保护方面的新规定——缓解令（mitigation ordinance），它要求开发者每开发一英亩农用地，都要永久性地保护另外一英亩的农用地[②]。

3. 加拿大农地保护补偿机制

农地保护补偿是农户在农地利用过程中创造的社会与生态效益未在市场上实现的相应的经济价值，而通过政府和市场获得补偿的一种现象[③]。补偿制度需要考虑的因素主要有：补偿主体、补偿对象、补偿方式与资金来源。

（1）农户收入提高项目。农地保护补偿方式主要有直接支付现金、减免税收、购买项目指定产品、完善基础设施、培训农业技术等。除直接支付现金和参加农业保险之外，也会通过减免税收的方式提高农民收入。

（2）农地环境激励项目。加拿大实施自愿农地环境计划，鼓励农民采取土地最佳管理方式和环保生产的方式，多通过摊销成本的方式提高农民收入，而较少直接采用现金补偿。加拿大农地保护补偿计划多数项目由政府财政资助。

---

① 20世纪70年代，加拿大的不列颠哥伦比亚省和魁北克省分别颁布了《农地委员会法》(1973) 和《农低保护和农业活动法》(1978)，这两部法律和加拿大《土地利用规划和发展法》配套使用，要求各市县都要制定各自发展规划，并对规划内的农用地用途进行限制。参见陈莹，《加拿大的农地保护》。

② 沈佳音，张茜，加拿大农地保护机制以及对我国的借鉴意义，中国国土资源经济，2010。

③ 陈会广等，耕地保护补偿机制构建的理论和思路，南京农业大学学报（社会科学版），2009。

（三）澳大利亚农地保护制度

1. 土地规划制度

澳大利亚是英联邦成员国，国家结构形式采取联邦制。因此，澳大利亚的土地管理既有英国城镇规划的特点，又学习了美国的经验，即强化各州在土地管理方面的主导性，保障地方政府的管理权限。州环境规划政策、区域环境方案和地方环境方案是规范土地利用和开发的法律文件，州环境规划政策只是为规划提供了标准规范和模板，不是规划方案，更不是对全州土地利用结构的具体要求，各地要制定规划方案。区域环境方案的制定略有不同，区域环境方案首先由负责规划的大臣或者规划局提出，然后由规划局完成该地区的区域环境研究。地方环境方案由地方议会编制，是指导当地政府管辖区域的规划决策①。由此可以看出各州的土地利用规划是州环境规划政策的重要组成部分。

2. 托伦斯登记制度

澳大利亚首创的托伦斯登记制度，是国际上公认的最有效率的土地管理制度。

托伦斯登记制度又称澳大利亚登记制度或权状交付主义，由南澳大利亚州首任土地登记局局长罗伯特·理查·托伦斯爵士在 1858 年首创，该制度取代了在澳大利亚使用了 30 年的契约登记制度，于 1863 年开始在澳大利亚推广使用。托伦斯制度简化了有关土地转让和土地债权的法律，基本原则之一是土地权利的取得取决于登记，而不是取决于签订契约，即采取登记生效主义，目的在于提供安全、正确的权利记录。该制度的主要作用在于登记后土地权利具有确定性，移转便利。其办法是由官方做一次土地权利总清理，以代替私人间调查，并以政府交付的权状确认产权代替权利人间的契约行为①。

托伦斯土地登记系统是一个对外开放的系统，任何单位和个人都可利用这个系统查询有关不动产资料，索取有关信息，如土地权属变更情况及凭证文件、不动产自然状况等。

3. 土地调查制度

澳大利亚的土地利用调查根据采用的比例尺分为两种：一是国家土地利用

---

① 车风善，澳大利亚土地管理概况，国土资源情报，2009。

调查，比例尺 1∶2 500 000；二是小流域土地利用调查，比例尺 1∶25 000。澳大利亚土地利用调查协助项目对土地利用调查进行支撑，以确保在国家和小流域规模上能够实现全覆盖并且数据统计口径一致。

国家土地利用调查对整个大陆的土地利用制图提供总体依据，对制定政策战略尤其有效，如在设置区域优先和开发用于处理自然资源管理问题的项目方面①。

土地调查的目的是对土地进行科学合理的分类管理，其分类标准分为四类，即土地的利用强度、土地的通用性、土地的分级结构以及土地主要和次要的利用方式。通过土地的分类管理，土地的各种用途会被详细登记，方便查阅和监督。

4. 土地与环境法院

随着经济的发展，因规划和环境问题引起的纠纷日益增多，这些纠纷的处理在不同的法院和行政法庭之间引起了很多混乱，各机构之间就管辖权问题争执不断。鉴于环境问题的特殊性和环境权的社会性，1979 年，澳大利亚新南威尔士州根据《土地和环境法院法》和《环境规划与评估法》，于 1980 年设立了土地与环境法院。该法院被授权管辖州内涉及土地使用和开发、土地评估、税收及相关法律执行的权力，以避免原有的城镇规划立法过于复杂并且无法有效运作的问题①。

土地与环境法院的成立，取得了巨大的成效。一方面，专门法院的设置提高了社会对于环境问题的关注，推动了土地环境的执法。另一方面，专门法院的专业性有所提高，这大大提高了环境诉讼案件的结案效率和效果，使得涉及土地和环境的案件能够得到快速、有效的解决。

（四）欧洲农地保护制度

1. 自愿性农业环境合同

欧盟农业土壤保护的主要法律手段是农业环境措施中自愿性农业环境合同。2003 年，欧盟出台了农业生态环境的最低标准指标体系，并以此作为指导欧盟成员国进行农业生态环境补贴的纲领性文件。欧盟各成员国依据农业生态环境的最低标准指标体系并结合本国的实际情况制定出符合本国国情的农业

---

① 董燕，从澳大利亚土地环境法院制度看我国环境司法机制的创新，华东政法学院学报，2007。

生态环境的最低标准指标体系。2005 年欧盟农业与农村发展总司对农业环境措施的一般原则、类型及其适用情况进行了梳理，主要分为以下两类，其特点详细介绍如下：

（1）与农业生产相关的土地管理。①投入物削减：该类措施包括化肥和植物保护产品的削减。当它成为“综合农业”的组成部分时，可以和作物轮作措施相结合；也可从其他措施中获得投入物的削减，如有机农业。预期的影响包括保持水质、促进生物多样性和改善土壤质量。②有机农业：应界定明确且有控制方法并纳入一系列的措施，如投入物削减、轮作、畜禽的粗放养殖。预期的影响包括改善土壤质量、保持水质和促进生物多样性。③畜禽的粗放养殖：期望对水质、土壤质量、生物多样性和自然景观的维护产生积极的影响。④可耕地转换成草地和轮作：可耕地转换成草地能对水质、土壤质量、生物多样性和自然景观的维护产生积极的影响。轮作措施的影响具有多变性，如果环境目标界定清晰，那么它们将会对水质、土壤质量、生物多样性和自然景观的保持产生积极的影响。⑤套种和遮盖作物、缓冲带（如农业缓冲地带）防止水蚀和火灾：套种和遮盖作物能够对水质、土壤质量和生物多样性带来积极影响，农田缓冲带对生物多样性和水质有积极影响，并且有助于防止水土流失。其他多样化的措施也能用以防止水土流失和火灾。⑥特殊的生物多样性或自然利益地区的活动：在这些区域促进生物多样性的措施数量众多且多样化，例如，延缓割草期以保护鸟巢，建立缓冲地带和削减投入物。⑦遗传多样性：这一措施关注的是该区域内的珍稀物种的培育，如何自然适应于本地和地区条件并在遗传冲刷的威胁之下让植物基因资源得以保存。计划之内的影响是针对遗传多样性的，但也可能对自然景观产生积极影响。⑧现存的可持续和粗放耕作制度的维持：该目标项下包含许多措施。预期对生物多样性、自然景观和特殊情形下的水质及土质产生积极影响。⑨农耕景观：这一措施是指维持能带来特色景观的农业系统。此类措施一般对生物多样性产生积极影响。许多农田生物多样性取决于该区域农业的特定特征，而这些特征也会产生传统自然景观。⑩用水削减措施：如通过薄膜覆盖种植等措施减少灌溉或者减少土壤中水损失从而保护水资源。

（2）与非生产性土地管理相关的措施。①休耕（已被废止）。②已被放弃的耕地和林地的保养：通过继续为仰赖农业的动植物物种提供栖息地产生积极影响，也对自然景观产生积极的作用，它还有助于避免火灾，这些结果也为生物多样性和水土流失带来积极的影响。③乡村和自然景观的维持：该类措施寻求保护诸如线性容貌（篱笆、石头墙）和点性容貌（独立的树、池塘等）那样的景观面貌。这些措施不仅对景观也对生物多样性起积极作用。④公众准入：该措施寻求为公众提供接近农业土地环境的机会。

2. 法国农地流转制度和法国乡村建设组织（SAFER）

乡村建设组织是一个由28个法国土地管理和农业设施机构组成的非营利、非政府但受政府监督的组织。在职能方面，乡村建设组织发挥着土地中介的职能，工作内容涉及管理土地交易、推动农地和环境可持续发展。乡村建设组织有权购买、转让和交换土地、农场（包括土地和建筑物、设备、牲畜）或开发森林。所购得的资产必须于5年内售出，特殊情况下（土地重组、植树、造林等）可以延长期限①。

（五）国外耕地质量保障制度的启示

通过对美国、加拿大、澳大利亚和欧洲的农地保护相关资料进行收集和研究，可以发现，国外对耕地质量保护的计划内嵌于农地保护的总体规划当中。因此，国外的农地保护是比我国耕地保护范围更广的一种资源保护举措。

1. 耕地保护主体由传统上主要依靠政府向多元保护主体开拓

耕地质量保护主体的确定，直接关系着耕地质量保护工作的开展和进行，也关系着耕地质量问题责任的明确和认定。因此，耕地保护主体是否明确、有无保护耕地的积极性是决定耕地保护成功与否的关键性因素。国外耕地保护主体主要包括政府、农地保护协会、民间自治团体和农户个人。有的学者认为，在我国，地方各级政府是造成耕地质量下降和耕地数量减少最大以及最主要的责任主体，理应成为中国耕地质量保护的责任主体。从实践上看，地方政府作为土地管理者，确实是最主要和重要的责任主体。然而，不可忽视的是，农户是耕地质量好坏最直接的利益相关者，应该通过创新和激励机制，将农户保护耕地质量的积极性激发出来。此外，大量的民间组织和自治团体也是未来可以培育和利用的新兴力量。

---

① 武剑，农地市场流转管理机制的构建——以法国土地治理和乡村建设组织为鉴，安徽农业科学，2009。

2. 耕地质量等级评定和土地分类管理制度

1976年，美国正式提出基本农田的概念，并对其内涵进行严格界定；根据1981年美国政府制定的《农地保护政策法》，将全国的农地划分为四大类，即基本农地、特种农地、州重要农地和地方重要农地。我国对耕地的保护也内嵌于我国的基本农田制度，然而我国耕地质量等级评定制度仍然不够完善，土地分类管理制度亟待优化。

3. 健全的法律体系

美国土地保护形成了一套完善的法律体系，主要法律有：1785年《土地法令》、1800年《土地法令》、1877年《土地法》、1934年《泰勒放牧法》、1935年《水土保持和国内生产配给法》、1936年《土壤保护法》、1956年《土壤储备计划》、1976年《联邦土地政策和管理法案》、1977年《土壤和水资源保护法》、1981年《农地保护政策法》、1996年《联邦农业发展和改革法》以及2000年《农业风险保护法》。

4. 经济手段的调控举措

为防止农产品价格大幅度下跌，美国政府成立了农产品信贷公司，实施农业价格支持计划。政府通过价格支持政策，总可以让农户获得高于长期均衡价格的销售价格，使经营农业有利可图，进而有效保护了耕地。加拿大通过农户收入提高项目和农地环境激励项目来刺激农户保护耕地的意愿和动力。

5. 税收减免、税收优惠等财政支持

加拿大实施自愿农地环境计划，鼓励农民采取土地最佳管理方式和环保生产的方式，多通过摊销成本的方式提高农民收入，而较少直接采用现金补偿。加拿大农地保护补偿计划多数项目由政府财政资助。

6. 公众参与

公众参与主要体现在土地规划环节，从而能保证土地使用的民主化与科学化配置。土地利用规划讨论有两个途经：一是直接民主，二是法庭诉讼。直接民主为公众参与土地利用规划提供了重要途径，对美国州政府和地方政府的决策也具有非常重要的影响。而法庭诉讼是指由于美国地方政府对土地利用管理比较严格，地方政府常常被沦为控诉的对象。

二、发达国家和地区水权制度建设与水权交易经验

美国、澳大利亚、日本等是目前拥有比较完善的水权制度和成熟的水权交

易市场的典型国家。本部分着重从初始水权的界定、水权获取、水权交易、政府行为边界等角度，对这些国家在水权交易市场建设方面的基本经验和主要做法进行了总结，以期对黄河流域水权市场的建立和水权交易的顺利推进提供借鉴。

（一）美国水权制度与水权交易基本情况

1. 美国水权类型及其分配制度

美国现行的水权体系包括：河岸权、优先占有权、混合水权、公共水权四大类型，除了公共水权不可交易外，其他三类水权均可转让交易。

（1）河岸权。也叫水岸权，源于殖民时期的《河岸法》，主要实行于阿肯萨斯州、特拉华州、佛罗里达州等水资源较为丰富的东部地区，与土地财产权的确立密切相关。土地所有者基于其拥有的土地权，享有合理使用该土地毗邻水源的权利。为保证水资源的公平有效分配，将许可证制度引入河岸权体系，规定任何合法用水均须先取得水资源主管部门行政许可，审核的内容包括水源内容、取水地点、取水量以及对公众的影响等，必须保证水域流量不低于安全限度，不会对水生动植物生息繁衍产生侵扰，申请人获得取水许可证后必须提交用水记录报请主管部门查验，许可证期限每个州都不一样，既有核发永久许可证的州，也有设定许可期限为10～15年不等的州，各州之间对用水申请流程和要件也不尽相同。

（2）优先占有权。采取先到先得原则对水权进行分配，主要用于科罗拉多州、犹他州等干旱缺水且大量土地不毗邻河川的西部地区。优先占有权制度下，水为公共资源，其所有权属于社会共有，任何人取水都必须申请报批。优先占有权是对水库、沟渠、泵站等人工水道引水优先使用的权利。优先占有权的获得必须先向水资源主管部门申请取水许可证，申请日期决定了用水户水权优先级别，即所谓的“时间优先，权利优先”。在缺水时期，那些拥有最高级别水权的用户被允许引用他们所需的全部水资源，而那些拥有最低级别水权的用户，则被迫限制甚至全部削减他们的引水量。对于同时获得取水许可证的两个用户，如果其中一个引水工程先动工，那么其水权级别就高于另一个用户，这就是优先占有权中的“相关溯及原则”。

（3）混合水权。即河岸权与优先占有权的混合使用，通常河岸权优先于优先占有权。目前有包括加利福尼亚州、得克萨斯、俄勒冈州等10个西部州采用混合水权。虽然各州之间对于混合水权的具体规定有所差异，但其核心仍参照加利福尼亚州原则。以加利福尼亚州为例，成立于1967年的水资源管理委员会是加利福尼亚州水权主管机构，负责水资源管理、分配、变更等事务。混合水权获取程序通常包括：申请人向水资源管理委员会提出书面申请并报告水源种类、使用区域、用途和取水量；水资源管理委员会对申请人是否会侵害他人利益、是否符合环保及可持续发展要求、引水工程计划书、用水目标是否为有益使用、蓄水量与申请取水量比例等情况进行审查；初步审查完成后进行公示，并征求利益相关方意见，申请人需对提出的质疑进行回应，若存在异议，则需召开听证会或采用协商方式解决；符合各项审批程序后方可发放取水许可证。

（4）公共水权。主要指基于公共信托原则对公共事业、军事、生态环境保护等用水所分配的水权。

2. 美国水权变更与水权交易制度

水权交易是发生水权变更的最主要原因。美国水权交易主要集中在水资源相对短缺的西部各州，其中以加利福尼亚州的水权交易模式最具代表性。总体来看，美国水权交易市场仍在不断扩大，已经成为市场经济条件下调节水资源配置的重要工具。由于水权交易具有很强的外部效应，所以各州都通过行政审批方式加强管理以尽量减少其环境、经济和社会影响。

（1）水权变更原则。河岸权属于一种财产权，不能脱离于土地权属而单独进行转让交易，但转让土地所有权时，土地所有人有权不对水权同步转让而继续保留，其转让程序类似于不动产转让，必须获得州水资源主管机构或法院批准。与其他水权不同，当河岸土地被部分转让时，若被分割的土地未直接毗邻河川，则该地块不再享有河岸权。但分割转让出去的这部分土地重新回归原河岸权所有人时，该部分土地是否取得河岸权在实践中通常有两种处置原则：一是所有权来源原则，即转让出去再回购的土地不再拥有河岸权，这种水权变更原则被大多数实施混合水权的州所采纳；二是所有权完整原则，只要与河岸土地相接壤的土地归属同一所有者，便可获得河岸权，大多数实施河岸权的州都采用该原则。对于优先占有权而言，在不损害生态环境和其他水权人权益的前提下，优先占有权可以变更，变更的方式包括租赁、置换及出让等。优先占有权的转让并不必然伴随土地所有权的转移，但优先占有权的转让若伴随用水地点、用途、引水地点、引水时间及回流地点与时间的变更，必须不能损害其他水权人的引水权益，同时必须获得州主管机关或法律批准。当土地所有权转移至他者时，允许优先占有权同时转让，如果出让人特别声明保留水权，则仅土地所有权发生转让，而出让人则依旧保有水权。

（2）水权交易主体。美国水权交易主体可以是任何拥有水权或需要水权的自然人、营利性或非营利组织、政府机构。目前，西部各州政府及其衍生机构是最大的购水方，其购水量占总交易量的37%；灌区农户则是最大的出让方，占总出售水量的55%以上。负责水权交易的机构或平台主要是水权咨询中介机构，其服务内容包括：对水权有关档案材料进行鉴定，完成详细的水权勘察报告，制订水权管理计划，对水权的实际价值进行评估，申请新水权，代理诉讼，对灌区进行审查并对灌区公司资产进行评估等。

（3）水权交易价格。美国水权交易价格总体上是基于市场原则，由交易双方自行协商定价。价格决定的因素包括水的储运成本、交易标的水权的类型、水权优先级别、地理条件、水质状况、市场供需情况、交易标的水权用途、交易地的经济发展水平、物价水平以及税收制度等。由于水资源天然分布不均和水利设施的差异，水价也存在较大差异。以加利福尼亚州为例，目前加利福尼亚州农业用水价最高达到1 300美元每英亩英尺*，但在节水和灌溉设施较好的灌溉区只要6美元每英亩英尺。

（4）水权交易形式。美国水权交易的形式主要有转让、租赁、置换、水银行、干旱年份特权、优先权放弃协议、临时性再分配、捆绑式买卖、退水买卖等。其中，水权转让是美国农业灌溉用水转变为城市用水的主要形式，一般指水权受让人为出让人的用水设施改造提供资金或其他对价作为交换，出让人将自己节余水量的使用权转让给受让人。其交易的程序和限制要件视水权类型和所在地区而定，不同类型和不同地区水权出售的程序和法律规定存在差异。水权租赁是一种非常灵活的交易方式，也是目前美国西部各州较为流行的水权交易方式，租赁期限一般分为一季、一年或多年，到期可以续租，租金可以随时调整。水权置换，发生交易的双方必须分别拥有水权，并且基于对方水权更符合自身利益的考量进行暂时或永久性水权置换，置换必须以不损害其他水权人权益为前提，并且需要获得水资源主管部门的审批，适用于优先占有权，在美国西部很普遍。水银行，是加利福尼亚州政府于1991年创新性提出的一种水

---

* 英亩英尺为非法定计量单位，1英亩英尺＝1 233 481.98L——编者注。

权交易方式，1995 年再次拓展了水权金融衍生品交易业务，由加利福尼亚州水资源管理委员会负责水银行管理工作，下设购水委员会负责水资源买卖价格谈判。水银行作为一种中介组织，从拥有多余水权的用水户购买、租赁水权，并将其出租或出售给需要用水的主体，属于短期交易，期限届满后水权配置又回复到初始状态。具体交易流程为：买方向水资源局提出紧急用水证明，并先付款；水资源管理委员会在提留部分储水成本和管理费用后，用剩余款项支付买水费用；卖方利用输水管道将水送至水银行；水银行再将水转送至买方。目前，水银行主要购水来源包括休耕农地保留的灌溉水、抽取的地下水、水库结余水量 3 条途径，这种交易形式越来越被其他州所采纳。捆绑式买卖，为了防止水权交易中的投机行为，一些西部州采用"附从规则"对水权交易加以限制。根据"附从规则"，对于为特定土地利用而设定的水权，法律视其为该土地的附属物，在当事人无明确约定的情况下，水权随土地的转让、租赁、继承而转移；对于可以与土地相分离而出让的水权，受让人所继受水权的优先日视为水权转让协议生效之日。"附从规则"可以有效防止"占用水多、利用水少、余则出售牟利"的投机行为。流行于美国西南部的亚利桑那州图森市、洛杉矶等地区。购买灌区股份，是美国水权交易的一种特殊形式，在美国西部灌区拥有大量水权，但 80%的水资源用于农户灌溉，工业用水只占 6%左右，城市通过购买灌区股份，取得灌区经营活动的决策权，从而间接地获得水权。

（5）跨流域水权交易。跨流域（或地域）的水权交易会导致流域水文条件发生变化，破坏流域水量平衡，对流域内生态环境造成不利影响。美国各州都对地表水和地下水跨流域水权交易设定了比较严格的审查程序和限定条件，一般规定流域内用水优先于跨流域水权交易。

（二）澳大利亚水权制度与水权交易基本情况

澳大利亚是世界上最早开展水权交易的国家之一。早在 1886 年就设立了《灌溉法》，该法沿袭了英国和法国河岸权思想对农业用水进行管理。20 世纪 60 年代以后，澳大利亚水资源危机日益严峻。在此背景下，澳大利亚水权改革开始与欧洲的河岸权体系分道扬镳，联邦政府通过立法将水权与土地所有权分离，由州政府调整和分配水权。从 1983 年开始，澳大利亚开始水权交易实践，允许水权脱离土地所有权而独立存在和进行交易。经过近 30 多年探索，目前澳大利亚已具有完善的水资源管理、水权登记、水权交易制度和成熟的水权市场，水权交易已经成为日常商业活动的一部分。

1. 澳大利亚水资源管理架构及其职能

澳大利亚以州为主，对水资源采取联邦、州、地方三级管理的架构；同时实行流域管理与行政区域管理相结合的体制，对水资源（包括地下水）、水体环境、水权市场进行全面治理。每级政府都设立了相应的水资源管理机构，并承担相关管理职责。在州和地方政府层面，水权管理一般委托企业进行市场化运作。州政府一般委托水源公司进行水权分配和管理，水源公司负有寻找水源和建坝蓄水的职责，在州政府的监督下，向各地方政府的供水公司或农场主出售水权。地方政府一般委托供水公司进行供水分配和管理，供水公司负有配网输送的职责，在地方政府的监督下，向各用水户提供供水服务。在水权交易市场中，交易者既可以与地方供水公司进行水权交易，也可以与州水源公司进行水权交易。这些水源公司和供水公司都属于公共事业机构，既可以国营，也可以私营，可以由政府部门参股，也可以吸纳民间团体或个体参股，其主要职责就是保证经济社会对水资源的需求，因此出现亏损时政府还会对其提供救济和帮助。

2. 澳大利亚水权登记制度：以维多利亚州为例

维多利亚州是澳大利亚陆地面积最小、人口最密集、工业化程度最高、农牧业生产最为发达、水权登记和水权交易制度建立最早的一个州。其他各州的水权管理模式和水权交易市场建设基本上都是在借鉴维多利亚州经验的基础上改革、发展起来的。

（1）水权登记的主要类型。根据维多利亚州水法，水权指取水、用水、引水、水权转让和交易的权利。水权类型主要依据取水方式和用水目的来确定。常见的水权登记类型有8种普通水权，即水源份额、供水份额、用水许可证、（水源）取用许可证、水源限额、协议供水、工程许可证、登记许可证，以及一种特殊环境用水权。

（2）水权登记的基本内容。对取水、用水、引水以及转让水源的用户进行确权登记是进行水权交易的关键步骤之一。在维多利亚州，水权登记与“不动产”登记类似，采取“托伦斯登记制”，一经登记，便由政府颁发凭证予以信息确认。水权登记的基本内容包括：与水量分配、水使用和水输送相关的权利类型，权利主体，权利期限，地点，有效水量，分配水量，基本用途，权利相关的附加义务，权利的变动和交易情况。权利人通过州政府水务登记机构完成权利登记之后，便相当于获得了州政府的承认。登记机构便会代表州政府为权利人颁发凭证以证明权利人的权利信息已经完成了法定的登记程序。任何人都可以到州政府的水权登记网站查询各类水权的登记信息。

（3）水权登记的主要程序。在维多利亚州，各种水权的设立、交易、抵押、转让、登记证更名以及权利人破产转移等情况都要到州政府的登记机构（或分支机构）办理登记事宜，其程序与“不动产登记”基本相同，一般都包括登记申请、缴费、审查、受理、公示、公开等环节和步骤。以水源配额交易为例，出售人可以到州政府的网站下载《水源配额交易申请表》，也可从本地供水公司领取该申请表，并填写交易水源的详细信息（水量、交易总值），以及水源交易配额账户和转入配额的配额账户详细信息。经供水公司批准后，权利人必须凭据供水公司回复信函向水务登记机关申请转让登记。配额交易或水源份额转让申请的进度可通过州政府的网站进行查询。除了水源配额交易外，其他必须直接到州政府水务登记机关进行登记的事项还有：水源份额有限期限转让、水源份额抵押、解除水源份额抵押、水源份额抵押转让、已登记水源份额抵押变更、已登记水源份额抵押转让、已登记水源份额抵押优先权变更、水源份额存续所有人申请、水源份额法人代表申请、受托人破产水源份额转移申请、登记证名称更正或修订申请、水源份额抵押普通约定备忘录。

（4）水权登记的管理机构。目前，维多利亚州水资源管理的归口部门为环境、国土、水与规划厅。州水务登记局作为该厅下属的一个公共登记机构，专门负责该州水权登记及相关事宜。该机构要保留其记录的用水份额，以及与这些用水份额有关的抵押和有限期限转让（租赁）、地表水和地下水取用许可记录和与水有关的许可记录；保留当前季节可用水源配额记录，并按照水系和交易区跟踪和调节水权水量；负责编制用水水平、交易方向和支付价款等统计数据和报告；负责水源登记系统的管理，以确保记录的准确性、可靠性和可用性。

3. 澳大利亚水权交易制度

（1）水权交易形式。澳大利亚水权交易实践始于1983年。最著名的水权交易制度是新南威尔士州在墨累—达令流域采用的“水权买卖”和“水融通”交易制度。其中，水权买卖属于一般性水权交易形式，即水权所有者将水权有偿转让给其他所有者。其基本交易程序是，出让方向交易所提出出售水权申请，同时登记并公布出售条件，受让方根据挂牌上市的水量和价格信息进行竞标拍卖。水融通只在某一时段内交易可实际利用的水量，不涉及水的所有权转移。2007 年，维多利亚州进行了水权制度改革，提出了“水股票”制度，即在土地登记制度中，作为土地所有者被承认拥有土地所有权人的水权，并自动转换为水股票，取水许可转换为水股票时，管理机构须将获得取水许可登记的所有人视为水股票的持有者。这种交易品类似股票，其价值是可变动的，但所有权则具有永久性，且可以买卖。水股票使得用水权本身成为可交易的商品，并使水资源或水权具有明确的财产权属性和交易品属性，拓展了交易的盈利能力与流动性。

（2）水权交易机构。在澳大利亚法律中，无论地表水还是地下水都归属于王室（即国家所有），想要获取地表水的新申请者可从当前使用权登记处/交易所购买；获取地下水水权需要进行第三方影响评估、环境影响评估以及现有用户之前用水情况评估；在那些当前用水量已经超出可持续分水限量的地区，澳大利亚各级政府都已启动了相关程序收回水权证书，这些证书一旦收回，就会转移给“环境水持有者”，并为了环境目的而进行科学管理。

（三）日本水权制度与水权交易基本情况

1. 日本水权类型及其分配制度

日本水权，又称水利使用权、流水使用权、流水占有权、公水使用权、用水权等各种名称。日本没有独立的水利法或水资源法，主要根据《河川法》来进行水资源管理和流域管理。日本法律对水权的界定为：为实现特定的目的，排他、垄断性地使用河流流水的权利，是具有物权性质的公权，是河流管理者特许的权利。取水许可，是指河流管理者作为管理者为特定人群设定的河流特别使用权。水权分配的总体原则是，依据每条河流自身流域的水资源开发基本计划，决定本河流流域内水资源使用权的分配，并在此基础上实现对水资源的综合管理。在实际操作中，又可以细分为两种分配方式：

（1）按权利的由来划分水权。按照权利由来水权可以划分为惯例水权和许可水权。历史上，日本水权通常指那些年代久远、约定俗成的作为惯例存在的水权，其所有关系或是重叠的，或是隶属于某个村落，是一种全面的所有关系。1896 年，日本颁布《河川法》，承认了以往作为惯例存在的水权，并称之为“占用流水权”。1964 年，日本对《河川法》进行了修订，建立了由政府河川管理者统一管理水资源的制度，最终形成了两种水权并存的局面，既承认旧《河川法》获准的惯例水权，又根据新《河川法》第23条建立许可水权制度，并规定按照旧《河川法》获准的惯例水权可视为许可水权，但依据旧《河川法》获准的惯例水权必须自新《河川法》实施日起的2年内，按照国土交通省的规定就占用流水的目的、占用流水量、占用设施等内容向河流管理者提出申请备案，称为“惯例水权的法定化”。另外，由于惯例水权权属关系不明晰，权利内容不明确等弊端的存在，目前日本政府正在通过取水设施改造、土地改良等途径将惯例水权向许可水权转换，从而实现对河流的有效调控。

（2）按取水时间、取水量和权利稳定性划分水权。按照取水时间、取水量和权利稳定性可以将水权分为稳定水权、暂定水权、丰水水权、暂定丰水水权、期别水权。稳定水权，指原则上当新申请的取水量（水权）小于河流基准干旱流量扣除既得权利者的水量和河流管理上必要的水量后的剩余水量时（作为取水许可审批的基准之一），河流管理者可以向新申请者批准给予的新的水权。这样获得批准许可的水权，由于可以稳定持续地取水，被称为稳定水权。另外，由于申请的取水量得不到满足，而建设新的水库等水资源开发设施，通过接受新建水库补充的水量人为地增大基准干旱流量后授予的新水权，也属于稳定水权。暂定水权，指允许在一年内短期取用水，原则上不可更新的水权，称为“暂定水权”。日本水资源开发设施的建设过程中或在某些特殊情况下，当不能满足对水的需求时，“暂定水权”作为管理者解决问题的一种临时措施被使用。例如，奥运会期间水的需求增加，建设永久性的水资源开发设施补充水资源又不合理时，“暂定水权”作为解决这一特殊时期用水的一个手段。丰水水权，作为取水的许可条件，是指仅限于当河流的流量超过一定量的情况下可以取水的权利。与稳定水权不同，丰水水权不能够长年取水，并且在干旱年等不好的年份里，允许取用的水量将减少。暂定丰水水权，管理者授予的“仅限于当河流流量超过某一基准的情况下，允许在超出基准流量部分的范围内和批准的时间段内取水”的临时水权。暂定丰水水权除了具有丰水水权内在的不稳定性之外，在权利的存续性方面也缺乏稳定性。期别水权，自来水供水和工业用水需求量是稳定的，而农业用水则随着农作物的生长期不同，需求量的变化很大。因此，日本对农业用水采取“期别水权”，设定了不同的取水时期和最大取水量。通过正确地把握必要的时期与取水量，分时间、分阶段地设定取水量审批权限，可以有效地防止水资源的浪费。

2. 日本现代水权交易制度

（1）水权转让形式。日本吸取了各国水权交易市场建设经验，其交易制度和模式十分重视金融市场开发，交易形式灵活、品种多样，主要包括水权实物交易、期货交易、指数交易等。新《河川法》规定，被认可的水权在征得河流管理者许可后可进行转让，但只能在同一用水目的内部进行转让；若要进行不同用水目的之间的水权转让，需要办理废除现有水权的程序或办理对新取水许可的程序，日本称之为“周转使用”。在进行水权转让时的审查标准和程序与获准新取水许可的审查标准和程序相同，并对必要的取水量、可操作性、第三方权益的保护、河流环境的影响等进行审查。在日本，除了永久性水权转让和周转使用情况外，水权人在异常干旱时被允许临时利用其他水权人的全部或一部分权利的情况被称为“水融通”，一般指在枯水期将农业用水和发电用水分配给自来水企业。

（2）水权转让程序。日本水权转让的基本程序为：水权出让主体和受让主体共同向河流管理者提交《权利转让认可申请书》；河流管理者按照授予新水权相同的审查标准和程序，确认当事人的意愿、转让理由、受让主体的事业计划，对必要的取水量、可执行性、第三方的权益保护以及对河流环境的影响等进行审查；河流管理者发放许可。与美国、澳大利亚等其他国家不同，在实际事例中日本水权转让的典型案例是工业用水或农业用水转让给城市供水。其中，工业水权转让需要政府主管部门（国土交通省、厚生劳动省、经济产业省、农林水产省）和地方政府协商，由经济产业省和厚生劳动省支付补贴金；农业水权转让程序更加复杂，因为农业用水取水形式经常发生变化，每旬或半旬的取水形式都不尽相同，而城市自来水取水要求相对稳定，因而必须找到能够均质化的水源才能进行转让。

（3）政府在水权交易中的作用。在日本进行的制度设计框架中，首先建立了水资源管理机构，负责管理地表水和地下水，记录并管理日本国内淡水资源的全部数据，掌握淡水资源的总量，掌握各河川流域可转让的、可出口的淡水量，同时也可监管水权交易所报告的水权交易情况，这对防止淡水资源过度利用意义重大。该机构还将根据降水量和水坝储水量情况下达枯水期停止取水的决定。日本国土交通省河流局、都道府县一直作为河流管理者负责合理地分配水权，今后还将负责批准新建取水设施，策划并执行水资源政策。日本经济产业省需具体设计水权交易制度，监管与水权交易有关的现货与期货商品交易。要收集、保存并公开交易信息。日本财务省负责对水权交易进行征税，同时设立水利税特别会计，将该税种作为目的税统一征收，税率应设定在市场交易价格的10%，税收收入可用来支付国内水利基础设施维修管理和更新费用。

总之，水权交易市场制度的建立既要依靠政府的政策指导和统筹管理，也要发挥民间机构的积极作用，最终建立完善的制度体系保障水资源的合理有效利用。

（四）国外水权交易实践对我国的经验启示

通过对美国、澳大利亚、日本3个国家水权制度和水权市场建设情况的剖析，发现美国水银行通过政府指导与市场机制相结合，水权持有者的自发交易保障了人们在枯水期能够克服水资源匮乏的困难；澳大利亚水权制度和水权市场建设较早，因此水权交易法律法规比较完善；日本水资源相对丰富，由于新建或维持水利设施造成了沉重的财政负担，因此他们通过设计水权交易市场将大量未使用的淡水资源进行转移，用以筹集水利设施建设款项。这些国家的经验和做法为我国黄河流域水权制度和水权市场建设提供了宝贵的政策启示，总体而言，可概括如下：

1. 水权市场建设必须遵从于一国市场经济发展阶段和水资源禀赋结构

无论是市场经济高度发达的美国，还是水资源相对丰裕的日本，其实践经验均表明，水权制度和水权市场建设既要根据所处经济环境进行合理稳妥的制度安排，还要密切结合区域资源禀赋和发展规划。水权交易的产生通常需要具备一些基本的资源及社会经济特征。例如，水资源已经被充分开发；可利用水量季节变化和地区间、行业间差异较大；在出现水短缺时，用水户能够通过调整生产比较灵活地改变用水需求；现有用水的结构性供需矛盾突出，工业、城市及生态用水需求不断上升等。这些社会经济特征和禀赋结构特征在不同国家或地区之间，抑或是同一国家或地区的不同发展阶段，均会表现出一定差异性。因此，水权市场的设计不能简单地照搬现成的某种模式，必须明晰水权市场制度建设必须与一国或地区的经济发展阶段和禀赋结构相适应。这里面包含两层含义：一是从资源禀赋的角度看，水权市场模式的选择应根据地区之间的差异做到因地制宜、因水制宜。例如，美国和澳大利亚的水资源管理体制的实现以地方管理为主，各州对水权的确权和管理也会因各自人文和自然状况的差异而异，但对水资源“合理的有益使用”是各州共同遵循的理念；二是从经济发展阶段看，水权市场的建立应根据实际遵循“渐进式”改革。在市场条件尚未完全成熟时，不应采取“激进式”的一下子完全开放交易，应尽可能地对可能出现的不利影响进行充分评估预测，并采取必要措施或建立相关预案规避风险，但也不要过于保守。

2. 明晰的产权界定是水权市场建设的基石，而完善的法律制度是保障

美国和澳大利亚的水权交易实践表明，对水资源产权的明晰界定是水权制度的基石，而建立在市场经济基础之上的以法律和制度为保障的水权制度，对于水资源的高效配置和可持续利用具有积极作用。无论是在美国，还是在澳大利亚，水权的取得、变更、中止及其权责范围均有明确的法律规定并受法律保护。尤其是澳大利亚对包括水资源在内的自然资源如何统一确权登记以及如何处理自然资源产权登记与不动产登记关系方面的管理经验值得我们深入关注。这些国家在进行水权制度设计时，不仅保护了私有水权所有人的权益，还兼顾了联邦和地方利益，同时避免产生负的外部效应。

3. 充分发挥政府与市场“两只手”的调节作用是水权市场建设的核心理念

水资源具有公共产品特征，其使用过程中容易产生负的外部效应，同时农业、工业、生态用水之间的边际效益存在巨大差异，这些都决定了在水权初始分配、水权制度设计、水权交易过程中的各环节都需要利用政府这只手的政策指导和统筹管控，以保障水资源使用和水权交易中“合理的有益使用”和“不损害其他水权人权益”原则。尤其是当政府作为交易主体进行水权交易时（如政府回购），政府不仅要扮演好交易方角色，更要重视市场服务和监管职能。特别是跨用途、跨部门、跨地区、跨流域之间的水权交易等，必须得到政府水资源行政部门的审批。即便在市场经济高度发达的美国，国家权力对水资源配置领域的介入也在日益加深，那种认为单纯依靠市场化就可以解决中国水问题的观点是值得商榷的。如果说政府是维护水权交易公平性的安全阀，那么市场就是驱动水权交易高效率的发动机，实现政府与市场两只手同时发力的运行格局是创新水权制度、推进水权交易市场建设的核心理念。

4. 跨行业之间水权交易是我国水权交易发展趋势

用水结构决定了水交易结构。美国产业以工业和服务业为主，水市场则是由工业和城市用水户主导，水权交易主要是农业和工业之间的水权交易。

实践证明，由于美国农业和工业之间的水权交易是水资源由低效率、低效益的用途向高效率、高效益的用途转移，因而一方面促进了农业用户通过引进各种新的节水措施和方法来尽可能节水，另一方面提高了用水效率，优化了水资源配置。随着我国城市化和工业化的推进，大量农民开始进城工作和定居，城市供水不足和工业服务业水资源短缺问题日益突出，因而有些城市开始通过水权交易试点，将原来用于农业灌溉的水源转向了工业和城镇供水。从未来发展趋势看，随着我国城市化和工业化的加速推进，我国逐步进入后工业化阶段，我国水权交易趋势应是由农业向工业服务业转移，由农村向城市转移。我们应该看到这一水权交易发展趋势，并采取有力措施适应这种转变趋势。

第二节　农业废弃物资源化利用的国际经验与启示

一、发达国家和地区农膜使用和回收的经验借鉴

日本、美国及欧洲国家等较早地开始使用农膜生产技术，同时针对农膜污染问题也采取了一系列的政策措施，农膜污染得到有效控制。分析这些国家农膜使用情况以及关于农膜回收的经验，可以使我们更有效地探索农膜回收道路，保护农业生态环境，实现农业的可持续发展。

（一）农膜生产的相关标准

尽管各国都开展了大量的可降解地膜研究，但是由于经济成本以及使用便捷性等原因，普通塑料地膜仍然具有不可替代性，是世界地膜市场的主流产品。因此科学制定塑料地膜的生产标准，保证地膜使用过程中不会发生破裂而残留于土壤中，是从源头上减少“白色污染”的重要手段。通过对地膜残留机制的研究发现，地膜的厚度是影响残留的最主要指标，日本、美国以及欧洲各国均颁布了地膜生产标准，对地膜的厚度等指标做出了严格的标准要求。

1. 日本 JIS 标准

日本聚乙烯农膜生产现行使用的标准由日本工业标准调查会组织制定（JIS K6781—1994），标准中规定了厚度值介于 0.02～0.1 毫米的 5 种薄膜的

材料、质量、尺寸、厚度以及允许的偏差范围等。5 种薄膜中厚度要求最低的为 0.02 毫米，平均厚度允许误差为±15%，按照极限厚度偏差计算，最薄的地膜厚度需要达到 0.017 毫米。

2. 美国 ASTM 标准

美国聚乙烯农膜生产现行使用的标准由美国材料与试验协会制定（ASTM D4397－02），标准中将薄膜以厚度为指标划分为 10 个等级，厚度范围为 0.025～0.25 毫米，平均厚度允许误差为±20%，标准中规定了生产的材料、外观、尺寸、物理性能及检测方法。可以看出，美国地膜生产标准中最薄的允许厚度达到了 0.025 毫米，按照极限厚度偏差计算，最薄的地膜厚度也达到了 0.02 毫米。

3. 欧洲 EN 标准

欧洲电工标准委员会和欧洲标准化委员会联合机构（CEN/CENELEC）是欧洲最主要的标准制定机构，2001 年该机构通过协调欧洲共同体 12 个成员国和欧洲自由贸易区 7 个成员国的聚乙烯塑料地膜生产标准，最终颁布了 EN 13206 号标准，该标准目前已更新到 2017 年版本。该标准也是以地膜厚度作为分类指标，将厚度介于 0.025～0.2 毫米的地膜分为了 5 类，平均厚度允许误差为±5%。因此，该标准中允许的地膜厚度最低为 0.025 毫米，按照极限厚度偏差计算，最薄的地膜厚度也达到了 0.024 毫米。

（二）农膜回收的相关立法与政策

塑料地膜的成分聚乙烯和聚氯乙烯都是很好的可再生资源，可以通过一定的加工手段生产成再生塑料颗粒等产品。残留的地膜实际是放错了地方的资源，不回收利用地膜不仅对生态环境造成破坏，同时也是极大的资源浪费。但是废旧地膜的捡拾难度很大，并且通常会掺杂大量的泥土、石子、作物残渣等，对回收清洗的要求很高，大幅度增加了收集成本，往往回收及再加工的成本会高于再生产品的价值，因此只有通过政府强制立法及政策扶持才能保证地膜的有效回收利用。日本、美国以及欧洲国家等的废旧地膜回收率相对较高，其推出的相关法律和政策对加强我国农膜回收工作有很好的借鉴意义。

1. 日本

日本作为农膜使用最早的国家，也是关注废弃农膜回收与再利用最早的国家，拥有比较健全的法规和体系。

日本 1970 年颁布了《废弃物处理与清扫法》，该法将农用地膜归类为产业废弃物，并对农用地膜的管理、收集、处置、存储的义务做了明确的规定。其中第 3 条规定农民必须妥善处理生产产生的废物并承担相应的责任，废弃后的塑料农用地膜在非法倾倒或非法焚烧的情况下，处以 5 年以下有期徒刑或个人 1 000 万日元以下的罚款，公司处以 3 亿日元以下罚款。法律中关于废弃农用地膜的条例一直在不断地修订中，逐渐完善了对于农用地膜生产者以及使用农户的责任规定。

日本 1991 年颁布了《促进再生资源利用法》，其中对于生产企业、回收企业如何促进资源再生也进行了明确的规定。法律规定每个生产经营者都有义务将用后的薄膜或者地膜按要求进行回收、打包并送至规定的地点，并进一步进行分拣和分类，同时还要支付相应的处理费用。

日本成立了农用塑料回收处理促进委员会（简称促进委员会），并在全国 47 个都道府县全部设立了促进委员会分会，对全国的农用塑料回收处理进行全面的管理与宣传引导。促进委员会对农膜制造商、销售机构、回收处理机构的职责和义务都进行了详细的要求，形成了农民—政府—制造商—回收机构共同合作处理的体系。地膜收集的方法主要分为两种，一是要求农民将废旧地膜交至统一回收点，并向农民收取部分回收处理费用，支付给回收处理机构。第二种方法是农协组织或者促进委员会与经销商合作，将收集和回收的成本附加在地膜销售价格上，地膜废弃后再由促进委员会进行统一收集，这样可以避免农民因拒绝支付回收费用而非法处理地膜的情况。对于所需回收费用的征收标准和征收方法，需要各都道府县的议会根据当地情况而确定。一般来说，地方政府和农业合作社对于废旧地膜回收处理费用的补贴额度约为 10～30 日元/千克。

根据日本农林水产省公布的 1989—2014 年日本农用地膜处理量及处理方式的数据分析可知，在实际生产活动中日本农用地膜的处理方式主要有填埋、焚烧、再生处理等方式。1989 年废旧地膜处理方式中，43％焚烧处理，22％填埋处理，13％其他处理，回收处理率只有 23％。随着《废弃物处理与清扫法》等法律对农用塑料回收利用政策的不断修订，日本农用地膜的回收利用率明显增高，至 2014 年回收率已增至 76％，仅有 9％废旧地膜进行了焚烧处理，8％填埋处理，6％其他处理。

2. 美国

美国是较早对废旧塑料地膜回收进行立法的国家，现至少有 30 个州立政府出台农用塑料法规，协助和促进农用塑料废物的回收利用。法律规定，农民有义务收回生产的农用塑料废物，农用地膜制造商和进口商有义务安排妥善收集和处理二手塑料薄膜。很多州都成立了农用地膜管理协会，协会对供应商销售的农用地膜质量进行把控，供应商必须向各州的协会机构注册才可以进行农用地膜的销售活动。

各州都有政府批准的回收企业，并公示在相关的网站上。农民在农场收集废旧地膜后，将地膜送至废膜中转配送中心或直接送到废物处理厂。回收费用通常由农用地膜管理协会征收，通常是以附加在销售的农用地膜价格上收取，也有很多州建立了鼓励优惠政策，以上交的回收量为依据，收取农民更加便宜的回收处理费用。将该费用交由协会用于协助塑料回收。

3. 欧洲

欧洲很多国家如英国、法国、意大利等都建立了相关的农用废弃物处置法，如废物框架指令（2008/98/EC），垃圾填埋指令（1999/31/EC）和包装和包装废物指令（94/62/EC）等。欧盟通过第六个框架计划建立了“农用塑料标记协会”（LabelAgriWaste），该组织的主要目标是制定欧盟农用塑料废物标签制度，使其成为商品。在西班牙、意大利和希腊等大规模进行覆盖种植的国家，LabelAgriWaste 计划在使用和收集期间对农用塑料进行管理，随后在专门的收集区进行分类。

如果收集和处理的废弃地膜在清洁度、材质和性能方面符合规范的要求，便将其标记为可以转化为有价值的商品。标签制度除了促进和提高处置废弃商品的效率之外，还将允许带标签的农业废塑料在边界运输，并在欧洲开放市场对废弃商品进行估值。这将为农民以及中小企业提供有关收集和分类废物的准则。

（三）经验借鉴

推进废旧农用地膜回收利用，是防治农业面源污染，保护农业生态环境，促进农业可持续发展的重要举措。借鉴日本、美国及欧洲国家的经验，健全完善的法律法规体系是废弃农用地膜循环利用及产业可持续发展的重要保障。通过立法的方式，制定适合中国国情的农用地膜废弃物循环利用及产业发展的法律法规和政策措施。

一是要在《农业法》《循环经济促进法》的基础上，积极制定出台关于农用地膜管理的法律法规条例以及一系列有利于农用地膜废弃物循环利用及产业发展的专项法律法规与制度措施，明确各级政府部门在农用地膜生产、流通、使用、回收各环节的管理职责，切实解决分头管理、联合执法带来的监管不力问题。

二是尽快出台国家对农用地膜的指导性标准，提高地膜厚度、抗拉伸强度、耐候期等关键性指标。同时，鉴于各省份气候、地理条件以及种植作物的差异性，应允许各省份根据省内情况，在满足国家指导性标准的前提下，制定地方标准。

三是发展废弃农用地膜循环利用制度，如农村收集制度、环境资源信息透明与公众监督制度、区域环境保护补偿制度等，形成比较完备的循环利用及产业发展的制度体系和长效机制。建立针对农用地膜回收促进的非政府组织，提高农用地膜生产商准入条件，建立符合地方实际情况的农用地膜回收及经济补偿体系，形成良性自循环生态系统。

二、国外农业废弃物资源化利用经验及启示

（一）国外农业废弃物资源化利用的经验

1. 日本爱东町地区农业废弃物资源化利用的经验

20 世纪五六十年代，日本农业在现代化发展过程中，大量使用了化肥、农药及化石燃料，加之农业废弃物的随意堆弃或燃烧，日本面临严重的资源短缺与农业生态失衡危机。随着日本农业生产平衡被破坏，以及农业生产资源短缺，日本逐渐兴起农业废弃物资源化利用的理论研究与实践，并快速发展成为具有战略价值的典型产业。20 世纪 70 年代，日本开始着手农业废弃物资源化利用的政策制定及技术研发，绿色资源的保护与培养政策与环境保全型生态农业产业经营模式较具代表性。20 世纪 80 年代是快速发展时期，基本实现了生态维护与产业联动的双重功效，以农业废弃物循环利用为特征的产业发展模式逐步构建与完善。

水稻是日本种植业的主要品种，日本政府充分利用水资源，创新性地探索与推进“稻—鸭—鱼共作”的资源性农业废弃物转化利用，该模式实现了不同产业间的融合，水稻种植、家禽养殖、水生养殖共同发展，形成立体水田复合

型农业废弃物转化利用模式。该模式实现了产业之间的相互协作发展，水稻种植为水禽养殖提供饲料，水禽粪便为鱼养殖提供了食物来源，同时也为水稻生产提供了不可或缺的肥料，实现了真正的生态与经济有机结合的资源性农业废弃物的转化利用。

日本滋贺县爱东町地区农业废弃物资源化利用发展模式共经历了4个阶段（表7-1）。爱东町地区利用其传统的农业区位优势，在政府的政策与资金支持下，逐步形成了以油菜、水稻、小麦等农作物生产为载体，以油菜生产加工产生的废料为原料，一部分用于生产优质饲料或肥料，发展畜禽养殖业和生态农业，一部分转化为生物柴油（Bio Diesel Fuel，BDF），作为农业机械燃料。爱东町地区逐步形成了农业废弃物循环利用产业发展模式的雏形，该模式实现了种植业、养殖业与能源生产的有机融合，系统外部资源投入的减量化和内部废弃物的再利用，产业链条的整合与衔接顺畅，生态效益显著，是一种值得借鉴的产业发展模式。

表7-1 日本爱东町地区农业废弃物资源化利用发展模式

阶段	背景	主要做法	成效
开始阶段（1976—1991年）	环境污染问题严重	制定并实施废弃食用油回收计划，将其制作成肥皂粉，进行资源再利用	成立了第一个专注于环境事业的民间组织——滋贺县环境生活协同组织
发展阶段（1992—1997年）	无磷清洗剂的推广普及抑制了肥皂粉产业的发展，废弃食用油大量堆积	实施废弃食用油BDF化，将废弃食用油提炼成BDF	取得突破性进展，创新技术研发取得成功
实质性发展阶段（1998—2001年）	仅靠食用油提炼难以满足BDF旺盛的需求	利用休耕的稻田转种油菜，大力发展生物资源循环利用	该资源利用模式由食用油再利用转变为发展生物质能源，生态、经济效果显著
完善阶段（2002年至今）	相关法律仍不完善，农业产业联动效应差	制定并实施《日本生物资源综合战略》，推动农业废弃物资源化利用产业化发展	发展模式逐步完善，在保护环境的基础上推动农业产业规模化发展

2. 德国农业废弃物资源化利用的经验

德国是世界上循环经济发展水平最高的国家之一，其理论和实践都独具特色。由于政府、企业和国民的密切合作，循环经济发展模式日益成熟，已成为德国社会经济发展不可或缺的重要部分。第二次世界大战后，资源存量不足与生态环境污染严重的现实使德国坚持可持续发展，把循环经济的重点放在废弃物资源的回收再利用和发展可再生资源方面。具体来说，德国循环经济起源于垃圾处理，然后逐渐向农业、工业等产业以及生产、消费领域扩展，这在很大程度上促进了生态农业的发展。

第二次世界大战后，德国经济迅速发展。在农业发展过程中，德国曾经是世界上生产和使用化肥和农药最多的国家，虽然实现了农业发展和农作物的高产，但同时造成农业废弃物的大量排放，对水资源和生态环境都造成了严重的破坏。为此，德国提出了农业废弃物循环利用的综合型农业发展模式，其主要内容包括：以不破坏自然环境为前提，重视农业生态系统平衡、重视土壤保护、重视水资源保护和重视经济发展，因地制宜，合理轮作，将农业生产过程中的废弃物资源合理地循环利用起来。与此同时，为了有效地促进可再生能源的发展，德国政府还出台了一系列法律法规及规章制度，为综合型农业模式的实施提供保障，德国政府分别于 2000 年制定，2004 年、2009 年两次修订《可再生能源法》，通过立法的形式禁止无机化肥施用过量、加强资源保护、加大处罚环境污染的力度等。

表 7－2　德国政府实施的相关法律法规

年份	内容
1972	《废弃物处理法》
1984	《废弃物管理法》
1994	制定《循环经济与废物管理法》
1996	实施《循环经济与废物管理法》
2000	《可再生能源法》
2002	《废弃木材处理条例》
2004	《可再生能源法》第一次修订
2005	《垃圾堆放评估条例》
2006	《包装条例》第四修正案、《废车条例》第一修正案
2007	《包装条例》第五修正案
2009	《可再生能源法》第二次修订

参考资料：翟绪军，《中国农业循环经济发展机制研究》。

在农业资源节约和保护方面，早在20世纪90年代，德国科学家发现可从一些农作物中提取矿物能源和化工原料的替代品，以实现循环再利用，德国政府开始重视发展此类经济作物。德国政府每年用于工业作物的研究和开发经费达40亿欧元以上，2006年德国政府拨付约6亿欧元给各个州，各州再按政府拨付资金40%比例进行配套，专门用于农业的发展。如果按农民人均来计算，德国每年每位农民享受的补贴约为2万美元；如果按照耕地面积计算，德国每公顷土地补贴在300美元以上，远远高于大多数国家，通过几年的努力，德国科学家对部分作物进行了定向选育，先后从甜菜中获取乙醇、甲烷，从菊芋植物中制取酒精，从羽扇豆中提取生物碱，从油菜籽中提炼植物柴油代替矿物柴油。油菜籽是德国目前最重要的能源作物，不仅可用作化工原料，还可提炼植物柴油，代替矿物柴油用作动力燃料。这些能源和原料均是绿色无污染的，符合德国人注重环境保护的理念，从而实现了农业模式的创新。

在农业生产环节，德国主要遵循清洁生产理论。在农业生产过程中通过控制投入品种及数量，保护生态环境。为保证生态农业的健康发展，德国政府要求：生态农业企业与农场经营者在耕作过程中，禁止使用化肥、化学农药和除草剂等，而采用有益于环境的除草方式；严禁使用易溶的化学肥料，必须采用传统喂养方式的畜禽粪污做有机肥料，并采用轮作或者间作，以保持土壤肥力。在农作物收割后，德国农民将秸秆利用起来，1/4的秸秆用于饲料，另外3/4的秸秆用于铺设牛圈。有机物质、肥料和水分与土壤结合在一起，提供给植物吸收。

为了推动生态农业的发展，德国还专门成立了德国生态农业促进联合会（AOEL），集农业、农业管理、农业经济、农用化工和植物保护于一体，目的是通过有效的农业生产方式加强对自然资源环境的保护。并且，AOEL还制定并实施了严于欧盟的关于生态农业及相应农产品生产规定的标准。德国对农产品统一实行生态标识，所有符合欧盟生态规定的产品，允许标以生态标识。统一的生态标识增加了德国生态食品的信任度和透明度，让经营者有更大机会实现收益，让消费者享受更多的便利条件。

3. 瑞典农业废弃物资源化利用的经验

作为需要进口“垃圾”的国家，目前，瑞典生态农业处于世界领先地位。在种植业方面瑞典提倡只能施用牲畜粪便等天然肥料，瑞典农场不使用化肥农药和除虫剂，为保持土地肥力，减少病虫害，大多数瑞典农场运用4年轮作的种植方法，即第1年种小麦，第2年种豌豆，第3年种燕麦，第4年种牧草。

生态农作物产量相对于普通作物要低，如生态小麦产量比普通小麦低 15%～20%，但销售价格却高出 2 倍以上。在养殖业方面，瑞典提倡让牛羊猪鸡在室外自由活动，使用自产的在种植过程中没有使用过化肥和农药的饲料。禽畜传染病以预防为主，一般不喂药，如果喂了药要等 3 个月后才能屠宰。普通猪饲养期为 6 个月，而生态猪饲养期为 7～11 个月，生态猪出售时价格要比普通猪高 1 倍。如今，瑞典有机农场的发展相当普遍，在整个欧盟中位居前列。

在瑞典，对垃圾废弃物的处理原则是实行减量化、资源化和无害化。政府通过法律和经济手段促进垃圾废弃物的回收再利用，以尽量缩减垃圾填埋的数量。目前，约有 40%的家庭垃圾通过回收作为原材料或作为肥料被重新利用。40%的垃圾通过焚烧发电被重新利用。只有大约 20%的家庭垃圾和焚烧后的灰渣通过垃圾填埋的方式进行处理，这一比例还在逐年下降。2002 年，瑞典颁布了对可燃废弃物禁止填埋的规定，2005 年对有机垃圾也禁止填埋。现行垃圾填埋是将无机垃圾（如建筑垃圾、玻璃等）、非有害一般垃圾（如城市生活垃圾、焚烧后的灰渣、轻度污染的土壤等）、有害废弃物（如严重污染的土壤等）分别填埋处理。

在生态农场废弃物处理方面，一般模式为建设几个沼气生产车间，将种植业和养殖业中产生的秸秆粪便等各种废弃物投入到沼气池生产沼气，还可以解决一部分农场生产和家庭生活所需要的能源；然后从产气后的沼渣中，回收一些作为牲畜饲料，其余用作有机肥；由于沼液富含养分，再将沼气池中的沼液用于养殖业，最后再把塘水、塘泥用于肥田，这样就进入了又一次循环。同时，在生产中，尽量采取恢复、维持、促进生态和谐的管理措施，完全不用或基本不用人工合成的肥料、农药、生长调节剂和饲料添加剂，尽可能减少对空气、土壤和水源的污染。

在农村生活污水资源化利用方面，瑞典供水和污水处理设施全部由政府拥有，其中 95%由政府管理，另外 5%是私人管理。为达到规模经济的要求，通常瑞典污水处理设施的建设管理分为两部分，一部分是污水管网设施，由各个城市分别建设和维护；另一部分是污水处理厂。若雨水过多时，首先排入自然滞洪池内，通过生物作用，监测水中的有机物和盐分含量，达到要求时，水才能进行排放；同时，采用集中堆肥并隔离地下水的方法，避免肥料污染。生活污水和生产污水由于有机物含量较高，排入专门的净化池内处理，净化池由蓄水池、迭水器和生物处理池组成。为使净化效率符合所需，利用迭水器加强水循环和曝气给氧，通过流经生物处理池让水中的好氧性微生物和植物充分作用分解有机物，达到自然净化水质的目的。如此，既可治理污水，也可形成美丽的景观。

（二）国外农业废弃物资源化利用方式总结

国外农业废弃物资源化利用方式并非十全十美，但是每一种都有其独特的亮点。这些国家起步较早，积累了一定的经验，形成了符合自身特点的循环农业发展模式，为我国农业废弃物的资源化利用和循环农业的发展提供了借鉴经验。表 7－3 对国外几个典型农业废弃物资源化利用模式进行了总结。

表 7－3　国外农业废弃物资源化利用经验比较

项目	日本	德国	瑞典
方式	农业废弃物能源化及复合加工化	农业废弃物饲料化及肥料化	农业废弃物能源化及肥料化
特点	重点发展生态农业，将种植业、养殖业废料用于复合加工和能源生产	回收农作物秸秆用于养殖业及肥料制作	使用垃圾生产肥料及能源，废水净化循环利用
可借鉴经验	①构建较为完善的法律体系；②为农业废弃物资源化利用提供政策支持；③在废弃物处理方面提供技术支持；④创新农业组织	①制定农业废弃物资源化利用的制度规范；②强化全民环保意识的培养；③坚持监督和服务并举；④注重规划引导	①为垃圾处理提供法律保证；②重视相关知识推介；③延长农业生态产业链

日本人口密度大、土地资源贫乏，在发展生态环保型可持续农业和种养结合型生态农业的过程中，将种植业、养殖业肥料用于复合加工和能源生产。瑞典、德国等国家由于气候土壤条件较好，主要实行绿色生态农业模式，实施过程中农户自觉参与，政府重视并积极投入；在农作物废弃物处理方面，根据当地农业生产模式，充分利用现代技术，德国将农作物秸秆加工成饲料及肥料，瑞典利用垃圾为大约 25 万户家庭提供能源，为 1/5 的集中供热系统提供能量。

（三）国外农业废弃物资源化利用的成功经验对我国的启示

日本、德国和瑞典农业废弃物的资源化利用和生态循环农业发展的典型经验，对我国农业废弃物资源化利用和农业可持续发展具有重要的借鉴意义。

1. 加大宣传力度，鼓励公众参与

与发达国家相比，我国农民文化程度相对较低，对农业废弃物资源化利用缺乏足够的认识，对环境保护和资源节约的重视不够。因此，应把宣传农业废弃物资源化利用的重要意义和相关常用知识结合起来，在宣传教育中普及农业环境保护、生态农业发展、农村资源综合利用的科学与法律知识，如介绍农业废弃物如何利用、宣传农作物秸秆综合利用的相关知识、介绍农家生态系统内物质间的关联等，增强农民合理利用资源、保护环境的意识和责任感，让农民认识到农业废弃物资源化利用的必要性和有效性，提高农民发展循环农业的自觉性。与此同时，通过运用各种媒体，宣传循环经济和资源节约型社会，引导社会公众进行环境保护和绿色消费，利用各种手段进行社会宣传活动，培养全社会参与发展农业循环经济的意识，鼓励社会公众减少生产生活废弃物的产生，将“减量化”“再利用”“再循环”等原则运用到农业产业结构转型的具体实践中。

2. 因地制宜地选择农业废弃物资源化利用方式

中国农民素有精耕细作的良好传统，在生产实践中创造出不少资源循环利用的模式，取得了一定的成效，如南方的“猪—沼—果（菜）”模式，北方的“四位一体”模式，中部平原的“粮—饲—猪—沼—肥”模式，西北地区的“五配套”模式，大城市郊区的都市型生态循环模式等，这些模式和技术具有一定的推广价值。但由于中国地域辽阔，农业自然资源状况和农业生产力水平差异很大，农业循环经济发展模式应坚持多元化，不能强求一律。各地区发展农业废弃物资源化利用要坚持因地制宜的原则，根据当地的资源条件、生产传统、农民的可接受程度等因素，确定自己的发展模式，切忌搞“一刀切”。

3. 强化政策扶持力度

综合运用财税投资、信贷等政策手段，调节和影响农业投资主体的经营行为，建立自觉节约资源和保护环境的激励机制。通过建立对农业循环经济的支持和补贴制度，设立农业循环经济发展基金或风险基金等，加大财政对农业循环经济的投入。尽快研究制定优惠政策，鼓励发展节地、节水、节肥、节药、节种的节约型农业，支持生产和使用节电、节油的农业机械和农产品加工设备，努力提高农业资源的利用效率。建立农业生态补偿机制，可先在重点产品、重点区域、重点技术上开展生态补偿试点，努力探索金融系统支持和参与农业循环经济建设的办法，如通过小额贷款、贴息补助、提供保险服务等形式，支持企业或农户发展农业循环经济。逐步建立政策性循环农业保险制度，成立政府监管下的政策性保险机构，解除农民的后顾之忧，不断完善发展农业循环经济的政策支持体系，促进构建政府推动、市场驱动和公众参与相结合的长效机制。

4. 加快科技研发与推广

科学技术是第一生产力，农业废弃物资源化利用的发展离不开科技的支撑。要组织科研力量，对事关全局的农业循环经济组合技术、工程技术、经济技术和农业废弃物处理技术等领域进行重点攻关，加快生态循环农业、农业废弃物资源化利用、农村新能源与再生能源开发、农村水资源的节约保护利用、农村生活污水与畜禽场粪便污水净化处理、农地改造与农村土壤污染修复等实用技术的推广与应用。

5. 建立健全法律法规体系

在借鉴发达国家农业循环经济发展经验的基础上，结合我国国情，启动关于农业废弃物资源化利用的相关立法工作，进一步明确政府—生产者—消费者的权责利，确定推行农业废弃物资源化利用的途径和方向，引导农业废弃物资源化利用的规范化实施，做到有法可依、有章可循，为我国农业废弃物资源化利用和生态循环农业发展创造良好的法制环境。

第三节　主要国家和地区化肥减量政策比较

一、主要国家和地区化肥减量政策

（一）欧盟化肥减量政策

1989年，欧盟委员会第一次明确提出农业面源污染的正式文件，指出水质问题是由农田与城市硝酸盐的释放引起的，并在《饮用水法令》和《硝酸盐法令》中明确规定成员国必须执行饮用水中硝酸根含量不得超过50毫克/升的标准，并进一步规定农业肥料施用量（以氮元素计）不得超过170千克/（公顷·年），这使得各成员国要将原先的施用量大幅度削减。1992年欧盟部长会议正式采纳共同农业政策（Common Agricultural Policy），鼓励农民使用环保型、创新型耕种方式。1993年，欧盟出台结构政策的环境标准。根据化肥的毒性、用量、使用方法以及对生态环境和对公众健康可能造成的危害，加强管理并建立严格的登记制度。2000 年，欧盟水框架指令（WFD）开始生效，该指令集成了已有的法律法规，对水环境保护与管理提出统一的目标和要求；具有极强的操作性，为各成员国的每一步行动规划规定了明确的截止期限，其中，2000—2003 年为各成员国的准备期，2004—2008 年是流域管理计划的实施准备期，2009—2015 年为计划实施期和目标期，2015 年开始新一轮协商和实施周期规划。自 20 世纪 80 年代末以来，各国流域逐步实施农业投入氮、磷总量控制，氮、磷化肥用量分别下降了大约 30%和 50%，农田环境及生态环境得到了较大的改善。英国划定 32 个硝酸盐脆弱区，农民在自愿的基础上，与政府签订为期 5 年的限制农业活动的协议，明确规定不施或限量施用化肥，而农民的损失则按土地面积得到补偿津贴，这些补偿支付在各个硝酸盐脆弱区之间以及每个硝酸盐脆弱区之内均不同。农民可以用部分或者全部土地参与该计划。除此之外，还设置了禁止施肥的封闭期，并对化肥施用方法提出要求。到 1998 年，在英国所有规划区中，已经有 58%左右的土地符合条件，参加了基本计划，其中 21%还进一步参加奖励性耕作计划。监测显示，该计划已经使得受影响地区的硝酸盐流失量降低。硝酸盐脆弱区计划带来的环境效益的价值大大超过了该计划的成本。

欧盟各成员国所采用的经济激励型化肥减量政策包括调整农产品价格、排污收费、对化肥生产和销售征税和对为减少养分排放而改变耕作方式的农民给予补贴和技术支持等，鼓励农民自愿使用环保型、创新型耕种方式，惩罚违反农业环境法规的情况。其中，税收手段是各国较为常用的手段，如荷兰于 1998 年开始使用 MINAS（Mineral Accounting System）系统控制化肥施用，其控制对象是养分的剩余（或流失）。在这个系统之下，每个农民的养分投入和产出情况都被记录下来，如果其养分剩余（或流失）在规定的标准之内，则无须交税，如果超出标准，则需要缴纳较高的税。随着免税的标准越来越严，超出标准的税率也越来越高。尽管监测数据显示荷兰地下水的养分浓度在 1992—2000 年之间有所下降，但是这项政策仍然由于其高昂的执行费用（特别是监测费用）以及对于环境质量贡献的不确定性受到质疑，加之在适用农场类型问题上存在争议，MINAS 系统最终失去了支持，于 2006 年 1 月被废除。此外，奥地利、德国、挪威、芬兰、丹麦、匈牙利、瑞典、西班牙和英国都对农户的化肥施用征收了有关农业面源污染的投入税；比利时也对未被农作物吸收而残留于环境中的有机肥和无机肥征收有关农业面源污染的环境税。

（二）美国化肥减量政策

美国主要依托最佳管理实践（Best Management Practices，BMPs）实现化肥减量的政策目的。1972年美国国家环保局（USEPA）针对非点源污染问题首次提出BMPs，并将其定义为“任何能够减少或预防水资源污染的方法、措施或操作程序，包括工程、非工程措施（即管理措施）的操作和维护程序”。BMPs旨在污染源的管理而不是污染物的处理，工程措施主要是增加湿地、植被缓冲区和水陆交错带等，从而降低污水的地表径流速度，以拦截、降解和沉降污染物。管理措施分为养分管理、耕作管理和景观管理3个层次，这3个层次虽然在空间尺度上不同，但在效果上互相配合，都围绕一个中心原则，即最大限度地保证物质循环的效率，减少元素的输出损失，从而在满足植物生长需求的同时降低对环境的影响。其中，养分管理是通过对项目本身设置控制性的技术标准以进行源头控制，包括对水源保护区农田轮作类型、施肥量、施肥时期、肥料品种和施肥方式的限定。在应用中，BMPs现已提出的最佳管理实践主要有少耕法、免耕法、限量施肥、综合病虫害防治以及增加防护林、草地过滤带、人工水塘和湿地等，与此相关的控制技术有农田最佳养分管理、有机农业或综合农业管理模式和农业水土保持技术措施等。

BMPs的具体实施中还包括一些经济手段，即联邦政府拨付了专门的项目资金，对自愿采纳最佳管理实践的农户给予财政补偿、技术和相关金融支持，通过经济激励或创建市场改变农民的成本利益结构，促使农民自觉采用环境友好的替代技术，从而间接引导其减少化肥施用量。由于BMPs的实践可以微调以适合特定的地点，加之其低成本执行的优点，在美国越来越受欢迎，成为美国控制农业面源污染的主要选择，并取得了显著的成效。据美国调查评估报告显示，1990年美国面源污染约占总污染量的2/3，其中农业面源污染占面源污染总量的68%～83%，经过10多年的有效治理和控制，2006年农业面源污染面积已比1990年减少了65%。

（三）日本化肥减量政策

日本的化肥减量政策主要是在全国广泛推行环保型农业的背景下不断推进的。日本于20世纪90年代初提出发展环境保全型农业，1994年，日本设置成立农林水产省环境保全型农业推进本部、都道府县推进协议会和环境保全型农业推进方针制定委员会，并在农林水产省的支持下，日本全国农协中央会建立全国环境保全型农业推进会议，委员由生产者、消费者、食品企业管理者、大学教授和政府官员等组成，是一个非官方的民间组织，其定义为“要充分发挥农业所拥有的物质循环功能，不断协调其与生产力提高间的关系，通过土壤复壮，减少化肥、农药的使用，减轻对环境的负荷，是具有持续性的农业”。为保证环境保全型农业的实施，1999 年日本颁布了被称作新农业基本法的《食物、农业、农村基本法》，以及被称作“农业环境三法”的《持续农业法》《家畜排泄物法》和《肥料管理法（修订）》，并采取上下结合、充分调动社会民间力量的做法来推广环境保全型农业。

在政策方面，日本环境保全型农业的建设方式主要包括采取舆论宣传、政府支持、农协引导、生产者与消费者对话和市场拉动等。一是推行有机农产品、特别栽培农产品、生态农户等认证与标识制度，并于 2006 年颁布《有机农业促进法》，定期修改有机农产品标准。二是从政策、贷款、税收上对环保型农户给予支持，提高环保型农户的经济效益和社会地位。2007 年开始对符合标准且被确定为环保型农户的，实行硬件补贴、无息贷款支持和税收减免等优惠政策。从 2011 年开始，生态农户可以享受到政府的直接补贴。三是发挥日本有机农业研究会、保护大地会、主妇联合会、消费科学联合会、消费者联盟、生活协同组合以及由他们联合起来的全国消费者团体联络会等农业发展社会团体的宣传和推动作用，通过将各级政府和各社会阶层，特别是农村基层和广大农户需要有效地结合在一起，实现上下结合的良性互动，从而引导全社会积极参与和共同推进。此外，土壤复壮技术、化肥减量技术和化学农药减量技术等环境保全型农业技术措施的发展也对政策的顺利实施起到了支撑作用。

二、主要国家和地区化肥减量政策比较

综合比较欧盟、美国、日本等发达国家和地区化肥减量政策的具体做法和实施效果，不难发现化肥减量政策在制定时有两个共同特征。

一是政府与市场的联合作用。虽然各国国情存在较大差异，但在化肥控制手段的实施上均是依照法律的强制遵守义务与市场引导措施相结合，这样可以满足不同层次的环境保护的需要。设置一个所有生产者都必须达到的最低标准，然后通过自愿和市场激励来实现进一步降低。同时，这种因地制宜、因人而异的政策设计提供了多种选择，有利于行为人根据这些选择的成本效益做出最符合自身

利益的选择，体现了政策的灵活性和实施效率，可能更符合成本效益。

二是发展操作简单、价格便宜的替代技术供农民广泛采用。为保证化肥减量政策的有效实施，各国都注重环境友好型替代技术的研发，这也是保证农民在减少化肥施用量时产量不下降的关键。欧盟、美国、日本等发达国家（地区）的化肥减量政策实施效果与适用条件的差异如表 7-4 所示。

表 7-4　不同化肥减量政策的实施效果与适用条件

政策类型	代表性政策措施	政策结果			经济效果		适用条件
		产生结果的确定性	产生效果所需要的时间	产生效果的深化程度	管理成本	给目标群体带来的成本	
命令控制型（欧盟）	欧盟水框架指令（WFD）	确定	快	不能为目标群体提供持续改进的动力	很高	缺乏灵活性，农民无法根据成本效益分析做出最符合自身利益的选择	涉及农户少；农业种植或农场类型同一
经济激励型（美国）	最佳管理实践（BMPs）	不确定	相对较慢	能引导或促使目标群体不断改善	相对较低	灵活性大，有利于目标农户根据成本效益分析做出最符合自身利益的选择	涉及农户较多；农产品市场体制较完善、价格形成机制灵敏
公众参与型（日本）	环境保全型农业	很不确定	很慢	能为目标群体持续提供进一步改善的动力	很低	灵活性大，有利于目标农户根据成本效益分析做出最符合自身利益的选择	当地相关农业团体较多；地区经济实力较强

注：本表摘录于李芳等（2017）的《发达国家化肥减量政策的适用性分析及启示》文章。

三、不同化肥减量政策对中国的适用性分析

欧盟水框架指令的命令控制型化肥减量政策的主要优点是政策效果确

定、见效快。但该类型政策也存在管理成本很高、缺乏灵活性、化肥减量被动等缺点。在农户众多的情况下因其高昂的管理成本并不适用于中国的实际情况。同时，采用税收手段实现化肥减量的程度是有限的，农户农业生产条件的异质性和过高的监测成本、农业面源污染本身所具有的特征等因素使得这种投入税和环境税的政策目标在实践中很难实现，而且这些国家针对农户农业面源污染所征收的投入税或环境税更多地被用作是增加国家财政税收的工具，而不是纠正农户农业生产行为的外部性问题。欧盟国家基于税收的化肥减量政策不仅改善环境的效果不明显，而且对本国农民收入和农业发展造成了较大的影响。

美国 BMPs 在很大程度上是一种经济激励型政策，其主要优点在于增加农户在农业生产中控制化肥施用行为的灵活性、效率和成本效益，可以提供多种选择，有利于目标农户根据这些选择的成本效益分析做出最符合自身利益的选择，从而引导或促使农户不断减少化肥施用量，且管理成本相对于命令控制型政策较低。其主要缺点是见效相对较慢、政策效果不确定，由于经济激励型手段是通过改变农产品市场信号来调节农民的化肥施用量，该政策对农产品价格市场机制的要求也较高。但是我国的环境友好型农产品仍面临着市场准入认证混乱、市场营销环节缺失导致市场消费者接受度较低、价格过高等问题，在这种情况下，对自愿采纳环境友好型生产方式的农户给予补贴、技术支持和相关金融支持以降低其生产成本的政策效果难以凸显，农产品无法实现更高的价值，从而不利于农民通过成本效益分析做出化肥减量施用的决策。此外，基于自愿的原则对采纳环境友好型生产方式的农户给予经济激励存在一定的道德风险，即农户不一定会采取政策制定者所期望的行为，因而需要命令控制型政策的配合才能保证其有效性。

日本在化肥减量控制上更多采取公众参与型政策，通过民间组织和有机农业团体的宣传和拉动，鼓励全民参与到环保事业中来，其主要优点在于，由于不是强制性的，在多数情况下很少需要监督管理，故而管理成本最低；同时，通过公众参与的政策手段提高农户化肥减量施用的意识和组织化程度，也能在一定程度上为农户进一步减少化肥施用量提供动力。但该类型政策的缺点则是见效很慢且政策效果很不确定，无论是改变农户传统的生产观念进而改变其化肥施用行为，还是通过社会的压力促使其减少施用化肥，都需要很长的时间。中国经济还不很发达，长期以来小农意识根深蒂固，环境保护意识淡薄，由于外部性的存在，对单一农户的管制和激励效应往往会被其他农户的不参与所抵消，因此短期内在中国推广这种公众参与型的化肥减量政策，效果必然是有限的，仍不失为一项长远的对策，且配合其他两种手段同时使用更能增进政策实施的有效性。

四、主要国家和地区化肥减量政策对中国的启示

粮食增产和农民增收是中国农业发展的两大目标，而仅仅依靠环境政策的“突袭”来削减化肥施用量可能使得粮食产量无法得到保证。因此，化肥减量控制更大程度上应取决于农业发展政策的转变，从而实现农业发展和环境保护的双赢。要在结合中国实际国情背景基础上，综合借鉴欧盟、美国和日本等化肥减量政策的优劣势，取长补短。

一是完善农产品价格机制和无公害农产品认证制度，通过市场机制的引导促进环境友好型技术的采纳。可借鉴美国经济激励型政策，充分发挥市场机制的引导作用，促使农户采用环境友好型技术。为保证该类型政策的有效实施，需加强有机农产品认证制度和标准执行力度，完善农产品价格机制。一方面，应减少对化肥行业在生产和流通领域的财政补贴及税收优惠，转而对农民购买和使用无公害农产品有机肥、采用测土配方施肥技术、进行农业废弃物资源化利用等行为进行一定数额的经济补助和奖励，确保化肥政策的制定与补贴方向相一致；在此基础上，逐渐把给予采纳环境友好型生产方式农户的补贴、技术等支持标准与农资价格变化、农产品价格变化联系起来，真正降低目标农户的生产成本，从而使政策效果得到切实体现。另一方面，加大现行《有机产品认证管理办法》《有机产品认证实施规则》及《有机产品》国家标准的实施力度，鼓励无公害食品和绿色食品的消费，不断扩大其市场，借此引导生产者采用环境友好型技术，从而达到化肥减量的政策目的。

二是积极培育新型农业经营主体，确保环境标准的有效执行，通过协同带动和宣传引导提高农民的环境意识。一方面，可借鉴欧盟命令控制型政策，对各地受到农业硝态氮污染的水体进行监测，划定硝态氮脆弱区，并设定具体的环境标准，拟定新的化肥管理法律法规和相关制度，如制定《化肥安全使用环境管理办法》，设定具体的化肥生产和使用减量目标，限制施肥量和施肥方式，从而规范农业生产者行为。另一方面，为达到化肥减量施用的长期政策目标，应借鉴日本公众参与型政策，充分发挥新型农业经营主体的带

动作用。在农业生产经营过程中，农业协会、农业合作社等农业合作组织的介入不仅有助于生态农业技术普及，而且鉴于生态农业生产周期长、初期风险大、产量低、转换期长等特点，在生产环节也可以起到降低成本和相互监督等良性协同效应；同时，农业合作组织可凭借其自身优势充分发挥示范和宣传作用，通过科普和报纸、广播、传单等大众媒体普及减少化肥施用对环境保护和人类健康的重要性，使人们切实认识到化肥减量的必要性，带动广大从事农业生产的组织、单位和农民生态、环保、法律意识的提高，从而引导其转变传统农业生产方式。

第四节 发达国家农村生活垃圾处理的做法与经验

目前，中国农村地区垃圾处理仍旧面临经验和资金短缺，处理技术相对落后等难题，大部分地区仍未实现垃圾的集中收运和无害化处理，给农村生态环境和农民的身体健康带来巨大的隐患，影响农村社会经济的可持续发展。如何高效、环保、低成本地进行农村垃圾处理成为现阶段中国农村垃圾处理的重大挑战。目前农村生活垃圾处理缺乏政策标准，尚未形成完善的标准体系；农村生活垃圾处理资金缺口加大，缺乏可持续性；专门针对农村生活垃圾的成熟处理技术较少；农村生活垃圾处理人员和机具数量不足，作业专业化程度较低；农村生活垃圾存在多头管理，职能交叉的现象。纵观世界其他国家的农村生活垃圾治理历史，都曾经面临着与中国目前相似的问题，有些国家的经验值得借鉴。部分发达国家农村生活垃圾处理模式见表 7－5。

表 7－5 部分发达国家农村生活垃圾处理模式

国家	行政管理模式	法律约束	处理技术	资金
英国	英国四区和市政府之间的相互牵制	在垃圾处理及技术处理方面，拥有较为完备的法律体系	资源回收利用、垃圾焚烧、堆肥、厌氧发酵和卫生填埋等，以及热解气化、机械生物处理等技术	政府
美国	美国联邦政府和各州都颁布了禁止或者约束露天焚烧垃圾的法规	美国法案对露天处理厂的名录进行整治和停运；许多州制定了严格的政策措施	卫生填埋、资源回收和堆肥，焚烧	企业

（续）

国家	行政管理模式	法律约束	处理技术	资金
德国	联邦德国和州之间的治理，有一套高效周密的垃圾管理体系：立法保障—市场介入—技术革新—重视宣传—全民参与	不仅对垃圾分类回收进行了相关的法律约束，而且对处理技术中处理的标准也进行了法律约束	处理回收可循环利用的垃圾，焚烧，机械生物处理，填埋等	政府
瑞典	瑞典政府将环保教育注入小学生教育体系中；在居民社区设置专门的垃圾房	瑞典的垃圾处理法律共分为3个层次：①欧盟法。②瑞典环保法典。③市政府的实施细则	资源回收利用、垃圾焚烧、堆肥、厌氧发酵和卫生填埋	政企合作
日本	城市政府和区政府的工作责任分工	完整的法律体系，这些法律既有各自的针对性，又相互关联、相互制约	焚烧后对焚烧剩余物进行再处理，减少空气污染	政府

一、日本垃圾处理做法与经验

日本是一个自然资源匮乏，但又是大量生产、大量消费、大量丢弃的国家，这种双重压力使日本成为世界著名的环保大国，在处理生活垃圾上积累了重要经验。突出表现在城乡一体化的垃圾分类处理机制。

1. 完善的法律体系

日本制定了3个层次的法律来保障垃圾回收的实施。第一层次是基本法《促进建立循环社会基本法》，该法自2000年12月公布实施，是建立循环型社会的基本而综合的政策措施；第二层次是综合性的两部法律，即2001年4月开始实施的《资源有效利用促进法》和1970年制定的《固体废弃物管理和公共清洁法》。前者的主要内容和目标是控制使用过的物品以及副产品的产生，并采取能促进再生资源及再生零件利用的必要措施，以促进国民经济的全面发展；第三层次是根据产品的性质制定的具体法律法规，如《家用电器回收法》《建筑及材料回收法》等。

2. 精细管理下的全民参与

日本民众的环保意识、垃圾分类意识之高举世闻名。这一切，都源于政府部门精心的管理和周到的安排，以及民众的自觉维护与认真配合。在日本超级市场门口设立了很多透明的柜子，用来回收市民家中废弃的饮料瓶罐。日本的学校和家庭从小孩懂事开始，就不断地教育小孩要爱护环境，保护环境，并且教孩子怎么处理自己的垃圾。所以每一个日本人都能很自觉地做到垃圾分类。日本遍布监察队，全部由市民和志愿者组成。他们负责搜索不符合规定的垃圾袋，从中找到证据，并提醒这些违法垃圾的主人采用正确的方法处理垃圾。日本 TBS 电视台专门设有一个栏目，在全国寻找不分类处理垃圾的人，然后由主持人与他们接触，帮助他们一同处理垃圾，日本人固有的“耻感文化”让他们觉得不进行垃圾分类还因此上了电视是特别羞耻的事，所以一些不进行垃圾分类的人也被动地开始了垃圾分类。

3. 采取一定的强制性措施

日本根据垃圾的性质将回收垃圾的时间也进行了分类，避免了大家的混装。居民一旦错过某种垃圾的丢放时间，得等待下一次垃圾车的来临。日本对一半以上的人口实行垃圾从量收费。收费标准有 3 种：一是按垃圾排出量收费；二是按户或人头收费；三是超量收费。日本实行垃圾收费制的时间并不长，但却取得很好的效果，实行收费后垃圾数量明显减少。一般情况下，有害垃圾和资源垃圾的收运是免费的，可燃烧垃圾和不可燃烧垃圾的收运则要按垃圾体积付费，市民通过到指定地点购买特制垃圾袋完成付费。此外，很多地区的垃圾袋还采用“实名制”。此外，无法放入收费垃圾袋的垃圾需联系大型垃圾受理中心；电视、空调、洗衣机、衣物烘干机、冰箱、冰柜需联系家电再生利用受理中心；电脑需联系厂商、销售店或电脑 3R 推进协会。以上 3 种情况的垃圾收集通常需要通过购买票据等形式付费（或者在一定时限内超过一定件数需付费）。这种强制性措施的实施，很好地促使了日本国民垃圾分类意识的形成。

二、德国垃圾处理做法与经验

德国是世界上垃圾分类和发展循环经济起步最早、发展水平最高的国家之一。德国环境优美洁净与其实施可持续发展战略，重视生活垃圾处理密不可分。目前已建立起完善的分类处理体系。

1. 循环利用

对于普通的生活垃圾，在德国发展出一种新的处理方式，主要是首先采用机械的方式进行分选，将垃圾内能再回收利用物质分选出来回收利用。德国人有很强的环保意识，再加之有坚实的工业基础，所以垃圾分类非常细，能够回收的东西都会被分离出来。以轻纸包装为例，企业在处理的时候会采用最先进全自动的轻纸包装分拣技术，通过粉碎、筛分、光学分选、磁性分选，把轻纸包装中的杂质分离出来，剩下的轻纸包装按照不同成分分门别类。处理完成后的物质纯度很高，可以作为再生资源重新回到生产中，并且对需求原料的企业来说，价格也更为低廉。为了鼓励废物回收，特别实行了饮料瓶可退还押金制。随着全世界普遍性的原材料匮乏、价格上涨，再生资源的利用价值将会越来越受到重视。之后再通过物理或者生物的方式对垃圾进行降解以达到减量化的目的。近些年这种工艺在德国得到了快速的发展。德国欧绿保公司在此基础上又开发出了“第三代”的垃圾处理技术，即在开始机械分选以及物理或者生物的干燥之后，把垃圾再筛选，将热值高的部分加工成“绿色煤炭”，这些产品可以送到电厂或者水泥厂作为燃料用于产生热量，其热值和褐煤相当。通过此种工艺，普通的生活垃圾几乎能够达到百分之百的再循环利用，这条道路也将是未来垃圾处理的发展方向。

2. 全民重视

德国政府和居民在垃圾处理方面所做的种种努力非常重要，但垃圾处理是一项投资巨大的全民事业，必须吸引私人资本参与，才能保证整个产业链的良性循环。德国政府面向市民收取的垃圾处理费，体现了“谁污染谁治理”的责任原则。政府负责管理这笔费用，用一部分建立国有的清运公司，负责垃圾的收集和运输工作。因为生活垃圾的分类、清运工作带有强烈的公益性，所以这个环节主要由国有企业负责。那么国有企业运营的资金从哪来？据悉，主要由两个部分组成：垃圾处理费和财政拨款。在德国，有些城市也设立了国有的垃圾处理公司。但更多城市还是鼓励私人资本的参与。因为垃圾处理往往需要较高的技术和专业的人才，而这些往往是政府不具备的。企业要参与，就会有盈利要求，但德国政府支持企业并不通过财政补贴的方式，而完全是一种市场行为。政府对不同的项目进行招标，企业参加竞标，这样就避免了垄断和暴利环节的存在，从而建立起了比较平衡的链条。

3. 公共服务的精细化

为了推行垃圾分类和回收，政府提供了全面的公共服务，比如政府及其委托的清运回收公司会向每个家庭发放“垃圾分类指南”，孩童在基础教育早期就会从学校学习如何正确进行垃圾分类和资源回收；超市和小区门口设置回收废旧电池、灯泡灯管等特殊垃圾的专用回收箱和用于回收易拉罐和饮料瓶的自动退瓶机。甚至小区居民可以电话预约回收队上门回收，市民还可以从回收站的交换中心取回自己想要的物品，经济环保又便捷。

三、美国垃圾处理做法与经验

美国是一个经济和科技高度发达的国家，也是世界上拥有耕地面积最大的农业大国，农村人口约为 5 100 万人，占总人口的 17%左右。近年来，美国农村生活垃圾量快速增长，各州政府都在完善农村垃圾治理的法律、法规及各种技术标准、规范，并在资金投入、科技研发、设施建设方面做了大量工作，使美国农村垃圾治理水平和技术应用始终处于世界前列。

1. 完善立法

美国政府与议会先后于 1965 年、1970 年通过了《固体废弃物处置法》和《资源保护和回收法》。除了联邦政府颁布的法案包含有与农村垃圾治理相关的规定外，有些市州还颁布了针对农村垃圾处理的专项法规，如美国的俄克拉何马州和肯塔基州，就对农村地区路边倾倒垃圾的问题颁布了法规，对非法倾倒垃圾的行为有详细的条文加以规范和处理。此外，在农业污染控制方面，美国也有系统的法律框架，如清洁水法案（CWA），非点源污染实施计划——CWA 319 条款。美国早在 20 世纪 90 年代就对废旧家电的处理制定了一些强制性的条例，2002 年当局针对废旧家电的回收利用又出台了一系列法规法令，对从事回收家电产品中制冷剂的人员资格、使用的设备以及回收比率等都做了明确的规定，使废旧家电的回收利用过程能够达到政府所规定的各项要求和技术指标。

2. 市场化运作

美国农业环境保护项目是自愿性的，联邦政府一方面通过资金、技术以及政策方面的支持，引导农场主参与农业环境保护项目；另一方面为提高保护政策的实施效率，在项目运作中引入市场机制，其支付水平取决于农场主环境保护水平与成效。为降低垃圾处理的成本，20 世纪 80 年代以来，美国就开始普遍采用招投标制度将垃圾服务承包出去。美国曾经对 315 个地方社区的固体垃圾收集进行调查，结果显示私营机构承包要比政府直接提供这种服务便宜 25%的费用，2012 年由独立的研究组织提供的报告显示私营机构承包使街道清扫费用节约 43%。

3. 公众参与

美国在制定环境相关法律、计划时，或者是在许可建造废弃物处理设施时，都需要邀请农民广泛参与，而不仅仅是征求意见。只有农民参与制定的法律和计划，农民才有意愿遵守和执行，才是具有可操作性的法律和计划。根据法律，农民可以申请组成类似于非政府组织的农村社区自治体，宣传、推广废弃物循环利用知识和家庭简单易行的再利用、资源化方法，或者是直接开展废弃物回收。在美国乡村，社区是最基层、最贴近民众的社会管理单位，是广大民众活动的基本场所。在农村社区中，主要实行公民自治，政府一般不干预社区管理，只是负责制定社区发展规划，提供财政支持，并对社区运行进行监督。像农村垃圾治理项目的选址、设计和规划等活动，是由当地居民自己组织、自愿参加的。

4. 鼓励废弃物处理的研究开发

美国的一项经济奖金制度规定，对制定和修改固体废弃物计划的州、市机关实行补助；对固体废弃物处理方法的研究开发、调查研究以及实际验证实行补助；对资源回收装置的设计、操作管理、监督和维护人员的训练计划实行补助。此外，美国西雅图市还实行垃圾收费制度，结果是垃圾产量减少了25%。

5. 多元化资金

美国政府对农村垃圾治理的资助主要是由联邦政府农村发展部负责，重点是对农村公用设施进行引导性的资助，而非提供全部建设资金援助。例如，美国政府每年从农业联合税中拿出几十亿美元，专门用于开展农业面源污染治理和资源保护工作，对治理项目投入补贴70%～80%。各州政府也都将农业面源污染治理列入专项开支。其中，美国农村污水和垃圾处理项目可以通过水环境计划项目得到拨款和贷款，但是分对象进行，拨款的对象是非营利的乡镇组织，目的是提供技术援助。为了解决垃圾处理服务供给中的经费问题，美国设立专门的理事会或基金会，管理环卫资金。资金不仅包括政府的投入，而且也包括居民付出的垃圾费。对于垃圾处理厂的运营，实行“公共投资、私人经营”，即有关部门在建好垃圾处理厂后，先核算处理每吨垃圾的最低费用，然后将处理厂的运营权向社会公开招标，在达到环保标准的前提下，出价最合理的公司即获得运营权。

6. 网络化运输

美国拥有完善的乡村垃圾收集运输网络，一般由规模不大的家庭公司承担，基本能够覆盖到每家每户。垃圾车到各家各户收取生活垃圾，同时收取一定费用。美国乡村的大多数人不是住在市镇，而是一家一户分散住在自家的土地上，分散居住程度高。在美国乡村，每家每户都有一个带轮子的垃圾箱，居民每天早晨送到公路边，由专车带走分类垃圾。

第五节 国外农业空间格局优化的做法与启示

一、推进农业空间格局优化的做法

世界各国都十分重视农业的发展，重视农业资源的合理利用。由于各国资源禀赋不同，农业空间格局发展的历程也有所差异。一些传统农业大国往往经历过过度开发、生态恶化的过程，从而逐渐强化了对农业区域布局的生态适宜性考虑，采取了优化调整布局、恢复生态、涵养资源等措施，促进本国农业的可持续发展。

1. 美国

美国有着得天独厚的自然、地理和气候资源，在人均耕地、森林、草地和淡、海水养殖面积等方面名列世界前茅，为其农业发展奠定了坚实的基础，确保了作物种类的多样性和行业的齐全性。但在长期农业实践中，仍然十分重视农业资源的合理利用，始终没有忽视农业的合理区划和作物的合理布局。在实现农业的机械化、专业化、现代化的同时，充分注意合理利用资源，按生态区域适宜性布局农业，形成包括东北部和滨湖区的牧草乳酪带，中央低地平原北部的“玉米带”，大平原中、北部的“小麦带”，南部的“棉花带”，墨西哥湾沿岸湿润亚热带作物带，西部山地放牧和灌溉农区，阿巴拉契亚混合农作带，太平洋沿岸北部小麦、林牧区，太平洋沿岸南部水果、蔬菜和灌溉农业区。农业专门化地带的形成是比较效益原则和同等边际报酬原则这两个原则所包含的价值规律在农业生产布局作用的结果。但极端专门化生产也产生了一系列问题，大面积单一种植带来的病虫害风险性增强，土壤耕层和结构出现衰变，生态系统相对脆弱。1985 年美国农业法案，通过了大规模的休耕计划，给予土地所有者租金补贴，激励他们将生态脆弱的土地进行休耕。目前，美国休耕面积常年保持在 1 400 多万公顷。

2. 澳大利亚

澳大利亚是全球土地面积第六大的国家，也是全球第四大农产品出口国。随着农业生产力的发展和农产品高度市场化，澳大利亚形成了特色化的产业带，如东南部的小麦带、昆士兰州的甘蔗带、塔斯马尼亚州的苹果带，以及肉牛南迁、绵羊北移的集中趋势。澳大利亚虽然有得天独厚的自然环境，但由于人类活动加剧，同样面临着生态失衡、环境恶化的问题，近年来，沙漠化面积不断扩展，干旱天气持续时间拉长。为实现本国农业的可持续发展，澳大利亚政府加强资源管理，给予农林渔业部自然资源管理的职能，并综合运用价格杠杆促进节约用水，防止土地沙漠化，减少水土流失、土壤侵蚀，提高土地肥力，保持生态平衡，促进植被优化。近 10 年来，每年投入 5 000 万澳元支持耕地质量提升技术研发，目前澳大利亚实施保护性耕作技术的耕地面积已占 80%，能够节水 30%～40%，促进粮食增产 20%～30%。

3. 加拿大

加拿大的气候、土壤条件及地理环境差异较大，其农业区域布局有以下几个特点：一是主要农产品生产非常集中。全国农业分为 5 个区域，分别是大西洋、中部、大草原、太平洋及北部地区。粮食主产区是大草原三省，农田面积占全国的 3/4，仅萨斯喀彻温 1 个省的小麦产量就几乎占了全国总产量的 3/5，而阿尔伯塔的大麦产量又差不多占全国产量的 1/2；玉米的生产更加集中，安大略省的产量大致占全国总产量的 3/4。中部地区是国家重要的畜牧业基地，主要种植饲料作物。大西洋地区主要有养牛业和饲料作物，还有马铃薯、蔬菜等。太平洋地区是全国最大的苹果生产基地。生产的集中化、专业化，可使良种选育、病虫害防治、检疫检验、营销管理等活动更有针对性，进而能够使加拿大各区域农业生产的规模效应凸显，成为其在国际市场上取得竞争优势的原因之一。二是区域种植业、畜牧业相互带动、协调发展。如玉米种植集中的中部地区，其生猪、肉禽、蛋鸡养殖业也相对发达，反过来也推动了当地玉米产量的增长。在生态考虑上，由于加拿大历史上曾经在西部草原地区过度开垦，对草原植被和生态环境造成了严重的破坏，加上连年的大旱，导致了土地资源的严重退化，农业生产遇到了空前的危机。为应对危机，加拿大政府于 1935 年制定了《草原农场复兴法》，把农业经济效益、环境效益和社会效益的协调统一作为农业生产的出发点，大力改善西部地区土壤退化问题，兴修水利设施，提供技术援助，努力恢复植被和生态环境，更进一步加强了大草原各省的国家粮仓地位。

4. 日本

日本农业属典型的超小型农业结构，耕地面积约 500 万公顷，占国土总面积的 13.5%。农业生产以稻谷为主，种植面积占耕地面积的一半。由于农业资源特别是耕地紧缺，日本农业尽管现代化程度高，但除大米基本自给外，多数农产品供不应求，外贸依存度很高。根据地理位置、气候、土壤条件和生产特点，日本可划分为北海道、东北、北陆、关东和东山、东海、近畿、中国、四国、九州 9 个农业区，各农业区农业产业规模差异较大。日本把农业发展和环境保护、居住环境的改善和传统文化的继承联系起来，积极促进农业观光旅游业的发展。通过实施农地水环境保护补贴政策，鼓励农民扩大豆麦、饲料作物和非主粮作物的播种面积，支援低环境负荷农业生产。

5. 巴西

巴西地处热带和亚热带气候带，日照充足，雨水充沛，旱涝灾害比较少，适于各种作物生长，是世界上适于农林牧渔各业全面发展的少数国家之一。农业被视为拉动国民经济发展的“火车头”，农业产值占国内生产总值的 33%，农村劳动力占全国就业人口总数的 37%。咖啡、蔗糖、橙汁、牛肉、鸡肉、大豆等多种农产品出口量居世界第一，是世界第三大农产品出口国。巴西政府重视对农业生态环境的保护，根据农业资源分布情况，对全国进行区域划分，按照区域特色配置农业优质资源，确保农产品产出效率和生态效益的最大化。同时，巴西为保护生态环境，在全国建立了 5 500 万公顷资源保护区，保护区内不许进行任何形式的开发。明确规定严禁开发亚马孙（Amazon）热带雨林地区，比较干燥的塞拉多（Cerrado）平原南部 20%的土地必须永久性地保持原样。

6. 德国

德国曾是世界上生产和使用化肥、农药最多的国家之一，负面影响较为严重。为缓解环境压力，推进农业可持续发展，德国提出了“综合农业发展模式”，明确农业发展以不破坏自然环境为前提，必须与生态系统要求的平衡过程相一致；农业经营要因地制宜，合理轮作，施用钙肥，综合植保；合理规划农田，在水域周围建立保护绿地，合理栽培，实施最佳施肥法；发挥政府宏观调控作用，根据不同时期的社会经济状况具体实施，协调社会经济效益与环境保护等多方面的关系。

二、对中国的启示

推进农业空间格局优化，既要学习和借鉴国外的经验，更要考虑现实国情，既不能照搬美国等西方国家的大规模休耕模式，也不能采取日本等依靠高补贴来维持小规模低负荷农业的做法，要在借鉴国外经验基础上探索一条适合中国特点的路子。

1. 因地制宜是根本要求

农业不同于工业，受到自然生态环境条件的影响强烈，具有显著的地域性特征。中国地域辽阔，农业基本自然条件的地域差异远远超过俄罗斯、美国、加拿大、印度、巴西、澳大利亚等幅员辽阔的国家。我国从纬度上看，跨越了热带、南亚热带、中亚热带、北亚热带、暖温带、中温带到寒温带的多个热量带；从经度上看，跨越了从年降水量大于 1 600 毫米的极湿润区，经湿润区、半湿润区、半干旱区，到年降水量 200 毫米以下的干旱区。水热等自然条件的时空耦合决定了中国农业在空间上存在巨大的东西差异和南北差异。因此，无论在中国农业的战略指导、规划编制，还是政策设计上，都要深刻认识和准确把握农业生产的地域特征，因地制宜地确定各区域发展目标，不能搞一刀切。必须因地制宜，分区施策，坚持宜农则农、宜牧则牧、宜林则林，逐步建立起农业生产力与资源环境承载力相匹配的农业生产新格局，通过区域农业现代化最终实现全国农业的现代化。

2. 生态友好是首要理念

农业资源和生态环境的改善是农业现代化的一个重要评价标准。美国、日本和欧盟在推进农业现代化过程中，都把资源节约、环境保护和生态友好放在第一位，在农业生产中注重生态原则，坚持农业农村高效发展、资源合理开发利用、生态环境保护三者有机结合，尽量减少农业发展对农业资源环境和生态的破坏，实现农业资源永续利用和生态环境持续改善的良性循环。因此，在制定我国农业区域发展战略、调整优化农业空间格局过程中，应首先树立节约资源、保护环境、促进生态良性发展的理念，在保证农业农村经济稳定发展的同时，合理调控农业生产规模和生产方式，优化调整种养业结构，促进种养循环、农牧结合、农林结合，促进资源循环利用。应深入分析区域农业发展与资源环境生态的匹配程度，在农业生产与水土资源匹配较好的地区，稳定发展有比较优势、区域性特色的农业；在资源过度利用和环境问题突出的地区，适度休养，调整结构，治理污染，最大限度地减轻环境负荷；在生态脆弱区，实施退耕还林还草、退牧还草等措施，加大农业生态建设力度，修复农业生态系统功能。

3. 全面发展是终极目标

生态文明的核心思想是尊重自然、顺应自然、保护自然，实现人与自然的和谐发展。国外虽然没有直接提出生态文明这个名词，但在农业农村发展上，都不同程度地体现了人与自然和谐发展的理念，既不为了发展经济、提高居民生活水平而破坏生态环境，也不为了单纯保护生态环境而牺牲经济发展与居民生活水平的提高，而是追求产业发展、居民生活、生态环境的有机融合，从而实现经济效益、社会效益和生态效益三大效益的互促共进。因此，在中国建设生态文明的过程中推进农业现代化，优化农业空间格局，必须兼顾农业经济稳定发展、农民生活水平持续提高和农村生态环境有效保护。应充分认识经济发展、生态保护与社会进步的关系，把经济发展作为保护生态环境和促进社会进步的物质条件，把生态保护作为促进经济发展和社会进步的基础保障，把社会进步作为促进经济发展和生态保护的有效支持，实现三者的协调互动与共同推进。

4. 创新驱动是内生动力

科技创新是世界农业发展的主要推动力，世界上每次重大的农业产业升级都是建立在农业科学和技术取得革命性突破的基础之上。近年来，随着气候变化、资源短缺、环境恶化、粮食安全等重要挑战的出现，各国决策者们认识到，必须加强农业研究，以确保农业的可持续发展。各国纷纷加大投入，推动农业科技创新，掀起新一轮的全球农业科技革命。当前，我国随着人口增加、城镇化推进、人民生活水平提高，农产品的数量和质量需求日益增加。同时，耕地水资源制约加剧、生态环境压力加大、劳动力成本不断上升、国际影响不断加深，继续依靠拼投入、拼资源来增加农业产出已经不可持续。必须依靠科技进步转变农业发展方式，提高农业竞争力。因此，在生态文明建设背景下推进农业现代化，必须把创新驱动作为内生动力，发展绿色高效农业生产技术，提高资源产出率和劳动生产率。要依据农田生态系统的环境承载能力，遵循循环经济和生态学原理，提高水、土、肥、药以及农业废弃物的利用效率，实现资源高效利用和产地环境保护，逐步形成持续、稳定、高产、多元、高效的生态农业过程①。同时，在科学评估论证的基础上，适度有序开展农业资源休养生息，增强农业综合生产能力和防灾减灾能力，提升农业发展与资源承载能力和环境容量的匹配度。

---

① 沈玉君，赵立欣，孟海波，中国农业资源生态持续化的建设路径，中国农业科技导报，2014。

图书在版编目（CIP）数据

转变农业发展方式与农业绿色发展 / 张天佐主编
.—北京：中国农业出版社，2019.7
（农业软科学研究丛书.2013—2017）
ISBN 978-7-109-25639-2

Ⅰ.①转… Ⅱ.①张 Ⅲ.①农业发展—发展方式—研究—中国②绿色农业—农业发展—研究—中国 Ⅳ.①F323

中国版本图书馆 CIP 数据核字（2019）第 124539 号

中国农业出版社出版
地址：北京市朝阳区麦子店街 18 号楼
邮编：100125
策划编辑：徐 晖　　责任编辑：杜 婧
版式设计：杜 然　　责任校对：沙凯霖
印刷：北京印刷一厂
版次：2019 年 7 月第 1 版
印次：2019 年 7 月北京第 1 次印刷
发行：新华书店北京发行所
开本：720mm×960mm 1/16
印张：24.5
字数：410 千字
定价：70.00 元
